———

폭스 포퓰리즘

———

보수를
노동계급의

브랜드로
연출하기

———

보수를 노동계급의
브랜드로 연출하기

폭스 포퓰리즘

Fox Populism: Branding Conservatism as Working Class

리스 펙 지음   윤지원 옮김

회화나무

차례

서론   **대침체기의 폭스 포퓰리즘**   025

언론 당파주의에 대한 재고 ｜ "공정과 균형"을 넘어—보수 언론 비평은 어떻게 저널리즘 인식론의 새로운 지평을 열었나 ｜ TV 포퓰리즘의 다양한 유형들—조직적 포퓰리즘 대 심미적 포퓰리즘 ｜ 장별 개요

1장   **미국의 '타블로이드 정신'에 접신하기**   089
    —루퍼트 머독·로저 에일스·빌 오라일리는
     어떻게 텔레비전 뉴스를 새롭게 만들었나

당파적 내로우캐스팅의 부상—"정동 경제", "정서적 양극화"를 만나다 ｜ 타블로이드!—"나쁜" 저널리즘을 둘러싼 논쟁과 계급 기반 뿌리 ｜ "이상 지향적" 뉴스 스타일—20세기의 반타블로이드 저널리즘 ｜ 미국 중류 문화 뉴스 해체하기 ｜ "당파성도 제작되어야 한다"

일러두기

1. 이 책은 Reece Peck의 *Fox Populism: Branding Conservatism as Working Class*(Cambridge University Press, 2019)를 우리말로 옮긴 것이다.
2. 외국어의 우리말 표기는 국립국어원의 외래어 표기법을 따랐다.
3. 본문에 나오는 주요 인물과 저작의 원어는 원서에 따라 병기했다.
4. 국내에서 출간된 책의 제목은 한국어판 제목을 사용했다.
5. 독자의 이해를 돕기 위해 옮긴이가 삽입한 주는 본문에 ⬛으로 표시했다.
5. 본문의 괄호( )와 대괄호[ ]는 원서를 그대로 따른 것이다.
6. 단행본과 잡지, 신문은 『 』로 표시하고, 방송 프로그램 등은 〈 〉로 표시했다.

들어가는 말

미국에서 가장 보수적인 주 가운데 하나인 유타주에서 자랐다는 이유
만으로 나는 폭스뉴스Fox News에 대해 알아야 할 모든 것을 알고 있다
고 생각했다. 내가 자라나는 과정에서 폭스뉴스는 몰몬교*와 농구팀 재
즈 Jazz**와 같이 성장 환경 그 자체를 구성하는 요소였기 때문이다. 대
부분의 가족들은 단지 공화당을 지지한다는 이유만으로 폭스뉴스를 시
청했다. 이처럼 항상 폭스뉴스에 노출되어 있었기 때문에 "도대체 폭스
에 대해 더 알아야 할 것이 뭐가 있지?"라고 생각하곤 했다. 지금 돌아
보면 당시 폭스뉴스에 대해 "알고" 있다고 생각한 것은 근거 없는 자신
감이었을 뿐이었다. 나는 폭스뉴스에 나오는 어떤 프로그램도 처음부
터 끝까지 완전히 시청하거나 정기적으로 챙겨본 적이 없었다. 당시 내

---

*   1820년대 창시된 회복주의 기독교 종파. 유타주에서 매우 큰 세력을 지니고 있는 종교단체
로 신자들 대부분이 보수적인 정치 성향을 지닌 것으로도 유명하다. 현재 '예수그리스도 후기성도
교회'로 불리고 있다. 옮긴이

**   솔트레이크시티를 연고지로 삼는 유타 재즈Utah Jazz라고 불리는 프로 농구단 옮긴이

가 폭스뉴스에서 시청했다고 할 수 있는 것은 오직 지나가면서 짧게 본 내용 혹은 유튜브에 올라왔거나 다른 뉴스에서 인용된 짧은 영상들에 국한되어 있었다.

2000년대 후반의 경제 위기를 거치면서 폭스뉴스에 대해 갖고 있던 미지근한 관심은 보다 장기적이고 능동적인 흥미로 발전했다. 2008년의 금융 붕괴와 그 후의 대침체 Great Repression로 인해 모든 것이 초토화되었고, 미국과 온 지구의 사람들은 심각한 금전적 피해를 입었다. 어떤 이들은 이번 대침체로 인해 1930년의 대공황 이후 자본주의에 가장 큰 위협이 도래하게 될 것이라 생각하기도 했다. 1990년대 초반부터 미국 민주당은 "문제는 경제야, 이 바보야!"라는 슬로건을 밀고 있었지만, 경제 대침체의 상황에선 더 이상 이 슬로건을 밀 필요도 없었다. 조지 W. 부시 대통령 임기 내내 좌파를 불편하게 했던 '문화 전쟁'—종교, 총기 규제, 동성애 문제—은 더 이상 중요한 주제가 될 수 없었다. 모든 사람이 경제만을 바라보고 있었고, 민주당은 드디어 늘 고대했던 전략적 우위를 점하게 됐다. 이처럼 대침체의 사회·정치적 형세로 인해 흥미로운 사례연구가 마련된 마당에 나는 보수적 미국인들이 가장 많이 활용하는 뉴스 제공자가 지금까지 스스로 열정적으로 지지해온 자유시장의 경제 원칙들—예컨대 규제 완화, 민영화 그리고 부자에 대한 세금 감면—이 그 정당성을 위협받고 있는 상황에서 어떻게 반응하는지를 알고 싶었다. 즉 이번 경제 위기로 폭스뉴스의 수사적 rhetorical* 능력이 시험대에 오르게 된 것이었다.

2009년 초부터 나는 폭스뉴스를 면밀하고 체계적으로 시청하기로 결심했다. 800편이 넘는 방송 녹취록을 분석했고, UCLA의 케이블 TV 아카이브를 활용해 폭스뉴스의 프로그래밍 Fox News Programming,** 특히 당시에 가장 인기가 높았던 3개의 프로그램 〈오라일리 팩터 The O'Reilly Factor〉와 〈해니티 Hannity〉 그리고 〈글렌 벡 Glenn Beck〉을 위주로 수 시간을 시청했다. 이 과정에 약 2년의 시간이 소요됐다. 분석 및 코딩의 대상은 2008년 9월 금융 붕괴가 발발했을 때부터 2010년 말 대통령 임기 중간에 치러진 총선 때까지 편성된 방송으로 범위를 한정했다. 이 시기에 폭스뉴스는 22년 역사에서 가장 높은 시청률 상승을 기록했으며, 티파티 Tea Party [•••]에서 주선한 길거리 시위운동에도 활력을 불어넣어주었다.

이렇게 폭스뉴스의 언어 세계에 푹 몰두하면서 그 채널 특유의 어휘와 구호에 매우 익숙해졌다는 이점이 생겼다. 지속적으로 시청한 끝에 보수적 언론의 정치적 언어가 얼마나 다층적으로 구성되어 있는지 볼 수 있게 됐다. "일자리 창출자", "진보 엘리트" 그리고 "잊혀진 사람들"과 같이 폭스뉴스에서 반복적으로 활용되는 용어들에는 당시의 당파적 지지 및 대립의 구도보다 더 앞서 존재했던, 그리고 사회 깊숙이 자리 잡고 있는 정치적 경험에서 유래된 "잔여" 의미가 담겨 있기 때문이

• 이 책에서 핵심적으로 사용되는 용어로 학술적으로는 "수사적", "수사학적"으로 번역되지만 일상적 발언을 지칭할 때, 특히 그 발언의 연출성 및 설득력을 강조하고 싶을 때도 곧잘 활용되는 단어다. 이 책에서는 rhetorical 및 rhetoric이라는 단어를 두 가지 방법으로 번역했다. 우선 개별 인물 혹은 방송국의 언어적 연출 기법을 지칭할 때는 화법이라는 단어를 사용했다. 그 외의 상황에서는 "수사"라는 단어와 거기서 파생된 형태들(수사학, 수사적)을 활용했다. [옮]

•• 이 책의 핵심 개념으로 폭스뉴스에서 방송 프로그램을 기획·제작·방송하는 과정과 그 과정에서 들어가는 정치적·미디어적 기법 모두를 망라하는 개념이다. 이 책에서는 맥락에 따라 "폭스뉴스 프로그래밍"으로 음차하거나 "방송 기법"으로 의역해 사용했다. [옮]

••• 2009년에 시작된 공화당 내부의 보수주의 사회운동으로 정부 지출 및 정부 개입의 최소화를 목표로 활동한다. 오바마 행정부가 경제난을 타개하기 위해 막대한 재정 적자를 무릅쓰고 7870억 달러의 경기 부양 자금을 투입했을 때, 정부의 과도한 지출 및 조세주의에 반대하기 위해 미국 전역에서 일어났다. [옮]

다(Williams, 1991). 나는 이런 정치적 배태성이야말로 폭스뉴스가 지닌 힘의 비결임을 발견했다.

2000년 빌 오라일리 Bill O'Reilly 는 자신의 프로그램이 "노동계급의 관점에서" 뉴스를 제공하는 유일한 텔레비전 쇼라고 말했다.• 2000년대 후반의 경제 위기 당시, 즉 전 국민의 집단의식이 계급 불평등에 집중되어 있었을 때조차 보수적 정치 담론을 이끌어가는 폭스뉴스의 저력을 보면 오라일리의 주장을 좀 더 진지하게 받아들여야 함이 확실해진다. 하지만 우리는 너무나 자주 폭스뉴스에 출연하는 방송인들의 화법을 엉터리 속임수 혹은 단세포적인 관심 끌기 정도로 치부하곤 한다. 이 책은 실상이 그렇지 않다는 것을 보여주려고 한다. 폭스의 포퓰리즘적인 방송 스타일은 단순히 영리한 마케팅과 극적인 오락거리를 제공해주는 것이 아니라, 근래 미국 역사에서 가장 정교하며 문화적으로 교묘한 정치 커뮤니케이션의 사례이기도 하다.

이 연구는 문예비평적 텍스트 분석에 기반을 두고 있지만, 폭스뉴스의 방송 기법에 대한 나의 해석을 검증하기 위해 보수적 정치 담론의 생성에 중요한 역할을 하고 있는 다른 현장들을 조사하기도 했다. 2009년부터 2011년까지 나는 정치운동가들 및 미디어 산업의 주요 인물들과 면담을 진행했으며, 남부 캘리포니아와 네바다의 티파티 관련 행사에서 참여관찰을 실시했다. 특히 2010년 네바다주의 라스베이거스와 2011년 캘리포니아주의 샌디에이고에서 개최된 라이트온라인 RightOnline 콘퍼런스에서 열린 미디어 워크숍에 참여한 것은 매우 교육적인 경험이었다. 라이트온라인은 진보적인 넷루츠네이션 Netroots Na-

---

•   Farhi, P.(2000. 12. 13.). The Life of O'Reilly. *Washington Post*

tion[•]과 겨룰 수 있는 보수 진영의 대항마라고 볼 수 있다. 넷루츠처럼 라이트온라인 콘퍼런스도 운동가들에게 인터넷과 디지털 플랫폼을 정치적 도구로 활용하는 법을 가르친다. 이 콘퍼런스를 주최하는 번영을 위한미국인들Americans for Prosperity — 보수 정치를 옹호하는 단체 — 은 코크인더스트리즈Koch Industries^{••}의 찰스 코크와 데이비드 코크 형제로부터 대부분의 후원금을 지원받고 있다.

이런 콘퍼런스에 참석할 때마다 연구자의 입장에서는 매우 유용하게도 저명한 라디오 쇼 호스트나 인터넷 출판업자, TV 논객 및 정치인들이 주최하는 보다 친밀한 분위기의 소규모 패널 설명회들이 많이 열리곤 했다. 몇몇 인물을 예로 들자면 폭스뉴스의 방송인인 전 뉴저지주 대법원 판사 나폴리타노Napolitano, 보수 라디오 쇼 호스트이자 전 공화당 대선 후보 주자인 허먼 케인Herman Cain, 하원의원 미셸 바크먼Michelle Bachman, 현 부통령 마이크 펜스Mike Pence, 브라이트바트뉴스Breitbart News를 창설한 고故 앤드류 브라이트바트Andrew Breitbart가 있었다. 이런 저명한 논객들을 보다 사적인 자리에서 관찰할 수 있는 기회를 통해 나는 그들이 폭스나 기타 미디어에서 보여주는 연출과 쇼맨십에 대해 심도 있는 평가를 할 수 있었다.

"기초적 조사 보고법"(2010. 7. 23.)이나 "구 미디어, 신 미디어 그리고 시민 저널리즘의 역할"(2010. 7. 23.)과 같은 패널 설명회는 보수 활동가들에게 저널리즘을 활용해 부패와 불필요한 정부 지출을 조사하는 방

•　　2004년부터 지속된 진보적 정치운동가들을 위한 콘퍼런스 ▨

••　　캔자스주에 소재해 있는 다국적 복합기업으로 석유·에너지·섬유·화학·금융 등 다방면의 산업에 진출해 있다. ▨

법을 가르쳤다. 한편으로 패널 설명회에서는 참가자들이 팟캐스트나 온라인 출판 및 일반적 연설에서 메시지를 설득력 있게 전달할 수 있는 화법 트레이닝도 진행됐다. 보수 미디어의 개척자 중 한 명인 리처드 비게리 Richard Viguerie는 "올바른 말하기: 효율적으로 메시지 전달하기"라는 제목의 패널 설명회에서 보수운동의 핵심 테마를 유지하라고 강조했다. 그는 "네발 의자" 모형을 이용해 이를 설명했는데 앞의 두 다리는 전통적 우파가 강조하는 국가 안보와 반공주의이고, 뒤의 두 다리는 종교적 우파의 사회적 현안과 티파티의 반정부 자유시장주의였다.

샌디에이고에서 열린 라이트온라인 콘퍼런스에서는 "효과적인 온라인 라디오 및 팟캐스트"와 "효과적인 내용을 위해 유머 활용하기" 같은 패널 토론을 통해 보수 토크쇼에서 활용하는 프레젠테이션 기법들이 소개되었다. 이를 통해 나는 폭스뉴스를 연구하기 위한 해석적 틀을 마련할 수 있었다. 여기서 전수된 기법 중에는 "진정성"과 "호감도" 유지하기, 명확한 미디어용 캐릭터 및 자기 서사 확립하기 그리고 진보 논객을 우롱해 오락성을 위한 대치 상황 만들기 등이 있었다. 이러한 워크숍들에 참여하면서 나는 참가자들의 화법과 폭스뉴스의 프로그래밍 담론 간에 유사점을 발견했다. 네바다주 라스베이거스 콘퍼런스에서는 "부자학 개론: 시민 경제 교육"이라는 제목의 패널 설명회가 개최됐다. 패널리스트로 나온 허먼 케인과 번영을 위한 미국인들의 이사 린다 한센 Linda Hansen 그리고 『월스트리트저널 The Wall Street Journal』의 존 펀드 John Fund는 참여자들이 자신의 친구·피고용인·직장 동료들에게 자본주의의 윤리적 미덕을 어떻게 가르칠 수 있는지에 대해 발표하고, DVD를 비롯한 여러 자료를 배포했다. 그들이 활용한 정치적 문헌과 언어적 담론은 틀림없이 폭스뉴스가 경제 대침체를 프레이밍하는 데 사용했던 "생산자 중심적" 화법과 동일했다(4장 참조).

우파 콘퍼런스에서는 "문화적 포퓰리즘"(3장 참조) 담론들 또한 만연했는데, 시민 저널리즘과 아마추어 뉴스 제작에 관련된 워크숍에서 특히 두드러졌다. 워크숍을 주최하는 패널리스트들은 주류 저널리스트들이 "평범한 미국인들을 멸시"할 뿐만 아니라 그들에게 지적인 논평을 할 수 있는 능력이 있는지 의심하고 있다는 메시지를 관객들에게 반복적으로 전달했다. 궁극적으로 위와 같은 워크숍을 진행한 논객들은 관중 속의 풀뿌리 활동가들을 폭스뉴스를 생산하는 원자화된 제작자로 프레이밍했다. 각각의 소셜미디어 서비스로 무장한 이 활동가 개인들에게 부여된 정치적·문화적 역할은, 주류 미디어의 문화적 엘리트주의에 대한 도전자를 자처한 폭스뉴스가 스스로에게 조직적으로 부여한 역할을 반영하고 있었다.

폭스뉴스의 방송 기법에 대한 내 해석을 검증하고 정교화하기 위해 마지막으로 활용한 현장은 2009년부터 2011년까지 티파티에서 주최한 여러 정치 행사들이었다. 2009년 4월 15일 티파티에서 전국 단위로 조직한 최초의 반조세 시위가 열렸고, 나는 몇몇 동료들과 함께 샌디에이고카운티에서 가장 큰 티파티 시위가 벌어진 샌디에이고카운티 지방우체국으로 향했다. 시위자들이 사용한 피켓 문구를 관찰해 기록을 남기고, 수많은 활동가들과 수차례 면담을 진행하고 이를 녹취했다. 이듬해인 2010년 4월 15일 우리는 같은 장소에서 두 번째로 전국 단위로 열린 시위에 참여했고, 다시 한번 활동가들과 면담을 진행하고 관찰 기록을 남겼다. 두 시위에서 피켓 문구, 발언 그리고 면담을 통해 내가 관찰할 수 있었던 담론들은 특이하게도 부의 재분배 문제와 밀접하게 연관되어 있었다. 그리고 이 담론들은 이 책에서 핵심 의제로 등장하는

"생산자 중심적" 화법과 매우 유사했다. 한 예로 나는 2009년 4월 15일 시위에서 작업용 장화와 청바지를 입고 있는 중년 남성이 "내 재산 말고 내 직업 윤리나 나눠라"라고 적힌 피켓을 들고 있는 모습을 기록했다. 다른 시위자는 "사회주의: 빈곤의 역류"라고 쓴 피켓을 들고 있었다. 모두들 불공평한 부의 배분이라는 주제를 다양하게 활용하고 있었다.

2010년부터 2011년까지 나는 엘카혼이나 오션사이드 등 샌디에이고 근방의 작은 도시들에서 열린 티파티 행사에 참석했다. 라이트온라인 콘퍼런스처럼 티파티 행사도 폭스뉴스 시청자들을 만나기 적합한 장소였다. 특히 보수운동에 많은 노력을 들인 결과, 자신의 지인 사이에서 오피니언 리더일 가능성이 높은 사람들을 만날 수 있었다. "애국자 티셔츠"를 판매하고 있던 노부부의 도움을 받아 나는 다양한 배경의 일반인 참여자들을 만날 수 있었고, 이들과 미국 뉴스 언론의 현황 및 폭스뉴스를 선호하는 이유에 대해 대화를 나눌 수 있었다. 또한 이 행사들을 통해 추후에 심층 면담을 해주기로 한 티파티 소속 총선 후보들과 지방 라디오 토크쇼 진행자들도 만날 수 있었다.

내가 현장연구를 언급하는 이유는 폭스뉴스의 방송 기법에 대한 내 해석의 정당성을 확보하기 위해서가 아니다. 오히려 나는 이 2차 연구가 일종의 해석 지침이자 안전장치로 기능했으며, 폭스뉴스를 특이점 중심적이거나 인상 중심적으로 해석해 외부의 정치 커뮤니케이션과 차단된 모습으로 그리는 것을 방지해주었음을 강조하고 싶다. 앞에서 얘기한 행사들과 면담에서 언급된 담론과 표현 관행은 내가 폭스뉴스에서 관찰한 내용을 면밀하고도 일관되게 반영하고 있었다. 따라서 2차 연구의 매 단계마다 나는 이 연구의 핵심을 구성하는 텍스트 분석에 대한 확신을 얻을 수 있었다.

현장연구 외에도 이 연구에는 퓨리서치센터 Pew Research Center 및 전국애넌버그선거조사 National Annenberg Election Survey, NAES 와 같은 비영리 연구 기관의 시청자 데이터가 이용되었다. 이 외에 닐슨 Nielson 과 같은 사설 시청률 조사 기관들은 케이블 뉴스 시청자에 대한 세분화된 데이터를 보유하고 있지만, 이들은 개별 방송들의 승패를 가리는 시청률 점수 외에는 데이터를 공개하는 데 주저하는 경향이 있다. 대부분의 경우 연구자들이 닐슨의 시청자 데이터에 접근하려면 추가적인 비용을 지불해야 한다. 만일 닐슨의 청중 데이터에 대한 접근권이 확대되고, 아직까지는 수가 적은 폭스뉴스 시청자들에 대한 문화기술지적 연구가 진행될 수 있다면 폭스뉴스에 대한 추후 연구에 큰 도움이 될 것이라고 예측한다.

이 연구는 폭스뉴스 프로그래밍이 하나의 복잡한 "문화적 시스템"(Norton, 2011)으로 작동하는 방식을 포착하고, 폭스뉴스의 프로그램 진행자들이 뉴스 이벤트를 구성하고 각색하는 데 사용하는 주요 정치적 서사 및 연출 기법을 역사적으로 맥락화함으로써 폭스뉴스가 왜 상업적으로 성공적이었고, 정치적으로 효과적이었는지에 대해 새로운 시각을 제시한다. 한 걸음 더 나아가 이 책은 보수적 미디어 분야 및 텔레비전을 매체로 삼는 정치 커뮤니케이션 전반에 존재하는 화법상의 뉘앙스와 특수성을 보다 적절하게 반영한 서술적 도구와 분석적 범주를 제공해 추후 폭스뉴스에 대한 양적 연구에 기여할 것으로 생각한다.

감사의 말

비록 내 이름을 걸고 출판되지만 이 책은 학계 내외의 여러 공동체들이 협력해 만들어낸 산물이다. 우선 나를 키워주고 이데올로기 비평에 대한 조기 교육을 받게 해준 솔트레이크시티와 양가 친척들에게 감사를 드린다. 우리 가족은 솔트레이크시티처럼 종교인과 비종교인으로 나누어져 있었다. 후기성도교회에 다니는 보다 쾌활한 성격의 친척들을 통해서는 도덕철학의 힘을 느낄 수 있었고, 보다 현실주의적이며 세속적인 친척들을 통해서는 건전한 수준의 회의론적 태도를 견지할 수 있었다. 그리고 양측을 통해 나는 정치나 종교적 성향에 관계없이 사람들의 인간성을 보는 방법을 배울 수 있었다.

내 생각을 풍요롭게 하고 정치적 선입견을 벗어날 수 있게 해준 다양한 학술공동체에도 감사드린다. 어느 박사과정 학생도 내가 캘리포니아주립대학교 샌디에이고University of California, San Diego(이하 UCSD)의 커뮤니케이션학과에서 누렸던 것보다 더 지적으로 자극적인 환경을 바랄수는 없었을 것이다. 이 책 전체에 라졸라캠퍼스의 다재다능한 교수진으로부터 얻은 통찰력이 반영되어 있지만, 특히 대학원 과정의 지도교수였던 찬드라 무커지의 지문이 이 책의 매 페이지마다 가장 뚜렷하게 묻어 있다. 찬드라는 항상 텍스트를 듣고 내 자신이 지닌 범주와 편견을 연구 대상인 미디어에 투영하려는 습관에서 벗어날 것을 주문했다. 이 훈련을 통해 나는 세부적인 정보와 증거의 가치를 존중하게 됐다. 이제 교수가 되어 내가 지도하고 있는 학생들에게도 같은 교훈을 전달하는 것이 내 바람이다.

학위 논문에서 출판 제안서·최종 단행본에 이르기까지 대니얼 핼린은 이 연구 프로젝트의 모든 단계에서 나를 인도해주었다. 댄이 이 책에 할애해준 관심과 시간에 감사드린다. 나를 가장 열성적으로 지지해준 사람 중 한 명임에 틀림이 없다. 로버트 호르위츠는 대학원에서 나를 이끌어주었던 또 다른 핵심 멘토였다. 로버트는 나를 UCSD의 보수 운동 워크숍에 초대해주었다. 이 학술공동체를 통해 나는 정치적 우파를 연구하기 위한 여러 가지 학술적 방법에 접근할 수 있었다. 워크숍의 모든 회원들 그리고 그중에서도 특히 에이미 바인더와 존 에반스, 아이작 마틴에게 감사를 드린다. 존 맥머리아는 텔레비전에 대한 탁월한 전문 지식을 나누어주는 것에 멈추지 않고 내 연구의 가치를 긍정해주었고, 계급과 엘리트주의에 대한 나만의 아이디어를 발전시킬 수 있는 자신감을 주었다. 마이클 셔드슨은 학위 논문 심사 중 매우 소중한 피드백을 건네주었으며, 이 책 또한 저널리즘 연구에 있어서 셔드슨의 "문화학적" 접근 방식의 발자취를 따르고 있다. UCSD의 또 다른 멘토인 데이비드 셸린, 셸리 스트리비, 나탈리아 로우다코바에게도 감사를 전한다.

그리고 나를 지적으로 몰아붙여주고 정서적으로 지원을 아끼지 않은

UCSD의 대학원 커뮤니티에 감사하고 싶다. 이 책의 발전에 가장 큰 공헌을 한 박사과정생 다수는 내가 논문을 완성할 수 있도록 육아 지원 시스템을 구축해준 사람들이었다. 맷 듀이, 해리 시몬, 타라-린 픽스리에게 감사를 전한다. 특히 이 책의 여러 초안을 기꺼이 편집해준 앤디 라이스와 주요 현장연구 협력자이자 지적인 비밀을 터놓을 수 있던 친구 무니 시트린에게 감사한다. 감사하게도 앞서 말한 학생들의 반려자들인 오로라 듀이와 아드리아나 자소, 콜린 채펠, 칼라 라이스 그리고 나야 콜켓은 우리 아이들의 육아를 맡아주었다. 앤드류 위트워스-스미스, 미카엘라 월쉬, 안토니에타 메르카도, 에린 말론, 레지나 마르키, 맷 스탈, 케이트 리비트, 칼 맥키니, 스테파니 마틴, 제임스 페레스, 로렌 벌리너에게도 감사한다. 우리가 수년에 걸쳐 교환한 자기소개서, 강의 계획서, 참고문헌 모두 고마웠지만 역시 우리가 나눈 음악과 농담이 가장 기억에 남는다. 마리사 브랜트, 킴 드 월프, 제리코 버그도 중요한 친구이자 편집자였다.

이 책의 경험연구 부분의 핵심은 UCLA 커뮤니케이션 연구 아카이브, UCLA 텔레비전 및 영화 아카이브, 페일리미디어센터 Paley Center for Media에서 검토할 수 있었던 방송 콘텐츠다. 수년 동안 아카이브들을 탐색하는 데 도움을 준 교수진과 직원들, 특히 팀 그렐링, 데이비드 델리마와 대린 호이어에게 감사드린다. 또한 성실하게 업무를 수행해준 연구조교 도미닉 프로벤자노와 편집자 캐슬린 라이언에게도 고마움을 전한다. 이러한 자료와 지원이 없었다면 이 프로젝트는 불가능했을 것이다.

대학원생에서 조교수로의 변신은 때때로 어려움을 동반한다. 특히 가족과 함께 대륙을 가로질러 3000마일을 이동해야 한다면 더욱 그렇다. 나는 뉴욕시립대학교 스태튼아일랜드컬리지 College of Staten Island auditorium의 훌륭한 멘토 교수들을 만난 덕분에 교수로서, 그리고 뉴욕 시민으로서의 삶에 적응하는 과정이 수월했다. 잉 주, 에드워드 밀러, 신디 웡, 마이클 맨디버그, 타라 마테익, 밸러리 테비어, 제이슨 사이먼, 방글 한 그리고 셰리 밀너 교수에게 고마움을 전한다. 미디어문화학과의 선배 학자인 질리언 바에즈와 라켈 케이츠에게 특별한 감사의 인사를 보낸다. 이들과 매주 사무실에서 나눈 대화는 동료애와 지식을 늘릴 수 있는 소중한 기회였다. 긴밀한 조언, 편집에 대한 도움 및 항상 열린 귀로 나를 맞아준 데이비드 거스트너, 빌지 예실 그리고 신시아 크리스에게도 감사드린다. 내 글에 대한 예리한 피드백을 제공해준 것 외에도 내 연구를 적극적으로 홍보하고 저널리즘 연구 분야에서 그 가시성을 넓혀준 크리스토퍼 앤더슨에게 감사의 마음을 전한다. 책을 쓰는 노동은 매우 고독한 과정이지만, 나를 지역사회의 일원으로 받아들이고 본인의 식당을 내 사무실로 사용할 수 있게 해준 브루클린 베이릿지의 자영업자들과 직원들, 특히 레스토랑 LY와 Rocco's 여러분에게도 감사를 드린다.

이 책 프로젝트의 초고들을 발표할 수 있게 초대해주신 컬럼비아대학교 신문방송대학원과 브루클린칼리지 Brooklyn College 방송학과에도 감사의 말씀을 드린다. 두 학과 교수진의 코멘트는 당시 내 분석의 사각지대를 드러내주었고, 책의 서사 구조를 형식화하는 데도 도움이 됐다. 내 출판 제안서를 검토하고 폭스뉴스의 초창기 역사에 더 집중해 연구하길 제안해준 프레드 터너에게도 감사한다. 나는 제프리 바임의 저서 『크롱카이트에서 콜베어까지 From Cronkite to Colbert』(2009)와 빅토리아 존슨의 『심장부 TV Heartland TV』(2008)를 이 책의 모델로 삼고 저술에 착수했다. 두 분의 비판적인 피드백과 지원에 감사를 드린다. 내 학위 논문

심사위원을 맡아줬고, 저술 과정 내내 조언을 아끼지 않은 조지 립시츠에게는 특별한 빚을 졌다. 이 책에 나오는 많은 아이디어는 조지의 학술적 업적과 그가 추천한 문헌으로부터 나왔다.

케임브리지대학교 출판부의 편집자와 직원 여러분들은 최고의 조력자였다. 특히 이 프로젝트가 제안서에 불과했을 때부터 나를 믿어 준 사라 도스카우에게 감사하고 싶다. 수정과 편집, 교열하는 과정 내내 그녀가 보여준 열정은 내게 기운을 불어넣어주었다. 랜스 베넷과 익명의 독자들도 매우 고맙게 생각한다. 그들의 날카로운 리뷰와 건설적인 비판은 논문을 책으로 발전시키는 과정에서 핵심적인 역할을 해주었다.

이 외에도 케임브리지대학교 출판부 직원이자 편집자인 다니엘 멘즈와 카렌 웰러에게 감사를 전한다.

이 책은 부분적으로, 특히 4장은 이미 출간된 두 편의 논문에 기반하고 있다. (1)리스 펙, 「'당신은 부자라고 하지만 저는 일자리 창출자라고 부릅니다': 폭스뉴스는 어떻게 생산주의의 도덕적 담론을 통해 대침체를 프레이밍했는가'You Say Rich, I Say Job Creator': How Fox News Framed the Great Recession through the Moral Discourse of Producerism」[*Media, Culture & Society* 36, No. 4(2014. 5.): 526-535], (2)리스 펙, 「자원으로서의 과거 찬탈하기: 폭스뉴스는 대침체 동안 대공황을 어떻게 기렸는가Usurping the Usable Past: How Fox News Remembered the Great Depression during the Great Recession」[*Journalism* 18, No. 6(2017. 7.): 680-699] 1장의 주장과 역사적 개요는 두 장 분량의 단편 에세이로 발표한 바 있다(「폭스뉴스가 역사상 가장 영리한 저널리즘인가?: 미국 엘리트주의와 계급 격차의 긴 역사를 손쉽게 조작하는 타블로이드 텔레비전Is Fox News the Smartest Journalism Ever?: Tabloid Television Is Great at Manipulating America's Long History of Elitism and Class Conflict」(*Zócalo Public Square*,

2014. 11. 4.).

나는 이 프로젝트를 위해 캘리포니아대학교의 박사학위 논문 지원 총장 장학금University of California President's Dissertation Year Fellowship으로부터 많은 금전적인 지원을 받았다. 또한 현재 소속되어 있는 노조인 뉴욕시립대학교 전문직직원회의Professional Staff Congress of the City University of New York로부터 다양한 연구 보조금을 받았다. 이 금전적 지원은 UCLA 아카이브를 찾아가는 경비와 편집 서비스 비용을 충당하는 데 필수적이었다. 스태튼아일랜드칼리지의 학장실 기금과 교수진경력개발센터Faculty Center for Professional Development의 기금 덕에 이 책의 아이디어를 다듬어 주요 학회에 참석할 수 있었다. 참빗처럼 촘촘한 눈으로 원고를 봐주고, 글의 구조에 대한 훌륭한 조언을 나눠준 사라 슐먼 석좌교수께도 감사한 마음을 표시한다. 그리고 학부 과정 동안 멘토 역할을 해준 매리 조 힌스데일, 엘리 해리스와 제프 맥카시에게도 진심으로 감사드린다.

마지막으로 우리 가족들에게 감사를 전한다. 우선 나의 어머니 린다 그런은 내 평생의 정신적 지주이다. 역경에 처할 때마다 어머니께서 보여주신 대담함과 낙관주의는 지금까지도 내 경외심을 불러일으킨다. 나의 아버지 돈 펙은 내가 지금까지 만난 사람 중 가장 재미있고 진솔한 분이다. 종종 건설 현장에서 전화를 걸어 (항상 에어컨과 함께하는) "머리 쓰는 직업"이라고 놀리곤 하셨는데, 아버지의 농담들 덕에 학술연구 작업에 대한 새로운 관점을 더하고 불필요한 진지함은 덜 수 있었다. 나의 최초의 학문적 영웅이자 대학에 갈 수 있도록 격려해준 누나 크리스타 베게론에게도 감사한다. 우리 집의 컨트리 음악 가수이자 컨트리 음악의 정치를 탐구하도록 내게 영감을 준 형 도니 펙에게도 고마움을 전한다(나는 여전히 형이 좋아하는 것은 다 따라 해보곤 한다). 무엇보다도 가장 중요한 사람, 이 길고 고된 여정의 모든 과정에 함께 해주었고 이 프로젝트를 완수할 수 있도록 누구보다 많은 것을 희생해준 내 아내이자 육아 파트너인 메르세데스 파나에게 감사의 마음을 전한다. 내 아내의 실용적이고 현재 중심적인 사고방식은 항상 내 생각의 토대가 되어주었지만, 그녀가 우리 두 아들 라지와 리스를 열정적이고 부끄럼 없이 사랑하는 모습을 보는 것보다 내게 더 영감을 주는 것은 없다. 물론 이 개구지고 사랑스러운 아이들도 내 감사를 받아야 한다. 휴일마다 아들들과 함께했던 모험들은 내 영혼의 양식이자 버팀목이었다.

서론

대침체기의 폭스 포퓰리즘

버락 오바마의 2008년 대통령 선거 승리 기념식 직후 담배를 피우는 프랭클린 루스벨트 대통령의 상징적인 모습을 패러디한 사진이 『타임Time』지 표지에 실렸다. 이 표지에는 루스벨트 대통령의 자리에 오바마가 미소를 지으며 앉아 있고 "새로운 뉴딜The New New Deal"이라는 캡션이 달려 있었다.• 실제로 민주당이 대통령직과 상하원을 모두 장악하고 있는 상황에서 분석가들은 민주당이 곧 루스벨트의 뉴딜처럼 대담한 정책 프로그램을 통과시킬 것이라고 예상했다. 그러나 금융 위기에 대한 국가적 논쟁은 비교적 단기간에 월 스트리트의 탐욕과 기업의 부정 행위를 표적으로 삼는 데서 벗어나 재정 정책과 국가 부채, 납세자의 희생 그리고 공공부문 노동자들의 "달달한" 혜택에 대한 것으로 변질되었다.

이 수사적 전환은 민주당에게 심각하고 장기적인 정치적 결과를 가

•   TIME Magazine Cover(2008. 11. 24.)

져다주었다. 민주당은 2010년 전국을 휩쓴 "공화당 쓰나미"로 인해 1938년 총선* 이래 어떤 중간선거보다 더 많은 의석을 잃어버렸다. 연방 차원에서는 하원의 주도권을 내주고 상원에서 6석을 내주었지만, 주정부 차원에서는 총 6명의 주지사 자리와 주의회에서 700석 이상의 자리를 공화당에게 내주고 말았다. 오바마가 부시 시대부터 시작된 감세 정책을 연장하는 입법안에 서명한 사건으로 인해 대침체기 보수 정치의 부활에 방점이 찍혔다. 2년 전까지만 해도 이는 상상할 수 없는 장면이었다. 왜 그랬는지 모르겠지만 진보주의자들이 고대하던 경제 개혁의 의제는 그 궤도에서 소멸되어버렸다. 이러한 정치적 전환을 어떻게 설명할 수 있을까?

일반적인 통념에 의하면 2000년대 후반의 경기 침체와 같은 심각한 경제 불황은 1930년의 대공황 때처럼 국가의 정치를 좌측으로 틀도록 압박하는 경향이 있다. 그러나 문화 이론가 스튜어트 홀 Stuart Hall이 1970년대 영국 우파의 부상에 대해 분석한 자신의 저서에서 지적했듯, 시장의 실패와 그로 인해 형성된 열악한 물질적 조건이 좌파식의 정치적 반응을 자동적으로 확산시켜주는 것은 아니다. 홀은 위기 상황이 해소되는 방식은 "정치적·이념적 투쟁의 '무대'"에서 이루어지는 재현 작업에 달려 있다고 강조했다(1988a: 4).

20세기와 21세기 미국의 정치적 "무대"는 대체로 대중매체 위에 세워지고, 대중매체를 통해 연출되어왔다. 1960년대 이후 텔레비전이라는 매체는 정치 커뮤니케이션의 가장 지배적인 형태가 됐다. 인터넷의 영향력이 커지고 있지만, 오늘날까지도 텔레비전의 지배력은 여전하

---

* Tomasky (2010. 12. 3.)

다.* 이데올로기적 헤게모니 경쟁에서 케이블 뉴스는 텔레비전 매체의 지형 중에서도 특히 중요한 전선을 형성하고 있다. 물론 미국인들이 일반적인 정보를 얻고자 케이블 뉴스를 활용한다고 보기는 어렵다. 아직까지도 지역 및 지상파 뉴스 프로그램의 시청자 수가 케이블 뉴스보다 거의 3배는 많다. 하지만 미국인들은 정치적 정보를 얻고자 할 때 주로 케이블 뉴스를 확인한다.** 24시간 내내 방영되는 케이블 뉴스 프로그램은 지역·지상파 뉴스 프로그램이 따라 올 수 없을 정도로 정책적 입장을 가차 없이 밀어붙이고, 정치적으로 논쟁이 되는 지엽적인 문제에 대한 보도를 지속적으로 쏟아낼 수 있다.*** 그래서 정치인들—특히 도널드 트럼프 대통령은 케이블 TV에 대한 "집착"으로 유명하다****—은 케이블 뉴스에 각별한 관심을 보인다.*****

정치 텔레비전의 영역에서 다른 모든 방송사보다 앞서 나가는 방송사가 하나 있다. 바로 폭스뉴스 채널이다. 2002년 CNN의 시청률을 추월한 이후 폭스는 케이블 뉴스 분야를 완전히 장악했다. 17년간 연승을 거듭하면서 보수적인 폭스뉴스는 진보 진영의 경쟁 방송사인 CNN과

•   Mitchell et al.(2016. 7. 7.)

••   Gottfried et al.(2016. 2. 4.); Huffington Post(2012. 2. 7.); Blumenthal(2010. 5. 21.); Pew Research Center(2009. 10. 30.)

•••   Fitzgerald(2013. 11. 5.)

••••   Parker & Costa(2017. 4. 23.)

•••••   『뉴욕타임스 The New York Times』 칼럼니스트 맷 바이 Matt Bai는 2009년 「케이블의 탈 Cable Guise」이라는 기사에서 이 사안에 대해 다음과 같이 지적한 바 있다. "쓰잘머리 없는 케이블 뉴스 시청률의 상당한 지분은 거의 모든 의원의 보좌관과 백악관 직원, 워싱턴의 어사인먼트 에디터(Assignment Editor, AE)들이 차지하고 있다. 워싱턴의 정치인 사무실과 뉴스 사무실 가운데 자칭 전문가들이 출연하는 쇼를 여러 대의 텔레비전에 켜놓고 있지 않은 사무실을 찾는 것이 오히려 힘들다." 폭스뉴스가 의회와 정치인계급에 미치는 영향에 대한 학술연구로는 다음을 참조할 것. Clinton & Enamorado, 2014; Bartlett, 2015; Arceneaux et al., 2016

MSNBC를 물리쳤을 뿐만 아니라 이 두 방송사의 시청률을 합친 것 이상의 시청률을 올렸다. 오늘날 폭스뉴스 채널은 루퍼트 머독Rupert Murdoch*의 전 세계적 미디어 제국 안에서도 연간 23억 달러의 수익을 올리는 가장 수익성 높은 자산이 되었다.** 그리고 이러한 상업적 성공에 따르는 정치적·문화적 영향력에 대해선 말할 필요도 없다.

　일부 언론 비평가들과 학자들은 전국 텔레비전 시청자 중에서 케이블 뉴스 시청자가 차지하는 비중은 얼마 되지 않으며, 유권자 인구 중에서는 더 작은 인구만을 대변한다는 점을 지적하면서 폭스뉴스가 지니는 상징성을 경시하곤 한다.*** 그러나 이처럼 단순히 시청자 규모로 폭스의 정치적 영향력을 가늠하려는 시도에는 한 가지 맹점이 있다. 바로 폭스가 행사하는 영향력이 열성 시청자들의 거실에서 멈춘다고 가정하는 것이다. 『컬럼비아저널리즘리뷰Columbia Journalism Review』의 테리 맥더못Terry McDermott에 따르면 저널리스트는 본인들 스스로가 매우 자기 성찰적인 뉴스 소비자 집단이기 때문에 케이블 뉴스 매체가 오히려 전국적 여론 형성자들을 더 많이 대변할 수 있다(2018: 8). 다르게 설명하자면 저널리스트들은 서로에게 매우 강한 영향력을 행사하며, 특히

•　　호주계 미국인으로 폭스뉴스 채널을 비롯해 미국·호주·영국의 언론사 다수를 소유하고 있는 미디어계의 억만장자이다. 🈂

••　　Pew Research Center(2016. 5. 16.)

•••　　『사상을 바꾸거나 채널을 바꾸거나Change Minds or Changing Channels』(2013)의 저자 케빈 아르체노Kevin Arceneaux와 마틴 존슨Martin Johnson은 케이블 뉴스의 영향력이 과장되게 인식되고 있다고 주장한다. 그 근거로 지상파 뉴스 프로그램 시청자와 미국 유권자 수 대비 케이블 뉴스 시청자 수가 미미함을 들었다. 예를 들어 2012년 1월 MSNBC에서 방영된 〈크리스 매튜스의 하드볼Hardball with Chris Mathews〉은 80만 명이라는 시청자 수를 기록했으며, 케이블 뉴스 1위 프로그램인 〈오라일리 팩터〉도 340만 명의 시청자 수를 기록하는 데 그쳤다. 이에 비해 지상파 저녁 뉴스 프로그램은 케이블 뉴스의 시청률을 쉽게 상회한다. 같은 기간 NBC와 CBS는 각각 740만 명과 1020만 명의 시청자 수를 기록했다(4-5).

지배적인 전국 뉴스 방송사에서 전파를 탄 기사는 규모가 더 작은 지역 뉴스 방송사의 편집 방향을 좌우한다. 이 현상을 학자들은 "미디어 간 의제 설정"이라고 부른다.•

지금까지 폭스뉴스를 대상으로 진행된 여러 콘텐츠 연구는 폭스뉴스가 그 자체로 전국 언론의 편집 방향에 영향을 끼칠 수 있음을 보여줬다.•• 1990년대 후반부터 폭스뉴스는 르윈스키-클린턴 스캔들과 클린턴 탄핵, 2000년 대통령 선거, 이라크 침공과 같은 의제들을 다루면서 보수 세력에게 핵심적인 국가 문제에 대한 개념적 통제권을 쥐여 주고자 하는 의도 그리고 더욱 중요하게는 이 의도를 실행에 옮길 수 있는 능력이 있음을 증명해 보였다. 하지만 지금까지 폭스뉴스의 수사적 업적 중에서 가장 인상적인 것은 2000년대 후반 경제 위기에 대한 국가적 논쟁을 좌지우지한 것이라고 할 수 있다.

공화당의 입장에서 대침체는 부시 행정부의 "테러와의 전쟁"에 대한 대중적 지지를 확보하는 것보다 더 험난한 정치 커뮤니케이션 과제였다. 당시 미국 대중들은 2001년 9·11 테러의 경험을 통해 전쟁에 대비하게 되었고, 이는 폭스의 애국주의적 방송 전략과 공화당의 강경주의 외교적 입장에 큰 지지대로 작용했다. 그러나 2008년 금융 붕괴와 그

• 데이비드 맥나잇 David McKnigh에 따르면 폭스뉴스의 진정한 영향력은 시청자에 대한 설득력이 아니라 "미디어 간 의제 설정자"로서의 능력에 기인한다(2013: 13, 27-29, 70). "미디어 간 의제 설정"에 대한 연구로는 다음을 참조할 것. Castells, *Communication Power*(2009), p. 91, 164; Mc-Combs, 2005

•• 주목할 만한 사례로는 주제별로 다음을 참조할 것. 이라크전쟁: Schechter, 2003; Rutenberg, 2003c; Calabrese, 2005. 스위프트 보트 Swift Boat 캠페인: Shaw, 2006; Cappella & Jamieson, 2008: 143, 211~212. ACORN 논쟁: Dreier & Martin, 2010. 티파티운동: Skocpol & Williamson, 2012: chapter 4. 2009년 오바마의 "녹색 일자리 차르green jobs czar" 밴 존스 Van Jones 논쟁: Levendusky, 2013

로 인한 역사적인 경제 불황은 정치적 환경을 완전히 바꾸어놓았다. 수차례의 여론조사가 보여주듯 그 당시 기업에 대한 대중의 신뢰도는 전례 없는 수준으로 추락했고, 반反기업 정서가 만연한 정치적 환경으로 탈바꿈하고 있었다.* 경제 관련 기사가 전국의 언론을 완전히 장악해버렸고,** 민주당이 수십 년 동안 "점유"해온 주제(Petrocik et al., 2003)인 소득 불평등은 부시 시대의 국가 안보와 종교·총기·동성애로 대표되는 "문화 전쟁"의 정치 담론을 몰아내고 핵심 정치 안건으로 부상했다.

위와 같은 정치 환경에서 예상 가능한 시나리오는 폭스뉴스와 같은 보수적인 방송사가 소득 불평등의 문제를 축소하려고 노력하리라는 것이다. 하지만 폭스의 인기 방송들은 오히려 부의 분배와 계급 서열의 의제를 최우선 순위에 두는 방식으로 편집 방향을 설정했다. 대신 그들은 사회경제적 경계선의 의미를 기발한 방식으로 재구성해 시장이 그 경계를 형성하는 데 아무런 역할도 하지 않는다는 방향으로 접근했다. 폭스뉴스의 전문가들은 경제적 반목 대신 매카시 시대 이후 보수 포퓰리즘의 필수요소였던 계급 갈등에 대한 문화-규범적 설명을 부각시켰다.

보수운동에서 오랫동안 활용된 담론 중 하나로 "초고학력자 엘리트"가 정부 권력을 휘둘러 "생산자" 역할을 수행하는 미국인들의 부를 몰

• 매리스트칼리지Marist College의 여론조사에 따르면 "미국인의 4분의 3 이상이 미국의 도덕적 나침반이 잘못된 방향을 가리키고 있다고 응답한 것에 비해 기업 임원은 58퍼센트만이 위와 같이 답했다". Carroll(2010) 참조. 마케팅 컨설팅 회사인 얀켈로비치Yankelovich에 따르면 1968년에는 미국인의 70퍼센트가 "기업은 책임감 있게 행동합니까?"라는 질문에 "예"라고 답했다. 하지만 2011년 해리스Harris 여론조사에 따르면 응답자의 13퍼센트만이 "대기업"에 대한 신뢰를 표명했다. Argenti(2013) 참조. 월 스트리트에 대한 대중의 신뢰 또한 사상 최저치를 기록했다. Owens(2011. 10. 7.) 참조.
•• Pew Research Center(2009. 10. 5.)

수하고 진보적인 문화적 가치를 강요한다는 서사가 있다. 폭스뉴스의 인기 진행자들은 이런 보수 진영의 서사를 타블로이드 언론tabloid media 의 "하류 취향" 정치와 엮어내면서 나름의 정당성을 부여했다. 이처럼 타블로이드적인 자극성과 대중 친화적인 윤리의 혼합은 폭스뉴스로 하여금 자신의 시청자들을 "진정한" 노동계급 다수로 자리매김하게 해주었고, 이를 통해 폭스뉴스는 소수 보수 세력의 정치적 욕망을 대중적이고 보편적인 것처럼 연출할 수 있었다. 그리고 실제로 대침체의 전환점에서도 이러한 수사적 전략의 효력은 상당했던 것으로 보인다. 2009년과 2010년 폭스뉴스는 22년 역사상 최고의 시청률을 달성했고,* 미국 재계로 향했던 대중의 분노를 정부로 재조준하는 데 크게 기여했다.

물론 폭스가 이 모든 것을 홀로 이뤄냈던 것은 아니다. 대침체에 대한 폭스의 자유시장주의적 해석은 러시 림보Rush Limbaugh의 라디오 토크쇼, 드러지리포트Drudge Report와 같은 뉴스 웹사이트 그리고 『월스트리트저널』의 사설과 같이 "보수 언론 기관"의 기둥을 이루고 있는 다른 핵심 조직들에 의해 강화됐다(Jamieson & Cappella, 2008). 언론계 외부로 눈을 돌리자면 미국 혁명 중에 일어난 사건이었던 '보스턴 티파티'**의 이름을 딴 새로운 풀뿌리운동이 일어났으며, 이들도 폭스뉴스에 힘을 보태 경제 위기에 대한 전국적 담론을 조작하는 데 기여했다. 2009년 초반의 티파티운동은 바로 폭스의 시청자들이야말로 도덕적 분노와 민중의 격노를 고스란히 느끼고 있는 경제 위기의 주인공들이라는 주장

•   Holcomb et al.(2012) 참조.
••   영국의 지나친 세금 징수에 반발한 미국의 식민지 주민들이 1773년 12월 보스턴 항에 정박한 배에 실려 있던 차茶 상자를 바다에 버린 사건이다. 현재 공화당 내 보수주의 사회운동 또한 보스턴 티파티 사건에서 이름을 따 '티파티'운동이라고 불린다. ⓐ

을 뒷받침하는 실질적 근거로 작용했다. 이에 대한 보답이라도 하듯 폭스뉴스는 티파티운동에 대한 지속적인 보도를 통해 세금과 정부에 반대한 티파티운동이 그 수명을 연장할 수 있도록 도왔다. 특히 2009년 2월부터 3월까지 폭스뉴스가 티파티운동에 대한 보도를 반복적으로 방영한 것은 CNN과 기타 주요 뉴스 기관들에게 기존보다 티파티 관련 보도를 늘리라는 압박으로 작용하기도 했다(Skocpol & Williamson, 2012: 4장).

최초로 전국적인 티파티 시위가 기획된 2009년 4월 15일 조세의 날 즈음 폭스뉴스는 단순히 티파티 행사를 보도하는 것을 넘어 티파티 행사를 옹호하는 모드로 기어를 변환했다. 숀 해니티 Sean Hannity, 글렌 벡 Glenn Beck, 닐 카부토 Neil Cavuto와 같은 인기 진행자들을 전국의 다양한 시위 현장으로 보내 방송을 생중계하도록 하기도 했다(그림 1.1). 티파티에 관한 가장 권위적인 책의 저자인 테다 스카치폴 Theda Skocpol과 버네사 윌리암슨 Vanessa Williamson은 "우리가 인터뷰한 대다수의 사람들이 바로 이 시점에 [운동에] 참여하기 시작했다"고 회고했다(2012: 8).

2009년 조세의 날에 폭스뉴스 애청자들은 활동가로 변모했고, 이 활동가들은 폭스뉴스의 새로운 마케팅 수단이 됐다. 지난 수십 년 동안 뉴스 산업에서 진행된 당파적 전환을 이보다 더 강력하게 보여주는 사건은 없을 것이다. 이는 언론 기업의 이미지메이킹 전략과 정치운동의 언론 전략이 완벽하게 결합된 것이었다.

2009년 여름 티파티 시위자들은 오바마의 핵심 의료개혁법안이자 "오바마케어 Obamacare"로 알려진 「부담적정보험법 Affordable Care Act」을 홍보하기 위해 기획된 시청의 행사들을 저지했다. 폭스뉴스의 인기 프로그램은 평범한 보수주의자들이 치명적인 질문을 던져 민주당 하원의

그림 Ⅰ.1 티파티 행사에 대한 폭스뉴스의 홍보성 보도

원들을 압도해버리는 영상들을 의기양양하게 송출했다. 휴대전화 카메라로 촬영된 이 영상들은 대부분의 경우 고함이 오가는 아귀다툼으로 끝나곤 했다. 뉴욕 롱아일랜드에서 열린 티파티 행사에선 "쓸데없는 놈들을 끌어내자"는 슬로건이 터져 나왔다. 소위 "납세자 행진"으로 알려진 2009년 9월 12일 워싱턴의 시위 행진은 티파티운동의 또 다른 발화점이었다. 약 75,000명의 보수 활동가들이 미국 국회의사당을 가득 메

<hr>

• 윌리엄슨과 스카치폴은 2010년 4월에 진행된 여론조사를 인용하며 "전체 응답자의 11퍼센트만이 폭스뉴스를 시청하는 것에 반해 티파티 지지자의 63퍼센트가 폭스뉴스를 시청한다"고 밝혔다(2012: 135). 보수 언론의 브랜드 전략과 티파티의 정치운동 간의 관계를 보다 깊이 성찰한 사례는 카디자 코스틀리 화이트Khadijah Costley White의 신간 『우익 사회운동에 브랜드 입히기: 뉴스 미디어와 티파티 The Branding of Right-Wing Activism: The News Media and the Tea Party』(2018)를 참조할 것.

우고 오바마 대통령의 재임 기간 동안 가장 큰 규모의 오바마 반대 시위를 이끌었다. 날짜에서 알 수 있듯이 이 행사는 당시 폭스뉴스의 떠오르는 스타 진행자이자 "9·12 프로젝트"라는 티파티 제휴조직을 만든 글렌 벡과 밀접한 관련이 있었다.

오바마 대통령은 2009년 6월 16일 CNBC 존 하우드John Harwood 특파원과의 인터뷰에서 자신에 반대하는 티파티 시위대가 집결하는 데 있어 폭스가 특별한 역할을 했음을 인정하며 좌절감을 표했다. "제 행정부를 공격하는 데만 완전히 몰두하는 방송사가 하나 있습니다. (⋯) 하루 종일 보더라도 저에 대한 긍정적인 기사는 단 한 가지도 찾기 어려울 겁니다."* 그해 가을 오바마 백악관의 커뮤니케이션 담당자인 애니타 던Anita Dunn은 아예 폭스를 범인으로 지명했다. CNN의 〈믿을만한 소식통Reliable Sources〉**에 출연한 던은 "사실상 폭스는 거의 공화당 연구 부서 또는 커뮤니케이션 부서로 활동하고 있습니다"라고 퉁명스럽게 말했다. 그리고 폭스가 공화당의 "논점들"을 "공중파에 띄워놓고 있다"고 주장했다.*** 대침체의 시대에 진보와 보수는 마치 논쟁에서 취해왔던 전통적인 입장을 서로 뒤바꾼 것처럼 보였다. 이제 불리한 "언론 편향"에 대해 불만을 쏟아내는 것은 진보 진영이었다. 이러한 반전은 1950년대와 1960년대 존버치소사이어티John Birch Society****와 같은 강경 보수 세력이 제작했던 서투른 프로파간다 영화나 방송의 수준에 비해 보수 언론계가 얼마나 성장하고 성숙해왔는지를 극명하게 보여준

•   *New York Times*(2009. 6. 16.)
••   미국 뉴스 언론에 대한 분석을 초점으로 하는 CNN의 일요일 아침 토크쇼 🔊
••• CNN(2009. 10. 11.)
•••• 1958년 창립되어 정부 기능의 축소와 반공주의를 중심으로 활동해온 정치적 압력단체 🔊

다(Hendershot, 2011).

인기 없던 부시 정부의 석양을 뒤로 하고 80년 만에 가장 심각한 경제 위기를 맞이한 오바마와 민주당은, 당시의 경제 상황을 해결하기 위해 그들이 추진하고자 했던 경기부양법안과 케인스주의 정책에 대한 초당적인 지지를 당연하게 누릴 것이라고 예측했다. 그러나 돌이켜보면 그들은 공화당의 저변을 활성화하고, 의회 내 공화당 의원들을 더 오른쪽으로 밀어붙이며, 부시 정권 때 이상으로 재정적 긴축에 대한 열정을 주입하는 폭스뉴스의 능력을 과소평가했다.

2009년 1월 오바마 대통령이 취임하는 시점에서는 폭스뉴스의 창립 CEO이자 전 공화당 언론 전략가였던 로저 에일스Roger Ailes가 폭스의 정치적 위상을 너무나도 드높인 나머지, 보수 세력 내에서도 몇몇 인물들—주로 온건 보수파인—이 폭스가 공화당에 행사하는 과도한 영향력에 대해 불만을 표하기 시작했다. 부시 대통령의 연설작가였던 데이비드 프럼David Frum은 2010년 ABC의 〈나이트라인Nightline〉에서 "처음에 공화당은 폭스[뉴스]가 우리를 위해 일한다고 생각했지만, 지금은 우리가 폭스를 위해 일하고 있다는 사실을 깨닫고 있습니다"라고 언급하면서 폭스가 당을 강탈해가고 있다는 뉘앙스를 남겼다(Schoestz, 2010, 첫 문단). 같은 해『폴리티코Politico』지는 공화당의 프라이머리에서 예비후보를 선정하는 데 폭스뉴스가 끼치는 영향력을 설명하기 위해 "폭스 프라이머리 Fox primary"라는 용어를 사용했다. 해당 기사에 의하면 폭스는 출마를 고려하고 있는 후보들에게 폭스뉴스 내에서 논객 혹은 "기여자"라는 자리를 내주거나 뺏는 방식으로 예비후보 선정 과정을 지휘했다(Hagey & Martin, 2010). 폭스가 보수의 킹메이커라는 명성을 만들어갈수록 공화당 정치인들은 폭스뉴스 방송사의 경영진이나 인기 방송인들의 눈 밖에 나지 않도록 조심했다. 이 현상은 도널드 트럼프가 정계에 입문하기까지 지속됐다.

2015~2016년 공화당 대선 프라이머리 기간 동안 트럼프는 당시 폭스의 가장 인기 있는 진행자 중 한 명인 메긴 켈리 Megyn Kelly 및 에일스와 공개적으로 불화를 빚었다. 심지어 트럼프는 2016년 1월 28일 아이오와주 디모인에서 열린 폭스뉴스 토론을 보이콧하기도 했는데, 이는 다른 모든 공화당 후보가 정치적 자살로 간주하는 행위였다. 그러나 트럼프가 경고했듯이 폭스는 트럼프의 부재에 대한 대가를 톡톡히 치렀다. 트럼프 없이 진행된 예비후보자 토론은 전체 12개 토론 중 가장 낮은 시청률을 보였다. 트럼프는 폭스뉴스를 자신의 의지에 따라 굽히기 위해 명사로서의 대중 동원력 외에도 인포워즈 InfoWars 와 브라이트바트 뉴스 같은 온라인 뉴스 사이트가 이끄는 "대안 우파" 언론을 활용했다. 프라이머리 기간 동안 이 사이트들은 폭스뉴스를 반트럼프 "언론 기관"의 일부로 연출했다. 2017년 『컬럼비아저널리즘리뷰』에는 페이스북과 트위터에 공유된 대부분의 보수 게시물과 리트윗은 폭스뉴스가 아닌 브라이트바트에서 시작됐다는 논문이 게재됐다.[•] 논문의 저자 중 한 명인 하버드대학교 로스쿨의 요차이 벵클러 Yochai Benkler 교수에 따르면 브라이트바트의 온라인 확산은 전체 보수 언론 생태계를 트럼프를 지지하는 방향으로 전환하게 만들었으며, 트럼프를 반대하며 #Never-Trump 해시태그를 사용하던 보수 세력을 고립시키고 폭스뉴스까지도 이 흐름에 편승하도록 압박을 가했다.[••] 공화당 프라이머리의 최종 결

•   Benkler et al.(2017. 3. 3.)

••   Milano(2017. 8. 31.)

과는 폭스가 보수 유권자들에게 행사하던 지배력이 이전에 상상했던 것 같은 불가침의 영역이 아니라는 사실을 드러냈다.

트럼프 시대에 폭스뉴스는 대선과 무관한 다른 사건들로 인해 시험대에 올라야만 했다. 2016년과 2017년 CEO 로저 에일스—지금은 고인이 된—와 오랜 기간 인기 1위의 진행자였던 빌 오라일리가 여러 건의 성추행 혐의로 기소되어 자리를 떠나면서 폭스는 가장 중요한 인물을 두 명이나 잃게 됐다. 많은 분석가들은 폭스뉴스가 에일스의 리더십과 오라일리의 재능 없이도 케이블 뉴스에 대한 지배력을 계속 유지할 수 있을지 의문을 표했다. 하지만 경영진과 황금시간대 방송 편성의 급격한 변화에도 불구하고 폭스뉴스는 여전히 2017년을 최상의 결과와 함께 마무리할 수 있었다. 실제로 이 격동의 두 해 동안 폭스는 이전 대침체 기간에 세운 시청률 기록을 갈아치우는 업적까지 달성했다(Otterson, 2017).

그러나 폭스뉴스의 미래는 10년 전에 비해 안정적이지 않다. 트럼프는 진보적인 시청자들을 격분하게 해 CNN과 MSNBC의 시청률을 전례 없는 수준으로 끌어올렸다. 설상가상으로 최근 벤처 보수 방송사들—예컨대 원아메리카뉴스네트워크One America News Network, 뉴스맥스TV Newsmax TV, 싱클레어브로드캐스팅그룹Sinclair Broadcasting Group—이 새롭게 등장하면서 폭스는 사상 처음으로 우익에서의 경쟁을 경험하기 시작했다. 최근 증가하고 있는 "코드 절단cord-cutting"의 문제도 있다. 미디어 소비자, 특히 젊은 미국인들이 유료 텔레비전 서비스를 중단하고 인터넷 기반 뉴스를 택하는 경향은 폭스뉴스를 비롯한 모든 케이블 방송사의 생존에 가장 큰 장기적 위협을 가하고 있다.

폭스뉴스가 이 불안정한 시점에서 어디로 향하고 있는지는 불확실하며, 우리는 과연 폭스가 미국 보수 뉴스의 주요 공급자라는 타이틀을 언제 잃게 될 것인지, 잃기는 할 것인지에 대해 추측만 할 수 있을 뿐이다.* 한 가지 확실한 것은 지난 20년 동안 폭스뉴스가 보수 언론의 혁신을 주도하는 데 있어서, 그리고 보다 깊은 차원에서는 미국의 뉴스가 제공되고 판매되는 방식을 바꾸는 데 핵심적인 역할을 수행했다는 점이다. 폭스의 획기적인 상업적 성공 사례는 일종의 도미노 효과로 타 뉴스 제공자, 즉 MSNBC로 하여금 당파적 이미지메이킹 전략을 채택하도록 자극했으며, 이와 더불어 과거의 냉정하고 "올곧은straight" 뉴스 형식 대신 정치적으로 격정적이고 의견 중심적인 뉴스 형식이 선호되는 방송 편성 모델을 낳았다.** 이 연구는 폭스뉴스가 어떻게 새로운 스타일의 텔레비전 저널리즘을 개척했는지, 그리고 왜 이 스타일이 보수적인 시청자들의 강력한 정치적 정체성을 만들어낼 수 있었는지 묻는다. 이 질문에 답하기 위해 이 책은 폭스의 제도적 역사를 조사하고, 미국 정치에서 폭스뉴스가 극적이고 부인할 수 없는 수준으로 지배력을 행사했던 2009년부터 2010년까지의 기간 동안 방송사에서 가장 인기가 높았던 3대 프로그램인 〈오라일리 팩터〉와 〈해니티〉 그리고 〈글렌 벡〉에 대한 면밀한 텍스트 분석을 진행한다.

이 책의 내용 중 역사적인 부분은 폭스의 모회사인 뉴스코퍼레이션News Corp. ─ 현재 21세기폭스21st Century Fox Inc. ─의 소유주 루퍼트 머독, 창립 CEO 로저 에일스 그리고 스타 진행자였던 빌 오라일리의

• Gottfried et al.(2016. 2. 4.)

•• Kurtz, 1997; Delli Carpini & Williams, 2001; Schudson, 2003; Rutenberg, 2003: 112; Collins, 2004; Wormald, 2005; Pew, 2007; Baum & Groeling, 2008; Jaramillo, 2009: 36-38; Peters, 2010; Norton, 2011; Sherman, 2014

전기를 참고해 이 인물들이 참여한 초창기 언론사들의 특징이 어떻게 추후 폭스 고유의 방송 기법으로 이어지게 됐는지 살펴본다. 그러나 이 연구는 "문화계보학적 cultural genealogical 방법"[*]을 따라 폭스 역사상 몇몇 "위인들"의 천재성에 중점을 두는 대신, 이 인물들이 마케팅 도구와 정치적 무기로 활용했던 수사적 전통과 미디어 스타일을 이해하는 데 집중한다. 이 연구 방법을 통해 폭스가 대중문화의 두 가지 계급 중심적 전통을 결합시켜 반엘리트 뉴스로서의 이미지를 구축한 방식이 드러난다. 여기서 말하는 두 가지 계급 중심적 전통 가운데 첫 번째는 정치적 영역의 포퓰리즘이며, 두 번째는 상업적 영역의 타블로이드 저널리즘이다. 도널드 트럼프는 리얼리티 TV 스타이자 포퓰리스트 정치인으로서 두 전통의 결합을 몸소 실현하고 있다. 그럼에도 불구하고 우리는 트럼프를 포퓰리즘을 촉발시킨 도화선으로 볼 것이 아니라, 트럼프와 브라이트바트가 헤드라인을 장식하기 수십 년 전부터 폭스뉴스가 만들어온 담론의 정점으로 봐야 할 것이다.

근래 들어 전후 보수운동에 대한 역사적 연구들이 성과를 보이면서 지난 40년간 정치적 우경화를 추진한 세력에게 서광이 비쳤다.[**] 하지만 정치사적 흐름과 미국 언론의 역사가 교차하는 지형을 그려낸 학자는 많지 않다(Hendershot, 2011: 13). 그 결과 우파의 부상에서 언론이 차지하는 위치는 아직 충분히 해명되고 있지 못하다. 이 책은 정치 이론과 문화 이론을 결합하고, 포퓰리즘과 전후 보수운동에 대한 문헌을 저

---

[*]   Nietzsche, 1956 Foucault, 1965, 1970, 1977. Mukerji, 2007

[**]   Davis, 1986; Carter, 1995; Kazin, 1998; McGirr, 2001; Frank, 2004; Phillips-Fein, 2009; Cowie, 2010; Perlstein, 2001, 2008, 2014

널리즘 및 텔레비전 연구에 대한 문헌과 연결함으로써 폭스뉴스의 대중 선동적인 수사법 그리고 누구도 예상하지 못했지만 동시에 숙명적일 수밖에 없었던 폭스뉴스의 케이블 뉴스 장악을 다차원적으로 바라보고자 한다.

다음 절에서 다시 얘기하겠지만 이 책의 주요 목표 중 하나는 언론 당파주의에 대한 새로운 개념적 접근법을 제공하고, 대중적인 개념화가 과연 어느 정도까지 정치적 이데올로기에 관한 것인지에 대해 의문을 제기하는 것이다. 좌우 이데올로기의 도식에만 의존해 폭스뉴스를 정의하게 된다면 폭스뉴스가 당파주의를 정체성의 스타일로 구성하는 모습을 놓치게 될 것이기 때문이다.

언론 당파주의에 대한 재고

스타일, 즉 양식의 역사는 사람들이 왜 민주당이나 공화당을 뽑았는지가 아니라 어째서 그들이 투표라는 행위를 할 수밖에 없었는지, 그리고 왜 특정 정당의 후보에게 투표하는 것이 자연스러울 수밖에 없었는지를 다룰 뿐이다.

—마이클 맥거 Michael McGerr, 1986

오랜 기간 폭스뉴스 사상 최고의 쇼라는 지위를 누린 〈오라일리 팩터〉의 2009년 광고 영상은 검은색 배경과 함께 시작한다. 폭발이 일어난 것처럼 연기가 공중에서 소용돌이친다. "딴 따단 딴"하며 쿵쿵대는 드럼 소리가 들려온다. 대문자로 다음과 같은 문구가 등장한다. "궁극적으로 따져주는 TV 쇼. 보통사람들을 위한 진짜 목소리. 사랑하든 미위하든 그는 분명 최고입니다." 다음으로는 빌 오라일리가 몸을 숙이고 손을 휘저으면서 토론하는 비디오 몽타주가 따른다. 매우 가까이 클로즈업된 그의 눈이 얼굴의 표정을 강조해준다. 마치 영화 예고편에 나올 법한 목소리로 "빌 오라일리, 100개월간 케이블 뉴스 1위"라는 음성이 나온다. 이어서 오라일리 본인의 목소리가 들린다. "당신은 바보가 아니면 거짓말쟁이야", "미국 국민들에게는 화낼 권리가 있습니다", "저기, 허튼소리 집어치워!"•

폭스의 케이블 뉴스 라이벌이자 정치적 대척점에 있는 MSNBC에서 같은 시기에 간판 정치 프로그램으로 내세운 〈레이첼 매도우 쇼Rachel Maddow Show〉의 광고 영상과 비교해보자. 후드티와 뿔테 안경을 쓰고 카펫 위에 무릎을 꿇고 앉아 있는 진행자 매도우의 모습이 보인다. 그녀는 볼펜을 입에 물고 여러 문서에 광적으로 메모를 한다. 배경에는 음울한 바이올린 음악이 흐른다. 매도우의 음성은 다음과 같이 말한다. "뉴스는 이야기를 다룹니다. 동떨어진 사실들을 모아 일관성을 찾는 일이죠. 이 일을 올바르게 하려면 강박에 가까울 정도로 사실에 대해 엄격하고 헌신적이어야 합니다." 이어지는 장면에서 매도우는 마치 세미나를 진행하듯 칠판 앞에서 아이디어와 연결선을 그어대고 있고, 그 앞에는 그녀의 연구진이 앉아 있다. 다음 장면으로는 흐트러진 책상에서 열성적으로 타자를 쳐대는 매도우의 모습이 나온다. 광고는 늦은 시간에도 불구하고 매도우가 열정적으로 조사에 집중하는 기자라는 사실을 암시하고 있다.

현대 미디어 비평가들은 당파적 이미지메이킹 전략을 공통점으로 갖

• DirectorJess8 (2009. 4. 2.)

고 있다는 이유만으로 보수적인 폭스뉴스와 진보적인 MSNBC를 동일 선상에 놓고 비교하곤 한다. 그러나 이러한 표면적인 공통점은 우리 눈에 뚜렷하게 보이는 차이점, 즉 두 방송사가 역사적으로 자신과 시청자들의 이미지를 구축한 방식의 차이를 축소시킨다. 〈오라일리 팩터〉의 광고 영상은 포퓰리즘적인 언어와 공격적인 장면을 활용해 오라일리에게 전사이자 "보통사람들"의 대변인이라는 이미지를 부여한다. 광고는 높은 시청률을 인용하며 〈오라일리 팩터〉가 다수의 목소리를 대변한다고 주장한다. 반면에 매도우는 연구자·작가·지식인으로 연출된다. 그녀의 문화적 권위는 "엄격한" 경험주의와 정통적인 연구에 대한 "헌신"에 달려 있다. 잡지 『배니티페어 Vanity Fair』의 특파원 가브리엘 셔먼 Gabriel Sherman이 적절하게 표현한 것처럼 매도우의 매력은 "스스로가 '사실 기반 공동체'의 일원임에 자부심을 갖는" 시청자들을 위해 기획된 것이다.·

음악·음성·영상 그리고 글꼴까지 〈오라일리 팩터〉 광고의 모든 심미적 요소들은 육감적이고 정서적 강렬함을 자아내도록 설계된 반면, 매도우 광고의 연출 스타일은 사색적이고 이지적인 분위기를 자아낸다. 이 두 광고에서 우리는 시청자들에게 호소하는 두 가지 상반되는 방식을 볼 수 있다. 하나는 문화적으로 "대중 선동적"··이고, 다른 하나는 문화적으로 "이상 지향적 aspirational"이다. 이 두 양식적 지향은 결코 케이블 방송 분야에만 국한된 것이 아니다. 출판·라디오·온라인 뉴스 매체 시장의 지형 또한 그 구성과 방향성과 관련해 두 지향점의 영향부

•   NBC News (2010. 10. 10.)
••   여기서 저자는 populist라는 용어를 사용했다. 🈟

터 자유롭지 않다.*

〈레이첼 매도우 쇼〉가 보여주었던 "이상 지향적" 뉴스 기법의 더 다양한 예시를 보기 위해 유서 깊은 『뉴욕타임스 The New York Time』가 같은 시기에 내보낸 텔레비전 광고를 살펴보자. "더 위켄더 The Weekender"라는 제목의 광고는 『뉴욕타임스』를 구독하는 다양한 독자들의 모습을 소개한다. 첫 번째로 번듯한 비즈니스 복장을 갖춰 입은 전문직 집단이 둘러서서 이야기를 나누는 장면이 나온다. 내레이션으로 "구독자가 되면 대화의 중심에 서게 됩니다"라는 음성이 깔린다. 다음 장면에선 세련된 밤색 치마를 입은 젊은 여성이 등장한다. 그녀가 "당신은 어떤 분야에 능통하죠?"라고 묻자 검은색 터틀넥 스웨터를 입은 말쑥하고 비트족 같아 보이는 남자가 미소를 지으며 답한다. "사실 세 가지 분야를 다루죠. 비즈니스, 여행, 독서."** 광고는 또한 뉴스 매체로서 『뉴욕타임스』가 지닌 명성을 강조한다. 그러나 전문성을 강조하는 것 못지않게 중요한 것은 전문직계층의 사회와 코스모폴리탄적 "취향 문화"를 『뉴욕타임스』와 어떻게 연결 짓는가이다(Bourdieu, 1984)(그림 1.2~1.4 참조).

국가적 "기록 매체"라는 특별한 지위를 유지하기 위해 『뉴욕타임스』의 마케팅은 "객관적" 저널리즘의 전통—자신들이 그 성립에 있어 역사적인 역할을 수행한—에 대한 지속적인 헌신과 전문성을 강조한다.

---

*   폭스뉴스에 지성적 또는 "상류" 콘텐츠가 존재한다는 사실은 우리로 하여금 폭스를 "대중 선동적"인 언론으로 분류하는 데 머뭇거리게 만든다. 『뉴욕타임스』가 타블로이드적인 요소들을 채택한다고 해서 우리가 『뉴욕타임스』를 엘리드 혹은 이상 시향적 언론으로 정의할 수 없는 게 아닌 것과 마찬가지다. 『피플 People』지부터 『이코노미스트 Economist』지에 이르기까지 모든 언론은 "타블로이드"적 요소와 "양질"의 요소를 복합적으로 지니고 있다. 이러한 이유로 뉴스 언론의 심미성 정치는 명확한 선으로 구분된다고 이해하기보다는 일종의 양식적 스펙트럼으로 평가하는 것이 좋다.
**   nytimers(2009. 2. 25.)

그림 Ⅰ.2 〈오라일리 팩터〉

그림 Ⅰ.3 〈레이첼 매도우 쇼〉

그림 Ⅰ.4 『뉴욕타임스』

그럼에도 불구하고 자신의 전문성을 증명하기 위해선 무슨 일이라도
할 방송국인 내셔널퍼블릭라디오National Public Radio*와 마찬가지로 『뉴
욕타임스』는 대다수 사람들에게는 진보적 언론으로, 보수주의자들에게
는 "극좌파" 언론으로 간주된다.** 이는 미국 뉴스 환경의 당파적 지형
이 오로지 반대되는 정치적 견해와 편향적인 편집에 바탕을 두고 있다
는 가정에 문제가 있음을 보여준다. 좌우의 대립만으로 미디어 당파성
을 개념화할 경우 뉴스 매체의 마케팅 전략이 사회적 식별인자identifiers
와 취향에 기반한 호소를 통해 정치적 관계를 실체로 창출해내는 간접적

---

*   미국 공영 라디오 방송국 ⬚

**   Pew Research Center(2012. 9. 27.)

인 방식을 간과할 수 있기 때문이다.

지금까지 폭스뉴스를 다룬 글과 논평들은 대개 폭스의 창립 슬로건인 "공정과 균형 Fair & Balanced"으로부터 파생된 "언론 편향"의 서사에 집중해왔다. 이 슬로건은 폭스가 "진보적" 주류 언론에 대한 대항마를 자처하면서 미국 저널리즘의 "객관성을 회복했다"는 서사를 내포한다. "진보 편향"은 폭스의 방송 담론에서 빈번히 등장하는 주제다. 엘리너 타운즐리 Eleanor Townsley와 로널드 제이콥스 Ronald Jacobs (2011)는 폭스가 라디오 토크쇼와 함께 전반적인 미국 뉴스 문화에서 언론 비평의 중요성을 더욱 고양시킨 공로를 인정한 바 있다. 그들은 이것을 "미디어 메타비평 metacommentary" 혹은 뉴스에 대한 뉴스라고 명명한다. 타운즐리와 제이콥스에 따르면 현대 뉴스 기사는 이벤트 자체를 보도하는 것에서, 다른 언론 매체들이 이벤트를 어떤 식으로 보도하는지를 보도하는 것으로 점차 변모하고 있다.

하지만 폭스의 언론 편향 서사와 늘 같이 활용되어온 또 하나의 핵심 서사에는 폭스가 뉴스 산업의 문화적 엘리트주의에 도전하면서 "평범한 미국인"의 신임을 얻게 됐다는 서사가 있다. 진보 편향에 대항한다는 스토리와 포퓰리즘의 스토리라는 쌍둥이 서사가 폭스의 방송 담론에서 철저히 합성된 나머지, 현재 "진보 매체"라는 용어는 "엘리트"라는 단어의 대체어로 사용되기까지에 이르렀다. 이에 반해 "국민 folks", "심장부 heartland", "블루칼라 미국인"과 같은 문구는 자연스럽고 배타적일 정도로 전국 뉴스 시청자 중 보수적인 시청자들을 가리키게 되었다.

만일 당파주의를 기본적으로 이념적 차이를 대변하는 것이라고만 간주한다면 폭스의 언론 편향 서사에만 초점을 맞춰도 폭스의 당파적 방송 기법을 충분히 이해할 수 있을 것이다. 그러나 우리가 당파적 정체성이 순수한 철학적 이념이나 정책적 선호도 못지않게 사회적 배경과 문화적 친근함에 의해서도 정해진다는 사실을 인정한다면, 폭스뉴스가 자신의 시청자 집단을 사회경제적 집단으로서 어떻게 표현하는지에 대해서도 분석해야 한다.

정치학 연구들은 이미 이념보다 사회적 정체성이 정치적 성향에 큰 영향을 끼친다는 것을 보여주었다. 존 바틀John Bartle과 포알로 벨루치Poalo Bellucci가 지적했듯이 개인의 가족·계급·종족·주거지에 맞춰 "정치적 선호도에 대한 예측을 조정하는 것이" 반대로 하는 것, 즉 "정치적 선호도에 맞춰 어떤 집단에 속하는지를 예측하는 것보다 훨씬 쉽다"(2009: 8). 다시 말해 사람들은 특정 정당 내지 정당 내부의 기관보다는 동료 당원들을 통해 정체성을 형성하는 경향이 강하다. 이 말은 곧 특정 정당에 소속되면서 취득하게 되는 사회적 집단으로서의 지위가 더 중요하다는 뜻이다.*

19세기 미국을 지배했던 당파적 신문과 각 당원들의 관계를 분석했던 역사학자들도 비슷한 현상을 관찰했다. 당시 당파적 신문이 인기를 끌 수 있었던 이유는 신문에 담긴 정보나 그들이 내세운 정치적 이념 때문이 아니라 역사학자 마이클 맥거가 신문의 "정치적 스타일"이라고 명명한 연출 기법, 즉 독자들에게 친숙하고 이해 가능한 방식으로 정계를 설명하는 데 능했기 때문이었다(1986). 맥거는 당시 당파적 간행물을 읽는 행위가 대중들에게는 **표현적** 기능을 제공했다고 강조한다. 장승을 세우거나 길거리에서 행진을 하는 것과 마찬가지로 간행물 읽기

---

* Campbell et al., 1960; Schuessle, 2000; Green et al., 2002; Green & Shickler, 2009; Iyengar et al., 2012; Taub, 2017

는 19세기 미국인들에게 집단적 정체성과 공동의 가치를 표현할 수 있는 의례적 행사였고, 그들이 공유하는 맥락을 제공해주었다.

21세기가 시작된 지금, 우리는 당파주의를 내세운 보도 스타일과 언론 시장의 극적인 복귀를 목격하고 있다. 하지만 디지털 시대인 요즘에는 텔레비전 화면이 정당 깃발의 자리를 대체했다. 체육관, 술집 또는 다른 사람의 거실에 있는 텔레비전에 폭스뉴스가 틀어져 있을 때 우리는 뉴스의 내용보다 이 채널을 선택한 사람들에 대해 더 많이 생각하곤 한다. 폭스뉴스가 시청자와 소통하는 방식은 우리의 머릿속에 특별한 사회적 집단의 모습을 떠오르게 하고, 폭스뉴스의 공격적인 어투는 시청자로 하여금 내가 그 집단의 열성적인 내부자인지 아니면 적대적인 외부자인지 마음의 결정을 내리도록 종용한다. 종종 우리는 정치적 이념이 폭스뉴스 시청자들을 묶어주는 끈이라는 사실에 어떤 의문도 제기하지 않고 넘어가기도 한다. 나 또한 폭스뉴스를 연구 주제로 삼기 전에는 똑같은 가정에 매여 있었다. 하지만 폭스라는 조직의 역사와 방송 콘텐츠를 수년간 연구한 결과, 나는 폭스뉴스의 진정한 이념적 힘은 폭스가 내세우는 논점 그 자체가 아니라 오히려 폭스의 제작자들과 방송인들이 이 논점을 사회적으로 유의미하게 만들기 위해 사용하는 문화적-양식적 대상에 있음을 알게 됐다.

영화 장르나 하위 문화적 음악이 스타일에 따라 어떻게 체계화되는지는 쉽게 알아챌 수 있다. 그러나 정치 분석가들이 정치, 더 나아가 정치 뉴스가 스타일 차이에 따라 어떻게 형성되고 구조화되는지를 인식하는 데는 오랜 시간이 걸렸다(Hariman, 1995: 10). 19세기의 전임자들처럼 21세기의 당파적 뉴스 매체들 역시 각자의 고유한 스토리텔링, 심미적 성향, 연출의 특이점에 따라 완전히 다른 유형의 표현 정치를 보여준다. 아리스토텔레스의 저서 『수사학』이 시사하듯 이와 같은 스타일적 요소는 고대로부터도 정치 커뮤니케이션의 일부였지만, 미디어 엔터테인먼트와 정치의 분리가 거의 허물어진 현대 사회에서 이는 더욱 빈번하게 의도적으로 활용되고 있다. 정치 커뮤니케이션 학자 벤자민 모핏Benjamin Moffitt과 사이먼 토메이Simon Tormey는 "현대의 정치적 지향은 심각하게 매체화되고 '양식화'된 나머지 소위 '심미적'이거나 '연출적' 요소가 특히 중요해지고 있다"고 서술한다(2014: 388). 도널드 트럼프의 대선 승리는 그 어느 때보다 스타일을 분석적 범주로서 다뤄야 함을 보여준다. 트럼프가 운영한 선거캠프는 근현대사에 있어 가장 이단적인 공화당 선거캠프 중 하나였다. 그럼에도 불구하고 오랫동안 언론에 노출되어온 인물인 트럼프는 자신의 언론 홍보 지식을 활용해 테드 크루즈Ted Cruz 상원의원과 같이 이념적으로는 더 순수한 정적들을 물리칠 수 있었다.

물론 내가 폭스뉴스의 성공과 관련해 방송 스타일과 오락적 요소들이 얼마나 중요한지를 강조한 최초의 사람은 아니다. 실제로 폭스뉴스에 관한 몇 안 되는 저서 가운데 하나인 『어둠의 천재: 전설적인 정치 공작원이자 폭스뉴스 창립자 로저 에일스의 영향력 있는 커리어Dark Genius: The Influential Career of Legendary Political Operative and Fox News Founder Roger Ailes』(이하 『어둠의 천재』)에서도 스타일은 핵심 개념으로 정립되어 있다. 저자 커윈 스윈트Kerwin Swint는 이 책의 첫 장에서 다음과 같이 선언한다. "세계가 로저 에일스에 대해 이해해야 하는 것은 그가 뉴스맨이 아니라 쇼맨이라는 점이다"(3). 스윈트는 에일스가 주간 TV 프로듀서로 일하던 경력 초기에 고안한 양식적 혁신을 설명하고, 어떻게 이런 언론 기술을 정치 캠페인·기업 홍보·TV 뉴스에 이르기까지 다양한 커뮤니케이션 분야에 적용할 수 있었는지를 보여준다. 스윈트가 『어둠의 천재』에서 발전시킨 간학제적이고 다방면적인 접근 방식은 폭스뉴스를 연구하는 데 훌륭한 모형을 제공한다. 이 책도 바로 그러한 접근 방식을 본보기로 삼고 있다.

그럼에도 불구하고 『어둠의 천재』는 폭스뉴스에 관한 문헌 전반에 공통적으로 존재하는 몇 가지 분석적 한계를 지니고 있다. 주요 결함은 스윈트가 채택하고 있는 "실체보다 스타일 style over substance"(3, 10)이라는 주장이다. 이러한 관점에서 분석가의 임무는 폭스의 화려한 연출이라는 사탕발림 너머에 존재하는 정치적 이념의 알맹이를 드러내는 것이다. 물론 스윈트는 폭스의 연출법에서 타블로이드의 영향을 간파해내고 로저 에일스가 "연출" 및 인간적 소통에 큰 가치를 뒀다는 점을 정확히 강조했다. 그러나 그의 분석에서 위와 같은 연출적 요소들은 에일스와 루퍼트 머독의 우파 정치관에 오락적 요소를 가미해 보다 쉽게 받아들여지게 만든 완화제 역할을 한 것에 지나지 않는다. 『어둠의 천재』는 무엇보다 정치적 분석을 우선시했기 때문에 폭스의 방송 스타일이 지닌 문화적 정치성을 검토하지 못했다.

양식화된 정치 커뮤니케이션은 정신이 아니라 감정에 영향을 미친다는 생각 그리고 "이미지" 또는 "비주얼"이 문자에 비해 본질적으로 "반이성적"이라는 믿음은 이미 수 세기 전에 뿌리를 내렸다(Caldwell, 1995: 336-358). 1940년대부터 1980년대를 아우르는 지상파 텔레비전의 시대에 스타일에 대한 위와 같은 데카르트적인 이해는 방송 정책으로 성문화되기까지 했다. 데보라 자라밀로 Deborah Jaramillo는 CBS가 1976년 규정집에서 "뉴스에서 음악·재연·'예능 showbiz'적 성격을 지닌 모든 전술의 사용"을 금지했다고 지적한다(2009: 30). 그러나 반양식주의적 방송 철학을 두둔한 사람들은 그들이 "진지한" 저널리즘의 명백한 기준이라고 내세운 엄격한 방송의 미학 또한 특정 계층의 사람들에게만 선망의 대상이 될 수 있는 하나의 스타일로 구성되었음을 인지하지 못했다.

언론 분석가와 비평가들이 현대 정치 언론이 오락적 측면에 치우쳐 있다고 한탄할 때조차 일종의 가치 판단이 암묵적으로 전달되고 있음을 독자들이 이 책을 통해 인지할 수 있기를 바란다. 한편 이 책은 스타일의 문제를 정치적 이념을 위한 장식이나 보조적인 요소로 접근하는 대신 정치적 이념의 커뮤니케이션을 위한 근본적인 전제 조건으로 이해한다. 수사 이론 연구자인 로버트 하리만Robert Hariman은 정치적 사상과 가치는 "성공적으로 수행된 후에야 비로소 진지하게 받아들여질 수 있다"고 강조한다(1995: 10). 좌파든 우파든 특정 뉴스 매체가 발산하는 스타일은 이데올로기만큼 정치적 정체성의 형성에 유효하며 또 중요하다. 따라서 폭스에게 있어 스타일의 문제는 곧 정치의 문제라고 볼 수 있다.

한편으로 폭스뉴스의 정치 커뮤니케이션 전략에 대해 스타일적으로만 분석하고 그 전략을 활용하는 정치적 이해관계를 살펴보지 않는다면 이 또한 문제가 될 것이다. 이는 기계 전체가 어떤 용도로 사용되는지를 고려하지 않고 기계를 분해한 뒤 각 부분들이 어떻게 작동하는지 살펴보는 것과 다를 바 없다. 폭스의 방송 편성과 뉴스 프레이밍 저변에 깔린 정치적 목표와 의도는 가브리엘 셔먼과 같이 폭스뉴스 조직의 "내부 관점"을 조사해온 기자들에 의해 드러났다.* 지난 10년 동안 폭스의 방송 편성을 분석해온 수많은 내용 분석연구들은 폭스가 보수적 편향을 지니고 있음을 경험적으로 입증했다.** 오랫동안 폭스의 간판으로 역할해온 빌 오라일리조차 2004년 폭스가 오른쪽으로 "기울어져 있다"고 공개적으로 인정한 바 있다.***

결과적으로 폭스뉴스를 포괄적으로 이해하려면 그 방송 스타일과 정치적 이념 간의 관계를 설명할 수 있는 분석 틀이 필요하다. 이런 면에서는 정치적 분석과 문화적 분석을 결합하는 헤게모니 이론이 유용하다. 레이먼드 윌리엄스Raymond Williams가 설명했듯이 헤게모니 이론은 엄밀한 문화적·심미적 영역을 넘어 정치적 이해관계에 의해 담론이 어떻게 유도되는지, 그리고 그러한 담론이 어떻게 "권력과 영향력을 분배하는 특정 방식"(1978: 108)을 강화하는지 보여준다. 그러나 헤게모니는 단순히 "이념"으로 환원될 수 있는 것이 아니다. 헤게모니는 특정 문화 전반에 걸친 지배적인 가치 내지 의미가 정치 집단 혹은 언론 조직이 가동되는 메커니즘을 약화시키거나 제한하는 방식도 해명해주기 때문이다. 다시 말해 정계와 언론계의 엘리트들은 본인들의 의제에 맞게 대중문화를 마음대로 주무를 수 없다. 사회학자 마이클 셔드슨Michael Schudson의 말을 빌려 설명하자면 "문화는 우리가 이야기를 전달하는 방법을 제한"하기 때문이다(1992: 53).

문화 이론가 스튜어트 홀의 저서 『대처리즘의 문화 정치 Hard Road to

• 　　미디어매터스Media Matters나 브레이브뉴필름스Brave New Films과 같은 진보 활동가 단체들은 유출된 내부 메모 및 이메일을 통해 폭스의 편집 감독들이 기자들로 하여금 공화당에 도움이 되고 민주당에 해가 되는 방향으로 보도할 것을 직접적으로 지시했다는 사실을 폭로했다(Greenwald, 2004 Brock & Rabin-Havt, 2012: 86-90).

•• 　　Kull et al., 2003; Aday, 2005; Groseclose & Milyo, 2005; Conway et al., 2007; Pew Research Center(2008. 10. 29.); Groeling, 2008; McDermott, 2010; Brock & Rabin-Havt, 2012; Feldman et al., 2012; Huertas & Kriegsman, 2014

••• 　　Media Matters for America(2004. 7.)

Renewal: Thatcherism and the Crisis of the Left』(1988a)는 헤게모니 이론을 통해 보수 포퓰리즘을 설명하는 한 가지 방법을 보여준다. 이 책에서 홀은 1970년대 후반 영국 우파의 부상을 다루면서 대처 연합의 반정부적·자유시장 옹호적 정치가 어떻게 노동당이 내세운 복지의 매력을 압도할 수 있었는지를 살펴본다. 홀은 정치적 분석 방식이 대처식 포퓰리즘의 "공세적인 주제들"—자유시장 사상과 의제들—을 드러내줄 수 있을 뿐이라고 주장한다. 대처식 정치 프로젝트의 "유기적 주제들"을 해명하는 데에는 문화적 분석이 필수적이다. 여기서 홀이 "유기적 주제"라고 명명한 것은 영국 사회 내부에 깊숙이 자리해 있는 문화적 가치들로 무엇이 옳고, 무엇이 선한지에 대한 영국 사회의 초역사적 판단을 거스르지 않는, 그러면서도 역사적으로 특수한 보수 이데올로기를 만들어내기 위해 대처와 친대처 언론—루퍼트 머독이 소유한 영국 타블로이드 신문—이 활용한 주제들에 해당한다.

브랜드 이미지와 방송 스타일을 구축하기 위해 폭스뉴스의 창의적인 리더들은 계급·부·사회적 지위에 대한 미국 사회의 "유기적 주제"를 다루는 가장 큰 저장소 중 하나인 "포퓰리즘의 수사 전통"(Kazin, 1998)으로부터 영감을 받았다. 1964년 배리 골드워터Barry Goldwater의 대선 패배와 같은 엄청난 패배와 1980년대의 "레이건 혁명"을 비롯한 압도적 승리를 통해 교훈을 축적한 전후 보수운동은 점차적으로 자유시장 이데올로기 및 백인 노동계급의 정체성과 양립할 수 있는 새로운 포퓰리즘을 발명해낸다. 보수운동이 배양한 포퓰리즘의 레퍼토리를 전달하기 위해 1970년대와 1980년대의 보수 싱크탱크는 지식 인프라를 개

• 　이 과정에서 젠더와 인종이 어떤 역할을 했는지는 2장과 4장에서 다룬다.

발했다.˙ 미디어 크리에이터들을 비롯한 차세대 보수 활동가들에게 이 인프라와 여러 담론들은 현존하는 미국의 정치 스타일에서 벗어나지 않으면서 자신들의 힘을 확장하기 위해 어떻게 해야 하는지에 관한 "집단 지성"(Mukerji, 2009)을 제공했다. 물론 어떤 꼭두각시 거장이나 자금을 대주는 거물 한 명에 의해 보수 포퓰리즘 사상이 형성되거나 통제되는 것은 아니지만, 그럼에도 불구하고 통합된 전체로서 그들은 통일된 추진력을 생성해낸다.

위에서 설명한 보수운동의 전략에 부합하기라도 하듯 폭스뉴스의 방송 담론은 포퓰리즘 전통 중에서도 자유시장 이념에 적합한 것은 강조하고 그러지 않은 것은 배제한다. 이 책은 대침체 당시 폭스뉴스의 최고 인기 방송들이 "선별적 전통"(Williams, 1991)을 만들어낸 과정을 파헤친다. 또한 폭스의 방송들이 보수적 경제 정책을 정당화하기 위해 활용한 도덕적 논리들—사회 깊숙이 자리 잡고 있던—을 확인하고, 동시에 폭스의 전문가들이 기업가 계층과 부자들을 두둔하기 위해 사용한 포퓰리즘적 화법에 내재해 있는 한계·모순·위험을 어떻게 관리해왔는지 밝혀낸다. 위와 같은 모순은 경제가 추락하는 상황에서 더욱 두드러질 수밖에 없기 때문이다.

•　　Himmelstein, 1990: 145-151; Nash, 1998; Rich, 2001, 2004; O''Connor, 2007; Phillips-Fein, 2009; Medvetz, 2012

"공정과 균형"을 넘어
―보수 언론 비평은 어떻게 저널리즘 인식론의 새로운 지평을 열었나

1993년 『USA투데이 USA Today』는 「보수 TV Conservative TV」라는 제목으로 "이념적으로 기획된 최초의 방송사"에 대한 기사를 실었다.[*] 『뉴욕타임스』도 같은 해 「TV 채널, 밤낮을 가리지 않고 보수 토크쇼만 기획하다 TV Channel Plans Conservative Talk, All Day, All Night」라는 제목으로 비슷한 내용의 기사를 냈다.[**] 기사에 따르면 이 채널은 "법정 TV가 법률 시스템을 위해 해온 일을 보수적 정치 견해를 위해 수행하려 한다. 그것은 이를 대중문화로 정착시키는 일이다". 『뉴스위크 Newsweek』 또한 새로 등장한 "뻔뻔하게도 이념적인 (…) 24시간 케이블 방송사"에 대한 기사를 내보내고 "미국에서 처음 보는 유형"이라고 소개했다.[***] 하지만 놀랍게도 이 모든 논평은 폭스뉴스를 가리키고 있지 않았다. 폭스뉴스는 1996년 10월에야 설립되었기 때문이다. 단명하여 역사 속에서 잊혀 사라진 보수 뉴스 채널 네 곳이 바로 이 기사들이 다룬 대상이었다.

기사들이 다룬 신생 방송사들은 모두 1993년과 1996년 사이에 설립됐다. 이 실패한 보수 TV 프로젝트들 중 그나마 가장 성공적이었던 NET National Empowerment Television는 1993년부터 2000년까지 7년을 버

---

[*]   Lee(1993)

[**] Kolbert(1993. 11. 27.)

[***] Meacham(1995. 1. 30.) 소규모 지역 신문들도 「보수가 스스로의 메시지를 보도하다 Conservatives Broadcasting Own Message」(*The Oklahoman*, 1993)와 「공화당이 TV를 침략하다 GOP to Invade TV」(*Greensboro News & Record*, 1994)와 같은 제목으로 비슷한 기사를 실었다.

텄다.˙ 다음으로 설립된 것은 1993년부터 1995년까지 활동한 RESN Republican Exchange Satellite Network이다. 세 번째는 공화당 국가위원회에서 제작해 1994년부터 1997년까지 방송을 송신한 GOP-TV였다.˙˙ 마지막으로 자본 조달에 어려움을 겪어 홍보와 기획 단계를 넘어서지 못한 CTN이 있다.

폭스의 창립 CEO이자 많은 이들이 폭스의 총괄 지휘자로 지목한 로저 에일스는 1998년 기자와의 인터뷰에서 다음과 같이 말했다. "누구든 나와서 우익 뉴스를 하려고 한다면 바로 망하게 될 것입니다. 도저히 빠져나갈 수 있는 방법이 없어요." 몇 년 후 『뉴욕타임스』와의 인터뷰에서 에일스는 구체적인 이름은 밝히지 않았지만 지금까지 "네 번의 실패"가 있었다고 말하며 잊힌 보수 방송사들의 존재를 암시했다. 그러나 동시에 폭스뉴스는 이들과 "완전히 다른 사명"을 지니고 있다고 주장했다.˙˙˙ 데이비드 브록David Brock이나 팀 디킨슨Tim Dickinson처럼 폭스뉴스를 순수한 "선전 기계"로 보는 진보 논객들은 에일스가 폭스뉴스와 실패한 보수 방송사 사이에 구분선을 그으려는 시도를 보고 조롱했을 것이다. 그들이 보기엔 "우익 뉴스"라는 용어보다 폭스뉴스에 잘 맞는 단어가 없기 때문이다. 하지만 다른 관점에서 바라보면 에일스의 말에도 일리가 있다. 폭스뉴스가 지향한 방향은 기존의 보수 방송사들과 사뭇 달랐다. 최소한 폭스뉴스는 매우 독특한 접근법을 통해 이념 편향적인 뉴스를 전달했기 때문이다.

- 　당시 NET를 다룬 몇 안 되는 연구 논문으로는 Dooley & Grosswiler(1997)를 참조할 것.
- ••　GOP는 미국 공화당의 애칭인 Grand Old Party의 약자이다. 🖐
- •••　위 인용구들은 다음에서 발췌한 것이다. Sherman, *Loudest Voice in the Room*, p. 241

폭스뉴스 전에 설립된 보수 방송사들은 단지 공화당적 색채를 내세우고 레이건식 보수주의를 전파하는 것만으로도 상업적인 성공을 거둘 수 있다는 그릇된 가정하에 운영됐다. 그러나 결과적으로 보면 보수 방송사의 설립을 구상하는 것과 이를 성공적으로 실행하는 것은 완전히 별개의 문제였다. "네 번의 실패"가 보여주었듯 폭스뉴스가 "언론 엘리트"와 "진보 편향"에 대해 반기를 든 첫 사례는 아니었다. 그러나 폭스뉴스는 그중에서 처음으로 전국적인 시청망을 구축하는 데 성공했으며, 대중적인 뉴스 및 엔터테인먼트 형식 안에서 대중 선동적인 기법과 보수운동의 정치적 스타일을 효과적으로 전달했다(Jones, 2012). 폭스뉴스가 "보수 TV"를 만들려던 이전 시도들과 다른 점에 대해 더 깊이 탐구하기 전에 먼저 폭스뉴스가 이전 시도들과 공유했던 특성, 보수 언론 비평이라는 전통에 대해 고찰해야 한다.

1990년대 신생 보수 방송사들이 낸 보도자료에서는 이들이 자신을 소개하며 자신의 장점을 내세우는 방식이 이후 폭스뉴스가 사용한 것과 놀랍도록 유사하다는 것을 알 수 있다. 예를 들어 NET의 부회장 버튼 파인즈Burton Pines는 한 인터뷰에서 "수천만 명의 미국인들이 자신이 더 이상 주류가 아니라고 생각합니다"라고 운을 뗀 다음 NET는 "언론이 너무 진보적이라는 비판을 받고 있는 이 시점에서 대안을 제공할 것"이라고 주장했다.** NET과 비슷하게 CTN은 자신의 존재 이유를 전국의 언론으로부터 소외당한 보수 뉴스 소비자들에게 서비스를 제공하는 것으로 설정했다. CTN의 사장 앤소니 파브리지오Anthony Fabrizio

---

-      Lee (1993)
- ••   Kolbert (1993. 11. 27.)

는 1994년 인터뷰에서 CTN의 기본 시장 전략을 다음과 같이 설명했다. "6000만 명 이상의 미국인 혹은 전국 인구의 31퍼센트가 스스로를 보수라고 생각합니다. (…) 자기가 원하는 방식의 뉴스를 제공받을 권리를 박탈당한 핵심 집단이 있습니다. 바로 이들이 매일 러시 림보Rush Limbaugh*를 듣는 사람들입니다."**

보수 텔레비전 방송사의 관점에서 파브리지오가 러시 림보에 대해 언급한 것에 주목할 필요가 있다. 다른 매체이긴 했으나 림보가 진행하는 라디오 토크쇼의 상업적 성공은 텔레비전 방송에 관심 있는 보수적 기업가들에게 용기를 불어넣었기 때문이다. 이 기업가들 중에는 로저 에일스와 추후 폭스뉴스의 최고 스타가 될 빌 오라일리도 있었다.*** 〈러시 림보 쇼〉는 1988년 전국적으로 방영되기 시작했고, 1990년대 초반에 이르면 시청자가 2000만 명으로 증가해 "엘 러시보El Rushbo"****는 미국 최고의 라디오 쇼 진행자 중 한 명이 됐다(Bolce et al., 1996). 많은 보수 정치인들이 1994년 중간선거에서 "조류"를 바꿀 수 있었던 것은 림보의 영향력 덕분이라고 믿었다. 이 중간선거에서 공화당은 하원과 상

• 1951~2021. 미국의 유명 보수 방송인이자 정치 평론가 [옮]

•• *The Indianapolis Star*(1994. 11. 20.)

••• 폭스뉴스를 설립하기 몇 년 전, 로저 에일스는 러시 림보 라디오 쇼의 텔레비전 판을 제작한 바 있다. 이 쇼는 1992년부터 1996년까지 외주 제작되었으며, 림보의 성공은 차기 폭스뉴스의 간판이 될 빌 오라일리에게 많은 영감을 주었다. 1990년대 초반에 오라일리는 친구에게 다음과 같이 말했다고 알려져 있다. "앞으로 이 [뉴스] 산업이 어디로 갈지는 모르겠지만 내 감으로는 러시가 이끄는 방향이 되지 않을까 싶네. 그리고 나도 거기 있을 거야." 오라일리는 당시 〈인사이드 에디션 Inside Edition〉이라는 뉴스쇼의 앵커를 맡고 있었는데, 제작사인 킹월드프로덕션 King World Production의 상사들에게 림보 쇼를 따라 보수-포퓰리즘을 표방하는 뉴스 주간지 판을 만들자고 제안한 바 있으나 채택되지 않았다. Collins, *Crazy Like a Fox*, p. 143 참조.

•••• 러시 림보를 친근하게 부르는 별명 [옮]

원의 다수를 차지한 것은 물론, 전국적으로 주의회와 주지사직에서도 우위를 점하게 됐다. 이에 대한 감사의 표시로 공화당은 림보를 제104대 의회의 명예 초선의원으로 추대했다(Seelye, 1994). 1990년대에 나타난 림보라는 인물의 성장은 우익 방송이 처음으로 수익성과 정치적 영향력이라는 두 마리 토끼를 동시에 잡을 수 있음을 입증했다.

CTN과 마찬가지로 폭스뉴스는 림보가 이미 확보해둔 보수 청취자 기반을 케이블 뉴스의 영역으로 이전해올 계획을 갖고 있었다(Swint, 2008: 138). 폭스의 운명에서 가장 결정적이었던 첫 몇 년 동안 로저 에일스의 친구이자 동료였던 림보는 자신의 맹목적인 청취자들에게 폭스뉴스를 홍보하곤 했다. 당시 림보가 당당한 목소리로 방송에 띄운 메시지는 NET나 CTN이 내세운 메시지와 매우 유사했다. "요즘 실시된 어떤 여론조사든 확인해보면 아주 분명하게 알 수 있습니다. 미국인들은 언론이 편향됐다고 생각합니다. 하지만 이제는 대안이 있습니다. 바로 폭스뉴스야말로 공정한 뉴스입니다"(Meroney, 1997: 41).

그러나 "네 번의 실패"와 달리 폭스뉴스는 자신들이 특정 당파성과 정치성을 지향하고 있음을 노골적으로 주장하지 않았다. 폭스의 대변인들은 그들이 "뉴스 서비스로부터 소외된 시장"에 접근하려 한다는 점을 지속적으로 암시했지만, 이 시장이 바로 보수 시청자의 시장이라는 사실이 명시적으로 드러나지 않도록 하는 데 더 많은 주의를 기울였다. 물론 언론 편향의 문제를 지적하면서 폭스의 마케팅 담론은 암묵적으로 보수 정치와의 연관성을 드러냈다. 하지만 에일스의 전기작가 제브 차페츠Zev Chafets가 적절히 표현했듯 그 연관성은 항상 폭스가 "보수 기관이라는 지적을 설득력 있게 부인할 수 있는 여지"를 남겨두는 방향으로 표현되었다(2013: 125). 이에 대한 좋은 예로 에일스가 『뉴욕데일리뉴스New York Daily News』와 진행한 인터뷰를 들 수 있다. 당시 에일스는 기자에게 다음과 같이 입장을 밝혔다. "우리는 보수주의자들에게 맞춰 방송을 하지 않습니다. 단지 우리는 보수의 관점을 삭제하지 않을 뿐입니다"(Battaglio, 2003).*

하지만 결국 대중의 입장에서 폭스가 추구하는 이념적 방향을 추측하기란 어려운 일이 아니었다. 폭스가 설립 준비 단계에 있을 때부터 폭스의 모회사인 뉴스코퍼레이션의 소유주 루퍼트 머독은 수년 동안 당시 케이블 뉴스의 리더였던 CNN이 "너무 진보적"이라며 공개적으로 비판했다. 1996년『아메리칸저널리즘리뷰American Journalism Review』와의 인터뷰에서 머독은 자신의 경쟁자이자 CNN의 창립자인 테드 터너Ted Turner가 방송을 "더욱 더 왼쪽으로" 밀어붙였다고 비난했다. 그는 폭스뉴스가 케이블 뉴스의 영역에 "객관적인 뉴스 보도"를 다시 도입하게 될 것이라며 자랑했다(Gomery, 1996).

이에 대해 터너는 자신이 머독의 폭스뉴스 채널을 "벌레처럼 눌러버릴 것"—지금 봐서는 매우 잘못된 예측이지만—이라고 반박했다(Collins, 2004: 68). 하지만 실상은 2002년이 되자 폭스뉴스가 CNN을 시청률로 눌러 터너를 비롯한 텔레비전 업계의 모든 사람들에게 충격을 선사해주었다는 것이다. 오늘날까지도 폭스는 이 지배적인 위치에서 내려오지 않았다. 지금까지 누적된 증거는 주류 텔레비전 뉴스의 큰손들

---

* 에일스가 여기서 구분하려고 했던 것은 빌 오라일리와 같이 경험이 많은 진행자도 가끔씩 실수를 하는 장면이다. 〈오라일리 팩터〉의 한 에피소드에서 오라일리는 동료 폭스 진행자인 크리스 월러스Chris Wallace에게 너무나도 솔직하게 "이곳[폭스뉴스]은 보수적이죠"라고 말하는 실수를 범했으나 바로 다음과 같이 정정했다. "아니 보수적인 채널은 아니지만, 보주의자들에게도 목소리를 낼 수 있게 해주죠…… 다른 채널에선 전혀 불가능하지만요"(2010. 1. 22.).

과 역사학자들이 폭스가 부상할 수 있었던 기반을 한 번도 제대로 이해하지 못했음을 가리킨다. 2003년 CNN의 수석 앵커였던 애런 브라운Aaron Brown은 폭스가 시청률 1위를 달성할 수 있었던 것은 단순히 "마케팅 슬로건" 때문이었다고 비꼬아 칭찬하면서 그 성공이 폭스의 방송 전략 덕분일 수도 있었다는 가능성을 부정했다(Auletta, 2003). 이런 주장을 내세운 것은 브라운뿐만이 아니었다. 그 내용에 대해 비판적이냐 호의적이냐에 상관없이 폭스뉴스에 대한 역사적 서술은 모두 "공정과 균형"을 내세운 초기 마케팅 전략의 공을 크게 평가한다.˙ 물론 이 자리에서 마케팅이 폭스의 브랜드 이미지 성립에 기여한 바를 축소하려는 것은 아니다. 다만 폭스 이전에 실패한 보수 방송사들의 사례를 고려해보면 폭스가 내세운 기업 전략 중 가장 독창적이지 않았던 것이 "공정과 균형" 마케팅이라는 점은 짚고 넘어가야 한다. 심지어 1970년대 초반에 설립되어 단명한 보수 방송사 TVN Television News Incorporated은 폭스보다 20년도 더 전에 유사한 마케팅 슬로건을 내세웠었다(Swint, 2008: 67-69; Sherman, 2014: 106-107).˙˙ 폭스뉴스가 자신에 선행했던 모든 방송사들로부터 진정으로 스스로를 차별화한 영역은 엄청난 가용자본을 갖고 있었다는 점 그리고 포퓰리즘 양식의 저널리즘을 새롭게 정립했다는 점이었다. 최소한 1940년대와 1950년대부터 보수 언론계는 본인들이 "균형"의 가치를 수호하고 있으며, 방송 언론에서 "진보 편향"이 있다는 주장을 내세워왔다(Hendershot, 2011; Hemmer, 2016).

• Viguerie & Franke, 2004; Kitty & Greenwald, 2005; Brock & Rabin-Havt, 2012; Chafets, 2013; Sherman, 2014

1990년대의 실패한 방송사들도 예외는 아니었다.••• 폭스뉴스의 "공정
과 균형"이라는 수사 그리고 동시대에 활동한 다른 보수 방송사들의 마
케팅 수사는 자신의 당파성을 정당화하기 위해 저널리즘의 원칙을 내
세웠다는 공통점을 지니고 있었다. 다시 말해 자신의 정치적 편향을
"균형"으로 포장하는 것에 집중했던 것이다. 이 전략이 나름 효과적이
었던 이유는 바로 저널리즘이라는 직종에 팽배해 있는 이념과 관련된
불편한 진실을 까발렸기 때문이다. 정치적으로 "공정한" 중심점은 단지
해석에 의해 정의되는 유동적인 개념일 뿐이다. 따라서 이를 정의하려
는 모든 언론사의 시도는 필연적으로 자신의 주관적이고 이념적인 편
향의 영향에서 자유로울 수 없다. 폭스뉴스는 바로 이런 방식으로 "공
정과 균형"이라는 슬로건을 활용해 자신에 대한 초기 공격을 막아낼 수

•• TVN은 설립 자금의 대부분을 맥주업계의 보수 인사 조셉 쿠어스Joseph Coors로부터 받아
1973년에 출범했다. TVN은 폭스뉴스를 비롯한 다른 보수 방송사들이 1990년대 들어서야 활용했
던 언론의 진보 편향 담론을 진작부터 채택했다(Gould, 1975; Rocky Mountain News, 1974). 로저 에일
스가 1974년부터 TVN이 공식적으로 문을 닫은 1975년 10월까지 뉴스 디렉터로 근무하면서 처
음으로 뉴스 산업에 진출했다는 사실 또한 TVN과 폭스뉴스 간의 역사적 관계를 더욱 뚜렷하게 해
준다. 이 방송사가 폐쇄된 것은 주로 전송의 문제 때문이었다. TVN은 미리 녹음된 뉴스 방영분을
전화선을 통해 지역 방송국으로 전송하는 방법을 채택했는데, 이는 비용이 상당히 많이 드는 보도
방법이었다. AT&T(미국의 최초이자 최대 유선 전화 서비스 제공자 🌐)는 TVN의 비디오 유선 서비스를
사용하고자 하는 지역 방송국에게 높은 전송료를 부과하면서 TVN 뉴스의 가치 이상으로 보도 비
용을 높여버리고 말았다. TVN의 운영 담당 부사장 리즈 숀필드Reese Schonfeld는 처음부터 이 문제
를 예상해 TVN을 완전히 위성 기반 방송사로 만들고 싶어 했다(Sherman, 2014: 101107). 하지만 운
명의 장난인 듯 TVN이 설립된 1973년은 위성 및 케이블 방송 기술이 상용화되기엔 아직 몇 년 일
렀고, 마침내 그 기술들이 상용화된 시점에서 TVN은 자기가 파둔 재정적 덫에 빠져 헤어 나올 수
없었다.

••• 예를 들어 NET의 이사장 폴 웨이릭Paul Weyrich은 "만일 우리가 방송에서 다 같은 하나의
관점만을 보여준다면 그것은 다른 언론에 대해 모든 사람들이 불평하고 있는 바로 그 행동을 똑같
이 하는 것과 다르지 않다"고 말했다. 또한 한 기자로부터 왜 진보주의자들은 자신의 이념을 내세
우는 방송사를 만들지 않는지 질문을 받자 그는 "그 사람들은 그럴 필요가 없다. CBS, NBC, ABC
가 있지 않느냐"고 답했다. Kurtz(1994. 11. 12.) 참조.

있었다. 폭스는 자신이 정치적으로 중립적이라는 사실을 대중에게 설득하는 것이 아니라 "균형"과 "객관성"이라는 개념 자체가 공허하다는 진실을 폭로한 것이다.

하지만 공허함을 폭로하는 이러한 작업 역시 폭스뉴스가 케이블 편성표에 등장하기 훨씬 전에 시작됐다. 『우파의 메신저 Messengers of the Right』(2016)에서 니콜 헤머 Nicole Hemmer 는 보수 언론 비평의 전통을 구축하는 데 기여한 보수 언론 활동가 "1세대"의 역사를 기술한다. 바로 이 보수 언론 비평의 전통이 공화당의 도널드 트럼프 대통령이 트위터를 통해 "가짜 뉴스"를 공격하는 현재 상황의 기반이 되었다. 방송인 클래런스 매니언 Clarence Manion 과 잡지 발행인 윌리엄 러시 William Rush 같은 인물들은 "객관성의 정당성을 공격하고 이념적 진정성으로 그 자리를 대체해 세상을 바라보는 대안적 방법을 내세웠고, 이는 바로 '진보적 언론 편향'이라는 개념을 통해 구체화됐다"(14). 객관성이라는 체제의 갑옷에 첫 틈새를 만든 것이다. 그리고 실제로 1970년대와 1980년대 보수 연구 네트워크와 싱크탱크의 형태로 부상한 "반지식인들 counter-intelligentsia"•과 결합해 그들이 보수 언론 비평의 물결을 촉발시켰을 당시(5장 참조), 언론과 "공식 출처" 그리고 전문가에 대한 대중의 신뢰 또한 동시에 하락하고 있었다.••

사회학자 울리히 벡 Ulrich Beck 과 앤서니 기든스 Anthony Giddens 는 "성찰적 근대화"라는 개념을 들어 전문가에 대한 불신은 전반적인 사회적

———————

• 영국의 저명한 역사저술가 폴 존슨 Paul Johnson 은 문명에 대하여 비판적인 좌경 지식분자들을 '지식인 intellectual'이라고 규정하고, 그에 반대하는 지식 종사자들은 'counter-intellectual'이라고 부른다. 이 말은 '반反지식인' 혹은 '대항 지식인' 정도로 번역될 수 있지 않을까 싶다. 위에서 열거한 직업인들이 모두 '지식인'이라는 특정한 개념에 속하는 것이 아니라는 것이다. 옮긴이

추세의 일부여서 단지 정치 및 시사를 다루는 언론의 영역에만 국한된 것이 아니라고 주장한다. 한때 권위의 기원으로 여겨지던 자격증과 전문성은 1970년대 이후 점차 사람들에게서 이전에 자연스럽게 얻었던 신뢰를 잃기 시작했다(1994). 로저 에일스의 관리하에서 폭스뉴스는 이런 거대한 변화를 신속하게 알아차렸을 뿐만 아니라, 언론학자 크리스 피터스Chris Peters가 "일반인-전문가 간 격차의 붕괴"라고 설명한 현상을 활용하기 위해 새로운 해석적 전략을 만들어내고 통달하게 된 최초의 뉴스 네트워크 중 하나로 자리를 잡았다(2010: 853).•••

에일스가 만들어낸 포퓰리즘적 저널리즘 스타일은 더 정치화되어가고 있던 1990년대의 뉴스 환경에 매우 적합했다. "사실"이 더 이상 그 내적 가치와 조사 기법의 정당성에 의해 평가받지 못하고, 소속된 당파에 따라 평가를—표면적이든 실질적이든—받게 되는 환경에서 진실은 그 힘을 잃어가고 있었다. 폭스가 대침체를 보도한 방식을 다룬 앞부분의 분석에서도 알 수 있듯이, 오늘날 정치화된 언론의 정보 공간에서는 문화적 취향과 "상식" 그리고 "전통적 가치"에 대한 수사적 호소가 매우 유용하게 됐다. 공식적인 전문성과 달리 위와 같은 포퓰리즘적 출처는 제도적 검증을 통해 정당성을 얻지 않는다. 오히려 포퓰리즘이 꼭 필요로 하는 것은 전통적인 도덕 담론에 대한 지식, 특정 역사적 순간에 활성화된 주요 사회적 분열 — 예를 들어 인종·성별·계급과 같

<hr />

•• 일원화된 인식론적 체계가 붕괴하고 공식적인 정보 출처에 대한 불신이 증가함에 따라 저널리스트들은 점차적으로 비전통적이고 서민적인 출처로 눈을 돌리기 시작했으며, 공식적 발표에 대해 보다 해석적이고 비판적인 입장을 취하게 됐다(Schudson, 2003: 112). 미디어에 대한 대중적 신뢰의 감소에 대해서는 그 역사적 추세를 보여주는 갤럽(2016)의 그래프를 참조할 것.

••• 언론학자 앤서니 내들러Anthony Nadler는 위와 같은 저널리즘의 패러다임 변환을 "탈전문가적" 전환이라고 명명한다(2016).

은—에 대한 민감함 그리고 무엇보다 탁월한 연출 능력이다. 포퓰리즘은 이 연출 능력을 통해 대다수가 대학 교육을 받지 않은 주류 텔레비전 시청자들의 문화적 취향을 설득력 있게 구현할 수 있어야 한다.

 의심할 여지없이 폭스뉴스는 보수 방송계의 전임자들이 "진보 언론"에 대항하기 위해 만든 언론 비평의 전통으로부터 이익을 보았다. 폭스의 마케팅 및 방송 담론은 보수적 언론 비평 전통의 범위를 확장시켰고, 그러면서 동시에 전문적인 뉴스 표준의 상대주의적 측면에 보다 많은 관심을 갖게 만들었다. 그 결과 언론의 권위에 대한 기준은 이전보다 완화되었다. 그러나 1990년대에 실패한 보수 방송사들과 달리 폭스는 언론의 권위에 생긴 이 틈을 활용하는 데 성공했다. 그것은 바로 비전문적인 유형의 권위, 즉 에일스가 심혈을 기울여 키워낸 빌 오라일리나 션 해니티 같은 대중 선동적인 인물들을 의도적으로 미국 뉴스 업계에 영입한 것이었다. 이에 비해 폭스의 초기 경쟁자 위치에 있던 기타 보수 방송사들은 오직 이념만을 제공했을 뿐이다.

TV 포퓰리즘의 다양한 유형들 – 조직적 포퓰리즘 대 심미적 포퓰리즘

1990년대의 실패한 보수 방송사들은 이념 중심적으로 시청자를 포섭하는 전략 외에 폭스뉴스와 한 가지 공통점을 더 공유했다. 그들은 폭스뉴스와 마찬가지로 노골적인 대중 선동적 용어로 자신의 방송사를 홍보했다. 각 방송사는 폭스와 비슷하게 자신들이 "엘리트" 언론 기득권층에 대항하고 "사람들"에게 목소리를 찾아줄 것이라고 홍보했다. 하지만 이 절에서 상세하게 설명하듯 다른 방송사들은 자신의 조직적 우선순위 때문에 폭스의 창의적 리더들이 내세운 포퓰리즘과는 사뭇 다른 방식으로 포퓰리즘을 이해했다. 그리고 이 차이가 결국 그들이 당시의 역사적 시류에 적응하는 방식을 좌우했다. 실패한 방송사들이 어떤 요인에 의해 가로막히게 되었는지를 살펴보는 작업은 우리가 반대로 폭스뉴스가 직면했고, 헤쳐나갔으며, 결국은 성공을 거둔 당시의 광대한 산업적·정치적·문화적 사건들을 짚어내는 데 도움이 된다. 1990년대는 세 가지의 주요한 사회적 변화로 인해 폭스뉴스의 전략에 우호적인 조건들이 조성되었다(1장에서 자세히 설명). 이 세 가지 변화란 첫째, 통신 기술의 발전과 그에 따른 텔레비전 산업 내 틈새시장의 확산 둘째, 정치 분야의 양극화 및 미국 내 정당 정체성의 부활 그리고 셋째, 뉴스에서 엔터테인먼트적인 형식이 강화되는 현상—언론학자들이 "타블로이드화 tabloidization"라고 명명한—이었다.[•]

1990년대의 실패한 보수 방송사들은 이 중 첫 두 가지 변화는 기쁘게 받아들였지만, 다수의 진보 언론과 마찬가지로 선정적인 뉴스 스타일과 "인포테인먼트 infotainment"의 성장에 대해서는 비난했다. 이 방송사들은 대신 윌리엄 F. 버클리 William F. Buckley[••]의 〈파이어링 라인 Firing Line〉[•••]과 같은 보수 전임자들의 이상 지향적인 문화적 스타일을 복제하

• "황색언론화 tabloidization"에 대한 논평은 Sparks(2000), Introduction: Panic Over Tabloids-News. In C. Sparks & J. Tulloch(eds.), *Tabloid Tales: Global Debates Over Media Standards*, Lanham: Rowman & Littlefield를 참조할 것.

•• 1925~2008. 미국의 보수 논객이자 저자로 1955년 보수운동을 집결시킨 잡지 『내셔널 리뷰 National Review』를 창간했으며, 20세기 후반 미국 우파의 지성인으로서 보수주의 및 자유주의를 사상적으로 결합시켜 막대한 영향력을 행사했다. [옮]

••• 1966년부터 1999년까지 윌리엄 F. 버클리가 진행한 정치·시사 토크쇼. 33년 동안 1504회 방영되며 미국에서 단일 진행자가 가장 오래 진행한 시사 토크쇼라는 기록을 세웠다. [옮]

기로 했다. 이들은 PBS나 C-Span*과 같은 공영·비영리 방송처럼 1990년대 타블로이드의 물결에 맞서 건전한 시민문화를 수호하는 일꾼이라는 자기 이미지를 구축했다. 이에 반해 폭스뉴스는 루퍼트 머독과 로저 에일스 그리고 빌 오라일리가 각자의 경력 초반에 경험한 적 있는 "하류" 시사 언론 장르의 문체들을 통합하면서 이 새로운 문화적 조류에 흔쾌히 탑승했다.

우리가 폭스뉴스 이전에 시도된 보수 방송사들에 대해 알아야 할 것은 이들 대부분이 기업가나 연예계 종사자가 아닌 정치인과 사회운동가에 의해 경영됐다는 점이다. 이 사실은 방송사들이 왜 재정을 형편없이 관리할 수밖에 없었는지, 그리고 각 방송사가 방송 그 자체의 연출 스타일에 대해 얼마나 전략적으로 생각하고 투자했는지를 설명할 수 있게 한다.

여러 방면에서 루퍼트 머독은 NET의 사장인 폴 웨이릭 Paul Weyrich 같은 보수 제작자보다 CNN의 설립자인 테드 터너와 더 많은 공통점을 갖고 있다. 물론 머독과 터너의 반대되는 정치적 신념, 둘 사이의 격렬한 사적 경쟁의식―터너가 머독에게 몸싸움으로 한번 붙어보자고 할 정도였다―그리고 폭스뉴스의 기업 정체성이 CNN의 대척점으로 설정되어 있다는 사실을 고려하면 둘 사이에 공통점이 있다는 사실은 아이러니로 보일 수밖에 없다. 그러나 실제로 머독의 폭스뉴스는 터너가 CNN을 통해 터놓은 길을 착실히 따르고 있다. 1986년 잡지 『브로드캐스팅 Broadcasting』은 루퍼트 머독을 "호주에서 태어난 테드 터너"라고 불렀다. 터너와 마찬가지로 머독 또한 다양한 미디어 플랫폼에서 대

• 비영리 케이블 방송사로 상하원을 비롯한 연방정부 업무 및 절차를 중계한다. 옮

규모 엔터테인먼트 회사들을 공격적으로 인수하는 위험을 감수했기 때문이다. 터너와 머독 둘 다 자신이 소유한 대기업의 광범위한 방송 콘텐츠에서 발생하는 수익을 활용해 새로운 인수 프로젝트에 자금을 대는 데 능숙했다(Holt, 2011). TBS ─나중에 타임워너Time Warner로 합병된─와 뉴스코퍼레이션의 복합적 비즈니스 구조는 각 조직이 케이블 뉴스 채널을 시작하면서 감수해야 했던 초기의 막대한 재정적 손실을 흡수할 수 있게 해주었다. CNN이 처음 방송을 시작했을 때 첫 5년 동안은 돈이 줄줄 새나가기만 했다(Parson, 2008: 454). 폭스뉴스도 마찬가지여서 설립 5년 후인 2001년이 되어서야 비로소 모기업인 뉴스코퍼레이션에게 수익을 창출해주기 시작했다(Sella, 2001).

한편 1990년대의 실패한 보수 방송사들은 광고 수익 대신 보수 싱크탱크, 정치적 이익변호단체, 민간재단을 통해 상당수의 재정을 충당했다. 위와 같은 수입원은 불규칙적이었으며 충분하지도 않았다. 예를 들어 NET는 폴 웨이릭의 로비단체인 자유의회재단Free Congress Foundation, FCF*을 통해 자금을 지원받았는데, FCF의 자금은 다른 보수 싱크탱크인 헤리티지재단Heritage Foundation과 마찬가지로 조셉 쿠어스Joseph Coors나 리처드 멜론 스케이프Richard Mellon Scaif 같은 보수적인 재계 거물들과 기부자들에게서 나왔다.**

다른 수익 전략은 전미총기협회National Rifle Association, NRA, 미디어정확

---

* 정식 명칭은 자유의회연구교육재단Free Congress Research and Education Foundation으로 1977년 폴 웨이릭 본인이 보수적 사회 가치를 연구하기 위해 설립한 싱크탱크다. 2008년 웨이릭의 사망 이후에는 미국의 기회American Opportunity라는 이름으로 개명하여 오늘날까지도 활동하고 있다. 圖

** Kurtz(1994. 2. 10.); Grann(1997. 10. 27.)

성협회Accuracy In Media, AIM* 그리고 낙태반대단체인 미국생명연맹Ameri-can Life League, ALL 같은 보수 이익변호단체에게 방송 슬롯을 판매하는 것이었다.** 1997년에 NET는 이름을 미국의 목소리 America's Voice로 변경하고, 2000만 달러의 종잣돈을 추가해 영리기업으로 재출범했다. 그러나 이 방송사는 결국 2000년 1월 10일 2300만 달러의 적자를 기록하고 파산의 길을 걸었다.***

GOP-TV의 경우에는 경영과 인원 채용과 관련해 공화당 국가위원회의 감독을 받았으며, NET와 마찬가지로 재정의 상당 부분을 민간 엘리트 기부자들에 의존했다. 다단계 마케팅 회사인 암웨이 Armway의 공동 창립자 제이 밴 앤델 Jay Van Andel과 리치 디보스 Rich DeVos는 GOP-TV의 방송 스튜디오를 세우기 위해 250만 달러를 기부했으며, 1996년에는 GOP-TV의 공화당 전국대회 보도를 패밀리채널 Family Channel**** 에서도 방영하기 위해 130만 달러를 추가로 기부했다.*****

머독은 폭스뉴스를 설립하기 위해 5억 달러를 지출한 것으로 추정되

•   1969년 설립된 뉴스 팩트체크 웹사이트로 베트남전쟁에 대한 주류 언론의 보도 편향이 패전으로까지 이어졌다는 주장을 내세우면서 유명세를 탔다. 📖

••   Williams(1995. 2-3.)

•••   Morahanb(2008. 7. 7.) 참조. 웨이릭이 NET에 자금을 대고자 활용한 또 다른 전략은 필립 모리스 Phillip Morris를 비롯한 담배업계의 큰손들로부터 기부금을 받는 대신 〈프리덤스 챌린지 Free-dom's Challenge〉처럼 담배-친화적인 뉴스-토크쇼를 방영하는 것이었다. NET(1995. 4. 5.) 참조.

••••   1977년 설립 당시에는 씨비엔새틀라이트서비스 CBN Satellite Service라는 이름으로 복음주의 기독교 성향의 채널이었지만 점차 가족 중심적인 색채를 띠면서 1990년에는 패밀리채널로 이름을 변경했다. 1997년에는 폭스의 모회사인 뉴스코퍼레이션에 의해 인수되어 이듬해에 폭스패밀리채널 Fox Family Channel로 개명된다. 하지만 2001년에는 월트디즈니컴퍼니 The Walt Disney Company에게 매각되어 에이비씨패밀리 ABC Family라는 이름으로 개칭됐다. 2015년에는 다시 프리덤 Freeform으로 이름을 바꿔 지금에 이르고 있다. 📖

•••••   Marcus(1996. 7. 26.) 및 Johnson(1996. 8. 15.) 참조. 참고로 리치 디보스는 트럼프 대통령 밑에서 교육부장관을 지낸 베치 디보스 Betsy Devos의 시아버지다.

는데,* 이에 비한다면 앞서 언급한 비영리 보수 언론사들이 수천만 달러를 지출했다는—혹은 지출할 계획이었다는**—사실은 별 게 아닌 것처럼 보인다. 뉴스코퍼레이션 같은 막대한 금전적 뒷배를 지니고 있지 않았던 1990년대의 실패한 보수 방송사들은 "비영리에서 상업으로의 전환" 전략을 택했다. 초기에 비영리단체라는 지위는 이들이 보수적

• 　뉴스코퍼레이션은 폭스뉴스를 설립하기 위해 총 5억 달러 이상을 지출했다(Chenoweth, 2001: 189). 『루퍼트의 머릿속 Inside Rupert's Brain』(2009)에서 폴 라 모니카 Paul La Monica는 이보다 더 높은 추정치를 주장했는데, 뉴스코퍼레이션의 2007년 10월 주주 보고서를 인용하여 1996년 폭스뉴스의 설립 이후 최대 9억 달러를 투자했음을 보여주었다(83-84). 1996년 『USA투데이』와의 인터뷰에서 폭스의 CEO 로저 에일스는 케이블 편성표에서 노른자 자리를 확보하는 일이 "연방 금괴 창고를 터는 것"과 비슷하다고 설명했다(Lieberman, 1996: Collins, 2004: 72). 그에게는 다행스럽게도 그의 상사 루퍼트 머독은 이 도전을 위해 극한의 노력을 기울이는 데 주저하지 않았다. 머독은 미국의 최고 케이블 사업자들에게 거부할 수 없는 금전적 제안을 건넸다. 기존의 방식으로는 폭스뉴스 방영권을 구독자당 0.25센트를 받고 판매해야 했지만, 머독은 전례 없는 방식으로 자신이 구매자 역할을 자처하여 케이블 사업자들이 시청자 한 명에게 폭스뉴스를 제공할 때마다 오히려 10달러를 지불하겠다고 했다. 그 결과 뉴스코퍼레이션은 폭스뉴스가 처음 방영되던 날 1700만 명의 가입자들이 폭스뉴스를 접할 수 있게 하기 위한 비용으로 2억 달러 이상을 지불했다. 경쟁 업체 CNN의 가입자가 6000만 명이라는 점을 감안하면 1700만 명이라는 잠재 시청자의 숫자는 아무것도 아니었다. 존 말론 John Malone의 케이블 사업체인 TCI가 가진 천만 가입자에 대한 접근권을 확보하기 위해 머독은 TCI에게 2억 달러 이상을 지불했다(Sherman, 2014: 185). 1997년 타임워너 Time Warner와 격렬한 법정 다툼을 마무리한 뒤 뉴스코퍼레이션은 CNN의 모회사에 2억 달러를 지불하고 800만 명의 가입자를 확보했다고 알려졌다. 이 가입자 중 백만 명은 세계의 광고 수도인 뉴욕시에 있었다(Collins, 2004: 106; Sherman, 2014: 227). 폭스뉴스의 채널 가입자 수는 매년 증가했고, 2002년이 되자 폭스는 거의 8000만 명의 가입자를 확보하여 CNN과 비등한 수준에 도달했다(Levere, 2002). 더욱 인상적인 것은 바로 폭스뉴스가 이 시점에서 CNN을 시청률로 이기기 시작했다는 점이다. 처음부터 머독은 미국의 전체 시청자에게 접근할 계획이었으며, 이를 달성하기 위해 뉴스코퍼레이션의 막대한 경제적 자금력을 사용할 준비가 되어 있었다.

•• 　CTN은 수익이 발생하기까지 4500만 달러가 필요할 것으로 추정했으며, 이는 NET가 파산하기 전까지 지불한 비용과 비슷한 액수다. 하지만 CTN은 케이블 텔레비전 가입자들이 CTN 채널만을 위해 월 3.95달러를 추가 지불하게 만드는 부적절한 아이디어를 제시하여 투자자들의 외면을 부채질했고, 그 결과 채널이 출시하기에 필요한 자본을 조달하지 못했다. Kurtz(1994. 11. 12.) 참조. 한편 알렉산더 Alexander의 RESN이 "개인 기부자"로부터 얼마나 모금했는지는 확인하기 어렵지만, 그가 활용한 모금 전략 및 기부자 집단이 어떤 정치적 기반에 기인하는지를 유추하는 것은 어렵지 않다. RESN 기금의 대부분은 워싱턴의 로비스트들 및 오랜 공화당 기부자들을 위한 접시 당 1000달러짜리 저녁 파티에서 나왔다. DeParle(1995. 4. 16.) 참조.

인 민간 기부자들로부터 최대한의 기금을 조달할 수 있게 해주었다. 이 기금은 시청자를 확보할 때까지 뉴스 운영 자금을 충당하는 디딤돌 역할을 맡았다. 이후 충분히 확보된 시청자 수를 내세워 광고주들과 계약을 맺고 케이블의 주류를 이루고 있는 상업적 방송사로 전환하는 것이 이 전략의 골자였다.

보수 방송계에서 "비영리에서 상업으로의 전환" 전략의 전례가 없었던 것은 아니다. 윌리엄 F. 버클리의 〈파이어링 라인〉(1966~1999)은 그 당시 가장 성공적인 보수 텔레비전 방송으로 꼽혔는데, 반정부적인 정치를 옹호한 방송임에도 역설적으로 공영방송인 PBS를 통해 전국적으로 방영되며 인기를 얻었다(Ledbetter, 1997). 1971년 『TV가이드TV Guide』기사에서 지적됐듯이 PBS는 "상류층 TV"라는 이미지를 갖고 있었는데, 〈파이어링 라인〉의 상류 문화적 스타일 또한 이 이미지를 구축하는데 일조했다. PBS가 자체적으로 실시한 시청자조사에서도 드러났듯 실제로 미국인 대다수는 PBS를 무시했으며, "매우 특별한" 소수의 부유하고 교육 수준이 높은 시민들만이 PBS를 시청하고 있었다.· 〈파이어링 라인〉은 공영 방송을 벗어나 상업 방송의 "대중적인" 시청자들에게 접근하고자 했지만, 특유의 상류층다운 방송 감각이 오히려 방해가 됐다.

1990년대 중반 미국 하원 의장을 맡은 뉴트 깅리치 Newt Gingrich는 동시에 NET의 주력 프로그램인 〈경과 보고 Progress Report〉의 인기 앵커이기도 했다. 1995년 그는 최초의 보수 텔레비전 토크쇼인 〈파이어링 라인〉을 전국적으로 방영해준 PBS의 예산을 삭감하고자 의회에서 지지자들을 모았다. 이 과정에서 깅리치는 흥미롭게도 계급 논리를 동원했

·   Ouellette, *Viewers Like You?*, p. 181

다. 깅리치는 왜 노동계급 납세자들이 본인들은 절대로 시청하지 않을 문화적 엘리트들의 방송사에 보조금을 대주고 있어야 하는지 의문을 제기했다.[*] 나름 적절하게 제기된 의문이었지만, 같은 시기에 깅리치가 NET를 통해 내세운 방송 콘텐츠를 생각해보면 깅리치와 PBS 간의 마찰이 PBS의 상류 문화적 지향 때문인지, 아니면 공공 기관으로서의 지위 때문에 촉발된 것인지 의문을 품게 된다.[**]

결국 깅리치는 대중이 "양질의 문화"를 접할 수 있도록 하겠다는 PBS의 개혁주의적 사명에 동의하고 말았다. 깅리치 본인도 부르주아의 문화 콘텐츠를 NET 방송으로 편성하자고 제안한 것이다. 깅리치 본인이 강사로 출연한 〈미국 문명 재조명Renewing American Civilization〉—대학 역사 강의와 비슷한 형식의 프로그램—과 같은 몇 가지 교육 프로그램들과 〈포도의 혈통 The Vine Line〉이라는 와인 애호가용 방송과 같이 상류층 취향의 방송들이 "짝지어" 기획되었다.[***] NET의 보도자료와 사업제안서를 살펴보면 깅리치 같은 보수주의자들이 경멸의 대상으로 여겼던

- Ibid., p. 58

•• PBS의 쇼 호스트였던 빌 모이어스Bill Moyers는 깅리치가 PBS에 반대하는 것이 주로 정치적인 이유 때문이라고 언급했다. 모이어스는 깅리치를 비롯한 보수주의자들이 C-Span에서 주장하는 규제 완화 정책은 C-Span에게 자금을 대주는 케이블 산업의 기업 이익과 연관되어 있다고 설명했다(Carmody, 1995). 비슷한 논리로 NET 또한 케이블 산업에 대한 선전 기능을 수행했다고 볼 수 있다. 1994년 12월 깅리치는 자신의 쇼 〈경과 보고〉에 TCI의 CEO인 존 말론John Malone을 초대했다. TCI는 당시 미국에서 가장 큰 케이블 사업자였다. 이 프로그램에서 말론은 미디어 산업의 규제 완화가 더 많은 기술 혁신을 불러일으키고 소비자 선택의 폭을 넓힐 것이라고 주장했다. 눈여겨볼 점은 이 방송이 의회가 훗날 1996년 통신법으로 될 법안을 논의하고 있는 와중에 방영됐다는 사실이다. 말론의 출연 직후 TCI는 NET에게 방송 유통이라는 선물로 답했는데, 이를 통해 1100만 명이 넘는 시청자가 NET를 시청할 수 있게 됐다. National Empowerment Television(December 13, 1994); The Progress Report. C-Span [Video file] 참조. 또한 www.c-span.org/video/?62168-1/national-empowerment-television와 Goetz(JulyAugust, 1995); Cable: Who's Connected? Columbia Journalism Review, 34(2), 1718도 참조할 것.

"PBS 시청자"들이 사실은 NET가 목표로 삼은 시장이었음을 알 수 있다.••••

1997년 NET는 회사명을 미국의 목소리로 바꾸고 영리 뉴스 조직으로 재출범했으며, 이러한 상업적 전환을 통해 PBS나 C-Span 같은 비영리 채널과는 다른 궤적을 달리게 됐다. 그러나 NET는 기존 비영리 채널들이 유치했던 부유하고 교육 수준이 높은 시청자들을 그대로 유지하고자 기존과 유사한 마케팅 전략—상업적 텔레비전 업계에서 타블로이드의 광기를 피할 수 있는 피난처라는 이미지를 구축하는—을 고수했다. 깅리치는 1994년 『워싱턴포스트Washington Post』의 기사를 통해 NET는 "독성 폐기물이나 건강 관리보다 로레나 바빗Lorena Bob-bit•••••과 토냐 하딩Tonya Harding••••••[둘 다 1990년대 주요 타블로이드지에서 다룬 이야기들이다]에 더 많은 방송 시간을 투자하는 선정적인 TV 보도에 대한 해독제"라고 설명했다. 깅리치는 다음과 같이 주장했다. "우리[보수]가 지금까지 계속 졌던 이유 가운데 하나는 우리가 지적 측면[강조는 인용자]을 충분히 다루지 않았기 때문입니다. (⋯) 방송사 뉴스는 9초에서 12초 정도의 코멘트밖에 다루지 못합니다. 이제는 공격

••• 　NET의 방송 편성에 대한 개관은 Brown, November 15, 1994. NET Channel: C-Span with a spin. Broadcasting & Cable, p. 34을 참조할 것. NET의 중산층 지향적인 방송 취향에 대한 유일한 반례로 〈영블러드Youngbloods〉라는 쇼가 있다. 청년 위주로 기획된 쇼로 "〈맥로린 그룹Mc-Laughlin Group〉(30분 분량의 주간 시사평론쇼 🔊)을 비롯 〈크로스파이어 Crossfire〉(보수와 진보 논객이 등장하여 토론을 진행한 시사토론쇼 🔊)와 비슷한 정치토론쇼의 X세대 버전"을 표방했다. Grann(1997. 10. 27.) 참조.

•••• 　National Empowerment Television(1994. 9.)

••••• 　1993년 가정불화로 인해 남편의 성기를 절단한 것으로 유명해진 미국 여성 🔊

•••••• 　미국의 전 피겨스케이팅 선수로 1994년 지인에게 라이벌 선수를 습격할 것을 사주한 뒤 미국 피겨 스케이팅 연맹에서 제명당했다. 🔊

적일 필요 없이 사람들의 거실에 한 시간 동안이나 머무를 수 있는 기회가 생긴 겁니다."•

이와 유사하게 GOP-TV 또한 초기 광고와 보도자료를 통해 타블로이드의 대항마로서 위치를 선점하려는 모습을 보였다. GOT-TV는 1994년 1월 29일 데뷔 방송을 위해 공화당의 로널드 레이건과 조지 H. 부시 전 대통령들을 홍보대사로 영입했다. 레이건은 카메라 앞에서 다음과 같이 얘기했다. "텔레비전에는 많은 선택지가 있지만 내 선택은 GOP-TV입니다."『뉴욕타임스』는 GOP-TV를 소개하는 기사에서 레이건이 "목요일 오후 8시에 〈심슨 가족The Simpsons〉을 보지 않고 공화당의 새로운 쇼를 본다"고 보도했다. 레이건은 조지 H. 부시가 2년 전에 한 것과 마찬가지로 루퍼트 머독의 폭스 방송에서 가장 성공적인 프로그램인 〈심슨 가족〉에 대해 한 방 먹인 것이다."

기묘하게도 선정적 언론에 대해 비판을 가하면서 깅리치와 GOP-TV는 댄 래더Dan Rather•••와 존 챈슬러John Chancellor••••를 비롯한 당대의 진보 언론인들과 한배를 탄 셈이 됐다. 래더는 1993년 라디오-텔레비전

• 라마르 알렉산더Lamar Alexander도 "공격적이지 않은" 특징을 들어 본인의 방송사인 RESN과 주류 텔레비전 뉴스 간에 선을 그었다. Mannies, November 3, 1993. Conservatives Rushing to Be New Limbaugh. *St. Louis Post Dispatch* 참조. 깅리치도 NET의 연출 스타일을 얘기할 때 같은 구분을 활용했다. Kurtz(1994. 10. 10.) 참조.

•• Berke(1994. 1. 30.) 참조.

••• 닉슨 대통령의 워터게이트 스캔들을 다루면서 크게 성장한 저널리스트로 1981년부터 24년 동안 CBS 저녁 뉴스의 앵커를 맡았다. 2005년 조지 W. 부시 대통령의 군 경력에 대해 문제를 제기하다 근거로 사용된 문서가 위조된 것으로 판명되어 앵커 자리에서 내려오게 됐다. 🌐

•••• 기자로 활동하던 시절 1957년 흑백통합이 실시된 학교에 등교하는 흑인 학생에 대한 보도를 맡았는데, 분리주의자들이 옆에서 위협을 가했음에도 불구하고 보도를 이어간 사건을 통해 언론인으로서 입지를 다졌다. 1970년부터 1982년까지 NBC의 야간 뉴스 앵커를 역임했다. 🌐

뉴스협회 Radio-Television News Directors Association의 연설에서 제4권력의 "쇼
비즈니스화showbizification"를 비판했다.• 같은 해 챈슬러는 듀폰-콜롬비
아 시상식 포럼에서 수익 창출이라는 미명하에 "토론이 가장 저급한
공통분모"로 축소되고 있다고 비난했다. 그는 저널리스트들에게 "포퓰
리즘"이라는 트렌드가 제기하는 심각한 위험에 대해 경고했다.•• 하지
만 챈슬러가 타블로이드와 포퓰리즘을 하나의 덩어리로 본 것과는 달
리 깅리치를 비롯한 보수 언론 제작자들은 "포퓰리즘"이라는 용어를
받아들였다. 여기서 우리는 언론이 말하는 포퓰리즘이 무엇인지에 대
한 정의를 두고 구분선이 그어졌다는 사실에 대해 잠시 생각해볼 필요
가 있다.

정치 이론가 프란시스코 파니자Francisco Panizza는 포퓰리즘을 두 가지
방식으로 개념화할 수 있다고 주장한다. 첫째는 조직화 방식으로서의
포퓰리즘이고, 둘째는 표현 방식으로서의 포퓰리즘이다. 텔레비전 뉴
스 "토론"의 저급화를 언급할 때 챈슬러는 후자의 방식으로 포퓰리즘
을 정의한다. 즉 그가 말하는 포퓰리즘이란 시사 방송 중에서도 "선정
적", "공격적", "인포테인먼트"와 같은 단어들로 형용되는 "하급" 문화
적 스타일을 의미한다. 챈슬러가 저널리즘 분야의 특정 스타일을 묘사
하기 위해 정치 분야에서 전통적으로 사용되어온 용어인 포퓰리즘을
이용한 반면, 마가렛 캐노반Margaret Canovan과 같은 정치 이론가들은 반
대로 포퓰리스트 정치인들의 "단순"하고 "직접적"인 소통 스타일을 묘

•   Viles(1993) 참조.
••   Brown(1993. 2. 1.) 참조.

사하기 위해 "타블로이드"라는 언론계의 용어를 사용했다(1999: 5). *
1990년대의 실패한 보수 방송사들은 타블로이드 문화의 확산에 대해
우려를 표명했다. 하지만 지상파 뉴스 부서나 주요 신문들과 달리 포퓰
리즘이라는 이름표만은 기꺼이 취했다. C-Span의 기자 수잔 스웨인Su-
san Swain으로부터 특정한 정치적 관점이 있냐는 질문을 받았을 때 NET
의 부회장 브라이언 존스Brian Jones ― 나중에 폭스뉴스의 부회장이
된―는 "네, 소위 포퓰리스트라고 하죠. (…) 우리의 관점이 우리 시청
자들의 관점입니다"라고 답했다.** NET의 회장 폴 웨이릭은 이를 [언
론의] 메가폰을 사람들의 손에" 쥐어준 것이라고 묘사했다.*** GOP-
TV의 헤일리 바버Haley Barbour도 비슷한 어법을 사용했다. 인터뷰에서
그는 위성 및 케이블 기술이 "사람들에게 걸러지지 않은 정보를 얻을
수 있는 메커니즘"을 제공한다고 주장했다. 이제 보수주의자들은 "언
론 엘리트들을 제치고 사람들과 직접 대화"를 할 수 있게 되었다.****

  이처럼 보수 방송사들이 "저급한" 대중적 문화 스타일을 거부하면서
동시에 스스로를 포퓰리즘으로 정의한다는 모순을 어떻게 이해할 수
있을까?

  앞서 설명한 포퓰리스트 정치 이론을 상기해보면 해답은 NET와

•　　Moffit & Ostiguy (2016) 참조.

••　　National Empowerment Television (1994. 11. 13.)

•••　　Williams(1995. 2-3). 존스가 취임하기 전에 부회장을 지낸 버튼 파인스도 1993년 『USA투
데이』와 인터뷰를 할 때 비슷한 방식으로 NET를 소개했다. NET의 이념적 지향에 대한 기자의 질
문에 답하면서 파인스는 방송국의 "성향"은 보수라기보단 포퓰리즘에 가깝다고 주장했다.
Lee(1993)참조.

••••　　Seplow(1995. 10. 3.) CTN의 임원 플로이드 브라운Floyd Brown도 『인사이트온더뉴스Insight
on the News』에서 비슷한 수사를 활용하여 다음과 같이 말했다. "우리는 기술 발전 덕에 전통적인 주
류 언론의 문지기들이 점점 힘을 잃어가는 세상으로 나아가고 있다." Rust(1995. 5. 22.) 참조.

GOP-TV의 대변인들이 "포퓰리즘"을 "풀뿌리" 혹은 "아래에서 위로"와 같은 구조적 용어들과 같은 의미로 사용해온 방식에 있다. 여기에 바버가 사용한 "메커니즘"과 웨이릭이 사용한 "메가폰" 같은 은유들은 그들의 방송 스타일과 별개로 커뮤니케이션에서 기술의 역할을 강조한다. 이처럼 미디어 포퓰리즘을 기술 중심적·조직 중심적으로 정의하게 된 까닭은 같은 시기에 추진력을 얻고 있던 좌파 "공공저널리즘운동"의 수사가 반영되었기 때문이다. 이 운동은 주요 슬로건을 통해 "언론을 혐오하지 말고 언론이 되자"고 선언했다.[•] 1990년대의 실패한 보수 방송사들은 공공저널리즘운동과 브라이언 램의 C-Span에서 내세운 대중적·민주적 담론을 그대로 차용했다. 그 결과 시청자 전화 참여, 온라인 포럼, 기타 "상호 작용형" 플랫폼을 사용해 뉴스 제작에 더 많은 대중의 참여를 촉진하는, 시민의식이 투철한 기업이라는 이미지를 자체적으로 내세울 수 있었다.

　라마르 알렉산더 Lamar Alexander[••]도 RESN의 주요 프로그램인 〈공화당 반상회 The Republican Neighborhood Meetings〉를 "정당 활동가들"을 위한 "풀뿌리 조직 도구"라고 명명하면서 언론 포퓰리즘에 대한 이러한 조직 중심적 정의를 명시적으로 설명했다.[•••] "전자 시청 electronic town hall"에 비유되던 이 프로그램은 위성과 일부 지역의 비상업 채널을 통해 방송됐다. 이 방송을 보기 위해 시청자들은 위성 방송 수신 안테나—당시에는 부담스럽고 비싼 상품이었던—를 설치하고 채널 신호를 "다운

•　　공공저널리즘운동에 대한 개괄은 Anderson(2011)을 참조할 것.

••　　1979년부터 1987년까지 테네시주 주지사, 1991년부터 1993년까지 교육부장관을 지냈으며 2003년부터 2021년까지 테네시주 상원의원을 역임한 공화당 소속의 정치인 🖾

•••　　Kurtz(1994. 2. 10.)

서론　대침체기의 폭스 포퓰리즘　　　　　　　　　　　　　　　　**79**

링크"해야 했다. 알렉산더는 RESN을 "공화당에서 가장 중요한 풀뿌리 운동"으로 봤지만,[•] 이 원격민주주의teledemocracy 실험에 대한 평가는 그다지 고무적이지 않았다. 『새크라멘토비Sacramento Bee』[••]는 이 프로그램을 "정책에 혈안이 된 괴짜들을 위한 웨인즈 월드Wayne's World"[•••]라고 불렀다.[••••] 또 다른 비평가는 다음과 같은 평을 남겼다. "텔레비전 방송이지만 이는 〈나이트라인〉에 전혀 위협이 되지 못했다."[•••••]

1996년 10월 7일 폭스뉴스의 데뷔전에 대한 평가도 크게 다르지 않았다. 비평가들은 폭스의 방송이 지나치게 과하다고 비판했다. 『덴버포스트Denver Post』[••••••]에 실린 부정적인 비평은 제목에서부터 "너무 복잡해서 어지러울 지경인 폭스뉴스 채널"이라고 꼬집었다(Ostrow, 1996). 비교적 중립적인 『뉴욕타임스』의 비평도 비슷한 의견을 제시했다. "폭스의 PD들은 신선한 외양, 신속함 그리고 직접적인 접근을 추구하는 듯하다. 젊은 기자들, 빠르게 움직이는 이미지들 그리고 회화체의 발언들."[•••••••] 물론 지금 우리가 폭스뉴스의 주요 타깃인 보수 시청자들을 상상할 때 떠오르는 단어는 "젊음", "힙함hip", "모던함"이 아니다. 하지만 폭스뉴스의 창립 CEO 로저 에일스는 이전의 보수 언론가들이나 평론가들이 보수 시청자들에 대해 알지 못했던 한 가지 사실을 잘 알고

• Conservative Political Action Conference (1994. 2. 12.)

•• 캘리포니아주 새크라멘토에 기반하고 있는 일간지 🌐

••• 헤비메탈에 혈안이 된 TV 쇼 진행자를 비꼬는 〈새터데이 나이트 라이브Saturday Night Live〉의 코미디 꽁트. 큰 인기를 끌어 1992년에 동명의 코미디 영화가 제작됐다. 🌐

•••• Kurtz(1994. 2. 10.)

••••• DeParle(1995. 4. 16.)

•••••• 콜로라도주 덴버 지역에서 판매되는 일간지 🌐

••••••• Goodman(1996. 10. 10.)

있었다. 보수 시청자들도 다른 텔레비전 시청자들과 마찬가지로 대중 엔터테인먼트의 스타일과 태도에 민감하다는 것이었다.

폭스뉴스의 방송 수사는 기독교식 윤리와 미국의 구식 가치를 옹호 했지만, 1990년대 중반에 이들이 도입한 연출 스타일은 전혀 과거 지향적이지 않았다. 폭스뉴스는 NET, RESN, GOP-TV와 같은 기존 뉴스 방송사들의 연출 방식을 따라잡으려 하는 대신 앞을 내다봤다. 단순히 중도 혹은 진보 진영의 경쟁 방송사들의 스타일을 흉내 내는 데서 멈추지 않고 오히려 새로운 영역을 개척해나갔다. 에일스도 깅리치나 웨이릭 못지않게 정치적인 동기를 지녔을 수 있지만, 둘과 달리 그는 정치가 아닌 엔터테인먼트 영역에서 경력을 시작했고 시각적 소통에 훨씬 큰 비중을 뒀다. 한때 에일스는 텔레비전 뉴스 제작을 "3초마다 모나리자 그리기"라고 묘사하기도 했다(Chafets, 2013: 193). 이 우선순위를 실천하기 위해 에일스는 엔터테인먼트 전문가들, 특히 "모든 타블로이드 쇼"의 전문가들을 고용해 폭스뉴스만의 스태프를 구성했다(Swint, 2008: 166).

〈커런트 어페어〉, 〈인사이드 에디션 Inside Edition〉 및 〈하드 카피 Hard Copy〉의 컨설턴트로 일했던 에일스는 타블로이드 텔레비전 부문의 재주꾼들을 잘 알고 있었다. 그중에서 그는 〈커런트 어페어〉의 PD 샤리 버그 Sharri Berg와 〈엑스트라! Extra!〉의 PD 제리 버크 Jerry Burke를 영입했으며, 〈커런트 어페어〉의 앵커이자 특파원 출신인 루이 아기레 Louis Aguirre, 데이비드 리 밀러 David Lee Miller, 존 스캇 Jon Scott, 셰퍼드 스미스 Shepard Smith를 고용했다. 〈인사이드 에디션〉에서는 빌 오라일리를 영입했고, 그 뒤 2001년에는 1980년대 후반과 1990년대 타블로이드 호스트의 원형을 구축한 제랄도 리베라 Geraldo Rivera를 영입하는 데 힘썼다. 에일스의 전기작가인 가브리엘 셔먼은 폭스의 초기 PD와 저널리스트 구성에 대해 언급하면서 폭스의 "원래 청사진은 대놓고 보수적이라기보다 타블로이드적이고 포퓰리즘적"이라고 주장한다(2014: xv).

1980년대 후반 지상파 뉴스 프로그램들이 〈커런트 어페어〉의 과도한 연출을 처음에는 비판하다 나중에는 따라 하게 된 것처럼, CNN과 MSNBC도 폭스뉴스의 타블로이드 스타일을 비난했지만 결국에는 폭스가 시작한 연출 혁신의 많은 요소들을 따라 하게 됐다. 이러한 혁신에는 화면 하단에 주가 표기하기, 속보 "경고" 사용하기, 한 컷에서 다음 컷으로 넘어갈 때 음악 혹은 음성 재생하기, 강렬한 색상의 세트 및 배경 사용하기가 있다. 이에 대한 에일스의 분노는 2001년 『뉴욕타임스』 기자 마셜 셀라Marshall Sella가 폭스뉴스에 대해 실은 특집 기사 「빨간 주 전용 방송사The Red-State Network」에서 볼 수 있다. 기사에 따르면 에일스는 "경쟁사들이 말장난 같은 제목, 강렬한 그래픽, 격정적인 말투 운운하며 폭스뉴스의 연출 방식을 비판하길 얼마나 즐겨하는지에 대해 열정적으로 말한다. 하지만 에일스는 이제 '타블로이드 뉴스'라는 문구는 그 의미를 상실했다고 주장한다". 기사는 에일스가 다음과 같이 방어적으로 얘기했다고 전했다. "더 이상 선이 없어요. 사람들이 관심을 갖는 게 뉴스인 겁니다. 여러분은 지금 〈데이트라인 NBC Dateline NBC〉 [지상파 뉴스 프로그램]를 시청할 수 있지만, 거기서 다루는 이야기는 모두 이미 5년 전에 〈커런트 어페어〉에서 다루었던 것들입니다. 우리는 그저 똑같은 소녀들이 좀 더 반짝거리는 봉 주변에서 춤을 출 수 있도록 할 뿐입니다."

"좀 더 반짝거리는 봉 주변"에서 춤을 추는 "소녀들"이라는 에일스의 발언은 추후 그의 몰락으로 이어질 성희롱 사건을 예고하는 듯하다. 그러나 동시에 이 발언은 런던의 타블로이드 신문 『더선The Sun』과 미국 케이블 뉴스 채널인 폭스뉴스를 포함해 머독의 미디어 제국에서 가장 성공적인 사업들에 내재해 있는 핵심적인 모순을 꿰뚫고 있다. 이 모순 이란 주로 좌파와 연관 지어지는 문화적-심미적 파격성transgressiveness 과 보수적 정치 이데올로기 간의 역설적인 조합이다. 그리고 이 모순된 공식은 에일스가 폭스뉴스에서 조종타를 쥐기 전까지 밟아온 독특한 이력의 자연스러운 산물이었다. 에일스는 1960년대에 "힙했던"〈마이 클 더글라스Michael Douglas〉토크쇼를 제작했고, 1970년대 초에는 뉴욕 에서 연극 연출을 하다 1980년대에 공화당 대선 캠페인에 합류했다. 그러다 1980년대 말과 1990년대에 엔터테인먼트 텔레비전 사업에 다 시 복귀해 〈커런트 어페어〉와 〈인사이드 에디션〉과 같은 시사 프로그램 을 제작했다. 전기작가 가브리엘 셔먼은 에일스가 자신의 경력 초기에 "텔레비전이 [쇼비즈니스의] 진보적 문화를 비판하는 동시에 이를 활 용할 수 있는" 방법을 배웠다고 서술했다(2014: 70).

라디오의 대가 러시 림보, 텔레비전의 대가 에일스 그리고 인쇄 매체 의 대가 머독. 이들은 각기 다른 언론 분야의 전문성을 갖고 있었지만, 세 사람 모두 똑같이 시장을 기반으로 뉴스를 예리하게 정의했다. 앞서 보았던 에일스의 말을 다시 인용하자면 "사람들이 관심을 갖는 게" 뉴 스라는 것이다.˙ 바로 이 언론 문화에 대해 기회주의적으로 받아들이는 자세가 소위 "2세대" 보수 미디어 제작자들과 전후 세대의 언론 활동가 들을 구분해주는 가장 근본적인 요소 중 하나이다(Hendershot, 2011; Hemmer, 2016). 깅리치와 웨이릭 같은 인물들은 원칙적으로 미국 통신 산 업의 규제 완화와 기업 합병을 지지했지만, "1세대" 보수적 미디어 제 작자들의 유산을 물려받은 그들은 이러한 정책들이 가져온 고삐 풀린 상업주의의 논리적 부산물, 즉 "문화적 탈규제"는 못마땅하게 여겼다(Carson, 2005). 1990년대의 실패한 보수 방송사들은 텔레비전을 일차적으로 (주로) 시민의 지성과 취향을 개선시킬 시민 교육의 도구로 보았다. 이들은 진보적 언론 편향에 대해 비난을 가하기는 했지만 방송 기법은 기본적으로 주류 언론과 다르지 않았으며, 자신들이 반대한 방송사들과 유사한 엘리트적인 방식으로 뉴스를 연출했다. 그들은 "포퓰리즘"을 지지한다고 주장했지만, 그것은 대중문화의 심미적 포퓰리즘이 아니라 작은 정부를 지향하는 조직적 포퓰리즘의 풀뿌리 형태와 다르지 않았다.

장별 개요

이 책은 크게 두 부분으로 나뉜다. 첫 부분에서는 폭스뉴스의 성장에 대한 역사적 관점을 제시하고, 폭스의 포퓰리즘이라는 이미지 및 방송 스타일을 이해하는 이론적 틀을 제공한다. 책의 후반부에서는 2000년대 후반 경제 위기를 다룬 주요 기사들을 주요 사례연구로 활용해 폭스뉴스의 포퓰리즘적 저널리즘 스타일의 기원을 밝히는 것에서 나아가

• 루퍼트 머독과 뉴스코퍼레이션의 기자들은 여러 차례 이 사상을 공유했다. 1989년 머독은 "법의 경계 안에서 대중이 원하는 서비스를 합리적인 가격으로 제공한다면 바로 그것이 공공서비스"라고 발언했다. 머독의 런던 타블로이드 신문 『뉴스오브더월드News of the World』의 기자였던 폴 맥멀렌 Paul McMullen은 찰스 왕세자의 불륜과 성생활에 대한 동 신문의 보도를 옹호하면서 2001년 에일스가 『뉴욕타임스』와의 인터뷰에서 했던 말을 똑같이 반복했다. "무엇이든지 대중이 관심 있는 일이라면 바로 그것이 공익입니다"(Folkenflik, 2013: 2829). 1991년 워싱턴주 시애틀에서 열린 라디오 콘퍼런스에서 림보 또한 청중에게 다음과 같이 말하며 비슷한 관점을 피력했다: "사람들이 라디오를 켜는 이유는 단 세 가지입니다. 즐거움. 즐거움. 그리고 즐거움." Boss(1991. 6. 9.) 참조.

이 저널리즘 스타일이 사건들을 프레이밍하기 위한 정치적 도구로 활용되는 과정을 밝힌다.

"1장 미국의 '타블로이드 정신'에 접신하기 ─루퍼트 머독·로저 에일스·빌 오라일리는 어떻게 텔레비전 뉴스를 새롭게 만들었나"에서는 폭스뉴스가 등장하게 된 상황을 자세히 살펴본다. 이 장은 폭스의 성공이 방송사들의 선택 범위를 확장시켜준 기술 인프라의 발전과 규제 완화, 정치 영역에서 심화된 양극화 그리고 결정적으로 타블로이드 연출 전략을 효과적으로 사용하는 방법을 잘 알고 포퓰리즘적 뉴스 미학을 정식화한 콘텐츠 제작에 달려 있었음을 보여준다. 그리고 폭스의 발전을 영미 타블로이드 전통의 광범위한 역사 속에서 파악해 폭스의 반-엘리트 방송 전략의 저변에 깔려 있는 계급적 뿌리를 밝힌다.

"2장 케이블 뉴스의 포퓰리즘 ─이론적 틀"에서는 폭스뉴스의 방송 콘텐츠를 분석하는 해석 모델을 제시한다. 이 모델은 포퓰리즘에 대한 이론과 공연·문화 성향에 대한 이론을 통합한 모델이다. 또한 서사로서의 포퓰리즘과 행위로서의 포퓰리즘을 구분하고, 이 두 개의 핵심적인 재현 요소가 어떻게 작동해서 포퓰리즘 미디어라는 폭스의 이미지─무엇보다 중요한─를 창출했는지 설명한다. 이 장에서는 진보 진영의 주요 경쟁자들과 적수들─CNN, MSNBC, 〈데일리 쇼The Daily Show〉─을 보수 방송과 비교하고, 진보 언론단체들이 어째서 포퓰리즘적 스타일의 좌파 진영 미디어 인사들을 기피했는지에 대한 의문을 고찰한다. 그리고 이것이 정치적 커뮤니케이션의 포퓰리즘적 형태에 존재하는 기존의 인종적·젠더적 편향에 얼마나 의지하고 있는지를 살펴본다.

"3장 '나는 블루칼라 남자예요'─폭스뉴스 진행자들은 어떻게 자신과 그들의 시청자를 노동계급이라고 상상하는가"에서는 폭스뉴스의 보수 논객들이 어떻게 계급을 경제적 지위가 아니라 문화적 정체성으로 재정의하는지를 고찰한다. 전후 보수운동은 국가 경제가 산업모델에서 탈산업모델로 전환되면서 부상했다. 이 장은 보수 정치인들이 대학을 졸업한 새로운 계급—점점 더 정보를 기반으로 하는 노동 시장에서 가장 많은 혜택을 얻어낼 수 있는 위치에 있는—의 문화에 대한 노동계급의 불안을 어떻게 악용했는지 보여준다. 이는 폭스뉴스 시청자를 "노동계급"이라고 간주할 수 있는가라는 질문과 관련이 있다. 그리고 폭스뉴스 방송의 문헌적 사례를 이용해 폭스뉴스 진행자들이 스스로를 노동계급의 상징으로 정의하고자 채택한 두 가지 핵심 전략 첫째, "하류" 문화 형태를 공개적으로 지지하기 그리고 둘째, 서민적 지식 및 상식을 옹호하기가 어떻게 수행됐는지 설명한다.

"4장 '만드는 자와 받는 자'—폭스뉴스는 어떻게 노동계급과 기업가계급의 정치적 동맹을 구축했는가"에서는 2000년대 후반 경제 위기를 다룬 폭스뉴스의 보도를 면밀하고 다각적인 방식으로 분석한다. 이러한 분석은 폭스뉴스의 정치적 프레이밍이 제퍼슨 시대 이래로 미국 정치 문화에서 끈질기게 재탕되어온 생산자주의라는 윤리적 서사에 얼마나 의존하고 있었는지를 입증해준다. 폭스뉴스의 인기 프로그램들은 이러한 전통적인 정치 담론을 재정비해 부유층과 사업가계급에게 "일자리 창출자"라는 이름표를 붙여주었으며, 그 결과 기업의 경영자들을 오랫동안 존경받아온 노동계급과 나란히 생산자라는 윤리적 공동체에 편입시켰다. 동시에 폭스뉴스의 논객들이 "무분별한 대출자들"과 민주당의 정책—저소득층 시민들과 소수인종의 주택 보유율 증가를 목표로 한—을 지속적으로 비난하면서 폭스의 경기 침체 서사는 소수인종이 복지에 의존하여 공공 부문에 기생하고 있다는 오랜 인종적 고정관념을 이용할 수 있게 되었다.

"5장 포퓰리즘적-지적 전략—폭스뉴스는 어떻게 자신들의 포퓰리즘 프레임 안에서 전문가 지식을 흡수하고 있는가"에서는 폭스뉴스 방송들이 반엘리트주의 정체성을 유지하면서 보수적 지적 문화를 유포시키는 데 사용하는 교묘한 책략들을 분석한다. 2009년 전례 없는 수의 보수적 저술가들과 싱크탱크 연구원들이 폭스뉴스의 인기 쇼들에 출연해 경기부양법안에 대한 폭스뉴스의 비판에 "공식적인" 정당성을 부여했다. 이 비판들에서 눈에 띄는 요소는 애미티 슐레이스Amity Shlaes의 2007년 저작『잊혀진 사람—대공황의 새로운 역사The Forgotten Man: A New History of the Great Depression』를 근거로 대공황의 역사를 고쳐 썼다는 점이다. 여러 논객과 정치인들은 뉴딜이 대공황을 단축시킨 게 아니라 연장시켰다는 책의 주요 주장을 활용해 2000년대 후반 경기 침체에서 국가를 건져 올리기 위해 정부 지출을 이용하는 건 어리석은 짓임을 입증하고자 했다. 폭스뉴스가 이 책을 홍보했다는 사실은 보수 뉴스 매체와 자유시장주의 싱크탱크 그리고 공화당 사이의 제도적 유대관계를 분명하게 보여준다. 슐레이스가 폭스의 인기 프로그램에 게스트로 출연한 사례를 면밀하게 분석한 결과는 폭스뉴스의 포퓰리즘적 진행자들과 전문가 출신 논객들이 어떻게 상이한 권위적 역할을 구현하고 있는지를 보여준다. 나는 이러한 수행적performative 상호 작용을 "포퓰리스트-지식인 전술"이라고 부른다.

이 책의 결론 "트럼프의 포퓰리즘—폭스의 타블로이드 경력이 고상한 미래를 방해할 때"에서는 2016년과 2017년 폭스뉴스를 뒤흔든 여러 건의 섹스 스캔들을 다룬다. 또한 2013년 폭스뉴스가 보다 젊은 시청자들에게 다가가고, 보다 "합리적"이고 "올바른" 뉴스 기관으로 자신들의 이미지를 새롭게 추구하려 했을 때 직면했던 문제들을 살펴본다. 2016년 대통령 선거 캠페인 기간 중 첫 번째 토론에서 메긴 켈리―한때 폭스의 미래로 여겨졌던 여성―와 대통령 후보 도널드 트럼프 간에 벌어진 언쟁은 아웃사이더 정신에 기반해 설립된 방송사가 제도권에서의 정당성을 추구할 때 발생하는 모순들을 보여준다. 이어지는 절에서는 포퓰리즘에 관한 최근의 논쟁들을 소개하고, 논란투성이인 포퓰리즘적 수사 전통을 제한적으로나마 변호한다. 마지막 절에서는 정치적 좌파가 폭스뉴스의 성공으로부터 건설적인 교훈을 얻지 못하도록 방해해온 환원주의적 분석 경향을 다루고, 향후 보수 미디어와 당파적 저널리즘에 대한 연구가 나아가야 할 방향을 제시한다.

1장

미국의 '타블로이드 정신'에 접신하기

–루퍼트 머독·로저 에일스·빌 오라일리는 어떻게 텔레비전 뉴스를 새롭게 만들었나

폭스뉴스 채널과 머독의 언론사에서 짖어대는 윗대가리들에게는 있는데 CNN, 래더 Rather, 도나휴 Donahue에게는 없는 것은? 진실하고 고결한 타블로이드 정신.

찰스 피어스 Charles Pierce, **2002**

이 나라의 전통적인 언론은 사람들이 아니라 엘리트와 죽이 맞는다. 바로 여기에 전통적 언론이 우리[폭스뉴스]를 좋아하지 않는 이유가 있다. 우리는 그들과 같지 않다.

루퍼트 머독, 2004·

•   Strupp (2004. 9. 22.)

1950년대 초반 젊은 루퍼트 머독은 옥스퍼드대학교 대학원을 다니는 동안 런던의 『데일리익스프레스Daily Express』(이하 『익스프레스』)의 편집자로 일했다. 『익스프레스』는 당시 최고의 타블로이드 중 하나로 플릿 스트리트Fleet Street의 치열한 경쟁 속에 있었다. 런던의 거리 중 하나인 플릿 스트리트에는 영국 최고의 신문사들이 들어서 있었고, 오랫동안 영국 뉴스 시장을 상징하는 어휘로 사용되어왔다. 『익스프레스』의 악명 높은 최고경영자 비버브룩 경 Lord Beaverbrook의 지도하에 머독은 "저널리즘의 술책"에 대해 훈련을 받았으며, 뉴스 경영인에게 대중의 취향에 귀를 기울이는 일이 얼마나 중요한지를 알게 되었다.˙ 머독은 여기서 습득한 통찰력을 가지고 호주로 돌아와 아버지로부터 물려받은 신문 『애들레이드뉴스Adelaide News』를 수익성 있는 타블로이드 신문으로 탈바꿈시켰다. 머독은 이 작은 시골 뉴스 사업을 시작으로 훗날 역사상

˙   Wolff(2008)

가장 규모가 크고 정치적으로 영향력 있는 미디어 제국 중 하나가 될 뉴스코퍼레이션을 세우게 된다.

머독은 단순히 타블로이드의 기초적인 표현 기법—예컨대 강렬한 헤드라인, 형형색색의 레이아웃, 선정적인 콘텐츠—을 익히는 것 외에도 타블로이드 스타일의 저변에 흐르고 있는 사회적 논리를 깊게 이해하게 됐다. 머독의 전기작가 마이클 올프Michael Wolff는 상업적 뉴스는 근본적으로 "계급 사업"이라고 설명한다. "플릿 스트리트의 모든 기업가들은 자기가 담당하는 계급이 어떤 계급인지 잘 알고 있다"(2008: 72). 저널리즘에 대한 머독의 철학은 계급 혹은 적어도 문화적·규범적으로 정의된 계급—머독과 그의 뉴스 기관들이 수십 년간 반엘리트주의라는 영미 타블로이드의 전통을 통해 구성한—에서 자유롭지 못했다.

머독은 1960년대 영국으로 돌아와 런던의 주요 신문『뉴스오브더월드News of the World』와『더선』을 인수했다. 이 신문들에 대한 그의 전략은 "저소득층 시장"을 노리고 "대중화"를 쫓는 것이었다. 머독은『더선』의 3면에 매번 반나체의 여성—이른바 "3면의 여성 Page Three Girl"·—사진을 실어 발매 부수를 늘렸고, 동시에 "호주에서 온 가슴과 엉덩이의 왕"이라는 부도덕한 별명도 얻게 됐다(Mahler, 2006: 34).·· 곧『뉴스오브더월드』와『더선』은 인기와 수익을 둘 다 잡은 타블로이드지가 됐으며, 마침내 1978년에는 오랫동안 영국의 일간지 부문을 주도해온『데일리

·　　이 혁신을 통해『더선』의 발매 부수가 늘어나자 대다수의 타블로이드지들이 따라 하게 되면서 타블로이드 신문의 전통으로 자리 잡게 됐다. 🌐

··　　영국의 풍자 잡지『프라이빗아이 Private Eye』는 1970년 "'젖가슴에 감사하는' 루퍼트 머독"이라는 제목의 표지를 실어 머독의 부도덕한 명성을 확인시켜주었다. 머독은 문화평론가와 정치인들의 반발에 시달렸지만, 3면에 반나체의 여성 사진을 싣는 전략을 통해 불과 1년 만에『더선』의 발매 부수를 150만에서 210만으로 늘릴 수 있었다. Braid(2004. 9. 14.)

미러Daily Mirror』를 누르고『더선』이 영국 최고 일간지의 자리를 차지하고 말았다.*

머독은 노동계급의 취향을 공략한 전략이 미국의 최대 도시들에서도 통할 것이라 믿고 1976년『뉴욕포스트New York Post』를 인수했다. 그러나 수년 동안『뉴욕포스트』는 전혀 이익을 올리지 못했다. 역사학자 엘리자베스 버드Elizabeth Bird는 저서『질문하는 정신을 위해: 슈퍼마켓 타블로이드에 대한 문화적 연구For Inquiring Minds: A Cultural Study of Supermarket Tabloids』(1992)에서 머독은 "영국에서 통했던 '섹시함'과 '노동계급'의 자의식에 기반한 성공 공식이 미국의 독자들에게도 통할 것이라고 생각하면서 미국적 취향을 오독했다"고 주장한다(34). 왜 런던에서의 성공을 뉴욕에서는 재현하지 못했느냐고 묻는 기자의 질문에 머독은『뉴욕포스트』가 실패한 이유는 미국인들에게 계급의식이 없기 때문이라고 답했다. "이곳[뉴욕]은 중산층의 도시입니다. 이 나라의 모든 사람들은 앞서 나가기를 원합니다. 이것이 구세계와 신세계의 근본적인 차이점입니다. 영국에서는 이 나라에 있는 자기 계발 윤리를 찾아볼 수 없습니다"(Shawcross, 1997: 160). 아마도 머독은 "자기 계발 윤리"라는 용어를 통해 중산층 취향의 본질을 한 단어로 포착하려 한 듯하다.

미국 뉴스 시장에 대한 머독의 야망은 1980년대와 1990년대 뉴스코퍼레이션의 주요 분야를 텔레비전 영역으로 옮기면서 마침내 실현된다. 이 장에서 우리는 머독의 미국 타블로이드 성공기—올프와 찰스 피어스 등의 여러 논객들은 폭스뉴스의 성공을 미국 타블로이드 성공

---

* 1978년『더선』의 발매 부수는 400만에 달해『데일리미러』를 비롯한 영국의 가장 인기 있는 신문들의 발매 부수를 넘어섰다. Keeble(2009)

의 최절정으로 꼽는다―를 살펴볼 것이다. 먼저 폭스의 최근 역사를 다루면서 1980년대 미국 언론계의 지형에 균열을 일으킨 산업·기술의 변화가 1990년대와 2000년대 당파적 언론 스타일이 부상하는 데 어떠한 영향을 미쳤는지 설명한다. 케이블·위성 기술의 상용화는 다채널 시대의 출발선을 끊었다. "선택이 다양해진 미디어high-choice media"(Prior, 2007)라는 이 새로운 환경은 엔터테인먼트 중심의 뉴스 형식을 장려하고 틈새 뉴스 시장, 특히 당파적 뉴스 시장의 확산을 가능하게 했다. 대다수의 기존 문헌들은 폭스가 정치적 이미지를 내세우는 전략을 취하면서 미국 저널리즘 분야를 이념의 선에 따라 양극화했다고 강조해왔다. 그러나 이러한 접근 방식은 폭스가 이상 지향적 언론 시장과 타블로이드 시장 간의 오랜 긴장을 되살리는 동시에 미국의 공적 영역 또한 취향과 심미적 측면에서 양극화시켰다는 사실을 간과하곤 한다. 이 장에서 나는 폭스뉴스가 개발한 스타일을 영미 타블로이드 전통의 광범위한 역사적 맥락 속에서 분석한다. 그리고 『더선』, 『뉴욕포스트』, 〈커런트 어페어〉˙를 비롯해 뉴스코퍼레이션이 시도한 전례들과 폭스의 관계를 살펴본다.

미국에서 "타블로이드"라는 단어는 UFO 목격담, 연예인의 삼각관계, 끔찍한 살인사건 등을 선정적으로 묘사한 표지를 슈퍼마켓 계산대 앞에서 요란스럽게 내세우고 있는, 완전히 비정치적인 신문이나 잡지를 떠올리게 한다. 언론학자 콜린 스파크스Colin Sparks는 "양질"의 언론 및 "올곧은" 뉴스 매체와 타블로이드 저널리즘을 구별해주는 일차적 특징으로 "가벼운 뉴스" 주제―예컨대 유명인 가십, 스포츠, 섹스 스캔

• 　1986년과 1996년 사이 방영된 선구적인 타블로이드 방송 옮긴

들, 선정적 범죄—에 대한 지향성을 꼽았다.* 하지만 타블로이드 저널리즘의 편집 기준이 아닌 스타일적 특징에 집중한다면, 타블로이드 언론의 형식과 포퓰리즘 정치 커뮤니케이션 간의 관계를 보다 명확하게 볼 수 있다.

포퓰리즘은 태생적으로 활동가들과 사회운동에 의해 형성되었기 때문에 민주주의, 제도적 부패, 대중의 의지에 발언권을 부여하기와 같은 시민적 문제들이 반복적인 수사적 주제로 출현한다. 포퓰리즘 학자 카스 머드Cas Mudde는 이것을 포퓰리즘의 "얄팍한 이데올로기"라고 부른다. 바로 이러한 "얄팍함" 혹은 모호함 때문에 좌우를 막론하고 "완성된" 혹은 공식화된 다양한 정치적 이데올로기가 포퓰리즘의 가치에 접근하고, 스스로를 "사람들"의 편에 서 있다고 주장할 수 있게 되는 것이다.** 이에 반해 타블로이드 전통은 상업적 엔터테인먼트의 아류이므로 역사적으로 구경거리나 심미성, 자극성, 극적 과장에 더 중점을 두었다. 정치적 포퓰리즘처럼 타블로이드 뉴스 또한 계급 갈등에 규범적이고 비경제적인 이미지를 투영한다. 하지만 포퓰리즘이 "내부자 대 외

• 『타블로이드 이야기: 미디어 기준에 대한 지구적 논의들Tabloid Tales: Global Debates Over Media Standards』(2000)이라는 책의 서론에서 콜린 스파크스는 타블로이드 뉴스 매체를 보다 전문적인 뉴스 매체로부터 구별하기 위한 몇 가지 기준을 제시한다. 그가 중점을 두는 기준은 해당 뉴스 매체가 초점을 맞추는 주제다. 선거 정치, 경제 및 외교 정책과 같은 "딱딱한" 주제를 주로 다루는 매체인가, 아니면 유명인 가십, 스포츠, 섹스 스캔들 및 선정적인 범죄와 같은 "가벼운" 주제를 다루는 매체인가? 그는 타블로이드 매체가 후자를 지향하고 있다고 보았으며, 여기에 또 다른 층위를 추가하여 유명인에 대해 보도할 때도 공적 영역에서의 활동보다 사적 문제와 사생활에 관심을 더 보인다고 주장한다.

•• Mudde, 2007; Mudde & Kaltwasser, 2011. 포퓰리즘을 "얄팍한" 이념으로 이해하는 관점에 대한 소개는 벤자민 모핏과 사이먼 토메이의 논문 "Rethinking Populism: Politics, Mediatisation and Political Style"(2014)을 참조할 것. 본 논문에서는 이 관점을 포퓰리즘에 대한 다른 이론적 접근들, 즉 포퓰리즘을 "정치적 논리", "담론", "전략" 혹은 "스타일"로 보는 접근들과도 비교한다. Canovan(1999)도 참조할 것.

부자"라는 정치적 도식을 활용하는 것과 달리 타블로이드 미디어는 주로 상류 취향과 하류 취향의 대립이라는 프리즘을 통해 계급 간의 차이를 표현한다. 이러한 차이를 이해하는 게 중요하지만, 궁극적으로 정치적 포퓰리즘과 타블로이드 저널리즘의 구조는 상당히 동일하기 때문에 대부분의 경우 둘 중 한 곳에서 발견되는 커뮤니케이션 특징은 다른 곳에서도 발견된다. 나는 이런 특징을 분석적 성향, 연출 형식, 공적 영역에 대한 상상이라는 세 가지 범주로 분류한다.

분석적 성향: 정치적 포퓰리즘과 타블로이드 저널리즘은 둘 다 주관적이고 개인화된 사회 분석 방식을 주로 사용하고, 명백한 도덕적 결론을 내리며, 개인의 경험과 사회적 배경을 전문적 식견과 동등하게 취급한다.

연출 형식: 정치적 포퓰리즘과 타블로이드 저널리즘은 둘 다 정서적인 커뮤니케이션 형식—감정적 언어, 생생한 이미지, 형형색색의 프레젠테이션, 감정에 기반한 신체적 연출과 같은—에 더 큰 우선순위를 두는 경향이 있다.

공적 영역에 대한 상상: 두 전통 모두 공적 영역을 적대적이고 반자유주의적인 모습으로 그린다. 이는 에르네스토 라클라우 Ernesto Laclau 와 샹탈 무페 Chantal Mouffe 가 이론화한 포퓰리즘운동의 정치적 논리와 유사하다(2001). 언론학자 존 피스케 John Fiske 는 다음과 같이 설명한다. "공식 언론은 합의를 추구하면서 모순, 차이, 특수성을 제거하려 노력한다." 그러나 타블로이드 뉴스 부문은 "자기 담론에서 모순을 제거하려 노력하지 않고 오히려 모순을 이용한다"(1992 : 49-50). 루퍼트 머독 밑에서 『뉴욕포스트』의 편집장을 지낸 프랭크 디바인 Frank Devine 은 이 모든 특징들을 함축적으로 보여주는 직설적이고 공격적인 뉴스 톤으로 좋은 타블로이드 신문은 "반짝이는 것과 삐죽삐죽한 것" 두 가지를 쫓는다고 말했다(Kurtz, 1988).

그러나 폭스뉴스의 정체성이 구축되는 데 가장 큰 기여를 한 프로그램인 〈오라일리 팩터〉와 〈해니티〉는 위에서 언급한 커뮤니케이션 특징을 모두 지녔지만, 폭스의 프로그램 대부분과 마찬가지로 선거, 연방정부, 경제와 같은 "진지한" 뉴스 주제들을 다루는 경향을 보였다. 바로 이 지점에서 폭스뉴스는 미국에서 일반적으로 타블로이드 뉴스라고 불리는 언론과 큰 차이를 드러냈다. 따라서 폭스뉴스의 타블로이드적 기원을 제대로 이해하려면 미국 뉴스 문화라는 경계를 벗어나야 한다. 폭스뉴스는 미국 애국주의를 내세우기로 유명하지만, 그 스타일의 상당 부분은 해외에서 유입되었다고 볼 수 있다. 폭스뉴스의 모회사인 뉴스코퍼레이션은 호주에서 설립되어 영국에서 국제적 입지를 다지기 시작했다. 뉴스코퍼레이션이 미국에 기원을 두고 있지 않은 것처럼 미국에서 가장 먼저 인기를 끈 TV쇼 〈커런트 어페어〉와 〈미국의 현상 수배자들America's Most Wanted〉 또한 호주와 영국에서 성공한 프로그램을 모델로 제작되었다.* 이처럼 뉴스코퍼레이션은 리얼리티 엔터테인먼트 장르를 폭스 방송사에 도입하는 한편, 미국 대중들에게는 폭스뉴스를 통해 다분히 영국적인 색채를 지닌 타블로이드 저널리즘을 소개했다. 취향과 교육 수준에서 나타나는 계급 격차는 20세기 미국의 타블로이드 매체들이 오랫동안 써먹어온 주제였다. 이 공식에 폭스뉴스가 추가한 것은 당파주의라는 차원으로 계급 격차와 정당의 선을 맞닿게 만들어 버린 것이다.

---

*   Lippman(1990. 1. 24.)

당파적 내로우캐스팅의 부상
—"정동 경제", "정서적 양극화"를 만나다

1970년대 케이블 텔레비전은 기술 및 기반 시설의 영역에서 큰 발전을 이루었다. 그러나 소비자의 입장에서 보면 케이블이 미국 가정에 대중적으로 보급되기까지는 20년이 더 걸렸다. 1970년에는 미국인의 7.6퍼센트만이 케이블 텔레비전을 가지고 있었고, 1983년에 33퍼센트로 증가했다. 폭스뉴스와 MSNBC가 설립되고 1년이 지난 1997년이 되어서야 미국인의 70퍼센트가 케이블 또는 위성 TV 서비스에 가입하면서 케이블 텔레비전 보급률이 과반수에 도달했다(Prior, 2007: 94). 케이블·위성 텔레비전의 보급률이 증가하는 속도는 채널 수가 증가하는 속도와 맞물려 있었다. 1970년대에 미국인들이 볼 수 있는 텔레비전 채널 수는 5~6개였다. 케이블 텔레비전의 초기 확산과 함께 1981년에는 채널수가 34개로 늘어났으며, 1987년에는 거의 두 배가 되었다. 1990년대 초반에는 디지털 케이블의 등장으로 채널 선택권이 더욱 확장되어 채널이 수백 개로 늘어났다(Holt, 2011: 118).* 1994년에서 1995년 사이에만 15개의 케이블 방송사가 새로 등장했다(Swint, 2008: 114). 새로운 채널들의 이름―예를 들어 텔레비전 푸드 네트워크, 홈 & 가든 네트워크, 히스토리 채널 등―이 보여주는 것처럼 케이블 텔레비전의 수익 모델은 보다 전문화된 콘텐츠로도 운영이 가능한 것이었고, 브로드캐

---

* 케이블과 위성 텔레비전 및 채널 선택권의 확산에 대해서는 다음 책의 2장을 참조할 것. Arceneaux & Johnson, 2013

스팅 broadcasting보다 내로우캐스팅 narrowcasting[•]을 장려했다.

이 기간 동안 혁명적으로 성장한 채널 선택권은 마커스 프라이어 Markus Prior가 "선택권이 많은 미디어" 환경이라고 부른 환경을 창출했으며, 그가 자신의 연구에서 강조한 바와 같이 이는 TV 산업의 경제 구조를 근본적으로 변화시켰다(2007). 처음으로 TV 프로그램 제작자들은 일반 대중에게 다가가야 한다는 재정적 압박으로부터 해방되었다. 전통적인 방송사들은 광고 수익의 손실을 우려해 모든 시청자를 기쁘게 하고 누구에게도 불쾌감을 주지 않을 방송을 제작하고 있었다. 업계 내부에서는 이를 거부감을 최소화한 프로그래밍 Least Objectionable Programming (이하 LOP)이라고 부른다. 이 전략을 전형적으로 보여주는 쇼가 바로 〈코스비 가족 만세 The Cosby Show〉다. 이 시트콤은 가상의 아프리카계 미국인 가정이 뉴욕 브루클린의 상류층 동네에서 살아가는 모습을 보여주면서 시청자들에게 만족스러운 기분을 선사한다. 하지만 컴캐스트 Comcast^{••}의 전임 사장 로저 클라센 Roger Clasen이 명백히 선언했듯 "케이블은 코스비가 아니다".^{•••}

케이블과 위성 그리고 나중에는 인터넷 플랫폼이 전국의 시청자들을 점점 더 작은 틈새시장으로 분열시키면서 시청자 규모라는 지수는 더 이상 경제성을 측정하는 데 유용한 수치로 기능하지 못하게 됐다. 이제

• 내로우캐스팅이란 일반 대중이 아닌 비교적 작은 시청자 집단을 겨냥한 방송을 지칭하는 용어로, 일반적인 방송을 뜻하는 브로드캐스팅이 '(그물 따위를) 널리 퍼트린다'는 의미를 가지고 있는 것을 비틀어 만들어졌다. 주로 성별, 연령 혹은 관심사와 같은 공통점으로 묶인 집단을 겨냥하며 적지만 충성도가 높은 시청자들을 확보하는 것을 목표로 삼는다. 🈟

•• 1963년에 설립된 방송·케이블 텔레비전 회사로 미국에서 가장 거대한 인터넷 제공업체이기도 하다. 🈟

••• Broadcasting (1988. 4. 4.)

텔레비전 경제에서는 시청자들 간의 사회적 격차나 시청 패턴과 같은 개인적 특성들이 새롭게 부각되기 시작했다. 분산되어 있는 새로운 미디어 지형에서는 문화적 동질성이 명백한 열성 시청자들이 특히나 소중해졌다. 왜냐하면 이들은 "선택권이 많은 미디어" 환경에서 찾아보기 어려운 안정성을 제공해주었기 때문이다.[•] 케이블 TV의 수익 구조 덕분에 미디어 회사들은 다양한 시청자들을 끌어들이지 않고도 LOP 콘텐츠로 수익을 올릴 수 있게 되었다. 이와 같은 변화는 당파적 방송사라는 아이디어에 최초로 상업적 실용성이라는 날개를 달아준 주요 변환점이 됐다.

비즈니스적인 관점에서 당파성을 취하는 것은 1990년대와 2000년대에 텔레비전 산업이 직면하게 된 전례 없는 마케팅 위기를 극복할 수 있는 완벽한 전략이었다. 지상파 시대(1940~1980년대)[••]의 시청자들은 마치 방송사에 '사로잡힌' 것처럼 굳건한 지지층을 형성했지만, 이후의 시청자들은 원자화되어 더욱더 이목을 집중시키기 어려워졌다. 선택권이 많아진 시청자들―흥미가 떨어지면 곧바로 리모컨 버튼을 눌러 다른 채널로 돌릴 수 있는 선택권을 가진 시청자들―의 이목을 집중시키고 유지하려면 미디어 회사와 광고주들은 어떤 전략을 택해야 할까? 이 질문에 대한 답은 언론학자 헨리 젠킨스Henry Jenkins가 "정동 경제af-fective economics"라고 부르는 것을 이용하는 것이었다(2006: 61).

젠킨스의 새로운 마케팅 이론은 기존의 대중적인 시청자에 접근하던

•   Mittell, 2010: chapter 2; Jason Mittel(2016) "Donald Trump Doesn't Need to Broaden His Appeal. The Rise of Cable TV Explains Why" 참조. 추가로 Becker, 2006: chapter 3; Parson, 2008; Johnson, 2008: chapter 5; Baym, 2009: chapter 1; McMurria, 2017도 참조할 것.

••   1940년대부터 1980년대까지 소수의 지상파 네트워크들이 텔레비전 시장을 점유하던 시기 🈁

방식을 포기하는 대신, 규모는 작지만 충성도가 더 높은 시청자층을 공략할 것을 요구한다. 이 이론은 다음과 같은 질문을 던진다. 만일 특정 회사의 소비자 기반 중 단 20퍼센트의 소비자가 80퍼센트의 구매를 담당하고 있다면, 이들이 회사 브랜드에 대해 가지고 있는 정서적 애착을 북돋고 증폭시키는 데 에너지를 투자하는 편이 더 낫지 않겠는가?* 언론학자인 제프리 존스Jeffrey Jones는 케이블 뉴스 분야에 대해서도 비슷하게 지적한다. 지상파 시대 이후 혼잡도와 경쟁이 심화된 텔레비전 분야에서 살아남으려면 "케이블 채널들은 시청자들과 집중적인 관계를 형성해 그들이 일상적이고 반복적으로 시청하도록 조장해야만 한다"고 설명한다(2012: 180).

미국인들의 공적 생활에서 당파적 정치보다 사람들의 감정을 강하게 자극하는 것은 찾아보기 어렵다. 특히 1990년대는 당파주의가 지닌 "감

• 『방에서 가장 큰 목소리 Loudest Voice in the Room』(2014)에서 저자 가브리엘 셔먼은 다음과 같이 서술한다. "로저 에일스의 시청자[폭스 시청자]의 열정은 기존 텔레비전 뉴스에서 찾아볼 수 없는 것이었다. 그것은 폭스의 정치성과 오락성의 혼종 결과였다. 폭스뉴스에는 시청자가 없었다. 팬이[강조는 인용자] 있었을 뿐이다"(291). 셔먼이 폭스뉴스의 시청자를 "팬"이라고 기술하는 모습에서 당파적 미디어에 대한 문헌과 팬 커뮤니티에 대한 문헌 간 대화의 전망을 밝게 점칠 수 있다. 저널리즘 연구자인 올리버 주텔Oliver Jutel은 2013년 논문 「미국 포퓰리즘과 미디어 장에서의 신정치경제학 American Populism and the New Political Economy of the Media Field」에서 이 연관성을 직접적으로 다룬다. 실제로 폭스뉴스 시청자의 시청 행태 중 "충성도" 및 "격렬함"의 영역은 〈뱀파이어 해결사Buffy the Vampire Slayer〉처럼 컬트적인 추종자를 만들어낸 드라마의 시청자 행태와 유사하다. 특히 이 두 텔레비전 장르는 지상파 시대 이후의 텔레비전 경제에 매우 적합하다는 공통점을 지니고 있다. 한 보고서에 따르면 평균적인 폭스뉴스 시청자가 폭스뉴스를 시청하는 시간은 CNN의 평균 시청자가 CNN을 시청하는 시간보다 30퍼센트 더 길다. Battaglio, 2003. 9. 16. New CNN Team Seeks a Long Run, Daily News 참조. 셔먼은 이 긴 시청 시간이 폭스로 하여금 더 높은 광고비를 청구할 수 있게 해준다고 지적한다. 2011년 퓨리서치센터에서 진행한 한 연구는 다음과 같이 결론을 내렸다. "CNN은 가용할 수 있는 시청자 규모가 더 크지만 폭스는 더 열성적인 시청자를 지니고 있다." Pew Research Center(2011. 3. 13.) 참조.

성자본"*을 활용해 브랜드 이미지를 구축하기에 적절한 시기였다. 이 시기에 통신 기술의 발달로 당파적 뉴스라는 틈새시장이 기술적으로 실현 가능하게 됐을 뿐만 아니라, 정치적으로도 당파적 정치가 부활했기 때문이다.** 유권자들 사이에서는 정치적 양극화 경향이 두드러지게 나타났으며, 이는 정치 엘리트·활동가·이익단체에서도 마찬가지였다.*** 이러한 양극화는 여야를 가리지 않았지만, 특히 "공화당 혁명"이라고 불리는 보수 진영의 1994년 중간선거 승리를 거치면서 정치 및 문화 영역에서 우편향이 강화됐다. 정치적 영역에서는 당파 정치가 강화되고 텔레비전 산업에서는 경쟁이 심화되는 상황에서 정치적 보수주의에 기반해 텔레비전 분야의 틈새시장을 창출한다는 전략은 너무나도 당연한 선택지였다.

뉴스판에 뛰어들 당시 폭스의 마케팅 전략은 "브랜드 공동체"를 육성하는 데 중점을 두고 있었다. 언론학자 제프리 존스에 의하면 이 공동체는 정치적 이데올로기의 강력한 "상징적 재료"를 사용해 구축된 네트워크다(2012: 181). 존스는 폭스뉴스야말로 미디어 사업이 "콘텐츠 회사에서 시청자 회사로" 변모해가는 흐름을 알아차렸다고 인정한다. 텔레비전 연구자인 마이클 커틴 Michael Curtin은 폭스가 "뉴스 방송사라는 공

•   감성자본에 대해서는 분과별로 다양한 정의가 존재하지만, 이 글에서는 경영학적인 관점에서의 감성자본, 즉 타인의 감정과 감성을 활용할 수 있는 역량을 의미하고 있다. 🔲

••   Bartels, 2000; Fleisher & Bond, 2000; Ceaser & Busch, 2005; Hetherington, 2010. 양극화와 미디어의 관계에 대한 정치학적 논의에 대해서는 Prior, 2013; Hmielowski et al., 2015을 참조할 것.

•••   어떤 연구자들은 정치적 양극화에서 정치 엘리트들의 역할이 중요했다고 본다(McCarty et al., 2001; Koger, 2010). 다른 연구자들은 이익단체나 활동가들의 역할에 초점을 두고 본다. 다음 연구를 참조 할 것. Stonecash et al., 2003; Layman et al., 2006; Hetherington, 2010

익 사업으로서의 브랜드 이미지를 넘어서 (…) 정체성에 기반한 텔레비전을 브랜드화하는 단계로"이행했다고 설명한다(2009: 157). 이는 CNN과 MSNBC에서 내세운 프로그래밍 중심적인 홍보 전략과 대조적이다. CNN은 타의 추종을 불허하는 국제적 보도 범위와 현장에 최초로 접근하는 취재 능력을 자랑했고, MSNBC는 케이블 뉴스 영역에 최첨단 기술과 유명 앵커들을 투입하겠다고 장담했지만, 두 방송사 모두 시청자들이 집결하고 감정적으로 몰입할 수 있는 일관되고 강력한 정체성을 제공하는 데는 실패했다.

폭스뉴스의 임원을 지낸 댄 쿠퍼 Dan Cooper는 폭스의 준비 단계에서는 "프로그래밍에 대한 이야기는 없었다", 그리고 "모두 마케팅 전략 얘기뿐이었다"고 밝혀 존스의 주장이 틀리지 않았음을 확인시켜줬다. 그러나 존스는 폭스의 브랜드 공동체가 보수적 이데올로기를 긍정하는 "수행"을 통해 생성되었다고 추측한 반면, 쿠퍼는 오히려 부정의 언어가 더 중요했음을 강조한다. 이런 면모 또한 다른 뉴스 조직 및 브랜드 공동체가 내세운 자칭 "전문적인" 문화와 현저한 대조를 이룬다. 자신이 폭스의 준비팀에서 근무한 내용을 담은 회고록 『벌거벗은 점심: 폭스뉴스 만들기 Naked Lunch: Creating Fox News』(2008)에서 쿠퍼는 알 리스 Al Ries와 잭 트라우트 Jack Trout의 "포지셔닝 positioning" 마케팅 이론을 활용해 폭스가 1996년에 내세운 첫 캠페인, "공정과 균형"의 기본 논리를 설명한다. 트라우트와 리스에 따르면 포지셔닝 전략의 근본적인 목표는 소비자의 심리 속에서 브랜드를 차별화하는 것이다. 이를 달성하기 위해서는 두 사람이 "마케팅 전쟁"이라고 명명한 전략을 수행해야 한다. 이 전략에서 실질적으로 요구된 것은 특정 상품 분야에서 가장 인지도가 높은 브랜드를 식별한 뒤, 끊임없이 자신들의 브랜드를 그 브랜드에 비교하면서 명확하게 각인시키는 것이다.

광고사에 획을 그은 여러 고전적 사례들에서 이 전략이 잘 적용된 모습을 살펴볼 수 있다. 예를 들어 자동차대여업체 에이비스Avis의 경우 헤르츠Hertz에 맞서 포지셔닝을 하기 위해 1962년 "저희가 더 열심히 합니다We Try Harder" 캠페인을 활용했으며, 더 최근에는 마이크로소프트의 PC에 맞서 포지셔닝을 한 애플의 2006년 "맥 하나 장만하세요Get a Mac" 캠페인이 있었다. 이러한 사례들처럼 "공정과 균형" 그리고 "보도는 우리가, 결정은 여러분이We Report, You Decide"와 같은 폭스뉴스의 기본 슬로건들은 폭스가 내놓은 미디어 상품의 품질을 홍보하기 위한 것이 아니라, 폭스라는 브랜드를 다른 브랜드와 차별화하기 위한 것이었다고 쿠퍼는 강조한다. 이 슬로건들의 주요 목적은 경쟁 업체들을 엘리트적이고 편향적이라는 이미지로 "리브랜딩"하는 것이었다. 따라서 MSNBC에 맞서야 하는 폭스의 경우 MSNBC "본연의 여피스러움"―쿠퍼가 표현한 바에 따르면―에 관심을 집중시키고 조롱하는 전략을 취했다. 이에 대한 자세한 설명은 뒤에서 하겠다.

흥미롭게도 당파적 정체성을 형성하는 과정은 시장에서 "포지셔닝"을 활용해 브랜드 공동체를 만드는 과정과 매우 유사했다. 두 과정 모두 일종의 외집단 혹은 타자와의 구별을 통해 구성되기 때문이다. 스탠포드대학교의 정치학자 샨토 이옌가르Shanto Iyengar와 동료들은 "한 정당과 동일시하는 행위만으로도 다른 정당에 대한 부정적인 평가를 촉발하기에 충분하다"고 주장한다(2012: 407). 이들은 오늘날 당파적 양극화의 주된 원인이 정책과 가치관의 영역에서 유권자들이 이념적으로 분열되어있기 때문이라는 일반적 가정에 의문을 제기한다. 그들은 정치 엘리트들과 활동가들이 선보이는 극단적 입장과는 대조적으로 평범한 시민들은 대부분의 문제에 대해 중도적 입장을 취하는 경향이 있다는 연구 결과를 증거로 제시한다(406). "대다수의 대중은 정당을 이념적 관점으로 바라보지 않는다. (…) 도리어 그들을 정치계와 연결시켜주는 것은 인생의 초창기에 정립된 당파적 정체성에 대한 원초적 감각으로, 전체 생애 주기 동안 함께하는 일종의 **정동적**[강조는 인용자] 유대관계다"(427). 이엔가르와 그의 동료들은 "정동적 양극화"라는 개념을 제시하며 대중이 얼마나 양극화되어 있는지를 일관되게 보여주는 것은 정책·정치적 이념에 대한 태도의 차이보다 사회적 정체성의 차이, 즉 "각 정당의 지지자들이 상대 정당의 지지자들을 얼마만큼이나 반목해야 할 외집단으로 인식하는지"라고 주장한다(406). 당파성에 대한 이러한 이해가 반영된 폭스뉴스의 포지셔닝 전략은 CNN과 MSNBC가 이념적으로 편향되어 있다는 것을 보여줄 뿐만 아니라, 바람직하지 않다고 여겨지는 사회 집단들과 이들을 연관시켜왔으며 앞으로도 그럴 것이다.

그렇다면 폭스뉴스가 당파적인 뉴스 브랜드를 구축하기 위해 이용한 바람직하지 않은 집단은 누구였을까?

『게이 TV와 이성애자 아메리카Gay TV and Straight America』(2006)의 저자 론 베커Ron Becker는 일반 시청자들에게 접근하는 방식이 붕괴되면서 1990년대의 텔레비전 마케팅이 대도시에 거주하는 젊은 고학력층 소비자를 대상으로 삼기 시작한 과정을 논한다. 이 새로운 소비자층은 "사회적으로 진보적이고 도시적 감성을 지닌 전문가socially liberal, ur-ban-minded professionals"라는 표현의 첫 글자를 따서 "슬럼피slumpy"라고 불렸다. 베커에 의하면 슬럼피에는 "단지 '진짜 부자인 사람'들뿐만 아니라 '선별적으로 부자인' 사람들도 포함된다. (…) [TV 방송국들은] 이 시청자층을 '힙하고' '세련되며' '도시적인' 사람들이라고 상정했다". 베커의 책은 주로 이 슬럼피 계층에 대한 고려가 엔터테인먼트 프로그래밍의 발전에 어떤 영향을 미쳤는지, 특히 〈윌 앤 그레이스Will & Grace〉˙ 같이 동성애를 주제로 한 TV 쇼를 가능하게 했다는 점에 초점을 맞추고 있지만, 동일한 마케팅 구조가 케이블 뉴스 환경의 마케팅 전략에도 영향을 미쳤다. 마이크로소프트와 NBC가 합작해 설립한 MSNBC의 브랜딩 전략은 명백하게도 위에서 언급한 슬럼피 계층을 공략하는 것이었다. 로저 에일스 전기에서 가브리엘 셔먼은 MSNBC의 초기 브랜드를 구성하는 데 동원된 사회적·문화적 상상력을 다음과 같이 기술했다.

처음부터 MSNBC는 매우 의도적으로 동서부 해안 지역을 노렸다. MSNBC
가 구체적으로 내세운 콘셉트는 NBC의 새로운 기업 파트너[마이크로소프
트]의 본사가 있는 시애틀 시내에 있을 법한 에스프레소 바의 분위기를 카
메라를 통해 재현하는 것이었다. (…) 붉은색 인조 벽돌들이 부자연스럽게
노출되어 있는 벽과 공업용 조명 덕분에 뉴저지주 포트리에 있는 아메리카
스토킹 America's Talking ˙˙ 스튜디오는 도시의 20대와 30대들이 그날의 뉴스에
대해 수다를 떠는 다락방 같은 공간으로 탈바꿈했다. 마치 〈프렌즈Friends〉나
〈사인펠드Seinfeld〉에 나오는 캐릭터들처럼.

(2014: 187)

폭스뉴스가 출범하기 몇 개월 전부터 로저 에일스는 폭스뉴스의 "고유한 특징"에 대해서는 거의 언급하지 않았지만 MSNBC에 대해서는 할 말이 많았다. 에일스가 MSNBC를 향해 쏟아낸 공격들은 대개 MSNBC 자체의 정치적 편향보다는 해당 방송사가 대상으로 삼은 시청자 계층과 문화적 스타일에 초점이 맞춰져 있었다. 예를 들어 폭스뉴스가 세상에 등장하기 불과 한 달 전인 1996년 9월 인터뷰에서 에일스는 MSNBC 세트 디자인이 도시적인 힙스터 미학을 담아내고 있다며 노골적으로 조롱했다. "폭스는 세트에 석고판을 설치해 벽돌이 그대로 드러나지 않게 할 겁니다."* 에일스는 MSNBC가 국제적이고 전문적인 계층의 마음을 사로잡기 위해 사용한 전략들을 비웃었다. 최첨단 노트북 컴퓨터를 세트에서 활용한다든지 인터넷을 이용한 "참여형" 뉴스를 도입해 텔레비전 뉴스계에 혁명을 일으키겠다는 주장에 대해서는 다음과 같이 비판했다. "저는 우리 사업이 5분마다 컴퓨터를 한 대씩 팔아대야 하는 사업은 아니라고 봅니다. 그리고 더 많은 정보를 얻으려면 텔레비전을 끄고 컴퓨터 앞에 앉으라고 말하려고 이 사업을 하는 것도 아니고요."** 마지막으로 에일스는 톰 브로코Tom Brokaw***나 브라이언 윌리엄스Brian Williams**** 같은 NBC의 저명한 인물들을 케이블 뉴스에 끌어들이려는 MSNBC의 핵심적인 세일즈 포인트sales point도 비꼬

•   Levin(1996. 9. 9.-15.)

••   Taylor(1996. 7. 19.)

•••   1940년생의 은퇴한 앵커·저널리스트. 1982년부터 2004년까지 22년 동안 NBC의 서녁 뉴스 앵커로서 활동하면서 명성을 쌓았다. 🈯

••••   1959년생의 저널리스트로 톰 브로코의 뒤를 이어 2004년부터 2015년까지 NBC의 저녁 뉴스 앵커로 활동했다. 2016년부터는 본인의 이름을 내건 심야 뉴스 및 정치평론쇼의 호스트를 맡아 현재까지 활동을 이어오고 있다. 🈯

왔다. 1996년 9월 기자회견에서 그는 이와 같은 스타 기반 전략은 땀을 흘려 보도하는 것보다 "헤어스프레이" 같은 치장에 공을 들이는 것이라고 조롱했다.•

CNN과 MSNBC가 기존 방송사들의 뉴스 부서와 저명한 신문사들에서 방송에 선보일 인재들을 끌어들인 반면, 에일스가 폭스뉴스의 스타를 탄생시키기 위해 활용한 인재들은 대부분 뉴스계에서 평판이 좋은 분야가 아닌 곳에서 온 사람들이었다. 예를 들어 숀 해니티는 보수 라디오 토크쇼 업계에 종사하고 있었으며, 빌 오라일리와 셰퍼드 스미스는 〈인사이드 에디션〉과 〈커런트 어페어〉 같은 타블로이드 TV 쇼의 앵커로 활동하고 있었다. 둘 다 에일스가 제작에 도움을 준 TV 쇼였고, 특히 〈커런트 어페어〉의 경우는 폭스의 모회사인 뉴스코퍼레이션이 소유한 TV 쇼였다. 에일스는 이 앵커들이 기존 방송사 앵커들과 달리 아웃사이더와 같은 경력을 지니고 있다는 점이 시청자들의 공감을 더 자아낼 수 있을 것이라고 믿었다.

텔레비전 프로듀서로서 에일스는 자신이 사람들에게서 "진정성"을 발견하고 이를 방송에서 부각시킬 능력을 가지고 있다고 자부했다(Collins, 2004: 140). 『컨트리 음악 만들기 Creating Country Music』(1997)에서 리처드 피터슨 Richard Peterson은 컨트리 음악 산업에서 역사적으로 컨트리 가수들이 드러내야 하거나 드러내서는 안 되는 지역적·계층적·사회적 특성을 우회적으로 표현하기 위해 "진정성"이라는 용어가 어떻게 사용되어왔는지를 기술한다. 에일스가 "진정성"이라는 용어를 사용할 때도 이와 유사한 사회적·문화적 의미가 내포되어 있다. 에일스가 채용했고

•   Lafayette(1996. 9. 9.)

폭스뉴스의 가장 유명한 인사로 성장한 인물들이 각각 특정한 종족-지역성에 기반한 백인다움을 체현하고, 방송용 "블루칼라" 페르소나나를 만들어낸 것은 단순한 우연의 일치가 아니다. "셉Shep"이라는 애칭으로 불리길 좋아하는 셰퍼드 스미스는 미국의 최남부 지역인 미시시피주 출신으로 비속어를 꺼리지 않는 언어 습관과 사적이고 격식 없는 인터뷰 스타일, 고쳐지지 않는 남부 억양을 통해 자신의 출신 배경을 드러낸다. 한편 오라일리와 해니티는 둘 다 뉴욕 롱아일랜드의 아일랜드계 가톨릭 가정에서 자랐으며, 폭스는 그들에게 북동부 출신 백인이라는 종족적 배경—오라일리는 이를 "롱아일랜드스러움Long Island edge"•이라고 부르곤 했다—을 더 강조할 것을 주문했다. 이 책의 뒷부분에서 더 자세하게 서술하겠지만, 문화적 포퓰리즘이라는 폭스뉴스의 브랜드를 지탱해주는 세 기둥인 계급·지역·백인은 부시와 오바마 시대를 거치면서 더욱 명확해진다. 그러나 폭스뉴스의 제작자들은 2000년대와 2010년대 이전부터, 그리고 폭스뉴스가 출범하기 전부터 이 주제들을 넌지시 내비치고 있었다.

　루퍼트 머독의 호주 타블로이드 신문들은 오랫동안 미개간지인 "부시bush"에 거주하는 "진정한" 호주인들과 도시 지역의 진보적이고 "이지적인 엘리트"를 대립시켜왔다(Sawr & Hindess, 2004). 1984년 미국 미디어 산업에 대해 설명할 때도 머독은 이와 비슷한 반엘리트적 수사를 활용했다. 자유시장주의 싱크탱크인 미국기업연구소American Enterprise Institute의 후원으로 열린 토론회 "미국에 진보 미디어 엘리트는 존재하는가?"에서 머독은 미국의 저널리즘 기관들이 "대중의 전통적인 가치"

•　Kitman, *The Man Who Would Not Shut Up*, p. 137

를 무시한다고 주장했다.[•] 혹자는 머독 역시 호주의 부유한 가정에서 자랐고, 옥스퍼드대학교를 졸업한 사람이라서 자신이 높이 평가한 "위대한 미국 대중"에 대한 개인적 식견이 부족하다고 지적할 수 있다. 그러나 로저 에일스를 폭스뉴스 사장직에 앉힌 걸 보면, 미국 대중에 대해 누구도 의심하지 못할 만큼의 개인적 식견을 가진 사람을 영입해야 한다는 사실을 머독이 충분히 잘 알고 있었음이 명확하다. 에일스는 오하이오주의 작은 블루칼라 도시에서 자랐다. 그리고 저널리즘의 아웃사이더라는 이미지를 확인시켜주는 수단으로 자신의 출신 배경을 경력 내내 끊임없이 언급했다.

폭스뉴스에 합류하기 전에 에일스는 몇 년간 CNBC와 아메리카스 토킹 America's Talking, A-T 채널의 대표를 지냈다. A-T에서 에일스는 직원들에게 남부와 중서부의 "플라이오버 주flyover state"[••]를 무시하지 말 것을 주문했다. 그는 이들을 "나스카NASCAR[•••] 시청자"라고 부르곤 했다. 빌 오라일리는 포퓰리즘의 주제와 발맞춰 움직였다. 폭스뉴스의 간판이자 최고 진행자가 되기 전까지 그는 "평범한 조Joe"라는 방송용 페르소나를 만들어가고 있었다. 1994년에는 어느 기자에게 〈인사이드 에디션〉에 대해 다음과 같이 자랑스럽게 얘기했다. "우리는 미국의 중산층과 노동계급의 감수성에 호소합니다. (…) 우리는 미국의 심장부에게

• McKnight, *Murdoch's Politics*, p. 71
•• 동부 및 서부 해안에서 반대편으로 넘어갈 때 비행기 밖으로 보고 지나가는 주라는 의미로, 대도시나 산업 기반이 많지 않아 매우 적은 사람들이 행선지로 삼는 중서부 지역을 지칭한다. 🔲
••• 미국개조자동차경기연맹 National Association for Stock Car Auto Racing 혹은 해당 연맹에서 개최하는 경기들을 지칭한다. 미국에서 미식축구 다음으로 가장 인기 있는 상업 스포츠로 남부 지역에서 가장 큰 인기를 끌고 있으며, 대다수의 경기 트랙들도 중서부 및 남부에 위치하고 있다. 🔲

말을 건네고 있는 겁니다."* 물론 오라일리는 이 "서민적" 이미지를 그 대로 유지한 채 1996년 폭스뉴스로 들어오게 된다. 폭스뉴스에 대한 초기 텔레비전 리뷰의 상당수는 당시의 24시간 뉴스 형식이 CNN과 MSNBC의 형식과 크게 다르지 않다고 보고했지만, 1996년 『USA투데이』에 실린 한 기사에 의하면 오라일리의 방송만이 이 "단조로운 동일성"에서 벗어난 유일한 방송이었다. 칼럼니스트 맷 라우쉬Matt Roush는 오라일리의 "공격적인 불손함"이 "독창성의 기폭제"가 되었다고 서술했다. 〈오라일리 리포트The O'Reilly Report〉에서 더 큰 잠재력을 본 에일스는 오라일리의 방송을 오후 6시에서 황금시간대인 오후 8시로 옮겼고, 1998년에는 〈오라일리 팩터〉로 이름을 변경했다. 이 조치 덕분에 〈오라일리 팩터〉의 시청률은 즉시 솟아올랐다. 1998년 7월의 인터뷰에서 오라일리는 자신의 새로운 폭스 쇼와 기타 미디어 사업에서의 성공 요인을 다음과 같이 설명했다. "그건 제가 블루칼라 미국인들을 대변할 수 [강조는 인용자] 있는 능력을 갖고 있기 때문이죠. (…) 사람들이 원하는 건 바로 제 공격적인 스타일입니다."**

MSNBC의 슬럼피 전략과 마찬가지로 에일스가 "나스카 시청자"를 강조하고 오라일리가 "블루칼라 미국"을 언급하게 된 것 또한 1990년 대와 2000년대 특유의 마케팅 문화의 산물이었다. 빅토리아 존슨은 저서 『심장부 TV』(2008)에서 상반되는 이 두 소비자 전략이 얼마나 서로

---

* Norfolk Virginian-Pilot(1994. 5. 3.) 위 인용구는 다음에서 찾을 수 있다. Hart(2002). *The Oh Really? Factor: Unspinning Fox News Channel's Bill O'Reilly.* New York: Seven Stories Press: 17.Stories Press: 17

** Bark(1998. 7. 13.) Journalist Writes About What He Knows: TV News' CutthroatWorld. *St. Louis Post-Dispatch*

얽혀 있고 상호 의존적인지에 대해 서술했다. "동서부 해안에 집중되어 있는 10대 도시 시장이 스스로의 취향과 감성을 젊고, 도시적이며, 힙한 것으로 정의하기 위해서는 부분적으로나마 대척점에 있는 '대중적'이고, 올드하고, 시골스럽고, 딱딱한 중심부 시장에 비교하는 전략에 의존할 수 밖에 없었다." 슬럼피 전략은 "시장의 다양성과 도시적 이동성 그리고 소비를 통한 장소 초월성 같은 사회적으로 진보적인 요소들을 보장하기 위해 구성된" 반면, 플라이오버 전략은 "빠르게 움직이는 시대 속에서 사회적 연속성과 전통 그리고 지역을 토대로 한 정체성을 회복하는 것"에 기대고 있었다고 설명한다.

대부분의 방송사들이 인구가 가장 많은 도시 시장을 겨냥한 경쟁에 참여하고 있었지만, 소수의 채널들은 오히려 반대 방향, 즉 플라이오버 시장을 겨냥한 반대 전략을 채택했다. 예로 들자면 PAX, UPN United Paramount Network, 아웃도어라이프Outdoor Life, CMT Country Music Television 그리고 1997년 뉴스코퍼레이션이 많은 주식을 사들인 패밀리채널과 같은 채널들이 그랬다. 이 채널들은 플라이오버 시장에 호소하기 위해 "대중"을 겨냥한 문화적 전략으로 회귀했다. 이 전략에서 농촌 및 중서부의 취향은 오랫동안 단조롭고 동질적이며, 문화적으로 보수적이라고 취급됐다. 지상파 시대에는 이런 "대중적" 접근 방식이 표준으로 기능했지만, 1990년대와 2000년대에는 특이한 것이 되어 텔레비전 산업에서 틈새시장을 창출하는 기법으로 작동하고 있었다.

폭스 또한 "플라이오버"를 겨냥한 엔터테인먼트 네트워크들처럼 "반反틈새"를 공략하면서 틈새시장을 노리는 역설적인 케이블 뉴스 전략을 수립했다. 폭스뉴스의 방송들은 자신의 시청자들을 힙하지 않은 다수주의자 백인으로 묘사한다. 이와 같은 특징들은 보수 미디어 문화에서 "진정성" 혹은 전 부통령 후보 사라 페일린Sarah Palin의 표현을 빌리자면 "진정한 미국인다움"으로 치켜세워진다. 2000년 대통령 선거 때 "빨간 주" 대 "파란 주"˙라는 정치적·지리적 표현이 도입되면서 자신의 시청자를 포퓰리즘적으로 묘사하는 폭스뉴스의 표현에서 지역적 정체성은 더욱 고착화되었다. 그리고 실제로도 폭스뉴스의 시청자층은 오늘날까지 남부 주들에 과하게 집중되어 있는 경향을 보인다(Leven-dusky, 2013: 12).

그러나 경험적으로 말하자면 폭스뉴스의 시청자들은 "다수"를 구성하지 않는다. 전국 텔레비전 시청자 인구 중에서 케이블 뉴스 시청자 인구가 차지하는 비중이 적은 것처럼 폭스뉴스의 시청자도 전국적으로는 매우 규모가 작은 집단일 뿐이다. 『변화하는 마음 혹은 변화하는 채널Changing Minds or Changing Channels』(2013)의 저자 케빈 아르세노Kevin Arceneaux와 마틴 존슨Martin Johnson은 상위 4개 케이블 쇼의 시청자를 모두 합산해도 약 750만 명에 불과하다는 사실을 지적한다. NBC와 CBS에서 방영하는 지상파 저녁 뉴스 방송은 여전히 황금시간대 케이블 방송보다 3배나 많은 시청자 규모를 자랑하며, 이러한 격차는 오히려 1990년대에 와서 훨씬 더 두드러졌다. 특히 총 유권자 인구가 약 1억 3000만 명에 달한다는 사실을 상기한다면 케이블 시청자 인구는 그 규모가 더욱 작아 보인다(Arceneaux & Johnson, 2013: 45). 그러나 케이블 뉴스 시청자의 실제 규모와 상관없이 폭스가 케이블 뉴스 업계에서 내세

˙   미국 공화당을 상징하는 빨간색과 민주당을 상징하는 파란색을 들어 공화당 지지세가 강한 주는 "빨간 주red state", 민주당 지지세가 강한 주는 "파란 주blue state"로 지칭하는 문화가 생겨났다. ▣

운 기업 전략은 "대중적" 입지를 다지는 것이었다. 이들은 케이블 뉴스 산업 내에서 최대 규모의 시청자를 확보한다는 측면에서, 그리고 문화적 취향이라는 측면에서 대중성을 확보하고자 했다.

1998년부터 2001년까지 25~54세 시청자들의 폭스 시청률은 430퍼센트의 증가율을 보였다. 동시기 같은 인구 집단의 CNN 시청률은 48퍼센트 하락했다.* 이듬해 폭스는 CNN을 넘어 시청률 1위를 달성했다. 2003년에 CNN은 이와 같은 추세가 장기적일 것이라 내다보고 "대중적"인 시청률에 연연하지 않아도 되는 수익 모델로 전환했다. 케이블 뉴스 시청자 중 가장 부유하고 고학력인 인구―MSNBC가 처음부터 목표로 삼았던 국제적인 슬럼피―를 끌어들임으로써 고액의 광고비를 책정한다는 전략이었다. 『뉴욕타임스』와의 인터뷰에서 CNN 사장 짐 월튼Jim Walton은 19세기 빅토리아 시대에 존재했던 활자 저널리즘의 품위를 떠올리면서 당파성과 타블로이드화되려는 유혹에 저항하는 것이 어째서 중요한지를 강조했다. "CNN에게 중요한 건 우리가 누구인지를, 그리고 승리를 어떻게 정의할 것인지를 이해하는 일입니다. 그저 높은 숫자를 쫓는 게 아닙니다. 중요한 건 질입니다." CNN은 초기에 폭스뉴스의 타블로이드적 표현과 투쟁적인 당파적 어투를 따라하려 했지만 월턴은 이 시도를 번복했다. 그는 "어떤 사람은 내 스타일이 약간 절제되었다고 말할지도 모르겠습니다. 그리고 우리는 어느 정도 그렇게 보일 수도 있습니다. 나는 CNN이 이 업계에서 무슨 일을 하건 그 일과 관련해 일류[강조는 인용자]라는 말을 듣고 싶습니다"라고 말

• Sella (2001. 6. 24.)

하며 자신의 선택을 옹호했다.*

CNN이 새롭게 장착한 엘리트 지향적 브랜딩 전략에는 폭스뉴스가 아예 뉴스 영역 바깥에 존재하는 것으로 정의하려던 미디어 비판도 포함되어 있었다. CNN의 간판 앵커인 애런 브라운Aaron Brown은 『뉴요커New Yorker』와의 인터뷰에서 다음과 같이 말했다. "그들이 우리와 같은 업계에 있다는 생각을 갖게 만들고 싶지도 않습니다. (…) 보수적인 라디오 토크쇼가 텔레비전에서 방영될 수도 있겠죠. 그렇지만 누구든지 『뉴욕타임스』나 CNN인 것마냥 굴어도 된다는 것은 아니라고 생각합니다"(Auletta, 2003). 그러나 CNN을 비롯한 뉴스 업체들이 폭스뉴스를 "진지한" 뉴스 기관의 목록에서 배제할 때마다 그들은 의도치 않게 언론의 진보적 편향이라는 폭스의 서사에 힘을 실어줬다. 그리고 마찬가지로 중요한 점은 머독이 대단히 바람직하게 여겼던 우파 정치와 노동계급의 상징적 관계를 강화시켰다는 사실이다. CNN과 MSNBC가 자신들을 보다 국제적이고 세련되며, 전문적인 뉴스 소스로 마케팅하기로 한 결정은 폭스의 포퓰리즘 마케팅 전략을 받쳐주고 굳건하게 해주었다. 반면 폭스의 무례하고 호전적인 스타일과 타블로이드 미학은 폭스에 반대하는 시청자들이 자신들과 궁합이 잘 맞는 CNN과 MSNBC에 모이도록 만들었다. 이 과정에서 텔레비전 비평가 월터 굿맨Walter Goodman이 "부티크 프로그래밍" 소구 appeal라고 부른 방식이 개발되었다(Hallin, 2000: 234).

그러나 미국 언론계에서 포퓰리즘-타블로이드라는 입지를 택한 폭스의 선택에 어떤 위험도 따르지 않은 것은 아니었다. 역사적으로 이러

---

* Rutenberg(2003. 2. 24.)

한 미디어 전략은 저널리즘 공동체의 격렬한 비판을 불러왔다. 머독의 탁월함은 뉴스를 타블로이드화했을 때 가해지는 부정적 비평이 대중적 정당성에 위협을 가하지 않고 오히려 도움이 될 것이라고 본 점에 있다. 저명한 기존의 뉴스 기업들과 "명망 있는" 언론인들의 비판은 폭스뉴스가 활용하던 반엘리트주의 서사에 활력과 정당성을 불어넣어줬다. 그리고 폭스뉴스를 비롯한 뉴스코퍼레이션의 언론사들은 이 반엘리트주의 서사를 자신들이 노동계급의 신뢰를 얻고 있다는 증표로 사용했다.

타블로이드! – "나쁜" 저널리즘을 둘러싼 논쟁과 계급 기반 뿌리

1880년대와 1890년대 조지프 퓰리처Joseph Pulitzer의 『뉴욕월드New York World』와 윌리엄 랜돌프 허스트William Randolph Hearst의 『뉴욕저널New York Journal』은 19세기 말 들어 각각 100만 부를 돌파하며 전례 없는 판매 부수를 기록했다. 이 신문들은 헤드라인을 더 크게 만들고, 첫 지면에 사진을 싣고, 스포츠·만화·여성들을 위한 섹션을 추가하는 등 다양하고 혁신적인 편집과 표현 기법을 사용해 방대한 독자층을 확보했다. 퓰리처와 허스트의 신문은 "황색 저널리즘"을 조장한다는 맹렬한 비난을 받았다. 이 "황색 저널리즘"이라는 표현은 비평가들이 지금의 독자들에게는 친숙한 언론계의 죄악―내용보다는 스타일을, 이성보다는 감정을, 교육보다는 오락을, 그리고 진리보다는 변호를 택하는 언론의 행태―을 묘사하기 위해 만든 경멸적인 표현이다(Peck, 2014b).

1980년대 후반에는 타블로이드 TV 쇼의 물결이 크게 일어났고, 2000년대에는 드디어 케이블 뉴스가 영향력을 갖게 됐다. 그러자

100년 전에 그랬던 것처럼 "나쁜 저널리즘"에 대한 불만이 만연하게 됐다. 2011년 ABC 〈나이트라인〉의 전 앵커 테드 코펠 Ted Koppel은 뉴스 방송은 "이제 여러분이 알아야 할 것이 아니라 여러분이 알고 싶어 하는 것을 제공합니다. 그런 건 알맹이 없는 쓰레기가 될 수 있습니다"라고 말했다.[•] 뉴스코퍼레이션의 창립자 루퍼트 머독이 소유하고 있던 두 개의 언론 자산 〈커런트 어페어〉와 폭스뉴스는 21세기 전환기에 미국 저널리즘에 불어 닥친 미디어 패닉 media panic[••]의 중심에 한 번도 아니고 두 번씩이나 섰다(Drotner, 1992). 1980년대 후반과 1990년대에 "타블로이드화"에 대한 우려가 뉴스 미디어를 둘러싼 논쟁을 지배했다면, 2000년대와 2010년대에는 미국 저널리즘의 "당파화"가 미디어 비판의 핵심 쟁점이었다.

먼저 타블로이드화를 둘러싼 미디어 패닉을 살펴보자. 타블로이드화란 타블로이드 뉴스 기관들의 상업적·오락적 가치가 주류 뉴스 기관의 전문적·제도적 가치를 장악하고 대체하기 시작하는 과정을 설명하기 위해 저널리즘 연구자들이 사용하는 개념이다.[•••] 워터게이트 스캔들에 대한 세기의 특종 기사를 보도한, "진지한 뉴스 hard news[••••]"에 관해서는 타의 추종을 불허하는 베테랑 기자 칼 번스틴 Carl Berstein은 타블로이드화 과정을 보다 다채롭게 묘사했다. 1992년에 집필한 에세이 「바보 문

[•]　　Plummer(2011. 9. 10.) 다음도 참조할 것. Koppel(2010. 11. 14.) 추가로 Peck, 2014b도 확인할 것.

[••]　　미디어 패닉이란 새로운 매체 혹은 미디어 기술이 등장할 때마다 일어나는 정서적 비평 및 비관론을 의미한다. 이 글에서는 미디어 문화의 급진적인 변화에 따라 형성되는 집단적 불안감을 뜻하는 용어로 사용되었다. 🔒

[•••]　　Sparks(2000)

화The Idiot Culture」에서 그는 타블로이드화를 "유명 인사, 센세이셔널리즘, 스캔들로 훌륭한 언론인들을 소모시키고 있는 탐욕스러운 기계"라고 설명했다. 덧붙여 주목할 만한 점은 그가 루퍼트 머독이 소유한 뉴스코퍼레이션의 "천박하고 이기적인 기준"을 콕 집어 "기괴함, 멍청함 그리고 음탕함을 우리의 문화 규범, 심지어 우리의 문화적 이상으로" 만들고 있는 주범 가운데 하나로 지목했다는 사실이다.•••••

살인 돌고래, "프레피Preppie ••••• 연쇄살인범", 유명 인사의 섹스 동영상에 대한 이야기로 점철된 머독의 뉴스 프로그램 〈커런트 어페어〉는 타블로이드의 화신이었다. 그리고 번스틴과 다른 유명한 탐사보도 전문 기자들에게는 경악스럽게도 이 쇼의 대단한 시청률 성공은 모방을 불러일으켜 〈인사이드 에디션〉(1988), 〈하드 카피〉(1989), 〈엑스트라!〉(1994)와 같은 모방 쇼들이 줄지어 등장했다. 동시기에 라디오 토크쇼와 주간 토크쇼라는 두 가지 시사 장르가 유사한 논란을 일으키면서 "타블로이드" 미디어 범주에 같이 묶이곤 했다. 라디오 토크쇼에서는 하워드 스턴Howard Stern과 러시 림보같이 일부러 선정적이고 충격적인 발언을 일삼는 진행자들이 인기를 끌었고, 이들은 나중에 오라일리나 해니티가 폭스뉴스 앵커로서 텔레비전에서 연마하게 될 도발적인 인터

•••• 이 책에서 "진지한 뉴스"란 사실을 '그대로' 전달하는 데 초점을 맞추며 대중이 알아야 한다고 여겨지는 진지한 주제들, 예를 들면 정치·경제·국제 정세 등의 이슈들을 주로 보도하는 뉴스를 지칭한다. 이의 반대 개념인 "가벼운 뉴스soft news"는 독자들의 인간적 흥미를 돋우는 데 초점을 맞추는 뉴스로 오락적으로 소비될 수 있는 정보를 제공하는 데 그 의의를 둔다. 학술적으로는 각각 '경성뉴스'와 '연성뉴스'로 번역되지만 이 책에서는 독자들의 편의를 위해 '진지한 뉴스'와 '가벼운 뉴스'로 지칭한다. 🌐
••••• 위의 두 인용구의 출처는 다음과 같다. Ehrlich(1996)
•••••• 미국의 동북부 지역 사립학교에 다니는 부유층 자제들을 부르는 별칭 🌐

뷰 스타일과 남성 중심적인 "나쁜 남자" 페르소나의 원형을 확립했다. 동시에 주간 토크쇼도 그 수가 급증했다. 1990년대 중반 지상파 텔레비전에는 20개 이상의 주간 토크쇼가 방영되고 있었다.[•] 치열한 경쟁 속에서 시청률을 유지하기 위해 주간 텔레비전의 내용과 주제는 더욱더 추접스러운 모습을 띠게 되었다. "거구의 트랜스젠더가 저를 임신시켰어요", "과거엔 추녀, 현재는 스트리퍼!"와 같이 자극적인 패널 소개 문구가 〈제리 스프링어 Jerry Springer〉나 〈리키 레이크 Ricki Lake〉 같은 악명 높은 토크쇼들을 통해 확산되었다.

1999년 『배니티페어』의 칼럼니스트 데이비드 캠프 David Kamp는 1990년대를 되돌아보는 회고록 『타블로이드 10년 The Tabloid Decade』에서 이러한 경향이야말로 1990년대의 본질적 특징이라고 여겼다. 이 시대에는 "에이미 피셔 Amy Fisher^{••}와 조이 부타푸오코 Joey Buttafuoco, 로레나 Lorena Bobbit와 존 웨인 보빗 John Wayne Bobbit^{•••} (⋯) 마이클 잭슨의 아동 고소인, 다윗파 종말론자들^{••••}, 커트 코베인의 자살^{•••••} (⋯) 그리고 O. J.

•　　1970년대와 1980년대 〈필 도나휴 쇼 Phil Donahue Show〉의 대성공과 1980년대 중반 〈오프라 윈프리 쇼 The Oprah Winfrey Show〉의 더욱 큰 성공을 지켜본 1990년대의 지상파 텔레비전 임원들은 전례가 없을 정도로 많은 수의 주간 토크쇼를 출범시켰다. 어느 정도였냐면 폭스뉴스가 출범한 1990년대 중반에 들어서는 이미 약 25개의 토크쇼가 방영되고 있었다(Grindstaff, 2002: 50).

••　　1992년에 17세의 나이로 당시 불륜 상대였던 조이 부타푸오코의 아내 메리의 얼굴에 총격을 가한 것으로 유명해졌다. 언론에서는 출신 지역의 이름을 따 "롱아일랜드 롤리타"라는 별명으로 자주 언급됐다. ⓡ

•••　　1989년에 결혼한 커플로 1993년에 가정폭력 및 성폭력을 견디다 못한 로레나가 존의 성기를 절단한 사건으로 전 세계 언론의 관심을 받았다. ⓨ

••••　　제7일 안식일 예수재림교회의 한 분파로 종말의 날을 대비하기 위해 텍사스 웨이코의 은신처에 수많은 총기와 탄약을 비축하고 있었다. 1993년에 FBI 및 미군과 대치하던 상황에서 은신처에 큰 화재가 일어나 종말론자 76명이 사망했다. ⓩ

•••••　　록 밴드 너바나의 리더. 1994년 마약 과다 복용 후 자살로 생을 마감했다. ⓨ

심슨의 대하드라마˙"와 같이 미디어 역사상 가장 상징적인 타블로이드 기사들이 쏟아져 나왔다. 캠프는 이를 "밑바닥 인생으로 꾸려진 〈몬도 트라쇼Mondo Trasho〉˙˙"라고 지칭했다.

이러한 "하류" 시사 장르가 지상파 뉴스 프로그램 시청률에서 점점 더 많은 지분을 점유하게 되자 〈60분, 48시간60 Minutes, 48 Hours〉과 〈나이트라인〉같이 "저명한" 지상파 뉴스 프로그램들도 타블로이드 텔레비전처럼 "가벼운 뉴스soft news"를 지향하는 편집 방향과 시각적으로 보다 화려한 미적 표현 형식을 채택하게 됐다. 이 시기의 콘텐츠를 다룬 학술연구들은 1980년대 후반과 1990년대에 전국의 언론들이 경제·국가 안보·공공 정책과 같은 "진지한 뉴스" 소재에서 유명인의 가십, 감정을 자극하는 기사, 외설스러운 스캔들 같은 "가벼운 뉴스"로 뚜렷하게 이동하고 있었음을 보여준다.˙˙˙

매튜 바움Mathew Baum과 로버트 맥체스니Robert McChesney 같은 다른 언론학자들은 이러한 스타일과 편집 방향의 전환이 정치경제적 힘, 즉 1980년대 레이건 행정부가 대중매체에 대한 규제를 완화했기 때문에 일어난 일이라고 여긴다. 레이건이 연방통신위원회Federal Communications Commission, FCC 의장으로 임명한 마크 파울러Mark Fowler는 자유시장 친화적 인물이었다. 그는 방송사들이 유익하고 교육적인 방송을 통해 "공

•   미국의 전직 미식축구 선수. 1985년에 명예의 전당에 이름을 올렸으나 1994년 아내인 니콜 심슨과 니콜의 친구인 론 골드만을 살인한 용의자로 지목됐다. 11개월에 걸친 재판 끝에 배심원으로부터 무죄 선고를 받았다. 🖳

••   1969년 제작된 블랙코미디 풍의 쇼큐멘터리. 폭력성과 선정성을 아무렇지도 않게 삽입하여 이목을 끌었다. 🖳

••• Patterson, 2000; Baum, 2003: 37-39; Jaramillo, 2009: 21-40; Berry & Sobieraji, 2014: 66-94

익"에 봉사해야 한다는 가치를 실현하기 위해 오랫동안 연방정부에서 방송사들에게 가해왔던 여러 규제들을 없애버렸다. 파울러는 텔레비전을 다른 상품과 다르게 취급할 이유가 없다고 생각했다. 그는 텔레비전은 단지 "그림이 나오는 토스터"에 불과하다는 발언으로 유명해지기도 했다. 1990년대 클린턴의 민주당 행정부도 파울러의 자유시장 철학을 이어받아 규제 완화를 추진했다. 이때 언론사 간 교차소유를 금지하는 법률이 폐기됐다. 이러한 독점 금지 조치 철회의 당연한 귀결로서 1990년대에 역사적인 "대규모 합병"이 이루어졌다. 비교적 짧은 시간에 미국(과 전 세계)의 미디어 소유권은 수백 개 기업에 분산되어 있던 형태에서 단 여섯 개의 대규모 다국적 기업의 손아귀에 들어가게 됐다. 바로 바이어컴 Viacom, 디즈니, 소니 Sony, 베텔스만 Bertelsmann, 타임워너 그리고 뉴스코퍼레이션이었다(McNair, 1998; McChesney, 1999). 이처럼 새롭게 개편된 언론계는 대기업적이고 상업화된 문화를 지니게 됐으며, 텔레비전 뉴스는 더욱 이윤과 시청률의 논리에 지배되었다. 이런 상황은 케이블과 지상파 뉴스 기관들로 하여금 시청자들을 한층 더 사로잡을 수 있는 구성을 채택하도록 자극했으며, 다른 한편으로는 간접비를 줄이기 위해 비용이 많이 드는 탐사보도 대신 비용이 적게 드는 의견 기반 토크쇼 형식을 취하도록 만들었다(Hmielowski et al., 2015).

저널리즘 공동체의 대다수는 "인포테인먼트"의 성장을 유행성 전염병 바라보듯 했다. 이런 우려는 250명의 언론인, 언론사 경영진, 오피니언 리더들이 "보다 장기화되어가는 위기-타블로이드의 부상[강조는 인용자], 지면과 화면에서 다루어지는 사소한 일들, 기업 소유주들의 가치를 따르라는 압력의 증대"를 논하기 위해 모인 1998년 콘퍼런스에서 공식화되었다(Sparks, 2000: 1).

표면적으로는 2000년대에 케이블 뉴스의 영향력이 커지면서 다른 유형의 미디어 모럴 패닉moral panic*을 촉발시킨 것처럼 보였다. 케이블 뉴스에 대한 저널리스트들의 한탄은 전국적인 문화의 "저속화"보다는 언론사와 시청자의 정치적 양극화에 대한 것으로 보였다. 25년간 ABC의 〈나이트라인〉 앵커를 맡아온 노련한 저널리스트 테드 코펠은 저명한 케이블 뉴스 비평가였다. 2012년 그는 MSNBC와 〈말의 전쟁: 당파적 불평이 '두려움의 마케팅'이 되다War of Words: Partisan Ranting is 'Marketing of Fear'〉(이하 〈말의 전쟁〉)라는 제목의 특집 방송을 공동 제작하고 〈브라이언 윌리엄스의 록센터Rock Center with Brian Williams〉**에서 방영했다. 여기서 코펠은 방송 저널리즘이 크롱카이트Cronkite***로 대변되는 전후 시대의 황금기로부터 어떻게 쇠퇴해왔는지를 묘사한다. 이 다큐멘터리는 미국 저널리즘의 타락은 케이블 뉴스에 그 책임이 있으며, 특히 폭스뉴스에서 오랫동안 간판 진행자를 맡아온 빌 오라일리가 당파적인 뉴스를 따라 하려는 진행자들에게 영감을 주는 근본적인 역할을 했다며 강하게 비난했다. 코펠은 오라일리와 진행한 대면 인터뷰에서 "친자 확인 검사를 해보면 당신을 이념적 아버지로 여길 [언론계] 사람들이 많이 있을 겁니다"라고 말하기도 했다.

• 　모럴 패닉이란 사회질서를 위협하는 것으로 간주되는 문제에 의해 촉발된 대중적 불안 상태를 의미한다. 여기서 말하는 "위협"은 주로 감성적으로 인지되는 위협으로 이성적으로 이해될 수 있는 성격의 것이 아닌 경우가 많다. 모럴 패닉이 발생할 경우 여러 사회적 갈등과 논란을 일으키며, 위협을 일으킨다고 여겨지는 대상에 대한 무분별한 비난 및 마녀사냥이 발생하기도 한다. 🔳

•• 　2011년부터 2013년까지 NBC에서 방영된 뉴스매거진 쇼 🔳

••• 　월터 크롱카이트Walter Cronkite. 저명한 저널리스트로 제2차 세계대전, 베트남전쟁, 케네디 암살, 마틴 루터킹 암살 및 달 착륙 등 굵직한 사건들을 보도했으며, 1962년부터 1981년까지 CBS의 간판 뉴스 프로그램인 〈CBS 이브닝 뉴스CBS Evening News〉의 앵커를 지냈다. 🔳

특집 방송을 소개하면서 진행자 브라이언 윌리엄스는 코펠의 핵심적인 비판 한 가지를 강조한다. "오늘 밤 테드 코펠의 보도가 다루는 주제는 우파와 좌파를 가리지 않고 여러분이 아침에 일어나는 순간부터 여러분의 의견에 동의하는 뉴스 미디어입니다. 코펠과 그의 동료들은 이것이 이 나라를 좀먹고 있으며, 이 나라가 화합하는 데 어떤 도움도 되지 않는다고 생각합니다." 케이블 뉴스의 당파주의가 정치적·민주주의적 기능을 마비시킨다는 코펠의 주장은 다큐멘터리 전체에서 강력하게 제시된다. 그리고 결론에 다가갈수록 이 문제의 중요성이 점점 더 엄숙하게 표현된다. 『뉴욕타임스』 칼럼니스트 데이비드 카David Carr와의 인터뷰에서 코펠은 되묻는다. "사람들이 이미 자기가 믿고 있는 것의 메아리만 듣는다면 어떤 영향을 끼치게 될까요?" 이에 대해 카는 냉철하게 답한다. "저는 바로 그것이 우리들의 완벽한 통합에 대한 실존적 위협이라고 생각합니다."

여러 면에서 코펠의 〈말의 전쟁〉 특집은 2000년대 초반부터 정치학계에서 당파적 언론과 "선택적 노출"에 대해 제기해온 주요 비판을 반영한다. 선택적 노출에 대한 연구 중 가장 광범위하고 풍부한 연구로는 캐슬린 제이미슨Kathleen Jamieson과 조지프 카펠라Joseph Cappella의 『반향실Echo Chamber•』(2008)을 꼽을 수 있다. 코펠의 결론과 비슷한 방향에서 이 책은 민주주의적 정부가 기능하는 데 필수적인 요소인 정치적 타협

• 사전적인 의미에서 반향실은 메아리가 울리게 설계된 특수 공간을 의미한다. 정보를 받아들이는 과정에서 사람들은 자기가 동의하는 사람·정보·언론사만을 선별적으로 접하면서 자기 의견의 대표성을 과대평가하게 되는 경향이 있는데, 언론학과 사회심리학에서는 이 현상을 반향실 효과라고 지칭하고 있다. 자기 주변의 모든 사람들이 자신과 비슷한 의견을 지니고 있기 때문에 자신의 의견이 옳다는 확신을 갖게 되는데, 실은 자기와 같은 의견을 메아리처럼 반복해주는 '반향실'에 들어가 있기 때문인 것이다. 옮긴이

과 합의의 도출이 어떻게 당파적인 미디어의 "반향실"을 통해 억제되는 지를 밝히는 데 주요 초점을 두고 있다(246-247).

2012년 〈말의 전쟁〉에서 제시된 "선택적 노출"이라는 개념은 그 참신성 때문인지 1990년대에 칼 번스틴, 댄 래더, 존 챈슬러가 타블로이드 텔레비전에 가한 비판과는 근본적으로 다른 듯하다. 그러나 자세히 들여다보면 특집 방송에서 코펠을 비롯한 인물들이 케이블 뉴스의 당파주의를 비판할 때 그들은 그 정치적 효과뿐만 아니라 문화적 측면에 대해서도 다루고 있다는 점을 알 수 있다. 이런 문화적 비판은 앞 세대들의 반타블로이드 비판을 쉽게 연상시킨다. 예를 들어 코펠은 케이블 뉴스가 "예절의 기준"을 낮추고, "미국의 대화법을 거칠게 만들었다"고 비판한다. 이러한 비판은 이념 편향적 보도에 대한 것이라기보다 공적 논의와 토론의 예의범절을 위반했다는 점을 겨냥하고 있다. 폭스뉴스 진행자인 빌 오라일리와의 일대일 인터뷰에서 코펠은 그의 사회적 에티켓을 가장 큰 문제로 지적했다. 오라일리가 코펠에게 "제가 게스트를 거칠게 대하는 게 불쾌하신가요?"라고 묻자 코펠은 "당신이 무례하게[강조는 인용자] 굴 때면 불쾌해집니다"라고 답했다.

〈말의 전쟁〉이 타블로이드 저널리즘에 대한 전형적인 "한탄"(Langer, 1998)을 재현하는 또 다른 방식은 케이블 뉴스의 당파성에 일종의 선정주의라는 프레임을 씌우는 것이다. 특집 방송의 부제 "당파적 불평, '두려움의 마케팅'이 되다"에도 케이블 뉴스의 반-이지적인 감성주의가 강조되어 있다. 1990년대의 범죄 보도와 섹스 스캔들처럼 당파주의 또한 감정을 자극하고, 시청률을 높이며, 이윤을 창출하기 위한 새로운 상업적 도구로 그려진다. 특집 방송에 출연한 민주당 의원 스테니 호이어 Steny Hoyer는 코펠에게 "수익성이 있고 시청자를 모으는 데 도움이 되니까 그런 거겠지만, 오늘날의 저널리스트들은 자신의 역할을 정보 전달이 아니라 선동이라고 생각하는 것 같습니다. 사람들을 자극하고 피가 끓게 하는 거죠"라고 말한다. 호이어의 분석과 비슷한 맥락에서『뉴욕타임스』의 저널리스트 데이비드 카는 이렇게 주장한다. "사람들은 전쟁을 보고 싶어 합니다. 그들은 평화의 열매에 관심이 없어요. 그런 건 나쁜 텔레비전이에요. 누가 그걸 보고 싶어 하겠어요?" 코펠은 특집 방송의 마지막 부분에서 이 모든 분석들을 하나로 묶는다. 브라이언 윌리엄스에게 그는 유감스럽게도 케이블 뉴스 프로그램들은 "더 화를 내고, 더 당파적이고, 더 야비하게 굴수록 더 많은 시청자들이 모인다는 사실을 깨달았습니다"라고 말한다. 마치 아들에게 실망한 아버지의 목소리와 태도로 코펠은 시청자들에게 그들의 행동을 바로잡을 것을 제안한다. 그는 진지한 어조로 "상황을 변화시킬 유일한 방법은 시청자들이 '있잖아, 이제는 정말 지긋지긋해'라고 말하는 겁니다"라고 말한다.

저널리즘이 상업주의와 선정주의라는 두 가지 악에 의해 타락하게 된다는 이야기는 매우 오래된 서사다. 그 기원은 저렴한 신문들이 최초로 대량 배포되기 시작한 1830년대로 거슬러 올라간다. 이 "1페니 신문들penny papers"은 인간적인 흥미를 끄는 기사를 포함시켰고, 무엇보다 인터뷰를 채택함으로써 저널리즘의 수준을 떨어뜨린다는 비난을 받았다. 현대 저널리즘에서 인터뷰는 필수 요소로 여겨지고 있지만, 1830년대의 유명 신문사들은 인터뷰란 사생활을 침범하는 조잡한 기법이라고 생각했다(Schudson, 1978).

어째서 우리는 몇 세기 동안 똑같은 기준으로 "좋은" 저널리즘과 "나쁜" 저널리즘을 구분하고 있는 것일까? 미국의 상업 뉴스 산업은 태동 이래 항상 계급 간 긴장과 함께해왔기 때문이다. 미국의 뉴스 시장은 오랫동안 두 부문으로 나뉘어 있었다. "진지한" 뉴스와 타블로이드라는 두 부문은 미국 사회의 더 깊은 곳에 자리해 있는 사회적 적대감을 나타내는 상징과도 같았다. 더욱이 이 상이한 뉴스 부문들의 적대감은 때때로 서로 다른 정치 진영 및 이념의 경계와 맞아떨어지곤 했다.

대중적인 저널리즘 스타일은 대중 정당의 부상과 함께 진화했으며, 이에 따라 잭슨 대통령 시대 이후 포퓰리즘적 정치 수사와 타블로이드 마케팅 담론은 강력한 순환관계를 공유했다. 예를 들어 1833년 최초의 1페니 신문 『뉴욕선 New York Sun』을 창간한 벤자민 데이 Benjamin Day 는 "평범한 사람들"에게 목소리를 주기 위해 신문을 창간했다고 주장했다(Örnebring & Jönsson, 2004: 288). "평범한 사람"이라는 표현은 앤드류 잭슨 Andrew Jackson 대통령의 상징적인 정치 슬로건 "평범한 사람에 대한 믿음 Faith in the Common Man "에서도 찾아볼 수 있다. 유력한 "젠틀맨" 계급의 신문들로부터 정서주의적이고 문체가 투박하다는 공격을 받은 초기 타이블로이드 신문들은 오히려 포퓰리즘에 기반하여 유력 언론에 대해 비판했고, 언론으로서의 권위를 뒷받침하기 위해 자신의 상업적 영향력을 대안적 근거로 끌어들였다. 그러면서 그들은 동시에 미국 미디어 업계에 의식적으로 "엘리트가 아닌 대중"을 위한 토대를 쌓았다(Örnebring & Jönsson, 2004).

저널리즘 분야의 이러한 변화는 19세기 중반과 후반 동안 사회의 여러 분야에서 광범위하게 등장하기 시작한 계급 양극화 과정의 일부였다. 역사학자 안드레아스 후이센 Andreas Huyssen 은 한 국가의 문화가 "상류"와 "하류"라는 두 진영으로 나뉘는 현상을 "대분열 Great Divide "이라고 명명했다(1986). 『괴짜들의 말대꾸: 타블로이드 토크쇼와 성적 일탈 Freaks Talk Back: Tabloid Talk Shows and Sexual Nonconformity』(1988)의 저자 조슈아 갬슨Joshua Gamson은 이러한 계급-문화적 위계질서의 형성을 대중문화의 두 가지 대립적 전통이라는 측면에서 설명한다. 그는 이 전통들이 계급에 대한 고정관념과 문화적 스타일을 지속적으로 만들어냄으로써 20세기와 21세기에 엔터테인먼트 산업, 특히 텔레비전 토크쇼가 활용하고 재구성할 수 있는 원료를 제공했다고 강조한다. 갬슨은 문학동호회나 문화회관같이 상류층·중산층이 소비하는 여가활동에서 강조되는 "예의범절"과 "합리성" 그리고 카니발, 카바레, 상업영화, 타블로이드 신문처럼 노동계급에서 주로 소비되는 오락활동에서 나타나는 "불경함"과 "감정적 노골성" 간의 차이를 기술한다.

거의 19세기 내내 당파성은 엘리트 신문과 비非엘리트 신문의 공통적 특징이었지만, 세기말에 들어서면서부터 당파성은 상류·하류 문화적 가치라는 프리즘을 통해 이해되기 시작했다. 1870년대의 교육 지향적 사회 개혁가들과 진보적 공화당원들—나중에 머그웜프Mugwumps라고 불리는—같은 정치단체들은 신문들이 정치적 부족주의tribalism와 당파적 후원에서 벗어나 좀 더 "원칙적이고" "독립적인 저널리즘"을 추구할 것을 요구했다(McGerr, 1986). 마이클 맥거에 의하면 이러한 개혁가들의 요구에는 "경험적 사회과학에 대한 진보주의자들의 믿음과 덜 감정적이되 보다 이지적인 공적 생활에 대한 자신들의 바람이 반영되어 있었다". 그러나 이들의 노력에도 불구하고 당파적이지 않은 뉴스 접근법은 한동안 당파성이 강한 미국 대중들에게 좋은 반응을 얻지 못했다. 언론학자 리처드 캐플란Richard Kaplan은 1896년 정치적 혼란을 몰고 온 윌리엄 맥킨리William McKinley와 포퓰리스트 민주당원 윌리엄 제닝스 브라이언William Jennings Brian 사이에 치러진 대선이 가장 중요한 "시대적" 전환점이었다고 꼽는다. 이 선거는 당시 "정당 조직 party machines"**에 맞선 진보운동—당시 급성장하던—과 결합되어 기존의 정치적 연합 체제를 혼란에 빠뜨렸다. 이러한 맥락에서 캐플란은 대중들 사이에서 당파적 정체성이 모호해지고 사라진 순간, '전문성'이 저널리즘의 공적 권위의 새로운 문화적 기반으로 부상할 수 있었다고 주장한다.

전문적으로 양식화된 새로운 저널리즘이 20세기에 정착하게 된 데에는 다른 어떤 전국 신문보다 『뉴욕타임스』의 역할이 컸다. 아돌프 옥스Adolph Ochs는 1896년 『뉴욕타임스』를 인수한 뒤 "상류층 시장"의 신문으로 재포장해 내놓았다. "보도하기에 적합한 모든 뉴스All News that's Fit to Print"라는 새로운 모토는 "시장 포지셔닝"을 활용한 초기 사례라고 볼 수 있다. 이 슬로건은 앞서 선풍적인 인기를 끌었던 퓰리처와 허스트의 타블로이드 정신을 거부했기 때문에 오히려 『뉴욕타임스』가 반타블로이드 신문이라는 명성을 확립하는 데 도움이 되었다. 흥미롭게도 『뉴욕타임스』가 저널리즘에서 "적합성"에 대해 내린 정의는 공정성과 정확성뿐만 아니라 "품격"에 대한 것이기도 했다.** 여기서 품격이라 함은 저널리즘이라는 분야에서 성립되기 시작한 전문적인 이념과 문화의 저변에 깔린 도덕적·사회적 차원을 의미한다.

언론학의 고전인 『뉴스를 발견하다Discovering the News』(1978)에서 마이클 셔드슨은 19세기 말 뉴스 시장에서 서로 대립하던 저널리즘 스타일과 소비자 소구 행위가 종종 "계급 갈등의 가림막" 역할을 했다고 주장

•   정당이 운영되는 모습을 기계에 비유한 표현. 어원은 정치 기계political machine라는 용어로 유권자의 지지를 끌어낼 수 있는 소수의 지도자를 필두로 한 정치 조직을 의미한다. 이런 조직의 경우 구성원들에게 금전적 이득을 제공하면서 규모를 확장하며, 내부적으로는 강한 위계질서를 내세우면서 이탈을 방지한다는 특성을 지니고 있다. 🈁

••   Schudson, *Discovering the News*, p. 109

한다.˙ 당대의 타블로이드 신문들은 셔드슨이 이상적 이야기라고 명명한 것, 즉 사실의 순수성보다 서술적·시간적 표현 기법을 우선시하는 뉴스 스타일에 맞춰져 있었다. 이와는 대조적으로 『뉴욕타임스』와 같이 명망 있는 신문들은 자신들의 공적 정체성의 핵심을 이상적 정보에 두었다. 이러한 정보 중심적인 접근은 독자들을 당파적 파벌주의에 휘둘리지 않고, 선정적인 대중적 유흥도 즐기지 않으며, 지식을 추구하는 합리적인 사람들이라고 상상했다. 셔드슨은 이러한 스키마가 "계급과 관련된 방식으로" 독자층을 "도덕적으로" 구분하고 있지만, "이것이 결코 단순한 방식으로 반영되어" 있는 것은 아니라고 분명하게 말한다.

예를 들어 상류층 독자들은 타블로이드 신문을 읽으면서 "은밀한 쾌락"을 마음껏 즐겼으며, 반대로 노동계급과 중하층 시민들은 "자기 수양"과 더 나아가서는 상향 이동의 수단으로 명망 있는 신문들을 읽었다. 셔드슨은 『뉴욕타임스』 같은 신문들도 상업적 필요에 의해 자신들이 겨냥한 엘리트층 외의 독자들, 즉 "이미 부유한 사람들뿐만이 아니라 부유해지고 싶은 사람들도" 유인해야 했다고 설명한다. 신분 상승을 바라는 이러한 독자들을 염두에 두고 만든 1988년 『뉴욕타임스』 광고에는 "뉴욕타임스를 읽는 모습이 곧 '훌륭함'의 징표입니다"라고 적혀 있었다(1978: 112).

『뉴욕타임스』 마케팅 담론 중에서 지향성의 측면을 인정함으로써 셔드슨은 19세기 말 신문들의 계급적 스타일과 그들의 독자층을 일대일로 대응시키려는 시도를 복잡하게 만든다. 나중에 다시 언급하겠지만 이와 같은 통찰은 21세기의 전환기에 케이블 뉴스 채널의 브랜딩 전략

˙ Conboy, 2002: 51~54도 참조할 것.

저변에 깔려 있던 계급-문화 정치를 이해하는 데에도 중요하다. 이 다음 부분에서는 내가 저널리즘에서의 이상 지향적 접근이라고 명명하는 현상을 설명하고 역사적 맥락을 살펴본다. 그리고 이러한 중류층 감수성이 어떻게 1980년대와 1990년대까지 미국 뉴스 문화를 지배하게 되었는지, 그리고 루퍼트 머독을 비롯한 보수 미디어의 개척자들이 어떻게 문화적 포퓰리즘의 스타일을 도입해 이에 맞서게 되었는지를 추적한다.

"이상 지향적" 뉴스 스타일- 20세기의 반타블로이드 저널리즘

『중류 문화의 형성 The Making of the Middlebrow Culture』(1992)에서 조안 루빈 Joan Rubin은 19세기 후반 상류층의 "고상한" 고급문화 전통이 영화와 라디오 같은 대중 엔터테인먼트 산업의 부상과 함께 사라졌다는 통념에 도전한다. 루빈에 의하면 상류층의 문화 전통은 상업적인 오락물로 성공적으로 각색되고 유통됨으로써 중류 문화 middlebrow culture의 모습으로 살아남았다. 이런 변화가 시작된 것은 "상류" 예술과 문화의 생산자들이 더 이상 자신들만의 격리된 사회에서 고상함이라는 덕목을 칭송하던 것을 넘어, 미국 대중들과 "양질의 문화"를 공유하기 위해 사회운동적이고 시민 지향적인 프로젝트들에 참여하기 시작한 1920년대였다. 클래식 작곡가 월터 담로쉬 Walter Damrosch의 〈음악 감상 시간 Musical Appreciation Hour〉과 같은 교육적인 라디오 프로그램과 하버드대학교 총장 찰스 엘리엇 Charles Elliot의 〈하버드의 고전들 Harvard Classics〉 독서모임, 대중 순회 강연, 신문과 잡지는 상류층 개혁가들이 미국에 이상 지향적인 문화적 감수성을 조성하기 위해 사용한 중요한 "확산 도구"였다.

문학비평가들은 상류층 전통의 핵심 가치를 형성하는 데 특별한 역할을 했다. 루빈은 특히 미국에서 "교양 있는" 사람이 무엇을 의미하는지 정의한 핵심 인물로 초월주의 철학자 랄프 월도 에머슨Ralph Waldo Emerson을 지목한다. 루빈에 의하면 에머슨이 정의한 고상함은 특정한 "성격"을 함양하고 "내적 자아"를 제어하는 것에 달려 있으며, 이 모든 것은 형식주의적인 미적 훈련을 통해, 그리고 기본적인 물질적 충동을 거부함으로써 달성된다. 루빈은 또한 신문 산업이 이 과정에서 수행한 역할을 부각시키며, 특히 『뉴욕헤럴드New York Herald』나 『뉴욕타임스』 같은 신문사들 그리고 『더네이션The Nation』, 『애틀랜틱먼슬리Atlantic Monthly』, 『뉴리퍼블릭The New Republic』 같은 잡지사들에서 "신간 서평" 지면이 등장한 현상에 관심을 기울인다. 서평 지면의 확산은 신문사들이 단지 신간이 출간됐다는 사실을 보도하는 데 그치지 않고, 대중에게 문학적 지도와 심미적 가르침을 제공하는 "상류 저널리즘"의 영역으로 이행했음을 의미하기 때문이다.

대중의 취향을 개선한다는 문예 편집자들의 임무는 20세기 초반 저널리즘 전문화 전략의 중심에 있던 "공적 서비스" 담론과 딱 들어맞았다. 이 둘은 품격을 활용한 중산층 대상 마케팅 전략의 두 기법을 상징한다. 서평가들은 『노스아메리칸리뷰North American Review』의 창립자 찰스 엘리엇 노턴Charles Elliot Norton이 "평범함의 천국"이라고 비난한 대중 엔터테인먼트로부터 미국 대중을 구원하고자 열심히 노력했고, 그 모습은 당파주의의 감정적 추진력을 뿌리 뽑아 독립적이고 합리적인 언론 보도로 대체하고자 하는 전문 저널리스트들의 노력과 동일한 문화적 논리를 공유하고 있었다. 명망 있는 신문사들의 이상 지향적 접근은 보도 부문과 일상생활 부문을 아울러 자제력과 지적 자율성, 다시 말해 교양 있는 품격의 최종 목적지에 대한 선망을 표현했다.

문학 편집자들과 전문 언론인들 사이의 또 다른 공통점은 두 집단 모두 신문이라는 매체를 전문 지식을 전파하는 수단으로서 정의했다는 점이다. 20세기 초반, 특히 제1차 세계대전 직후 몇 년 동안 공공 지식인들과 진보적 개혁가들은 저널리즘의 전문화를 더욱 지지하기 시작했다. 저널리스트들도 과학적 방법론을 따라 객관적인 분석 방법으로 정보를 해석하고 처리하기 위해서는 정식 훈련을 받아야 한다는 것이다. 이처럼 "객관성"이 수용된 시점은 공적 토론에서 과학이 진실을 주장하기 위한 인식론으로서 지배적인 지위를 얻게 된 시점과 맞물린다(Hallin, 2000). 특히 사회과학—예를 들면 사회학·심리학—의 발명은 저널리즘에 큰 영향을 미쳤다. 과학의 인식론적 승리는 1910년대 미국 최고 대학들이 세속화되고, 1925년의 스콥스 Scope의 "원숭이" 재판*에서 종교적 권위의 실추가 널리 보도되면서 더욱 힘을 얻었다.**

이 시대에 "객관성의 이상"을 가장 두드러지게 지지한 사람은 언론인이자 공공 지식인이었던 월터 립맨 Walter Lippman이었다. 제임스 캐리 James Carey가 "현대 저널리즘의 창립서"라고 부른 립맨의 『공공의 의견 Public Opinion』(1987)에서 언론인들은 대중에게 전달할 정보를 수집하는 것에 그치지 않고, "훈련된 지능"을 활용해 그 정보를 해석하기까지

• 　　과학 교사였던 존 스콥스 John Scopes가 공립학교에서 진화론을 가르치는 것을 금지한 테네시주의 법을 어기고 진화론을 가르쳤다는 이유로 기소된 사건. 스콥스는 최종적으로 100달러의 벌금형에 처해지고 말았지만, 재판 과정이 널리 보도되면서 종교가 과학 교육에 개입하는 것에 대한 큰 반대 여론이 일어났다. 옮긴이

•• 　　이 갈등은 사회학자 로버트 워스나우 Robert Wuthnow의 1988년 저서 『미국 종교의 재구성 The Restructuring of American Religion』에 기록된 바와 같이 1910년대와 1920년대의 "근대주의자"와 "근본주의자" 간 마찰로부터 비롯되었다.

해야 하는 "전문화된 계층"으로 상정되었다. 저널리즘 전문가의 "객관적"인 안경은 "원초적 본능"과 "고정관념 stereotype"—립맨이 만든 용어—에 의해 왜곡된 그릇된 정보들을 꿰뚫어 본다. 그리고 이 과정을 통해 우리는 민주주의의 태생적 한계를 극복할 수 있게 된다. (민주주의에서는 원칙적으로 누구든지 대중매체에 대한 접근 권리가 보호되어야 하지만, 그럴 경우-옮긴이) 카리스마 있는 선동가들이 대중매체를 통해 "대중들"의 공포와 미신 그리고 "선입견"에 호소할 수 있는 기회를 얻게 되기 때문이다.

과학과 기술적 전문성에 대해 강조하는 립맨의 접근법은 『뉴욕헤럴드』의 "서평" 편집자인 스튜어트 셔먼 Stuart Sherman이 내세운 인문학적 접근과는 사뭇 달라 보인다. 실제로 문학적 성향을 지닌 편집자들과 과학적 성향을 지닌 기자들 사이에 긴장이 존재하기도 했었다. 예를 들어 기자들이 전문적이고 기술적 훈련을 지지하는 모습을 보고 상류층 출신의 개혁가들은 그들이 중시하는 보편적인 교양 교육에 위협이 된다고 생각했다. 그럼에도 불구하고 인문학 진영과 사회과학 진영은 이러한 차이점들을 극복하고 중류 뉴스 문화의 두 기둥으로서 서로 협력해 나갔으며, 그 결과 사회학자 피에르 부르디외 Pierre Bourdieu의 표현을 빌리자면 고급교양의 "일반 문화"를 뉴스에 투영할 수 있게 되었다. "교양 있는" 취향의 문화적 규범은 그것이 예술품이 되었든 과학 보고서가 되었든, 하나의 문화적 사물을 평가할 때 냉철하고 "이해관계가 배제된" 태도만을 적합한 분석적 태도로 인정한다. 이 "사심이 배제된" 문화적 스타일은 20세기 초 활자 매체를 통해 전문 저널리즘의 스타일

•   Schudson, 1978: 127-129; Steel, 1980: 180-185

로 정립된 뒤 라디오로, 그리고 나중에는 텔레비전 뉴스로까지 확산되었다. 특히 라디오와 텔레비전처럼 새로 등장한 전자 매체들은 그 "공간 초월적 특성"(Hilmes, 1997: 16)으로 인해 "객관성의 체제"와 이상 지향적 문화를 사상 최초로 전국적 헤게모니의 수준에 올려놓게 된다.

그러나 이러한 뉴스 스타일이 방송 산업의 새로운 기준이 되는 데에는 몇 가지 장애물이 있었다. 우선 라디오와 같은 전자 매체가 출현했음에도 불구하고 『뉴욕데일리미러New York Daily Mirror』와 『뉴욕데일리뉴스New York Daily News』 같은 타블로이드 신문들은 20세기 초반까지도 여전히 많은 독자들을 끌어모았다. 『타블로이드 주식회사Tabloid Inc.』(2010)의 저자 V. 페넬로피 펠리존V. Penelope Pelizzon과 낸시 마사 웨스트Nancy Martha West는 『뉴욕데일리뉴스』와 『뉴욕데일리미러』가 1920년대와 1930년대의 인기 있는 범죄 영화 및 소설과 서로 영감을 교류하면서 극적인 서사 구조와 "완고한" 남성성의 원형을 만들어냈다고 서술한다. 남성성과 극적인 서술 구조로 대변되는 타블로이드의 노동계급적 스타일들은 결국 라디오 진행자들 그리고 추후에는 텔레비전 방송인들, 특히 폭스뉴스 방송인들의 표현 기법에도 영향을 주었다.

방송 분야에서 중류 저널리즘을 가로막은 첫 번째 장애물은 1920년대와 1930년대에 큰 인기를 얻은 포퓰리즘적 라디오 진행자들이었다. 선동적인 진행자들 중 가장 악명 높은 사람은 "라디오 사제"라는 별명으로 불린 찰스 코글린Charles Coughlin 신부였다. 코글린은 자신이 언론 전문가들보다 "국민의 맥박"을 더 잘 이해한다고 주장했다. 존 브링클리John Brinkley 박사와 윌리엄 헨더슨William Henderson같이 동시대에 활동한 다른 포퓰리즘적 라디오 진행자들도 같은 주장을 내세우기 시작했다.* 이들은 정치 및 시사에 대한 보도에 감정을 싣기 위해 라디오 매체가 지닌 음성적 특징을 십분 활용했다.

최근에 나온 기사와 연구 대부분은 코글린과 폭스뉴스 진행자들 간의 유사점에 주목하지만, 헨더슨에 대한 데릭 베일런트Derek Vaillant의 역사적 분석을 보면 헨더슨을 통해 현대 포퓰리즘 선구자의 모습을 보다 명확히 볼 수 있음이 분명하다(2004).** 예를 들어 헨더슨은 "헨더슨 아저씨old man Henderson"로 대변되는 서민적 영웅이라는 이미지를 강화하기 위해 자신의 교육 배경을 축소했는데, 이는 이후 폭스의 진행자가 되는 빌 오라일리가 활용한 것과 똑같은 전략이었다. 또한 구어체와 지역 특색을 드러내는 속어를 사용함으로써 의도적으로 상류층의 "품위 숭배"에서 벗어났다. 나중에 숀 해니티가 자신의 폭스 프로그램에서 한 것처럼 헨더슨도 오케스트라 음악 대신 컨트리 음악을 도입부에 연주하면서 주요 방송사들의 표준적인 관습을 어겼다. 결국 라디오 선동가들은 그들이 맹비난했던 고학력 전문직계층에 의해 방송 밖으로 밀려났다. 코글린의 노골적인 반유대주의, 나치 파시즘에 대한 동정 그리고 경력 후반부 프랭클린 루스벨트 대통령의 뉴딜 정책에 대한 반대는 결국 연방의회로 하여금 공정성 원칙Fairness Doctrine을 법률화해 독선적이고 이념 편향적인 프로그램의 제작을 금지하는 결과를 낳았다(Hendershot, 2011: 16). 그리고 이 정책은 1987년 라디오 토크쇼 프로그램들이 나타날 때까지 유지된다.

• 　코글린 신부에 대한 연구는 Brinkley, 1982; Kazin, 1998: 5장을 참조할 것. 윌리엄 헨더슨 주니어에 대한 연구는 Vaillant, 2004을 참조할 것. 존 브링클리 박사에 대한 연구로는 Lee, 2002; Frank, 2004: 196-199를 참조할 것.

•• 　폭스뉴스와 코글린 신부에 대한 비교분석은 Conway, Maria, & Grieves, 2007: 197-223을 참조할 것. 글렌 벡과 코글린 신부에 대한 비교는 Harris(2011. 2. 2.)를 읽을 것.

라디오가 활자 저널리즘의 영향력을 압도했듯이 1940년대에 출현한 텔레비전은 1950년대에 이미 라디오를 제치고 미국인들이 가장 선호하는 뉴스 매체로 등극했다. 우호적인 정부 규제 덕분에 ABC·CBS·N-BC라는 3대 지상파 방송사가 미국 텔레비전 방송 시장을 분할하고 있었다. 연방정부에서는 이에 대한 대가로 "빅 3" 방송사에게 "문화적으로 고양되는" 프로그램을 통해 "공익"에 기여하도록 요구했다. 이 요구를 만족시키기 위한 조치의 일환으로 방송사들은 활발한 뉴스 부서를 설립하고 시사 프로그램을 만들었다. 마이클 커틴Michael Curtin은 방송사들이 에드워드 머로우Edward Murrow의 〈지금 봅시다See It Now〉와 같은 진지한 다큐멘터리 프로그램을 비롯해 보도 저널리즘을 내세운 방송들을 편성하고, "하류" 오락 프로그램들로 인해 추락한 명성을 되찾으려 했다고 주장한다(1995). 연방통신위원회 의장을 지낸 뉴턴 미노우Newton Minow가 "방대한 황무지"라고 부른 이 "하류" 오락 프로그램의 세계는 인기 퀴즈쇼와 시트콤들로 이루어져 있었다.

하지만 머로우의 방송은 비평가들의 호평을 끌어내기는 했어도 노동계급 시청자들에게는 인기를 얻지 못했다. 그래도 이때까지는 방송사들이 시장 경쟁과 시청률을 지켜야 한다는 압박에서 어느 정도 자유로웠기 때문에 "가볍고" 기분 좋은 오락 프로그램보다 "진지하고" 경험적인 사실주의를 우선시하는 프로그램들을 지원할 여력이 있었다. 〈지금 봅시다〉에서 활용된 기법, 즉 극적 사건 현장을 생생하게 담아내는 카메라 기법과 그에 곁들여진 전문가 해설은 이후 〈60분60 Minutes〉과 같이 최고로 성공적이고 장수한 뉴스 방송들에 큰 영향을 미쳤다. 그러나 전반적으로 이 시대의 텔레비전 기자들은 대중들에게 단순히 정보를 전달하는 것이 아니라 그들을 끌어들이는 기능을 수행하는 시각적 양식화와 대중문화 그리고 감정의 표현과 같은 기법들이 오히려 사실적인 보도를 방해한다고 보았다. 뉴스 보도들은 대개 근엄한 주제를 담담하게 전달하는 경향이 있었다. 이러한 "냉철한 담론들"은 그에 걸맞은 스타일, 즉 CBS의 월터 크롱카이트Walter Cronkite로 대표되는 무감정적인 앵커 스타일을 통해 보도되었다(Nichols, 1991: 3-4).

1950년대부터 1970년대까지 지상파 뉴스 앵커들은 1910년대에 립맨이 그린 비전에 따라 자신들을 일종의 정보 전문가라고 인식했다. 그들은 지식인들과 정부 당국자들의 "공식적인" 지식을 일반 시청자들이 이해할 수 있는 대중적인 언어로 번역함으로써 대중에게 봉사한다고 생각했다(Baym, 2009). 언론학자 다니엘 할린Daniel Hallin의 표현에 의하면 이 시기는 "언론의 일차 기능은 '편향되지' 않은 정보를 제공함으로써 사회와 시민들에게 이바지해야 한다는 신념에서 출발하여 보도는 객관적이어야 한다는 규범으로 가득 찬 전문성의 문화가 만연하던" 때로 "하이모던high modern"의 저널리즘이 절정에 달한 시기였다(2006: 1). 댄 래더나 테드 코펠과 같은 원로 기자들이 보기에는 형편없는 상업주의가 아니라 시민적 이상을 통해 뉴스가 진행되고, 보도는 당파주의와 인격 숭배 대신 사실과 전문성에 바탕을 두고 있던 이 시기야말로 언론의 황금기였다. "월터 삼촌*"의 밋밋하지만 지성미가 느껴지는 중류 문화적 목소리는 19세기 뉴스 지형을 분열시켰던 상·하류 취향의 선을 초월하는 것처럼 보였다. 당시 지상파 뉴스 방송들은 사회적 경계의 한계를 넘어 모든 시청자들을 포용하고 있었다.

하지만 이 시대에 일종의 초계급적 타협이 이루어졌다고 미화하기

• 월터 크롱카이트의 애칭

전에 중류 문화가 무엇인지 다시 한번 상기해볼 필요가 있다. 루빈이 지적하듯이 중류 문화는 노동계급과 상류층의 취향을 조화시켜주는 매개체가 아니라 대중을 위해 상류 문화를 민주화하려는 문화적 스타일이었다. 모든 미국인에게는 사회적 지위에 관계없이 비판적 추론과 계몽된 시민의 권리 그리고 문화적 풍요를 누릴 능력이 있다는 믿음을 대변했다는 면에서는 중류 문화가 평등주의적이라고 볼 수도 있다. 그러나 은연중에 전문성과 학력을 갖춘 이들의 문화를 이상적인 문화로, 그리고 노동계급의 문화는 개선이 필요한 문화로 취급했다는 면에서 중류 문화는 궁극적으로 선민사상에 젖은 문화라고 볼 수 있다. 중류 문화의 관점에서 문화적·윤리적 개혁을 수행해야 하는 부담은 사회의 하층계급에 있는 사람들에게 가중된다. 미국 뉴스 시장에서 중류 스타일이 우세한 상황은 당연히 문화적 포퓰리즘을 내세운 저널리즘의 자리에 공백을 만들었고, 그 자리가 다시 채워지는 건 시간문제에 불과했다.*

그리고 루퍼트 머독이 등장했다.

미국 중류 문화 뉴스 해체하기

루퍼트 머독이 미국 언론 및 대중문화 전반에 끼친 영향을 과소평가하기란 쉽지 않다. 1970년대 초 미국 뉴스계에 등장한 이후 머독의 뉴스코퍼레이션—현재는 21세기폭스로 개명—에서 출시한 미디어 상품들은 꾸준히 미국의 주요 미디어 트렌드를 이끌어왔다. 머독이 1973년

---

* 이 주장을 간략하게 서술해 놓은 자료로는 Peck, 2014b를 참조할 것.

인수한 텍사스의 『샌안토니오뉴스San Antonio News』와 『샌안토니오익스
프레스San Antonio Express』는 그가 최초로 사들인 미국 신문사였다. 두 신
문은 호주와 영국에서 이미 활용되고 있던 타블로이드 공식을 따라 "꼬
맹이가 자정에 장의사를 털다"와 "살인벌이 북상하다" 같은 선정적인
헤드라인을 전면에 내세웠다.* 1974년 머독은 타블로이드 잡지 『스
타Star』를 창간했는데, 그가 미국에서 처음으로 소유하게 된 전국 규모
의 신문사였다. 1970년대와 1980년대 슈퍼마켓 타블로이드 신문들**
은 전례 없는 수준의 인기를 끌었고, 이 미국 타블로이드 르네상스의
중심에는 『스타』가 있었다. 1970년대 후반에 이르자 『스타』는 머독이
소유한 미국 미디어 중 가장 수익성이 높은 자산으로 성장했고, 발행
부수는 300만 부로 늘어났으며, 오랫동안 타블로이드 분야의 선두주자
였던 제네로소 포프Generoso Pope의 『내셔널인콰이어러 National Enquirer』
의 라이벌로 떠오르기 시작했다(Bird, 1992: 30).

　1980년대에 『스타』와 『내셔널인콰이어러』의 발행 부수는 더욱더 증
가했다. 어마어마한 규모의 독자를 보유하고 있었지만, 미국 정치인들
과 저널리즘 기관들은 이 신문들이 전적으로 가벼운 뉴스를 지향하고
소문을 확산시키는 데 적극적이라는 이유로 이들을 사소하게 여겼다.
두 신문의 정치적 무능은 바다 건너의 타블로이드 신문들과 대조를 이
루었다. 마이클 울프에 따르면 동시기 영국의 타블로이드 신문 분야는
"속보를 전달하고, 의제를 설정하고, 정치인을 선출시키고, 문화를 변

•　　Mahler(2005. 5. 21.)
••　　선정적인 제목들이 눈에 띄도록 정규 신문보다 더 크게 인쇄된 타블로이드 신문. 주로 슈
퍼마켓 계산대 옆에 비치되어 있어서 슈퍼마켓 타블로이드라는 별명을 얻었다. 🈯

화시키는 가장 강력한 매체"였다(2008: 205). 물론 영국 타블로이드 신문을 규정하는 특징도 스포츠와 연예인 그리고 섹스 스캔들과 같은 가벼운 뉴스들이었다. 그러나 비교언론학자 다니엘 할린과 파올로 맨시니 Paolo Mancini가 지적했듯이 영국 타블로이드를 규정하는 또 다른 요소는 당파성과 정치적 사설이었다(2004: 210-211).

1970년대에 머독의 『뉴스오브더월드』와 『더선』은 영국 우파의 중요한 대변인이 되어 있었다. 스튜어트 홀은 이 신문들이 대처 보수당 행정부의 "권위주의적 포퓰리즘"을 만들어내는 데 특히 중요했다고 지적했다(Gilroy et al., 2000: 321). 머독의 영국 타블로이드 신문은 대중문화와 정치, "가벼운" 뉴스와 "진지한" 뉴스를 단순히 병렬적으로 다루지 않았다. 미국의 지역 뉴스 방송국들도 1960년대 후반에 이미 두 부류의 뉴스를 조합하는 것이 재정적으로 도움이 된다는 사실을 알아차렸다. 독자들을 달달한 오락물로 유혹해 소화하기 어려운 "진지한 뉴스"도 접하게 할 수 있었기 때문이다. 하지만 『뉴스오브더월드』와 『더선』은 이 전략에서 한 걸음 더 나아가 이해하기 쉬운 연예계 및 스포츠계의 문화정치와 생경한 정부의 공식적 정치 사이의 연관성을 적극적으로 합리화했다. 역사학자 마이클 맥거가 묘사한 19세기 당파적 저널들의 "스타일"과 유사한 방식으로 20세기의 당파적 영국 타블로이드 신문들은 문화적으로 친숙하고, 정치적으로는 의미 있는 종합적인 사회관을 독자들에게 제공했다.

비록 초기 머독의 미국 신문들은 비정치적인 연예계 기사들을 주로 다루는 슈퍼마켓 타블로이드의 형식을 따랐지만, 머독이 새롭게 인수한 『뉴욕포스트』는 런던의 신문 가판대를 장식한 당파적 타블로이드의 모습을 따랐다. 머독과 그의 편집자들은 뉴욕이라는 전 세계 미디어의 수도에서 주요 일간지를 보유하고 있다는 것만으로도 특별한 정치적 영향력을 부여받게 된다는 사실을 잘 알고 있었다. 이들은 곧바로 『뉴욕포스트』를 뉴욕의 정치 현장에 투입하기 위해 1977년의 뉴욕 시장 선거에서 에드 코치 Ed Koch에 대한 지지를 표명했다. 코치는 민주당 소속이었지만 보다 진보적인 경쟁자인 마리오 쿠오모 Mario Cuomo와 벨라 압주그 Bella Abzug에 비하면 우파에 가까웠고, 선거 캠페인에서도 닉슨과 유사하게 "법과 질서"를 강조하는 전략을 사용했다. 『뉴욕포스트』는 『더선』을 비롯한 영국과 호주 타블로이드 신문들의 선례를 따라 대중문화계의 사건과 정치적 사건을 매끄럽게 융합해 보도했다. 이를 보여주는 대표적인 사례가 1985년 코치 시장의 세 번째 당선을 축하하며 발행한 신문이다. 신문 1면의 맨 꼭대기에 "트리플 크라운 수상자"라고 쓰여 있었고, 그 바로 밑에는 "Koch: ☑, Yanks˙: ☑, Mets˙˙: ☑"라고 체크 표시가 되어 있는 박스가 세 개 있었다. 이런 기법을 통해 코치가 거둔 정치적 승리는 뉴욕시의 인기 야구팀들이 승리한 것과 마찬가지로 시민들에게 일상적인 행복을 선사하는 사건처럼 묘사됐다.˙˙˙

개별 사업으로서 『뉴욕포스트』를 평가하자면 오히려 뉴스코퍼레이션의 재정적 자원을 잡아먹는 애물단지였다. 하지만 머독의 회사는 『뉴욕포스트』를 통해 지역 정치에 영향력을 행사할 수 있게 되었고, 결국

˙　　뉴욕 브롱스를 연고지로 삼고 있는 뉴욕 양키즈의 별명 [옮]
˙˙　뉴욕 퀸즈를 연고지로 삼고 있는 뉴욕 메츠의 별명 [옮]
˙˙˙　이처럼 주제를 산만하게 넘나드는 전략은 오늘날 대기업 차원에서도 나타나고 있다. 21세기폭스(폭스뉴스의 모회사)는 케이블 스포츠 뉴스 분야의 오랜 선두주자인 ESPN의 위치를 넘보려고 하고 있는데 그 전략은 바로 ESPN에게 진보적이고, 정치적으로 올바르며, 지나치게 진지하다는 이미지를 덧씌움과 동시에 자사의 케이블 스포츠 채널인 FSI를 더 대담하고 마초스럽고 보수적인 것처럼 묘사하는 것이다. Barrabi(2017. 6. 26.) 참조.

이 정치적 영향력으로 인해 재정적 순이익을 얻게 된다. 머독의 뉴욕 타블로이드 신문은 때로는 정치적 편의를 제공하면서, 때로는 정치적 위협을 가하면서 뉴스코퍼레이션이 독점금지법과 상호소유금지법을 회피하는 데 도움을 주었다.* 특정 정치적 인물을 홍보해주는 대가로 머독 자신에게 유리한 정책을 얻어내는 모습을 가장 극명하게 보여준 인물이 공화당의 루디 줄리아니 Rudy Giuliani 뉴욕 시장이다. 『뉴욕포스트』의 열렬한 지지를 받은 그는 1996년 자신에게 부여된 공권력을 동원해 타임워너에게 뉴욕시 케이블 시장—타임워너에게 대단히 중요한—에서 채널 하나를 비워 머독의 새로운 케이블 뉴스 방송사인 폭스뉴스에 제공하라고 압박했다.**

이러한 권력 게임들 그리고 줄리아니, 머독, 폭스의 창립 CEO인 로저 에일스의 끈끈한 정치적 거미줄에 대해서는 이미 여러 작가들이 상세히 기술한 바 있다. 그러나 『뉴욕포스트』가 폭스뉴스의 발전에 기여한 역할을 고찰할 때 이런 정치적 측면 못지않게 중요한 점은 『뉴욕포스트』가 스타일, 편집 그리고 심지어는 지적 영역에서까지 일종의 청사진을 제시했다는 것이다. 빌 오라일리가 폭스에서 『뉴욕타임스』를 때

• 쿠오모 주지사는 1993년에 머독에게 연방 면제권을 부여하여 『뉴욕포스트』와 텔레비전 방송국을 동시에 소유할 수 있게 해줬다. 이것은 머독의 편의를 봐줬다기보다는 보복에 대한 두려움에서 행해진 조치라고 볼 수 있는데, 『뉴욕포스트』가 여러 번 코치와 같은 정치인들을 쿠오모의 대항마로 내세우고 쿠오모의 후보 자격에 대해 공격했기 때문이다. Gottlieb(1993. 3. 24.) 참조.

•• 뉴스코퍼레이션은 루디 줄리아니 시장과의 연줄을 통해 뉴욕의 양대 케이블 업체 중 하나인 타임워너에게 압력을 가했다. 이유는 폭스뉴스를 뉴욕 내 케이블망을 통해 배급하기 위한 것이었다. 타임워너는 뉴욕시가 부당한 간섭을 하고 있다고 고소했으며, 뉴스코퍼레이션은 반대로 타임워너가 반독점 규정을 어기고 불공정하게 CNN을 보호하고 있다고 고소했다. 이 과정에서 머독과 터너 사이에 욕설이 오가는 공방이 이어졌다. 결국 1997년 타임워너와 뉴스코퍼레이션은 뉴욕시의 케이블에서 함께 방송하기로 합의했고, 2001년부터는 타임워너의 모든 케이블망에서 폭스뉴스를 방송하기로 합의했다. 옮

리기 훨씬 전부터 『뉴욕포스트』는 『뉴욕타임스』를 엘리트주의의 표상으로 이용해 자신들의 포퓰리즘적 이미지를 구축했다. 3장에서 자세히 설명하겠지만 폭스뉴스의 게스트 및 주제 선정 기준에는 블루칼라의 취향과 정치 이념이 상징적으로 혼합되어 있는데, 머독이 인수한 이후 『뉴욕포스트』의 편집 방향 역시 이와 거의 동일했다. 마지막으로 『뉴욕포스트』는 레이건 시대에 새롭게 싹튼 신보수주의의 지적 운동에 가장 중요한 대중적 소통 창구를 제공했다. 『뉴욕포스트』의 사설란에서는 신보수주의 사상의 허브로 기능한 잡지 『코멘터리 Commentary』의 편집장 노름 포드호레츠Norm Podhoretz와 같이 선두적인 보수 지식인들의 이름을 자주 발견할 수 있었다. 물론 이러한 측면은 악명이 자자한 신문 1면의 노골적인 이미지와 선정적인 헤드라인 ― 예를 들어 "상의 실종 술집에서 머리가 실종된 몸뚱이" 같은 ― 때문에 자주 간과되곤 했다.[*] 5장에서 더 다루겠지만 폭스뉴스는 『뉴욕포스트』의 모범을 따라 자신들의 상류 문화적이고 지적인 요소들을 전략적으로 숨겼다. 이는 이런 요소들을 그대로 표출하는 중류 문화 언론들과 대조적인 모습이었다. 『뉴욕포스트』가 선보인 화려한 레이아웃과 선정적인 1면이 그랬던 것처럼 폭스뉴스가 활용한 그래픽과 다리를 노출한 여성 방송인들 그리고 당파적 정서 또한 지적 요소들을 포퓰리즘으로 가리는 속임수로 기능했고, 이로 인해 비평가들은 보수주의의 지적 문화가 촉진되는 데 있어 폭스뉴스가 기여한 바를 과소평가하게 되었다.

---

[*] 데이비드 맥나이트David McKnight는 이 부분을 강조하여 『뉴욕포스트』가 "우파 지식인 중 일부 주요 인사들이 작성한 논평과 사설을 포함시켜왔고, 이는 머독을 특징짓는 중대한 핵심이라고 볼 수 있을 만큼 중요한 문제였지만 비평가들에 의해서는 거의 완전히 무시되어왔다"고 기록했다(2013: 74).

머독에게는 큰 정치적 영향력을 가져다주었지만, 대부분의 미국인들에게 『뉴욕포스트』는 여전히 구독한 적도 들어본 적도 없는 뉴욕시의 지역 신문이었다. 머독은 차츰 미국의 교외라는 세상에서는 신문 가판대가 아니라 텔레비전 수상기가 제왕의 자리를 차지하고 있다는 사실을 깨닫게 되었다.

텔레비전용 타블로이드
-〈커런트 어페어〉, 〈인사이드 에디션〉 그리고 빌 오라일리 이전의 빌 오라일리

1980년대 중반이 되자 루퍼트 머독은 활자 매체를 넘어서서 영화사 20세기폭스를 인수하고 방송사들을 사들여 폭스방송 Fox Broadcasting Company을 차렸다. 과감한 인수를 통해 머독은 뉴스코퍼레이션을 거의 하룻밤 사이에 멀티미디어 대기업으로 변모시켰다. 1986년 출범한 머독의 폭스방송은 3대 지상파인 CBS·NBC·ABC의 체계를 깨트리는 데 성공한 첫 번째 사례라는 명성을 얻었다. 1980년대 후반과 1990년대에는 대니얼 키멜Daniel Kimmel을 비롯한 여러 사람들로부터 "제4의 방송국"으로서 미국 텔레비전을 "재발명"하고 있다는 평가를 들을 정도가 되었다(2004). 〈생생한 색으로In Living Color〉(1992)*나 〈마틴Martin〉(1992)** 같은 프로그램들을 방영하면서 폭스는 미국 최초로 청소년

• 1990년부터 1994년까지 폭스방송에서 방영된 코미디쇼로 흑인 희극 배우들을 대다수 기용하고, 흑인들의 유머를 정제되지 않은 방식으로 송출하여 명성을 날린 방송이다. 🔖

•• 1992년부터 1997년까지 폭스 방송에서 방영된 시트콤. 흑인 희극 배우 마틴 로렌스가 동명의 주연 캐릭터를 맡았다. 🔖

및 아프리카계 미국인의 하위 문화를 겨냥하는 혁신적인 내로우캐스팅 전략을 취한 주요 방송사로 자리매김했다(Zook, 1999). 〈심슨 가족〉과 〈못말리는 번디 가족Married ... with Children〉*과 같은 파격적인 쇼를 통해 가족 시트콤 장르를 재정의하기도 했다. 〈코스비 가족 만세〉에 등장하는 "점잖은" 중상류층 헉스터블Huxtable 가족과 달리 심슨 가족과 번디 가족은 문제가 많았고, 너무나도 당당하게도 노동계급다운 취향과 생활 방식을 보여주었다. 폭스방송은 또한 〈미국의 현상 수배자들〉(1988)**, 〈캅스COPS〉(1989)***, 〈동물들이 공격할 때! When Animals Attack!〉(1996)**** 처럼 선정성이 시청률을 보장해주는 방송들을 통해 저비용 "리얼리티" 기반 프로그램의 시대를 여는 데에도 중추적인 역할을 수행했다.

1980년대 후반에서 1990년대 중반까지 미국의 정치 및 미디어 담론은 미국 국민 문화의 저속화에 대한 불평으로 점철되었고, 폭스방송의 프로그램들은 미국이 시궁창으로 추락하고 있음을 상징적으로 보여주는 지표로 연일 거론되었다. "가족적 가치"라는 명목을 내세워 폭스의 인기 방송들을 가장 강력하게 비난한 쪽은 대부분 민주당이 아닌 공화당 정치인들이었다. 1990년대 초반이 되자 〈심슨 가족〉은 진정한 의미에서 전국적 현상으로 성장했고, 1992년에는 오랫동안 NBC의 시청률을 견인해온 〈코스비 가족 만세〉보다 더 많은 시청자들을 끌어모으고

• 1987년부터 1997년까지 폭스에서 방영한 시트콤 🌐

•• 1988년부터 2011년까지 방영됐으며, 도주 중인 용의자들과 범죄자들을 대상으로 삼은 폭스방송의 리얼리티 프로그램이었다. 2011년 최종화가 방영될 시점에는 폭스방송 최장수 프로그램이었으며 2021년에 다시 부활되었다. 🌐

••• 1989년부터 현재까지 방영 중이며, 경찰관 및 보안관들의 삶을 그려내는 리얼리티쇼 🌐

•••• 1996년에 방영된 4회 분량의 다큐멘터리 시리즈로 사람들에게 위협을 가하는 동물들의 모습을 담고 있다. 🌐

있었다.• 조지 H. 부시 대통령은 1992년 대선 캠페인에서 〈심슨 가족〉을 비난했다. 전국종교방송 National Religious Broadcasters 회담에서 그는 "우리에게 필요한 건 〈심슨 가족〉보다 〈월튼네 사람들 The Waltons〉••에 가까운 국가입니다"라고 말했다(Turner, 2004: 225-226). 부통령 댄 퀘일 Dan Quayle과 심지어는 영부인 바바라 부시까지 공격에 가담해 〈심슨 가족〉이라는 인기 애니메이션 시트콤을 미국의 문화적·도덕적 타락의 상징으로 묘사했다.

　1990년대 초에는 폭스방송의 주간 및 황금시간대 프로그램이 모두 인기를 끌었고, 이 덕분에 광고비와 수익도 급증했다. 뉴스코퍼레이션의 미국 텔레비전 자산은 한순간에 회사 최대의 수익원이 되었다.••• 머독은 마음속으로 항상 스스로를 언론인이라고 여겼기 때문에 좀 더 "저널리즘적인 작전"을 펼쳐 자신의 미국 텔레비전 방송사를 "풀 서비스"를 제공하는―일주일 내내 엔터테인먼트와 뉴스 프로그램을 꽉꽉 채워 방송하는―방송사로 변모시킬 때가 되었다고 생각했다.•••• 1990년대 초반까지 폭스방송에서 자체 제작한 프로그램들은 "재정적 이해관계와 배급 관련 법"에 의해 공급이 제한되었다. 연방통신위원회의 법은 텔레비전 방송사가 동일 콘텐츠의 생산자이자 동시에 배급업자가 되는

•　　*Broadcasting* (1992. 3. 2.)

••　　1972년부터 1982년까지 CBS에서 방영된 드라마. 버지니아 농촌에 사는 가족이 대공황 및 제2차 세계대전을 이겨나가는 모습을 담아내고 있다. 🈁

•••　　*Broadcasting & Cable* (1993. 6. 21.)

••••　　Coe (1992. 3. 2.) Mahoney (1992. 3. 2.)도 참조할 것. "풀 서비스 방송사"가 되고자 하는 목표에 대해서는 McClellan (1992. 1. 1.) Fox Fills in the Blanks. *Broadcasting*, pp. 1819를 참조할 것. 뉴스코퍼레이션과 폭스방송에 대한 종합적인 정치경제학적 분석을 위해서는 Alisa Heylay Perren의 2004년 박사학위 논문 *Deregulation, Integration and a New Era of Media Conglomerates: the Case of Fox, 1985-1995*를 참조할 것.

146

것을 금하고 있었다. 뉴스코퍼레이션의 자회사인 폭스방송은 이 규정을 회피하기 위해 황금시간대의 프로그램을 일주일에 15시간 이하로 편성하여 "방송사"에 대한 연방통신위원회의 공식적인 정의를 피해 가는 편법을 활용했다.

그러나 폭스방송사 내에서 "폭스 뉴스" 사업부를 확장하려던 머독에게 걸림돌이 된 것은 연방통신규제만이 아니었다. 타블로이드 출신이라는 머독 자신의 배경과 폭스방송의 "하류" 오락 콘텐츠를 둘러싼 정치적 모럴 패닉은 "진지"해야 할 텔레비전 뉴스 부서에 "폭스"라는 이름을 붙여도 되는가라는 마케팅 문제를 불러왔다. 1996년 1월 『미디어위크Mediaweek』*는 "국회의원들이 의회에서 쓰레기 같은 TV의 예로 〈못말리는 번디 가족〉을 언급할 때마다"『데일리뉴스』의 소유주인 모트 주커만Mort Zuckerman 같은 머독의 언론 경쟁자들은 "며칠 동안 미소를 짓는다"고 보도했다. 주커만이 소유한 또 다른 매체 『US뉴스&월드 리포트US News & World Report』의 편집자들은 사장이 "폭스 뉴스 부서가 머독의 이미지를 극복하려고 부산떠는 모습을 보며 즐거워한다"고 밝혔다.**

뉴욕대학교 미디어학 교수 마크 크리스핀Mark Crispin에 따르면 "머독"이라는 이름 자체가 "저널리즘적 부패와 최악의 타블로이드를 지칭하는 대명사"가 되었고, 그래서 "주류 언론들은 루퍼트 머독이 또 다른 신문사를 인수할지 모른다는 위험을 두려운 어조로 앞다투어 보도하곤

---

* 1991년부터 2011년까지 간행된 언론인 대상 전문 잡지. 2011년에 『브랜드위크Brandweek』와 함께 『애드위크Adweek』라는 잡지로 흡수됐다. 🅰

** Mundy(1996. 1. 1.)

했다"고 설명한다. 이러한 "위험"과 "두려운 어조"는 1970년대 후반 머독이 미국 미디어 시장에 첫발을 내디딘 순간부터 뚜렷하게 느껴졌다. 1970년대 후반과 1980년대의 시사만화들은 머독이 1976년과 1977년에 뉴욕시의 주요 활자 매체 세 개—『뉴욕포스트』, 잡지 『뉴욕 New York』 그리고 『빌리지보이스 Village Voice』—를 공격적으로 인수한 사건을 묘사하면서 머독을 킹콩, 드라큘라, 프랑켄슈타인 박사의 괴물과 같은 모습으로 표현했다(그림 1.1 참조).

미국의 권위 있는 뉴스 기관들 사이에서 머독은 빠른 속도로 "전문 저널리즘의 반그리스도"라는 평판을 얻었다.[•] 1980년 『컬럼비아저널리즘리뷰』는 머독과 그의 뉴욕시 타블로이드 신문인 『뉴욕포스트』를 비판하는 기사에서 이들을 "악의 세력"이라고 불렀다.[••] 기사는 『뉴욕포스트』가 범죄에 준하는 인종차별적 주제를 선동·악용하고 있다고 비난하면서, 다른 한편으로는 뉴스코퍼레이션이 공공 서비스 제공이라는 미국 언론의 전통을 무시하고 있다고 비난했다. 머독이 『뉴욕포스트』와 〈커런트 어페어〉에 영입한 대부분의 가지들은 영국이나 호주, 뉴질랜드 출신의 외국인이었다. 타블로이드 TV 제작자인 버트 컨스 Burt Kearns는 이 집단을 가리켜 "플릿 스트리트에서 홍콩까지, 세계에서 가장 난폭한 신문 전쟁에 참전했던 냉소적인 베테랑들"의 모임이라고 일컬었다. 이들에게 "뉴스 보도는 엘리트의 특권이 아니었다. 이들은 공공 서비스를 모델로 삼는 척도 하지도 않았으며, 시청률 역시 뻔뻔스러울 정도로 당당하게 추구했다"(1999: 21).

•   Glynn (2000)

••   *Columbia Journalism Review* (1980. 1-2.), 18 (5), 22

그림 1.1 머독이 등장하는 1977년 1월 17일 「타임」지 1면

부분적으로는 뉴스코퍼레이션이 미국 대중들에게 소개한 미디어 사업들 덕분이지만, 1980년대 후반과 1990년대 미국의 타블로이드 미디어 문화는 전례 없는 전성기를 누리고 있었다. 미국에서 슈퍼마켓 타블로이드 신문의 인기는 1970년대부터 높아져왔지만, 그 당당한 스타일과 선정적 내용이 미국 문화의 지배적인 매체인 텔레비전에 등장하고 나서야 타블로이드 저널리즘은 대중들의 주요 관심사가 되었다. 어느 모로 보나 뉴스코퍼레이션이 제작한 신디케이션 syndication 방송˙ 〈커런트 어페어〉는 추후 미국에서 "타블로이드 텔레비전"이라고 불리게 될 장르의 선구자였다. 〈커런트 어페어〉는 미국에서 텔레비전 뉴스 프로그램을 만들려던 머독의 시도 중 가장 먼저 성공을 거둔 프로그램이었기 때문에 뉴스코퍼레이션의 역사에서 특히 중요한 방송이라고 할 수 있다. 폭스방송에서 방영한 〈리포터즈 The Reporters〉나 〈프론트 페이지 Front Page〉처럼 타블로이드를 텔레비전에 맞게 각색하려던 이전의 시도들은 무척 빠르게 실패했었다.

〈커런트 어페어〉는 호주 출신의 프로듀서 피터 브레넌 Peter Brennen의 아이디어로 출발해 1986년 폭스방송의 지역 방송국인 WNYW˙˙에서 첫 데뷔를 했다. 폭스의 워싱턴 D.C. 계열사인 WTTG에서 활동했던 유망한 신진 앵커 모리 포비치 Maury Povich가 진행을 맡았고, 머독의 『스타』와 『뉴욕포스트』에서 편집장을 지낸 스티브 던리비 Steve Dunleavy ―강

• 방송국과 방송사가 분리되어 있는 미국의 방송 생태계에서 활용되는 방송 공급 방식으로 프로그램 제작사가 방송사를 거치지 않고 개별 방송국들과 직접 계약하여 완성된 프로그램을 제공한다. 🦎

•• 폭스방송이 소유하고 있는 뉴욕 지역 방송국. 사명은 약자가 아니라 코드명이다. 워싱턴 계열사인 WTTG도 마찬가지다. 🦎

경한 우파 정치색과 올백 헤어스타일로 유명했던―가 등장했다. 뉴욕과 보스턴 시장에서 높은 시청률을 기록하자 〈커런트 어페어〉는 전국적으로 배급되었다. 이 프로그램의 시청률이 가파르게 성장하는 모습을 보고 모방 방송들이 우후죽순으로 생겨났고, 특히 폭스뉴스에서 스타가 될 빌 오라일리가 전국적으로 이름을 처음 알리게 된 〈인사이드 에디션〉에 영향을 주었다. 킹월드King World라는 제작사에서 만들어진 〈인사이드 에디션〉은 머독의 뉴스코퍼레이션 산하에 있지는 않았지만, 〈커런트 어페어〉의 제작 인력과 기법을 너무 많이 가져온 나머지 업계 관계자들로부터 "커런트 어페어 Ⅱ"라고 불릴 정도였다(Kitman, 2007: 135). 공교롭게도 〈커런트 어페어〉와 〈인사이드 에디션〉의 미디어 컨설팅 담당자는 모두 미래에 폭스뉴스의 CEO가 될 로저 에일스였다.

앞서 언급한 2012년 특집 방송 〈말의 전쟁〉에서 오라일리는 테드 코펠에게 자신이 개발한 포퓰리즘적인 뉴스 페르소나의 기반을 매우 간단하게 설명했다. "저는 그냥 뉴욕 레빗타운Levittown에서 하던 대로 연출할[강조는 인용자] 뿐이에요. 수녀님들은 경멸스럽게 여기셨지만 저는 수백만 달러를 벌었지요." 오라일리가 선택한 앵커 스타일이 그가 어릴 때 레빗타운에서 경험했던 아일랜드식 가톨릭 교육으로부터 유기적으로 파생되었다는 이 주장을 거짓이라고 할 수는 없겠지만, 그렇다고 온전히 진실이라고 보기도 어렵다. 이렇게 폭스뉴스에서 얻은 스타덤을 어린 시절과 직접적으로 연결된 도약의 결과로 연출하면서 오라일리는 그 과정에 있었던 여러 발전 단계를 얼버무렸다. 특히 오라일리의 설명은 〈인사이드 에디션〉이 오라일리 자신의 기존 보도 스타일에 얼마나 큰 변화를 불러왔는지를 간과하고 있다.

많은 사람들이 오라일리에 대해 잊고 있는 사실은 그가 〈인사이드 에디션〉에 참여하고 폭스뉴스에 입사하기 전까지 수십 년 동안 기자와 칼럼니스트로 활동했다는 점이다. 내적으로는 언제나 보수적이었을지 모르지만 그는 공화당 활동가 출신이 아니었고, 숀 해니티나 러시 림보, 글렌 벡 같은 보수 언론의 많은 거물들처럼 정치화된 라디오 토크쇼의 세계에서 출발한 인물도 아니었다. 오라일리는 진정한 의미에서 텔레비전 저널리즘 분야의 산물이었다. 전문 언론인으로서 오라일리의 경력은 펜실베이니아주 스크랜턴에서 WNEP 채널 16의 "액션 리포터"•로 활동했던 1975년으로 거슬러 올라간다.

그 뒤로 그는 댈러스에서 덴버·포틀랜드·하트포드·보스턴에 이르는 많은 지역 뉴스 방송국에서 일했다. 그는 ABC의 〈월드 뉴스 투나잇 The World News Tonight〉 같은 네트워크 프로그램에도 몇 번 출연했다. 초창기에도 오라일리는 "평범한 사람을 지킨다"(Kitman, 2007: 78)는 수사를 활용했지만, 당시 이 수사는 소비자 권익 보호에 대한 보도라든지 사기를 폭로하고 부패를 척결하는 전형적인 저널리즘의 맥락에서 사용됐다. 그가 이 시기 사용한 "서민의 호민관"이라는 담론에는 그가 추후 폭스뉴스에서 사용하게 되는 "서민 지키기"라는 서사와 달리 당파성과 "문화 전쟁"적인 측면이 결여되어 있었다.

스크랜턴과 댈러스의 지역 뉴스 방송국에서 "액션 리포터"로 활동할 때 오라일리는 소비자들을 "속이고" 있는 기업들을 대상으로 취조에 가까운 기습 취재를 감행했고, 그러면서 방송에서 대립하는 모습을 보여주는 것이 오락적으로 가치가 있다는 사실을 깨닫게 되었다. 그렇지만 앵커로서 오라일리의 스타일은 여전히 지상파 뉴스 기준에 맞춰져 있

• 　소비자 권익과 관련된 보도를 맡아 하는 기자 🔲

었다. 1970년대와 1980년대의 다른 모든 텔레비전 기자들과 마찬가지로 오라일리 본인도 언젠가 지상파 뉴스의 앵커가 되기를 열망했기 때문이다. 그러나 1980년대 후반, 경력의 한계점에 도달하게 되자 오라일리는 그냥 타블로이드 텔레비전 분야에서 일하기로 결정했다.

1989년 오라일리는 영국 기자 데이비드 프로스트David Frost를 대신해 〈인사이드 에디션〉의 수석 앵커를 맡게 되었다. 〈인사이드 에디션〉이 처음 방영될 당시에도 〈커런트 어페어〉는 "추잡함의 할아버지"급 ─『배니티페어』의 표현을 빌리자면 ─이 되어 있었다(1989. 12. 28.). 몇 년 뒤 〈커런트 어페어의〉 진행자였던 모리 포비치는 자신의 주간 쇼 〈모리 포비치 쇼〉를 위해 〈커런트 어페어〉를 떠났다. 포비치는 〈커런트 어페어〉의 심장과도 같은 역할을 맡고 있었기 때문에 그가 떠나자 결국 〈커런트 어페어〉는 추락하게 되었고, 그 반대급부로 〈인사이드 에디션〉이 정상에 등극할 수 있었다. 그러나 적어도 1980년대 후반과 1990년대 초반의 미디어 문화에서 포비치는 마치 스승이 제자 위에 군림하듯 오라일리보다 우위에 있었다. 포비치는 프로듀서인 피터 브레넌과 로저 에일스의 도움을 받아 위대한 타블로이드 TV 앵커의 본보기를 확립했다. 포비치와 직접적인 경쟁관계에 있는 동안 오라일리가 포비치를 열심히 벤치마킹했다는 것에는 의심의 여지가 없다. 텔레비전 앵커가 감정과 보디랭귀지를 통해 시청자들과 소통하는 방법을 처음으로 보여준 사람은 오라일리가 아니라 바로 포비치였다. 〈커런트 어페어〉의 프로듀서를 지낸 버트 컨스는 포비치가 "업계에서 가장 표현력이 뛰어난 눈썹"을 가지고 있다고 증언했으며, "단순한 머리 흔들기"만으로 모든 이야기에 대한 자신의 생각을 표현할 수 있음에 감탄하곤 했다.

같은 시기 오라일리의 텔레비전 연출에 대한 컨스의 평가는 이보다

야박했다. "〈인사이드 에디션〉의 새 진행자로 캐스팅되었을 때 오라일리는 지금이랑 180도 다른 명청이 같았죠. (…) 그냥 짜증나게 예의 바랐어요."* 빌 오라일리가 "짜증나게 예의 바랐"다니? 이 묘사는 물론 테드 코펠이 2012년 인터뷰에서 오라일리를 보고 "당신이 무례하게 굴 때면 불쾌해집니다"라며 비판적으로 평가한 것과는 정반대이다. 〈인사이드 에디션〉에서 오라일리는 아직 경력 초창기에 전문적으로 훈련받았던 정직한 앵커 스타일에서 이후 폭스뉴스에서 보여줄 포퓰리즘 스타일로 자신의 스타일을 바꿔나가고 있었을 뿐이다. 그의 보디랭귀지, 지역색이 강한 억양, 전반적인 정서적 기질은 지나치게 절제되어 있어 〈인사이드 에디션〉의 타블로이드 형식에 완벽히 들어맞지 못했다.

〈인사이드 에디션〉의 극적이고 우스꽝스러운 대본과 오라일리의 "진지한" 연설 방식의 격차를 가장 잘 보여주는 사례는 자신의 죽음을 가장한 공군 병장 제임스 더글러스 포우James Douglas Pou를 다룬 1993년 8월 3일 방송이었다. "더그 포우를 아는 사람들은 그를 영웅이자 남편, 아버지, 탈영병, 중혼자 그리고 거짓말쟁이라고 말한다"라는 성우의 내레이션이 흐른 뒤 화면이 스튜디오 앵커 데스크로 이동하면 오라일리가 대사를 읊조린다. "포우는 현재 탈영, 도주, 은행 강도 혐의로 재판을 기다리고 있습니다. 그리고 만일 그런 법이 있다면……" 여기서 오라일리는 잠시 멈추고 정색을 하며 대사를 이어나간다. "만일 그런 법이 있다면 실연에 대해서도 기소당하겠지요."**

만일 포비치가 같은 상황에 있었더라면 능글맞은 미소를 짓거나 눈

---

* 다음에서 재인용. Kitman, *The Man Who Would Not Shut Up*, p. 138
** MightyFalcon2011(2014. 1. 26.)

썹을 치켜올리며 우스꽝스러운 대사를 더 강조하지 않았을까 싶다. 포비치는 자신의 시청자들과 소통하기 위해 보디랭귀지와 언어적 수사를 모두 활용할 수 있었고, 심지어는 타블로이드 장르 자체를 조롱하면서까지 시청자들과 유대감을 형성했다. 적어도 당시 경력 단계에서 오라일리는 뉴스 분야의 문화 정치를 훨씬 덜 반영하고 있었다. 수년 후 스스로를 뉴스계의 "야만인"이라고 자화자찬하며 폭스뉴스에서 자랑스럽게 선보일 모습과는 상당한 차이를 보였다. 〈커런트 어페어〉에서 포비치는 미국의 공적 영역에서 〈커런트 어페어〉의 문화적 지위가 "낮다"는 사실을 인정하는 일종의 미디어 메타감성*을 반복적으로 드러냈다. 1989년 5월 31일에 방영된 에피소드는 메타 형식의 극단을 보여줬다. 타블로이드에서 뉴스를 전달하는 데 사용되던 고전적인 극적 재연 방식을 활용한 이 에피소드는 포비치와 그의 아내 코니 청 Connie Chung 의 불화설을 익살스러운 모큐멘터리로 제작한 것이었다. 코니 청은 당시 떠오르는 지상파 뉴스 앵커였다. 이 콩트의 희극적 긴장감은 포비치가 "명망 있는" 지상파 앵커 아내를 질투한다는 루머에 기초해 있었다.

코니 청: 내가 추잡하다고 한 건 당신이 아니라 당신 방송에 나온 연쇄살인범더러 한 말이에요.

모리 포비치: 내가 뭐라고 한 건 그 말이 아닌데!

---

* 원래 문학 및 문화 연구에서 사용되던 용어로 제4의 벽을 깨는 행위를 메타직이라고 한다. 예를 들어 문학 작품의 등장인물들이 자신들은 가상의 인물에 불과하다는 식의 얘기를 하거나 방송에 나온 사람들이 시청자들을 인식하는 듯한 얘기를 하는 경우 메타 형식에 해당한다. 여기서 파생되어 대중문화에서는 자신에 대한 초월적인 인식, 자신을 타인의 시선으로 인식하는 행위에 대해서도 메타적이라고 지칭하고 있다. 🉐

코니 청: 아니 뭘. 타블로이드란 게 원래 그림 많은 조그만 신문이라는 뜻인
데요!

모리 포비치: 오, 그럼 지상파 뉴스에서는 그림을 하나도 안 쓰나 보지?

코니 청: 아니, 신디케이션 방송이 나쁘다고 말한 게 아니잖아요. 그렇지만
최소한 우린 싼티 나는 극적 각색 같은 건 안 한다고요.

이 가상의 이야기는 유명 인사 커플의 불화설을 소재로 타블로이드
뉴스 장르를 성찰적 방식으로 조롱하고 있었다. 그러나 이 콩트의 진정
한 목적은 일종의 "미디어 메타비평"(Jacob & Townsley, 2011)을 시도하는
데 있었다. 특히 미국 뉴스 산업을 분열시키고 구조화하는 매우 현실적
인 상·하류 문화 간의 대립을 다루면서 이에 대한 관심을 불러일으키
고자 했다.

포비치를 통해 오라일리가 폭스에서 보여주게 될 연출 특색을 예측
할 수 있게 해주는 또 다른 중요 지점은 〈커런트 어페어〉의 진행자로서
개인적인 화법을 사용하여 자신의 목소리와 감정을 이야기에 주입하는
방식이었다. 이는 당시 저널리즘의 관습을 매우 거스르는 기법이었는
데, 지상파 뉴스 프로그램의 전통적이고 절제된 앵커 스타일과 매우 달
랐기 때문이다. 텔레비전 스타 로잰 바Roseanne Barr와 파파라치 사이에
서 벌어진 몸싸움을 다룬 연예 코너에서 포비치는 자신의 감정뿐만 아
니라 자신이 누구의 편인지를 노골적으로 드러냈다. "왠지 저는 로잰이
아니라 그 사람들[파파라치]을 혼쭐내주고[강조는 인용자] 싶네요"(1989. 7.
17.). 종교 방송인 제임스 돕슨James Dobson이 연쇄살인범 테드 번디Ted
Bundy와 나눈 인터뷰를 다룬 또 다른 에피소드에서 시청자들은 포비치
가 눈에 띄게 슬퍼하는 장면을 보게 된다. 그는 시청자들에게 직접적으

로 말을 건네면서 침울한 목소리로 다음과 같이 얘기한다. "저도 여러분과 함께 다 보고 있었어요. 왠지 제 마음속엔 무고한 희생자들의 가족이 떠오르는군요"(1989. 1. 24.).

당대의 모든 주요 뉴스 앵커들과 마찬가지로 오라일리도 〈인사이드 에디션〉에서 번디의 인터뷰를 다루었는데, 그가 이 이야기를 다룬 방식과 포비치의 방식 간에는 미묘하지만 중요한 차이가 있다. 오라일리는 감정을 거의 드러내지 않으면서 시청자들에게 다음과 같이 말한다. "이 나라 전역에서 테드 번디가 너무나 많은 가족들에게 안긴 고통을 우리는[강조는 인용자] 결코 잊어선 안 될 것입니다." 자신의 개인적인 감정은 차치해두고 오라일리는 자신이 번디 사건의 담당 기자였고, 번디가 도주 중일 당시 사건을 어떻게 취재했는지에 대해 언급하면서 자신의 경력을 연결시켜 사건을 분석한다. 오라일리는 "문명화된 사회에서 이런 일이 일어났다는 슬픔을 우리[강조는 인용자] 모두가 느낄 수 있어야 할 것입니다"(1989. 1. 24.)라고 말하며 보도를 마무리한다. 여기서 주목해야 할 점은 오라일리가 시청자들과 소통할 때 감정적으로는 거리를 두면서 사회적인 용어인 "우리"를 선택했다는 사실이다. 이처럼 사람들을 보편적으로 아우르는 연설 기법은 지상파 뉴스의 전통적인 하이모던 스타일을 따른 것으로 "여러분과 함께"나 "제 마음엔"과 같은 언어를 사용한 포비치의 개인화된 타블로이드 스타일과는 다르다. 우리는 미래에 폭스뉴스의 빌 오라일리가 개인적인 분노를 표출하고, 번디의 처형을 "인간쓰레기"에 대한 정당한 처벌이라고 프레임을 짜는 모습을 쉽게 상상할 수 있다.

〈커런트 어페어〉와 〈인사이드 에디션〉이 오라일리의 저널리즘 스타일과 더 나아가 폭스뉴스의 문화 정치에 끼친 마지막 영향은 레온 헌트Leon Hunt가 "방임적 포퓰리즘permissive populism"이라고 명명한 전략이었다. 헌트는 자신이 개발한 이 용어를 통해 〈베니 힐 쇼The Benny Hill Show〉*와 같은 1970년대의 영국 코미디쇼와 타블로이드 뉴스 문화에 만연해 있던 전략적 형태의 성적 저속함을 기술했다. 헌트에 의하면 방임적 포퓰리즘의 담론은 1960년대 반문화의 성적 해방주의 정신을 재해석해 "하류" 문화 정치에 종사하는 것으로, 즉 빅토리아 시대의 성적 엄숙함과 중산층 취향에 대한 대척점으로 재설정시켰다.

언론학자 아니타 비레스Anita Biresse와 헤더 넌Heather Nunn은 이 "방임적 포퓰리즘"이 『뉴스오브더월드』와 『더선』으로 대표되는 머독의 강력한 런던 타블로이드 신문들의 핵심적인 요소였음을 지적한다(2008: 14). 나는 뉴스코퍼레이션이 미국 방송계에 진출하던 초창기에도 "방임적 포퓰리즘"이 그 당시 못지않게 중요했다고 생각한다. 방임적 포퓰리즘이라는 담론이 어떻게 뉴스코퍼레이션의 텔레비전 프로그램 전반으로 확산되었는지는 〈커런트 어페어〉의 1989년 4월 28일 에피소드와 이 에피소드가 방영되기 바로 직전에 방송된 〈못 말리는 번디 가족〉 광고를 통해 살펴볼 수 있다. 이 광고는 젊은 금발 여성의 가슴을 뚫어져라 쳐다보고 있는 알 번디—에드 오닐Ed O'Neil 분—의 얼빠진 얼굴을 보여주면서 시작한다. 그 여자는 번디 위에 올라서서 "오 번디 씨, 당신은 정말 멋져요"라고 말한다. 이어 배경 음악이 시끄러운 곡으로 바뀌고 번디의 아내 페그—케이티 세이갈Katie Sagal 분—의 짜증난 표정이 비춰진다. 광고는 이렇게 끝이 나고 〈커런트 어페어〉가 시작된다. 진행자

• 　1955년부터 1989년까지 방영된 영국의 코미디쇼. 슬랩스틱과 패러디적 요소를 많이 활용했다. 🈯

인 모리 포비치는 늘 해오던 대로 오늘 밤에 다룰 주제들을 나열한다. 주요 기사를 소개하는 그의 모습은 〈못 말리는 번디 가족〉이 상징하는 성적 선정성을 연상시킨다. "〈신나는 개구쟁이 Diff'rent Strokes〉*에 출연할 때만 해도 다나 플래토 Dana Plato는 이웃집에 살고 있을 것 같은 건전한 십 대 소녀였지요. 하지만 이제는 『플레이보이 Playboy』에 실리려고 무슨 일이든 하는군요. 저기, 지금 그 모습을 한 번 보시죠!" 최근 "새롭게" 등장한 가슴 보형물 트렌드, 프레데릭오브할리우드 Frederick's of Holly-wood**가 개관한 란제리 박물관 소식(1989년 3월 7일 방송), 영국 왕족이 미국에서 성인용품점을 방문했다는 루머의 재연(1989년 3월 2일 방송) 등으로 방송 시간을 채우던 〈커런트 어페어〉의 정체성에는 이런 부류의 선정적인 주제들이 딱 알맞았다.***

이에 반해 빌 오라일리의 〈인사이드 에디션〉은 주요 경쟁 상대인 〈커런트 어페어〉나 〈하드 카피〉와 비교해 볼 때 "3대" 타블로이드 중 가장 덜 타블로이드스러웠는데, 이는 뉴스 영역에서 "진지함"과 "가벼움" 사이의 균형을 유지하려 했던 시도와 무관하지 않다. 컨스가 지적했듯이 〈인사이드 에디션은〉 여전히 "차축에 결함이 있는 오하이오의 스쿨버스" 같은 이야기들을 다루고 있었다(Kitman, 2007: 138). 특히 1992년 LA 폭동을 보도할 때 오라일리의 어투는 놀랍게도 2016년 "흑인의 생명도

• 1978년부터 1986년까지 방영된 시트콤. 아내를 여의고 홀로 딸을 키우던 백인 사업가가 두 흑인 아이를 입양하면서 벌어지는 이야기들을 담았다. 🅐

•• 1947년에 설립된 유명 속옷 브랜드. 2015년에 파산을 신청해 현재는 네이키드브랜드그룹 Naked Brand Group의 자회사로 편입된 상태다. 🅐

••• *Forty-eight Hours*(1989. 3. 2.) 참조.

소중하다 Black Lives Matter ˝운동˙을 보도할 때보다 훨씬 더 진보적이었다.˝ 그럼에도 불구하고 〈인사이드 에디션〉 역시 다른 타블로이드 경쟁자들과 비슷하게 성적으로 선정적인 내용들을 자주 보도했다. 돕슨이 테드 번디와 진행한 인터뷰를 다룬 에피소드로 다시 돌아가보자. 오라일리는 해당 방송의 마지막을 어떻게 문명화된 사회에서 번디 같은 사람이 나올 수 있는지에 대해 우리 모두 슬퍼해야 한다는 논평으로 마무리했지만, 그 논평을 어색하게 뒤따른 것은 〈인사이드 에디션〉의 다음 방송 예고편이었다. ˝내일 (…) 슈퍼스타 모델과 그녀의 누드 심사 사진의 소유권을 다투는 백만 불짜리 전쟁이 벌어집니다. 얼마나 끔찍할지 기대되는군요.˝

〈커런트 어페어〉와 〈인사이드 에디션〉은 스타일적인 측면에서 막대한 영향력을 지니고 있었지만, 성적인 콘텐츠와 ˝가벼운 뉴스˝를 우선시하는 편집 지침 때문에 정치적 권위에 타격을 입었고, 이로 인해 그들의 잠재적인 정치적 영향력은 제한되었다. 과거 실패한 보수 방송사들의 프로그램 콘텐츠들이 과소 양식화되었고 과대 이념화되었다고 볼 수 있다면, 머독의 〈커런트 어페어〉와 오라일리의 〈인사이드 에디션〉에는 정치성, 즉 도덕적 상징성이 결여되어 있었다. 훗날 폭스뉴스는 이를 해결하기 위해 전후 보수 활동가들이 내세운 포퓰리즘적 계급 서사를 활용하게 된다. 로저 에일스가 『뉴욕타임스』의 칼럼니스트 존 무디 John Moody 와 ABC의 백악관 특파원을 지낸 브릿 흄 Brit Hume 을 폭스

뉴스의 편집국장과 편집실장으로 선임한 것도 바로 이 중요한 이유 때문이었다. 무디와 흄은 보수주의자이기도 했지만, 폭스 제작진의 타블로이드적 편집 본능을 견제할 능력이 있는 베테랑 뉴스 전문가이기도 했다.•

폭스뉴스가 출범한 지 1년 정도 지난 1989년에 폭로된 민주당 빌 클린턴 대통령과 인턴 모니카 르윈스키의 불륜 스캔들은 폭스뉴스의 입장에서 신이 내린 선물이나 다름없었다. 폭스뉴스 내의 타블로이드 계열과 전문적 언론 계열이 하나로 통합될 수 있는 주제였기 때문이다. 불륜 스캔들이라는 사건은 그 성적·선정적 특성 덕분에 타블로이드 장르에 확실히 들어맞았고, 한편으로는 현직 미국 대통령, 특히 민주당 출신의 대통령이 불륜의 당사자였기 때문에 폭스뉴스에 있는 "진지한" 저널리스트들의 기준도 만족시킬 수 있었다. 이 스캔들 이야기를 다루면서 폭스는 시청자들에게 두 가지 모순되는 즐거움을 제공할 수 있었다. 일차적으로는 스캔들을 반진보적 서사로 보도하여 시청자들이 도덕적 우월감을 통해 만족을 느낄 수 있도록 해주었고, 동시에 클린턴과 르윈스키의 사적이고 선정적인 관계를 세세하게 다룸으로써 사람들의 성적 호기심도 자극했다. 이런 서술 공식은 2000년대와 2010년대에

• 『방에서 가장 큰 목소리 Loudest Voice in the Room』(2014)에서 가브리엘 셔먼은 로저 에일스에 의해 1999년 연예 타블로이드 쇼 〈엑스트라!〉로부터 영입된 제리 버크 Jerry Burk의 사연을 소개한다. 버크는 농구선수 데니스 로드먼과 모델 카르멘 엘렉트라 사이의 연애관계에 관한 이야기를 폭스뉴스에 내보내려고 시도했지만, 당시 편집실장을 맡고 있던 브릿 흄에 의해 저지당했다. 흄은 당시 폭스의 "올곧은" 뉴스 프로그램인 〈브릿 흄의 특별보도Special Report with Brit Hume〉의 앵커를 담당하고 있기도 했으며, 언론사로서 폭스뉴스의 평판을 보호하려고 노력했다(242-243). 셔먼은 폭스뉴스에서 전문적 요소와 타블로이드적 요소 간에 균형을 맞추기 위해 선정적인 타블로이드로서의 성격을 누그러뜨리려고 실행한 초기 시도의 한 예로 공격적인 보수 사이트 드러지리포트를 설립한 맷 드러지의 해고를 든다(243).

걸쳐 〈오라일리 팩터〉가 힙합 비디오나 대학교 봄방학 기간에 발생하는 도덕적 타락을 보도할 때마다 반복적으로 활용됐다. 오라일리에게 이러한 종류의 이야기들은 1960년대의 해방운동이 "가족적 가치"와 유리되고, 성적으로 음란한 문화를 만들어냈다고 주장하는 보수 진영의 정치적 서사를 진전시킬 구실이 되었다. 다른 한편으로 이런 이야기들은 노출이 심한 젊은 남녀의 모습을 배경 이미지로 사용해 사람들을 성적으로 자극하는 소재로 사용되기도 했다.

사실 이 모순적인 공식은 머독이 오래전인 1970년대부터 영국 타블로이드를 통해 확립한 원형을 따른 것이었다. 머독의 런던 타블로이드 신문 『더선』의 선정적인 "3면의 여성"은 대처식의 "권위주의적 포퓰리즘"이 표방하는 "가족·의무·권위·기준·전통주의"를 옹호하는 사설과 한자리에 있었다. 언론학자 제임스 커란 James Curran과 진 시튼 Jean Sea- ton은 『더선』에 대해 다음과 같이 서술했다. "쾌락주의적이면서 도덕주의적이고, 반反관습적이면서도 권위주의적이며, 전반적으로 의견은 보수적이었지만 수사는 급진적이었다."* 마이클 올프에 의하면 폭스뉴스는 머독이 예전부터 선보여온 "짓궂음과 신성함의 괴상한 조합"을 보여줄 뿐이었다. 『뉴욕포스트』의 편집 공식도 동일하게 "괴상한" 조합을 사용했지만 아쉽게도 매체가 적합하지 않았다. 〈커런트 어페어〉는 짓궂음은 많았지만 신성함, 적어도 진지하게 받아들여질 신성함은 별로 없는 인기 텔레비전 쇼에 불과했다. 그러나 올프가 보기에는 폭스뉴스를 통해 비로소 "모든 교훈들이 하나로 모이고 모든 부분이 작동하게 되었다. (…) [머독]은 마침내, 그리고 성공적으로 자신만의 타블로이드를

---

* Anita Biresse와 Heather Nunn의 *The Tabloid Reader*(2008: 9)에서 재인용.

제작할 수 있게 된 것이다"(2008: 282).

"당파성도 제작되어야 한다"

1996년 10월 7일 출범할 당시 폭스뉴스는 그전까지 어떤 보수 방송 프로젝트도 극복하지 못한 도전에 맞서야만 했다. 1960년 대선에서 리처드 닉슨이 존 F. 케네디에게 운명적인 패배를 당한 후부터 보수 진영은 진보 진영의 저널리즘 지배력─보수 진영 스스로는 그 실체가 존재한다고 굳게 믿고 있는─에 대항할 수 있는 자신들만의 미디어 시스템 설립을 꿈꿔왔다. 그러나 보수 텔레비전 방송사를 설립하려는 이전의 모든 시도들은 비참하게 실패했다. 그렇다면 폭스뉴스는 도대체 왜 성공할 수 있었던 것일까?

  이 장에서 나는 폭스가 지금의 자리에 오를 수 있었던 것이 다수의 여러 요인들이 서로 융합·작동했기 때문임을 세 가지 학술적 전통의 통찰과 증거를 이용해서 입증하고자 한다. 첫 번째 전통은 인기 작가들과 학자들이 머독, 에일스, 오라일리를 비롯한 폭스의 창의적 인재들을 그들의 개인적 능력에 초점을 맞춰 기록한 전기 서적과 칼럼을 바탕으로 한다.* 자료에 기반한 개인사 연구는 폭스라는 기업의 리더십에 관한 자료를 풍부하게 제공함으로써 방송사가 설계되고 발전해온 과정의 이면에 숨겨져 있던 사상을 명확하게 드러낸다. 이러한 연구의 또 다른 장점은 현재의 폭스뉴스와 과거의 타블로이드 미디어 사업─폭스의 최고

•   Swint, 2008; Wolff, 2008; McKnight 2013; Sherman 2014

경영진과 언론인들이 감독하거나 참여했던 사업들—간의 인적·제도적 관계를 추적할 수 있게 해준다는 점이다.

1990년대와 2000년대 폭스의 성장을 설명해줄 두 번째 전통은 주로 공공 커뮤니케이션 및 텔레비전 분야의 분석가들이 수행한 연구로, 1970년대 후반 그리고 1980년대 내내 미국의 미디어 산업을 분열시킨 경제적·기술적 변혁을 다루고 있다. 케이블과 위성 기술의 상용화로 채널 선택권이 넓어지고, 이러한 선택권의 확장이 정치적 정체성에 기초한 틈새 텔레비전 시장을 가능하게 했다는 사실을 상기해보면 이와 같은 연구 전통이 얼마나 중요한 기여를 했는지 이해할 수 있다.•

폭스뉴스의 기업 브랜드와 프로그램 콘텐츠가 대단한 영향력을 가질 수 있게 된 이유를 밝히는 세 번째 전통은 역사적 흐름을 내다볼 수 있는 폭스뉴스의 능력—통찰력이 있건 아니건—에 주목한다. 많은 정치학자들도 비슷한 맥락에서 폭스뉴스 이면에 있는 제작자들보다는 폭스뉴스의 시청자들에게 초점을 맞추었고, 특히 이들의 정치적 성향이 폭스의 당파적 뉴스 모델이 성공하는 데 얼마나 기여했는지를 논해왔다. 많은 사람들이 정치적으로 양극화된 오늘날의 환경에 대해 말할 때 폭스뉴스에게 그 책임을 성급하게 묻곤 하지만, 그럴 경우 아무리 늦게 잡아도 1970년대 후반부터 미국 당파주의의 부활이 시작됐고, 특히 1996년 폭스가 출범하기 직전인 1990년대 초중반에는 이미 양극화가 심각하게 진행되었다는 사실이 간과된다. 이와 같이 시계열적으로 추적해보면 "미디어 약효과weak media effects"라는 관점에서 폭스뉴스의 실질적인 영향력을 재해석해볼 필요가 있다는 주장에도 일리가 있음을

• Turow, 1997; Prior, 2007; Curtin & Shattuc, 2009; Stroud, 2011

알 수 있다. 다시 말해 폭스는 오늘날의 당파적 문화를 창조한 것이 아니라 단지 스스로의 상업적 목적을 충족시키기 위해 기존의 정치적 분열을 이용했을 뿐이라고 볼 수도 있다.

그러나 폭스뉴스가 단순히 정치 및 미디어 분야의 경향을 좇는 것에 그치지 않고 다양한 방식으로 그런 경향들을 주도했음을 보여주는 연구들도 있다. 경제학자 스테파노 델라비냐Stefano DellaVigna와 에단 캐플란Ethan Kaplan은 2005년 발표한 연구 "폭스뉴스 효과The Fox News Effect"에서 특정 케이블 텔레비전 시장에 폭스의 채널이 도입되자 해당 지역의 투표 성향이 공화당에 유리한 방향으로 바뀌었음을 방증했다. 이 연구는 폭스의 영향력을 일종의 "효과"로 분석하는 연구들을 촉진시켰고, 이후 투표 행위,* 시청자 태도,** 공공 지식,*** 의회 입법**** 등 다양한 분야에서 폭스뉴스의 효과를 다룬 연구들이 쏟아져 나왔다. 닭이 먼저인지 달걀이 먼저인지처럼 폭스와 당파성 중 무엇이 우선했는지에 대한 논쟁은 아직 해결되지 않은 채 남아 있지만, 양측의 학자들은 당파 언론과 당파 시청자 간의 관계가 어느 정도 역동적이며 서로를 구성하는 특성을 지녔다는 데 의견을 같이하고 있다. 언론학자 C. W. 앤더슨Anderson은 "당파적인 미디어는 유권자들의 양극화를 부채질하고, 이는 다시 당파적인 미디어에 대한 수요를 증가시킨다"며 두 요인 간의 순환적 관계를 잘 포착해냈다(2016: 162).

지금까지 살펴본 세 연구 전통은 각각 폭스뉴스라는 퍼즐을 맞추는

---

*   DellaVigna & Kaplan, 2007; Hopkins & Ladd, 2012; Martin & Yurukoglu, 2017

**   Morris, 2005; Jamieson & Cappella, 2008; Levendusky, 2013

***   Cassino, 2016

****   Clinton & Enamorado, 2014; Bartlett, 2015

데 중요한 조각들을 제공한다. 그러나 지금까지 상당 부분 간과되어온 조각이 있다. 바로 폭스가 만들어낸 미디어 상품들이다. 현재까지도 폭스의 프로그래밍을 심층적으로 다룬 텍스트 연구는 흔치 않다. 이처럼 폭스 콘텐츠에 대한 "두텁고"(Geertz, 1973) 면밀한 분석을 피하려는 경향은 물론 폭스의 인기 요인을 바라보는 학계의 선입견과 관련이 있다. 시청자들이 온전히 자신의 정치적 견해와 사회적 배경에 따라 미디어를 선택한다고 전제하면, 연구자의 입장에선 굳이 에너지를 소비해가면서 폭스뉴스가 선보이는 프레젠테이션과 메시지의 질을 분석할 필요가 없는 것이다. 하지만 사회학자 매튜 노턴Matthew Norton은 우리에게 비판적으로 묻는다. "[폭스뉴스의] 아나운서가 카메라 앞에 앉아 사건들을 나열하고, 이 사건들이 어떻게 시청자들의 정치적·사회적 편견을 강화시키는지를 설명해준다면 그것으로 충분할까요? 300만 명이나 되는 사람들이 고작 그런 수준의 연출을 시청하고 있는 모습을 상상하기란 어렵습니다." 노턴은 "당파주의라는 치트키hack를 사용하는 행위와 언론계의 영웅이 신성불가침의 영역을 보호하려는 행위" 사이에는 연출적 차이가 존재한다고 강조한다. 물론 여기서 당파주의라는 치트키를 사용한 것은 폭스다. 하지만 노턴의 중요한 통찰은 "당파성도 제작되어야 한다"는 점이다(2011: 317).

서론에서 주장했듯이 텍스트를 통한 스타일 분석과 헤게모니 이론은 폭스뉴스를 연구하는 데 있어 유용한 접근법이다. 이러한 접근법들은 방송사의 정치적 이념과 사회문화적 소통 기법 사이의 관계를 살펴볼 수 있는 창을 제공하면서, 동시에 폭스의 프로그램들이 시청자들이 원래부터 지니고 있던 태도와 신념을 악용하는 데서 그치지 않고 그들을 어떻게 직접적으로 설득하려 하는지도 확인할 수 있게 해주기 때문이다. 다음 장에서는 노턴의 해석학적 모형에 기초한 다중적 해석 프레임interpretive frame을 통해 폭스뉴스가 어떻게 포퓰리즘적 정치 서사와 진행자들의 노동계급적 연출을 이용해 설득력 있는 텔레비전을 제작해 왔는지 설명한다. 이 해석 프레임은 폭스뉴스의 당파적 화법과 MSN-BC, CNN 그리고 〈데일리 쇼〉와 같은 진보적인 뉴스 소식통의 화법 사이의 핵심적인 차이점을 밝혀줄 것이다.

2장

케이블 뉴스의 포퓰리즘

-이론적 틀

"엘리트 미디어는 (…) 막대한 힘을 잃어버렸지요. 그 사이 폭스뉴스는 계속해서 잘 나가고 있고요."

빌 오라일리(2010)[*]

---

*   O'Reilly(2010. 3. 12.)

〈오라일리 팩터〉의 2010년 11월 15일 방송에서 빌 오라일리와 그의 게스트들은 베테랑 지상파 앵커 테드 코펠이 케이블 뉴스에 대해 쓴 혹독한 사설에 응답했다. 오라일리가 "코펠의 불평을 도저히 이해할 수가 없군요"라며 발끈하자 게스트 패널인 엘리스 헤니컨 Ellis Henican이 응답한다. "아무도 독점을 기꺼이 내놓으려고 하진 않죠. 거리 전부를 누비면서 달리는 게 더 재밌잖아요." 헤니컨이 여기서 언급한 "독점과 "거리 전부"는 언론계를 둘러싼 권력투쟁을 암시한다. 코펠과 같은 원로 진보 언론인들은 수십 년간 지배를 이어오다 이 권력투쟁에서 폭스뉴스에게 패했다. 다른 게스트 패널인 태미 브루스 Tammy Bruce는 좀 더 극적인 표현을 사용했다. "보세요, 이건 다 엘리트 속물근성이라고요. 임금님들도 이제는 알아야죠. 물론 야만인들과 농부들한테 점령당했다는게 기분 좋신 않겠지요. 우리는 평민 commoners이잖아요, 여러분. 그래서 그들이 못 참는 거고요." 이에 오라일리는 능글맞게 웃으며 우스갯소리를 건넸다. "여기 뭔가를 점령하고 있는 야만인은 당신 앞에 있는 사람밖에 없는데." 이 농담을 브루스가 맞받아친다. "다들 당신이 아일랜드 사람이니까 야만인이라고 하는 거라고요."

MSNBC·CNN과 폭스뉴스의 프로그램을 텍스트 분석을 통해 비교한 테리 맥더못은 위와 같은 수사 방식이 "폭스만의 고유한 특징이며, 스스로를 아무도 대변해주지 않는 아웃사이더들을 위한 방송이라고 규정하는 폭스의 기원 설화에서 유래한다"고 결론지었다(2010: 8). 폭스뉴스가 어떻게 스스로를 "평민"과 "아웃사이더"를 위한 네트워크라고 규정하는지는 포퓰리즘 정치 이론을 통해 이해할 수 있다. 빌 오라일리가 자신의 사명을 "서민을 지키는 것 looking out for the folks"이라고 말할 때 그가 염두에 두고 있는 "서민folks"은 지상파 시기의 훌륭한 뉴스 앵커였던 월터 크롱카이트가 상상한 "일반 대중general public"과 같은 의미가 아니었다. 오라일리는 "서민"을 포퓰리즘의 기호로 사용하고 있기 때문에 이 단어는 한편으로는 인기 있는 사회 집단으로 묘사되기도 하고, 다른 한편으로는 권리가 박탈되어 영구적으로 포위되었다고 느끼는 집단으로도 묘사되는 아주 특수한, 전혀 보편적일 수 없는 특정 파벌을 가리킨다(Laclau 2005a, 2005b, 2007). 오라일리를 비롯한 인기 진행자들이 오랫동안 추측해온 것처럼 폭스뉴스의 시청자들은 단순한 이익 집단—경험적으로는 그렇다 하더라도—이거나 틈새시장이 아니었다. 폭스의 방송인들은 자기네 시청자들이야말로 "진정한 미국인"이라고 추켜세워왔다. 이는 산술적 다수를 의미하는 것이 아니라 이상적인 다수, 즉 국가의 도덕적 핵심에 속하는 사람들이었다.

• 이것은 오라일리가 "포퓰리스트는 나쁜 것이 아니라 단지 서민들의 눈치를 보고 있다는 뜻"이라고 말한 방송에서 분명히 드러난다(2010. 2. 15.).

1장에서 자세히 설명했듯이 폭스뉴스가 포퓰리즘적인 정체성에 기반한 브랜드를 내세운 것은 내로우캐스팅과 틈새 텔레비전 전략을 추구하던 보다 광범위한 경향—1980년대와 1990년대에 촉발된—을 보여준다. 언론학자 제프리 베임 Geoffrey Baym은 정체성을 지향한 이러한 전환은 텔레비전 기자들이 뉴스를 전달하고 시청자들에게 접근하는 방식도 변화시켰다고 설명한다. 하이모던 시대(1940~1980년대)에 지상파 앵커들은 정제된 목소리로 뉴스를 전달했지만, 1980년대 후반부터 뉴스 앵커들은 이와 대조적으로 사회적 맥락에 놓여 있는 목소리를 이용해 "어딘가"에서 나온 뉴스, 즉 특정 사회적 배경과 관점을 통해 뉴스를 전달했다(2009).

베임은 블랙엔터테인먼트텔레비전 Black Entertainment Television (이하 BET)의 흑인 앵커들이 어떻게 자신의 목소리를 "흑인 공동체" 안에 안착시켰는지를 사례로 이용한다. 이들은 자신의 보도 행위를 민권운동의 정치적 전통을 이어가는 행위로 연출했으며, 자신의 취향을 힙합 문화에 맞게 연출하는 취향 정치를 선보였다. 비슷하게 그는 MTV의 뉴스 부서 역시 미국 청소년들의 시각에 맞는 뉴스를 연출하기 위해 십대들의 어휘를 사용하고, 피어싱·문신·화려한 염색과 같이 개성 있고 캐주얼한 패션 스타일을 선보이는 앵커들을 모집했다고 지적한다. 바이스뉴스 Vice News같이 비교적 최근에 출범한 뉴스 채널들도 이런 연출을 모방하고는 했다. 스페인어 방송국 유니비전 Univision의 〈여기 그리고 지금 Aquí y Ahora〉 같은 뉴스매거진 프로그램은 언어 그 자체를 활용해 라틴계 미국인들과의 사회적 친근감을 자아낸다(Rodrigus, 1999; Dávila, 2001). 물론 폭스뉴스는 이들과는 다른 성격의 정체성을 강조했지만, 폭스의 스타 방송인들은 다른 방송사의 앵커들처럼 맥락에 놓여 있는 소통 기법을 활용했다. 유니비전, BET, MTV와 마찬가지로 폭스는 출범 이래 항상 자신들은 "기득권 언론"에게 무시당하고, 그들이 제대로 대변해주지 않는 시민 집단에게 봉사하고 있다고 주장해왔다. 2001년 오라일리는 폭스가 "다른 방송국에 출연할 수 없는 사람들에게 목소리를 준다"고 선언했다.•

그러나 공통점은 여기서 끝난다. 폭스뉴스가 미국의 공공 영역을 이원론적으로 개념화하는 모습은 유니비전, BET, MTV가 지닌 다원주의적이고 "탈근대적"인 비전과 다르다(Hauser, 1998; Baym, 2009). 폭스의 포퓰리즘적 수사 프레임은 미국의 "언론-정치적" 영역을 극단적으로 단순화시킨다. 여기에는 두 개의 경합하는 언론계, 즉 "진보 엘리트" 언론계와 "서민"—백인 노동계급 보수주의자와 동의어인—언론계가 자리해 있다. 아르헨티나의 정치 이론가 에르네스토 라클라우가 서술했듯이 "서민"이라는 포퓰리즘적 기호는 하나의 정치운동 내에 존재하는 다양한 파벌들을 결집시킬 수 있는 단일한 정체성 혹은 연결점을 제공할 수 있기 때문에 정치적으로 유용하다. 그러나 라클라우는 "서민"에게 호소하는 것은 일종의 적대관계와 무관할 수 없다고 강조한다. "우리 대 타인"이라는 포퓰리즘의 수사적 틀이야말로 이 담론을 활용하는 정치적 공동체에 내재된 차이와 이념적 모순을 얼버무릴 수 있는 힘이기 때문이다.

폭스가 언론 분야에 적용한 "우리 대 타인"이라는 프레임을 당파주의로 환원시키는 것은 물론 매력적인 분석으로 보일 수 있다. 앞으로 자

•　다음에서 재인용. *Philadelphia Inquirer* (2001. 4. 10.) 다음에서 인용문을 찾을 수 있다. Hart(2002)

세히 다루겠지만 폭스뉴스가 정치적 현실을 연출하는 방식은 당파적 대척점에 있는 진보 언론들의 방식과 상당히 다르다. 라클라우가 제시한 동질화 논리와 차별화 논리라는 이분법은 MSNBC와 풍자 뉴스 프로그램인 〈데일리 쇼〉같이 눈에 띄게 진보적인 언론과 폭스뉴스 사이의 차이점을 설명하는 데 도움이 되는 도식schema을 제공한다. 또한 폭스가 보수 정치 주체의 정체성을 정립하고, 폭스 시청자들의 정서적 반응을 이끌어내기 위해 포퓰리즘 담론을 사용한 과정을 설명하는 데도 도움이 된다.

그러나 라클라우를 비롯한 포퓰리즘 정치 이론가들은 포퓰리즘적 정체성이 거시적 이념 구조와 정치사적 재편성에 의해 구성된다는 점을 지나치게 강조함으로써, 정치적 텍스트 안에서 헤게모니를 정립하기 위해 이용되는 기법들이 그에 못지않게 중요한 역할을 하고 있다는 사실을 간과한다. 정치가 고도로 미디어화된* 정치의 시대에 국민들은 일차적으로 시각적 연출을 통해 정책과 민주적 선거의 내용을 접하게 되었고, 헤게모니를 정립하기 위해 사용되는 이념적 기법들 또한 시각적·심미적 표현과 방송 연출 전략으로 구성되어 있다. 벤자민 모핏과 사이먼 토메이는 라클라우의 언어 중심적 모형으로는 텔레비전 포퓰리즘의 심미적·연출적 요소를 제대로 설명하지 못한다고 지적했다(2014). 또한 내가 이 장의 마지막 부분에서 더 설명하겠지만 라클라

---

* 　미디어화mediatization는 미디어 조직이 이제까지 정당의 전통적인 의무로 간주됐던 행위들을 담당하게 되는 과정을 의미한다. 또한 상업적 엔터테인먼트의 경제적·스타일적 조건들이 점차적으로 정치계의 우선순위와 관행을 결정짓게 된다는 것을 의미한다. 이 분야의 기초 문헌으로는 Nick Couldry의 논문 "Theorizing Media as Practice"(2004)를 참조할 것. 이 개념의 현대적인 정의를 확인하기 위해선 다음을 참조. Strömbäck(2016)

우의 모형은 정치적 언론인들에 의해 체현된 인종, 성별 그리고 섹슈얼리티가 포퓰리즘적인 소통 전략의 성공적 실행에 어떤 영향을 끼치는지에 대해서도 충분히 다루지 못했다. 이러한 한계들을 해결하기 위해 이 장에서는 포퓰리즘의 정치 이론을 연출 및 문화적 성향에 대한 이론과 결합해 케이블 뉴스 프로그래밍을 분석하기 위한 틀을 구축하고자 한다.

폭스뉴스 대 MSNBC—"동질화 논리" 대 "차별화 논리"

MSNBC는 2010년 "앞으로 기대기 Lean Forward"라는 캠페인을 진행하면서 "전진의 선언 Declaration of Forward"이라는 광고를 방영했다. 이 광고를 통해 우리는 MSNBC와 폭스뉴스의 당파적 소통 방식을 구분시켜주는 심오한 정치적 논리를 확인할 수 있다. 이 광고는 시청자들에게 결혼식, 마칭밴드, 생일 파티, 눈썰매를 타는 어린이의 모습 등 여러 가지 즐거운 장면들의 몽타주를 선사한다. 그리고 독립선언서에서 따온 문구가 낭송된다. "우리는 모든 남성과 여성에게 양도할 수 없는 권리가 있다는 진리가 자명함을 지지한다." 뒤이은 내레이션은 독립선언문에서 한 발 떨어져 다음과 같은 선언을 전한다. "우리는 여러분이 있는 그대로일 수 있는 미국입니다. 우리는 차이를 통해 하나가 될 수 있습니다. 오늘부터 누구에게서 나왔든, 어디서 나왔든 상관없이 우리나라를 발전시키는 아이디어들이 승리하게 될 것입니다." "누구에게서 나왔든, 어디서 나왔든"이라는 내레이션이 흐르는 동안 카메라는 모든 연령대·성별·인종을 대표하는 미국인들의 얼굴을 빠르게 훑어준다.*

MSNBC가 묘사하는 "여러분이 있는 그대로일 수 있는" 진보적인 국가관에서 공동체를 묶어주는 끈은 구성원들이 서로 간의 차이를 드러내고 각자의 개성을 표현할 수 있게 해주는 보편적 인권이다. 범민주당-진보 세력이 주장하는 것처럼 MSNBC의 프로그램들도 다양성과 다문화주의를 찬양하고, "차이의 정치"—"우리는 차이를 통해 하나가 될 수 있습니다"—라는 가치를 내세운다. 라클라우는 이 차별화 논리야말로 "작은 '나' 민주주의"의 핵심이라고 주장한다. 이와 대조적으로 폭스의 포퓰리즘 전략은 동질성의 정치, 즉 라클라우의 동질화 논리를 선호한다. 좌파의 정치 문화와는 달리 보수 진영에서는 단일화된 정치적 정체성이라는 허구를 활용하는 것에 대해 지적인 가책을 훨씬 덜 느끼기 때문이다.

물론 MSNBC도 폭스 못지않게 당파적이라고 볼 수 있지만 그나마 여전히 정치의 공적 영역을 다원주의적으로 이해하려고 노력한다. 앞서 살펴본 MSNBC 광고에서 심사숙고를 통해 사회적 혼란을 해결할 수 있다는 입장—"우리나라를 발전시키는 아이디어들이 승리하게 될 것입니다"—을 내세운 점 그리고 정치 제도를 더 효과적이고 기민하며 포용적인 방향으로 개혁할 것을 제안한다는 점에서 자유민주주의의 신념을 일관적으로 계승하고 있음을 알 수 있다. 하지만 폭스의 방송에 등장하는 포퓰리즘적 정치 서사는 정치 제도의 부패를 야기하는 엘리트 사회 집단을 물리치는 것만이 공동체를 구원할 수 있는 방법이라고 암시한다. 정치적 진보 진영에서는 정치적 주권과 대표성을 부여해주

•   Brandingm3 (2010. 10. 27.) MSNBC: Lean Forward [Video file]. YouTube. www.youtube.com/watch?v=4CQAcewckXo

는 제도들에 모든 개인과 소수의 목소리가 동등하게 포함될 때 비로소 집단적 유대감이 형성된다고 믿는 반면, 폭스의 반제도적 정치는 보수 구성원 모두가—실질적으로든 허구적으로든—정치 제도들에서 배제되었다는 공통점을 강조하면서 보수연합을 결집시킨다. 간단히 말해 언론학자 올리버 주텔Oliver Jutel이 지적한 것처럼 공적 영역에 대한 폭스의 개념화는 근본적으로 "반자유적"이다(2015: 1131-1132).

뉴스 업계에 대한 폭스의 포퓰리즘적 상상력이 완전히 실현되기 위해선 폭스가 맞설 수 있는 대척점이 필요했다. 이 장의 첫 부분에서도 언급했듯이 폭스뉴스가 택한 전략은 저널리즘 시장에서의 "독점"을 대척점으로 설정하는 것이었다. 특히 폭스뉴스는 종종 머독의 『뉴욕포스트』에 실린 기사들을 활용하면서 『뉴욕타임스』를 그 대척점으로 만들었다. 방송에서 『뉴욕타임스』를 다루던 날 오라일리와 게스트로 출연한 작가 윌리엄 맥고완William McGowan은 『뉴욕타임스』가 불황기에 겪었던 재정적 문제를 언급했다. 맥고완이 『뉴욕타임스』가 지금은 경제적 어려움에 처해 있지만 여전히 "미국에서 가장 중요한 언론사"라고 단언하자, 오라일리는 믿을 수 없다는 듯 반문한다. "폭스뉴스보다 더 중요한가요?" 맥고완은 "정책을 결정하는 일부 집단들에 한해서는 그렇습니다"라고 답한다. 여전히 회의적인 오라일리는 다음과 같이 묻는다. "혹시 민주당에 대해 말씀하시는 건지…… 정치인들인지 사업가들인지 하는 그 사람들이요? 그 사람들은 서민이 아니잖아요. 서민들은 『뉴욕타임스』에는 신경 안 쓰거든요"(2010. 11. 15.).

2002년 시청률에서 CNN을 추월한 이래 폭스뉴스는 모든 객관적인 지표에서 미디어계 최고의 강자가 되어 있었다. 하지만 이러한 성공으로 폭스뉴스 스스로가 규정한 언론계 약자라는 이미지는 희석되어버렸다. 그래서 『뉴욕타임스』가 여전히 "미국에서 가장 중요한 언론사"라는 맥고완의 주장과 자신들에게는 "세계 최고의 저널리스트들"이 있다는 『뉴욕타임스』의 마케팅 기법이 거꾸로 폭스뉴스에게 더 중요해졌다. 이러한 발언들은 폭스가 반대 진영의 힘과 위협을 재정의하면서 스스로를 계속해서 언론계의 "서민"으로 포장할 수 있게 해준다. 오라일리가 『뉴욕타임스』의 영향력을 지탱해주는 기반을 가늠할 때 약간 불확실하면서도 무모한 방식으로 했던 말—"혹시 민주당에 대해 말씀하시는 건지…… 정치인들인지 사업가들인지 하는 그 사람들이요?"—에도 주목할 필요가 있다. 이런 화법은 『뉴욕타임스』가 지닌 사회적 정당성이 엘리트 정치의 영향력과 마찬가지로 의심스럽고 난해하며 의아하다는 이미지를 부여한다. 반면 "서민"을 『뉴욕타임스』로부터 어떤 정당성도 인정받지 못한 집단이라고 정의할 때 오라일리의 말투는 단호하다. 이런 전략을 통해 폭스뉴스는 스스로를 명성 있는 언론인들과 여타의 문화 엘리트들로부터 지지를 얻지 못한 피해자로 연출하고, 동시에 다수를 차지하는 서민들의 마음을 대변하고 시청률을 지배함으로써 싸움에서 승리한 미디어 챔피언으로 연출할 수 있었다.

폭스뉴스의 프로그램들은 포퓰리즘의 미디어 프레임과 서사를 이용해 보수운동의 다양한 정치적 입장과 정체성을 지닌 집단들을 라클라우가 말하는 "동질성의 사슬"(2001, 2005a, 2005b)로 표현할 수 있게 도와준다. 〈오라일리 팩터〉가 "극좌파는 어째서 미국을 멍청한 나라라고 생각하나"라고 제목을 붙인 "토킹 포인트 메모talking points memo"코너는 이러한 과정을 보여주는 사례이다. 진행자 빌 오라일리는 게스트들에

• nytimers(2009. 2. 25.)

게 말한다. "극좌파 엘리트주의자들은 모든 포퓰리스트들을 시골뜨기인 것처럼 묘사하죠. (…) 자기선택권을 옹호하면 시골뜨기인 거예요, 아시겠어요? 그리고 교회에 다니는 건 바보들만 하는 짓이래요." 게스트 패널인 나오미 울프는 이 프레임을 강화하고자 총기 소유권을 종교와 연관시킨다. "극좌파 사람들에게는 남을 깔보는 본능이 있어요. (여기서 오리일리는 "옳소"라고 맞장구를 친다) 만약 여러분이 총을 갖고 있거나 교회에 다닌다면 그들은 여러분을 똑똑하지 않은 사람일 거라고 단정지어버리죠"(2009. 7. 30.). 〈해니티〉의 사회자 숀 해니티는 2008년 대선 당시 불거진 '비터게이트Bittergate' 논란*을 다룬 코너에서 넌지시 오바마를 "속물 같다"고 말하면서 "[오바마 대통령은] 미국 소도시에 사는 사람들을 총을 메고 성경을 휘두르고 다니는 편협한 사람들이라고 말하고 있는 겁니다"라고 주장했다(2008. 11. 4.). 흥미롭게도 지금 인용한 문장들은 상상된 보수 공동체를 구성하고 있는 핵심적인 정체성 집단 몇 개를 결합시켜놓고는 그들이 정치적으로 통합되어 있음을 기정사실로 간주하고 있다.

이 동질성의 논리는 폭스가 진보 진영을 "타자"로 연출할 때도 쉽게 찾아볼 수 있다. "기성 언론"이 부통령 후보 사라 페일린을 "불공정하게" 보도한 방식에 대해 토론하던 해니티는 "이거 수도권적" 사고방식의 문제 아닌가요? 뉴욕-할리우드식 사고방식?"(2009. 7. 6.)이라며 수사적 질문을 던진다. 이 발언에서는 폭스뉴스가 상상하는 진보 권력의 콘크리트층

---

* 오바마가 2008년 대선 기간 동안 열린 샌프란시스코의 모금 행사에서 노동계급이 "bit-ter(억울하다는 의미를 갖고 있지만 여기선 억울한 척을 한다는 뉘앙스로 사용됐다▨)"하다고 묘사한 말실수를 일컫는다. 여기서 그는 노동계급이 "총, 종교 그리고 자기들과 다른 사람에 대한 반감에 집착하듯이 매달린다"고 언급했다.

을 구성하는 엘리트 파벌들, 즉 특정 정치계급, 기성 언론, 동·서부 해안의 엘리트 그리고 "힙"하고 "트렌디"한 사람들이 병렬적으로 나열되어 서로 상징적으로 대응하는 관계에 놓여 있다.

매일 밤 방송에서 농촌에 거주하고, 노동계급에 속하고, 자기선택권을 옹호하고, 총기를 소유하고 있는 미국인들을 병기하고 나열하는 행위도 그 자체로 매우 강력했지만, 그 결합을 확고히 해준 것은 적대적인 엘리트에 대한 대척점에 이들이 함께 속해 있다는 연출이었다. 선전분석연구는 해니티와 오라일리가 시청자들을 실체 없는 연관성의 홍수에 빠뜨렸다고 강조하지만, 사실 그들의 수사학적 전략은 거기서 그친 것이 아니었다. 그들은 시청자들에게 왜 보수운동의 다양한 파벌들이 사회적으로, 그리고 정치적으로 유사한지에 대한 논거를 제시했다. 보수운동의 파벌들은 모두가 "극좌파"의 조롱 대상―"시골뜨기"이거나 "편협한 사람"―이 되기 때문이라는 것이다. 포퓰리즘 이론가인 프란시스코 파니자는 "압제자는 모든 것을 일시에 같은 것으로 만들어버린다"고 설명한다(2005: 6). 하지만 논거나 정치적 논리를 제공하는 것 외에도 폭스의 반엘리트적 발언들은 폭스뉴스 시청자들 간에 정동적인 반응을 이끌어내는 역할도 한다.

프랑스 철학자 질 들뢰즈Gilles Deleuze는 정동affect의 개념을 중심으로 구체적인 이론을 발전시켰다. 이 책에서 나는 정동 이론가 앤 크베트코비치Ann Cvetkovich가 규정한 보다 "일반적인" 정의를 사용해 정동을 "역

•• 　여기서 저자는 "inside-the-beltway mentality"라는 단어를 쓴다. Inside-the-beltway는 미국의 수도인 워싱턴 D.C.를 두르고 있는 순환도로Capital Beltway 내부에 있다는 뜻으로, 사회적으로는 수도권에 위치한 연방정부, 그 산하 부서 및 로비스트들로 구성된 미국 수도권 사회를 의미한다. 🅤

사적으로 다양한 방식으로 구성된 충동·욕망·느낌을 포함하는 범주"
라고 정의한다(2012: 4). 크베트코비치의 중요한 통찰은 우울증이나 분
노와 같은 "느낌"이 개인의 인지 과정에 국한되지 않고 사회적·공적 방
식으로도 표출된다는 점을 밝힌 것이다. 페미니즘 학자 사라 아흐메
드Sara Ahmed는 크베트코비치의 작업을 이어 "느낌"이 단순히 우리 마
음의 공백에 존재하는 것이 아니라, 집단의 정체성이 형성되는 데 중요
한 응집 기능을 제공한다는 점을 강조했다. "우리가 다른 사람들에 대
해 어떻게 느끼는지가 우리를 집단과 일치시켜주는 것인데, 이는 역설
적으로 그러한 일치의 결과로서만 '형태'를 취한다. 타자들이 우리에게
어떤 인상을 남기는지에 따라 집단의 외피가 형성된다"(2014: 54).* 보수
진영의 주장대로 우리 사회의 선도적인 문화 기관들이 실제로 보수 진
영을 억압하고 차별하는지에 대해서는 분명 논쟁의 여지가 있다. 그러
나 여기서 핵심적인 것은 폭스뉴스가 진보 진영의 지적 자만을 일관되
게 강조하는 것 ─ "미디어 엘리트는 자기들이 나머지 멍청이들보다 더
똑똑하다고 생각하고, 어떻게 생각해야 하는지 가르치려고 듭니
다" ─ 이 실은 보수 미디어 제작자들이 보수 정치 공동체를 감정적으로
결집시키기 위해 동원한 정동적 전략이라는 사실이다. 지금까지 당파
적 미디어가 이끌어내는 감정적 반응을 다룬 연구들은 대부분 인지심
리학의 "제한 효과 전통"의 관점에서 이루어졌다.** 그러나 3장과 4장

• 여기서 인용된 연구들은 국제커뮤니케이션학회 ICA의 사전대회 중 포퓰리즘에 대해 다룬
로리 울레트Laurie Ouellette의 연설을 통해 소개받았음을 밝힌다. Ouellette (2017), "#Notokay:
Trump as an Affective State", "Populism, Post-Truth Politics and Participatory Culture: Interven-
tions in the Intersection of Popular and Political Communication"

•• Sunstein, 2001; Tsfati &Cappella 2003; Prior, 2007; Bennett& Iyengar, 2008; Cappella &
Jamieson, 2008; Stroud, 2011; Arseneaux & Johnson, 2013; Levendusky, 2013

에서 선보일 포퓰리즘의 계보는 위와 같은 감정적 효과가 폭스뉴스를 비롯한 보수 매체의 뉴스 보도에서 반복적으로 활용되는 정치적 주제와 서사의 역사적 맥락에도 뿌리를 두고 있음을 시사한다.

폭스뉴스의 해석학 – 서사와 연출

오늘날 케이블 뉴스 프로그램을 다루는 분석가는 기호적인 내용이 범람하는 미디어 텍스트를 직면하게 된다. 진행자와 게스트들의 언어 행위와 몸짓, 그들의 어깨너머로 보이는 영상들, 그들이 앉아 있는 번쩍이는 세트와 책상, 방송인들의 뒤에서 매혹적으로 요동치는 화려한 컴퓨터 그래픽 배경, 화면 하단의 자막 밴드를 통해 끊임없이 전달되는 정보, 화면 모서리에 있는 방송사 아이콘을 비롯해 다양한 자극들이 동시에 시청자들의 눈과 귀를 강타한다. 이처럼 감당할 수 없는 규모의 정보를 분석하기 위해서는 어떻게 해야 할까?

사회학자 매튜 노턴은 논문 「오라일리 팩터의 구조적 해석학A Structural Hermeneutics of The O''Reilly Factor」(2011)에서 폭스뉴스 프로그램의 텍스트 코퍼스corpus*를 해부하는 데 유용한 휴리스틱heuristics**을 제안한다. 그는 폭스뉴스의 핵심적인 정치 서사를 구성하는 단순한 이분법의 구조—예컨대 "서민" 대 "엘리트", "보수 미디어" 대 "진보 미디어"—와 폭스뉴스의 진행자들이 공감 가능한 미디어 "페르소나"를 육성하기 위해 활용하는 복합적이고 교묘한 연출 기법을 구분한다. 이 "단순성–복잡성" 간의 동적 관계는 영화적 용어를 통해 설명할 수 있다. 영화 시나리오는 기본적인 줄거리를 제공하고, 영웅과 악당 그리고 그들 사이의 갈등이 어떤 성격을 지니고 있는지 정의한다. 하지만 이 역할들과 관계에 의미를 더해주는 것은 "깊이 있는 연기"***, 적절한 스테이징, 클로즈업 카메라 촬영 및 여러 제작 기법들이다.

우선 저널리즘에서 서사가 수행하는 일반적인 역할을 확인해보자. 특정 사건에 대한 이질적인 정보들을 논리 정연하게 정리하기 위해 뉴스 기관들은 오랫동안 서사 구조에 의존해왔다. 1970년대와 1980년대 들어 텔레비전 뉴스 보도에 음성 파일, 비디오 이미지, 그래픽이 더 많이 활용되기 시작하면서 혼란은 더욱 가중되었고, 서사의 정리 기능에 대한 의존도는 오히려 높아졌다(Hallin, 1994). 그러나 서사 구조는 단지 정보에 대한 이해를 돕는 데 그치지 않는다. 모든 서사에는 세상이 어떻게 굴러가야 하는지에 대한 도덕적 관념과 규범적 가정이 암묵적으로 들어 있기 때문이다(White, 1981, 1987). 이런 면에서 서사 구조들은 언론학자 로버트 엔트맨 Robert Entman이 정의한 "미디어 프레임" 개념과 상당히 유사하다(1993). 질 에디 Jill Edy는 서사 이론과 저널리즘 및 정치 커뮤니케이션의 관계에 주목하면서 미디어 매체들은 뉴스 사건들을 친숙하고 공감을 이끌어내는 서사 구조를 통해 프레이밍함으로써 "문화적 권위", 즉 권력을 획득하게 된다고 주장했다(2006).

- 　특정 분석을 위해 추출된 언어 표본의 집합을 의미한다. 이 용례에서는 폭스뉴스의 방송에서 사용되는 모든 대본, 애드리브, 자막 등 분석 대상으로 삼을 수 있는 모든 텍스트의 집합을 뜻한다. 언어학에서 처음 사용된 용어로 학술적으로는 '말뭉치'라고 번역되기도 한다. 🖾

- •　방대한 자료를 빠르게 분석하고 판단을 내릴 수 있게 경험적 지식을 활용하여 답을 구하는 추론 방식. 완벽하고 꼼꼼하게 따지기에는 시간이 너무 많이 걸려 현실적으로 불가능할 경우에 사용되는 추론 방식. 🖾

- •••　크리스 피터스는 〈오라일리 팩터〉를 분석하면서 빌 오라일리의 방송 페르소나의 설득력을 설명하기 위해 이 연기 기법을 언급한다(2010: 845).

폭스뉴스의 가장 강력한 반대자들조차 폭스의 최대 강점을 꼽을 때 서사를 사용하는 방법을 언급한다. 〈데일리 쇼〉의 진행을 맡았던 존 스튜어트Jon Stewart는 폭스뉴스를 풍자적으로 비판하면서 부시와 오바마 시절 진보 진영의 영웅이자 전국적인 인물로 성장했다. 미국 뉴스계에서 폭스의 영향력에 대해 설명해달라는 요청에 스튜어트는 다음과 같이 답한다. "폭스뉴스는 모든 뉴스 기관을 통틀어 가장 열정적일 뿐만 아니라 가장 명확한 서사를 팔고 있습니다."* 같은 맥락에서 폭스의 보수 편향과 선전적 성격을 폭로하는 데 조직의 역사 대부분을 바쳐온 미디어 감시단체 미디어매터스Media Matters는, 폭스가 마케팅과 프로그램 서사를 통해 시청자들에게 제공하는 "이념적 명확성"이야말로 폭스뉴스를 성공으로 이끈 요인이라고 설명했다(Rabin-Havt & Brock, 2012: 58).

폭스가 서사를 통해 정치적 사건을 어떻게 프레이밍하는지 살펴보기 위해 2010년 3월 25일 민주당이 「부담적정보험법」을 통과시킨 사건을 폭스뉴스 최고의 인기 프로그램 〈오라일리 팩터〉에서 어떻게 다뤘는지 분석해보자. 이 법은 민주당 역사상 몇 세대를 통틀어 가장 중요한 법안이라는 평가를 받는다. 일차적으로 〈오라일리 팩터〉는 주요 정책 사건을 다루는 뉴스에서 접하게 될 것으로 예측되는 일반적인 유형의 정보를 제공했다. 통계 수치가 제공됐고, 다른 뉴스에서 선보인 분석들을 인용했으며, 인터뷰를 통해 의회 의원들과 정책에 대해 논했다. 하지만 해당 일자의 방송은 전통적인 뉴스 보도 방식에서 벗어나 이 모든 정보

• O'Reilly(2010. 3. 22.) The O'Reilly Factor [Video file]. New York: Fox NewsChannel. Retrieved June 23, 2011, UCLA Communication Studies Archive, Universityof California, Los Angeles에서 발췌.

를 사회 전체를 아우르는 사회적 갈등의 맥락에서 보도했다. 진행자 빌 오라일리는 여느 때처럼 "토킹 포인트 메모"로 방송을 시작했는데, 그는 방송에서 시청자들을 똑바로 쳐다보며 다음과 같은 말을 전했다.

모든 허튼소리를 집어치우고 나면 오늘날 미국에서 벌어지고 있는 논쟁은 결국 자유에 대한 겁니다. 오바마 행정부에 반대하는 사람들은 연방정부가 사적 영역의 점점 더 많은 부분을 침해하고 있다고 믿고 있습니다. 좌측의 오바마 지지자들은 연방정부가 시정해야 할 불공정이 미국에 존재한다고 얘기하지요. 이렇게 전선이 그어집니다. 우리 '토킹 포인트'는 자유의 문제가 중요하다고 믿습니다. 오늘 『뉴욕타임스』의 핵심 사설을 보시죠. 이 극좌파 신문은 오바마케어를 찬양합니다. 그리고 이 세상 온갖 것들로부터 개별 미국인들을 보호하기 위해 오바마 대통령이 수십억 달러를 계속 쏟아부어야 한다고 촉구합니다. 게다가 『뉴욕타임스』는 연방정부가 교육 제도와 에너지 산업을 접수하고 은행 시스템까지 통제하기를 원합니다. 많은 미국인들이 두려워하는 게 바로 이겁니다. 미국이 상명하달식 사회가 될까 봐 두려워하는 거지요.

여기서 의료 법안의 통과라는 뉴스 사건은 연출적인 측면에서는 부차적인 역할을 수행하는 데 그친다. 이 방송의 가장 핵심은 바로 해당 정책적 사건을 설명하기 위해 오라일리가 사용하는 극적인 이야기 형식이며, 사건은 단지 거기에 도달하기 위한 도입부 역할을 수행할 뿐이다. 오라일리는 "연방정부"와 엘리트 언론계가 어떻게 "상명하달식 사회"를 건설하려 하는지에 대해 이야기하면서 그 반대편에는 "많은 미국인들"이 자신의 "자유"를 보호하기 위해 반기를 들고 있는 "전선"이 있다는 서사를 구축한다. 「부담적정보험법」이 통과되기 수개월 전부터 오라일리는 그 법안에 대해 비슷한 프레이밍을 계속 시도하면서 이 서사로 이어지는 길을 닦았다. 2009년 8월 13일 방송에서 오라일리는 의료 부문에 대해 논하면서 다음과 같이 선언했다. "최근 몇 년 만에 가장 치열한 정치적 논쟁이 온 나라를 집어삼키면서 전선이 그어졌습니다. 오바마 대통령은 대통령으로서의 권한을 갖고 있고, 대부분의 미디어는 그를 지지합니다. 서민들에겐 서민이 있을 뿐입니다. 누가 이기나 두고 봅시다."

위의 사례에서 볼 수 있듯이 오라일리는 의료 정책 문제를 일련의 도덕적 이분법에 따라 대치시켰다. 자유 대 독재, "서민" 대 엘리트, 공정한 보수 언론 대 편향된 진보 언론. 매튜 노턴은 이런 수사학적 대립항이 "깊은 의미 구조"를 구성한다고 보았다. 이 "깊은 의미 구조"가 빌 오라일리로 하여금 밤낮으로 다양한 이슈와 사건에 대해 날카롭고 분명한 판단을 내릴 수 있게 해주었다. 가열된 토론 속에서도 그는 특정 아이디어나 이슈 또는 인물을 자기 쇼의 가치 체계 안에 끼워 넣을 수 있었다. 노턴은 이러한 구조가 "뉴스 사이클과 사건의 빠른 흐름 바깥"까지도 이어진다고 강조했다. "특정 이슈가 이분화된 도덕적 논리와 더 밀접하게 일치할수록 그 이슈가 보도될 확률이 높아지며, 보도 빈도도 증가하게 된다"(2011: 327). 폭스뉴스 프로그래밍을 분석한 여타의 내용 분석연구들 역시 이 현상을 보고해왔으며, 특히 폭스의 편집 방향이 방송사의 설립 서사와 장수 프로그램의 테마를 중심으로 강하게 조직되어 있음에 주목했다.[*] 반면 CNN은 전통적인 지상파 뉴스 프로그램답

---

[*] Jamieson & Cappella, 2008; Peters, 2010; McDermott, 2010

게 "속보"를 중심으로 하는 단기 편집 의제에 의해 지휘된다.

서사에 강조점을 둔 것과 마찬가지로 폭스는 체현된 연출의 중요성에 대해서도 강조했다. CNN의 설립자 테드 터너는 "뉴스가 스타다"라고 말하곤 했는데, 이 말은 뉴스 보도에서 앵커와 기자들은 결국 보조적인 역할만을 수행할 뿐임을 의미한다. 폭스뉴스의 창립 CEO 로저 에일스의 접근은 이와 정반대였다. 에일스는 "적합한 사람만 섭외된다면 두 명만 의자에 앉혀두어도 시청률을 더 올릴 수 있다"고 밝힌 바 있다.[•] 스콧 콜린스Scott Collins는 『폭스처럼 미치다: 폭스뉴스가 CNN을 이긴 이야기의 내막Crazy Like a Fox: The Inside Story of How Fox News Beat CNN』(2004)에서 에일스의 프로그래밍 철학을 이끈 "지침의 원리"를 묘사했다. "위대한 TV란 결국 위대한 연출을 의미한다. 그 연출자가 정치인이든 사업가이든 토크쇼의 진행자이든 간에 이 인물들이야말로 텔레비전이라는 매체의 본질이며, 사람들이 텔레비전을 시청하는 이유다." 특히 에일스의 텔레비전 철학에는 한 명의 진행자를 중심으로 진행되는 케이블 뉴스매거진 장르가 딱 들어맞았다. 그리고 에일스의 재능 있는 방송인들은 이런 형식을 통해 자신의 개성을 강조할 수 있었다.

토크쇼의 전설 오프라 윈프리가 그랬듯 폭스뉴스의 진행자들도 토론 주제들을 자신의 인생 및 사적 관계들과 연관시키는 방식으로 토론을 개인화시켰다. 배우 패트릭 스웨이지의 암 투병에 대해 이야기하던 와중에 빌 오라일리는 "저희 아버지도 악성흑색종으로 돌아가셨답니다"(2009년 7월 7일 방송)라며 자기 아버지의 투병 경험을 언급한다. 〈해니티〉에서 토론 패널들이 프로골퍼 타이거 우즈의 성추문과 우즈의 결

•   Collins, *Crazy Like a Fox*, p. 141

혼관계가 과연 지속될지에 대해 말하고 있을 때 해니티는 뜬금없이 자기 아내의 "권위"에 기대어 주장을 전개한다. "우리 마누라 말로는 우즈의 아내는 절대 우즈랑 재결합하지 않을 거라더군요."(2009년 12월 9일 방송).

폭스뉴스는 소속 방송인들에게 각자 맡은 프로그램 외에 개인 웹사이트나 라디오 프로그램, 순회 연설, 책 출간과 같은 미디어 플랫폼을 활용해 자신들의 과거 사회생활과 현재의 친구·가족관계에 대한 이미지를 관리할 것을 권고한다. 이는 노턴이 "오라일리 페르소나"라고 부른 이미지가 형성된 과정과 대동소이하며, "해니티 페르소나"와 "글렌 벡 페르소나"의 형성에도 똑같이 적용될 수 있다. 이 진행자들은 자신의 출신 배경에 대한 세부적 정보를 끊임없이 공유하면서 시청자들과 "유사-사회적 관계"를 형성한다. 이런 관계는 결국 "매개된 친밀감"으로 작동해 시청자들로 하여금 자신들이 방송계의 인물들을 개인적으로 알고 있는 것처럼 느끼게 만든다(Horton & Wohl, 1956; Norton, 2011).

공감할 수 있는 텔레비전 페르소나를 만드는 일은 상업적 엔터테인먼트의 입장에서 매우 큰 이득을 가져다줄 뿐만 아니라 폭스의 정치 커뮤니케이션 전략에서도 매우 중요한 역할을 담당하고 있었다. 노턴은 오라일리를 비롯한 폭스뉴스의 방송인들이 구축한 친숙하고 알아보기 쉬운 "페르소나"가 시청자들에게 "관계를 통해 방송에 접근할 수 있는 통로"를 제공해 오라일리가 내세우는 정치적 논의와 주장을 더 쉽게 받아들일 수 있게 만든다고 보았다. "만일 우리에게 반대해야 하는 정당이 생긴다면[여기서 '우리'는 폭스 시청자를 의미한다], 그 정당은 그 자체로 우리에게 더욱 중요해진다." 한편 폭스의 보수적 정치 이념이 오라일리의 연출 스타일을 통해 어떻게 압축되었는지는 노턴, 제프리

존스, 크리스 피터스 같은 학자들에 의해 분석되었지만, 그의 연출 스타일이 노동계급—포퓰리즘 뉴스라는 폭스의 브랜드 한가운데 자리해 있는—중심의 감수성을 형성하는 데도 기여했다는 점에 주목한 학자들은 거의 없다.

『계급 없는 여성 Women Without Class』(2003)에서 사회학자 줄리 베티 Julie Bettie는 계급을 연출로써 이해하는 이론적 틀을 제공한다. 그녀는 주디스 버틀러 Judith Butler의 수행성 performativity과 어빙 고프만 Erving Goffman의 연출 performance*을 개념적으로 구분한다. 계급 수행성은 한 개인의 객관적인 계급 위치를 실체화한다. 이런 개념적 입장에서 보면 계급을 공공연하게 수행한다는 것은 고프만이 시사하는 바와 같이 전략적인 사회 활동의 유형이라기보다는 오히려 물질적 계급 구조의 결과에 지나지 않는다. 대부분의 경우 한 사람이 어떤 상징적 자원과 문화적 자본을 활용할 수 있는지는 이 물질적 계급 구조에 의해 지정된다. 베티는 이것이 "계급 연출"의 개념과는 다르다고 봤다. 베티에게 계급 연출이란 자기가 물려받거나 습득하지 못한 계급 정체성을 모방하려는 시도다. 물론 "계급 배경에 의해 계급 연출이 결정"되는 경우가 보다 전형적이라고 할 수 있지만, 항상 그렇게 되지만은 않기 때문이다. 계급 차이가 재생산될 때는 객관성과 주관성 간의 틈이 존재하며, 이 틈 안에서 "계급 연출"과 "계급 패싱 class passing"**이 생길 수 있는 공간이 형성된다.

---

* 고프만의 연극학적 관점은 사회를 일종의 무대로 이해하며, 사회의 모든 행위자는 이 무대 위에서 특정한 인상을 유지하기 위해 일련의 행위들을 수행해야 한다. 이 이론은 개별 행위자들이 무대에서 취하는 행위들을 "performance"라고 지칭하는데, 한국 학계에서는 주로 "공연"이라고 번역하고 있다. 이 책에서는 폭스뉴스가 텔레비전 매체로서 지닌 특징을 살리기 위해 "연출"이라는 단어로 번역한다. 🐚

** 본인이 본래 속한 계급이 아니라 다른 계급의 일원으로서 남들에게 인정받는 것 🐚

베티는 캘리포니아의 고등학교에서 실시한 문화기술지 연구를 통해 적어도 학교라는 공공 기관에서는 일부 중상위층 십 대 소녀들이 노동계급 정체성과 연관된 문화적 성향을 모방할 수 있을 뿐만 아니라, 반대로 일부 노동계급 소녀들도 또래의 중상위층 소녀들이 지닌 문화적 성향을 모방할 수 있음을 밝혀냈다.

자기 자신을 가식 없이 "진실"하다고 생각하는 것과 상관없이 모든 사람들은 자신의 사회적 정체성을 형성하고, 공적 평판을 관리하기 위해 일종의 "대본"과 "연출 기법"에 의존한다. 어빙 고프만은 "무대", "연출" 그리고 "대본"과 같은 연극적 은유를 사용하는 주된 이유는 사람들의 "거짓"과 "참"을 구분하기 위해서가 아니라, 일상적인 대면 상호 작용의 상징적인 측면에 주의를 기울이도록 하기 위해서라고 주장했다(1959). 일상생활의 수준에서는 자아 연출을 감독하는 "계급 대본"의 존재를 의식하지 않는 경우가 대부분이다. 그러나 일상적이지 않은 텔레비전의 세계에서는 계급 정체성을 구성하는 대본적인 특징이 훨씬 뚜렷하게 드러난다. 로라 그린드스태프Laura Grindstaff는 2002년 주간 토크쇼 연구를 통해 텔레비전 제작자들이 쇼 진행자들과 게스트들에게 노동계급의 문화적 성향을 의도적으로 연출할 것을, 제작자들의 말을 따르자면 "평범"하게 보이거나 "진정성"이 보이도록 연출할 것을 요구하고 있음을 보여줬다. 오락적인 관점에서 보자면 게스트들이 가능한 가장 극적인—그리고 전형적인—방법으로 이러한 계급 대본을 연기하는 것이 가장 이상적이라고 할 수 있다.

미국 방송 역사에서 상류층 출신이지만 노동계급의 "사회적 대본"을 연기할 수 있는 능력을 통해 포퓰리즘적인 대중 페르소나를 만들어낸 사례는 수없이 많다. 『라디오다이제스트Radio Digest』가 "남부에서 가장 인기 많은 방송인"이라고 지칭한 윌리엄 헨더슨은 1920년대에 "핸더슨 아저씨"로 대표되는 서민적인 페르소나를 만들었지만, 사실 그는 고학력자인데다 북부 루이지애나의 부유한 집안 출신이었다(Vailant, 2004). 보다 최근의 사례로 넘어가면 1980년대 후반 텔레비전 토크쇼 진행자 모튼 다우니 주니어 Morton Downey Jr.가 강경 애국주의와 여성 혐오적인 선정성을 결합시켜 시청률 대박을 친 사례를 들 수 있다. 심지어 한 번은 여성 게스트에게 "뚱뚱한 암캐는 그냥 앉아 있어"라고 말한 적도 있었다(1988년 10월 28일 방송).* 그의 인기가 절정에 달한 1989년 다우니는 텔레비전에서의 성공을 상업적으로 활용하기 위해 팝 컨트리 음반을 발매했다(Hilburn, 1989). 타이틀곡의 제목은 〈블루칼라 킹 Blue Collar King〉이었다. 그러나 다우니가 스스로에게 부여한 "블루칼라 킹"이라는 별명은 실제로는 그가 1930년대를 풍미했던 가수 모튼 다우니 시니어 Morton Downey Sr.의 아들이라는 사실 그리고 매사추세츠주 하이애니스포트의 케네디가家 맨션 바로 맞은 편에 위치한 저택에서 자랐다는 사실을 도외시한 별명이었다. 다우니의 적들과 비평가들은 종종 다우니의 엘리트 배경을 지적하고 그가 내세운 노동계급 이미지가 인위적으로 만들어진 것임을 폭로하려 했지만, 뉴저지주의 지역 방송국인 WWOR 스튜디오에서 드센 시청자들이 다우니에게 보내는 애정에는 아무런 타격도 줄 수 없었다. 다우니는 이 시청자 집단을 "야수"라는 애칭으로 부르곤 했다.** 모튼 다우니 주니어의 수석 프로듀서이자

- D. Oom (2013. 5. 29.) Morton Downey vs Stripper for God!![Video file]. www.youtube.com/watch?v=JM45bTgmo0g
- 2012년의 다큐멘터리 영화 〈Évocateur: The Morton Downey Jr. Movie〉(Seth Kramer & Daniel A. Miller 감독, Daniel Miller 제작, Magnolia Entertainment)를 참조할 것.

MTV의 창립자인 밥 피트먼Bob Pittman은 다우니의 인기 비결은 그의 출신 배경이 아니라 그가 "연출, 즉 모든 것을 어떻게 하면 극적으로 만들 수 있는지를 너무나 잘 알고 있었다는 점"에 달려 있었다고 강조했다(Kogan, 2015).

장르만 놓고 보면 〈모튼 다우니 주니어 쇼〉는 뉴스매거진 형식의 폭스뉴스 프로그램들이 아니라 토크쇼의 스펙트럼 중에서도 "괴짜 쇼"에 가까운 〈제리 스프링어〉와 유사하다고 할 수 있다(Gamson, 1998). 그러나 다우니가 "노동계급" 이미지를 스스로 구축했다는 측면에서 "블루칼라 킹"은 빌 오라일리의 직계 조상이라고 볼 수 있을 것이다. 〈파이어링 라인〉이나 〈맥로린 그룹The McLaughlin Group〉 등 PBS의 초기 보수 텔레비전 토크쇼의 와스프WASP*스러운 방송인들과 다우니는 확연히 달랐다. 2004년 폭스뉴스에서 공개한 빌 오라일리의 공식 프로필을 확인해보자. "뉴욕 롱아일랜드에서 보잘것없이 출발한 빌 오라일리는 'TV 저널리즘의 새 교황'으로 등극하게 됐습니다." 이 프로필의 마지막 줄은 다음과 같다. "빌 오라일리는 초등학교 1학년을 같이 다닌 절친들과 함께 여전히 롱아일랜드에서 살고 있습니다."** 하지만 오라일리가 노동계급이라는 자기 브랜드를 강화하는 데 사용한 가장 중요한 플랫폼은 폭스뉴스 채널의 웹사이트나 순회 연설, 심지어 그가 출간한 여러 베스트셀러 단행본들도 아니었다. 그것은 바로 그의 이름을 딴 뉴스 프로그램 〈오라일리 팩터〉였다. 2010년 10월 6일 방송에서 오라일리는

• White Anglo-Saxon Protestant. 미국의 상류층에 해당하는 백인으로 앵글로-색슨 배경의 개신교도(청교도)들을 뜻한다. 옮긴이

•• Fox News Channel(2004. 4. 29.) Bill O'Reilly's Bio [Web page]. www.foxnews.com/story/2004/04/29/bill-oreilly-bio.html

게스트에게 다음과 같이 말한다. "저는 블루칼라 남잡니다. 비록 오늘 밤은 녹색 셔츠를 입고 있고 돈도 많은 놈이지만, 여전히 그런 감수성[강조는 인용자]을 가지고 있다고요. 여러분은 제가 누군지 알잖아요. 블루칼라인 제 친구들은 거의 다 저랑 같은 얘기를 합니다. '오바마 대통령은 나를 이해하지 못하고 나한텐 관심도 없다'고 말이죠."

오바마 대통령이 평범한 미국인과 동떨어져 있다는 오라일리의 비판은 전형적인 정치평론가의 발언에 불과한 것처럼 비칠 수 있다. 하지만 우리가 오라일리의 발언을 포퓰리즘적이라고 부를 수 있고, 전통적인 저널리즘과 구별할 수 있는 이유는 그가 공통의 계급-문화적인 "감수성"을 근거로 자신의 시청자들과 자신이 동등한 사회적 위치에 있다고 주장한다는 데 있다. 전통적인 언론인들은 오랫동안 자신들이 국민을 위해 봉사하고 자유민주주의적 방식으로 그들의 목소리를 대변해왔다고 주장했다. 그러나 그들은 언론인으로서 자신들의 특별한 지위를 인식하고 있었고, 심지어는 그 특별한 지위를 자랑하려는 경향이 있었다. 그들은 대변represent이라는 단어의 대re-라는 형태소의 의미, 즉 그들이 대중과 맺고 있는 관계는 한 단계를 건너뛴 관계라는 사실을 완벽히 인지하고 있었다(Arditi, 2005).*

이 전통적인 관점은 2011년 MSNBC의 광고에서 명백히 드러났다. 해당 광고에서 척 토드Chuck Todd 특파원은 차를 몰면서 백악관 정문을

---

* 벤자민 아르디티Benjamin Arditi는 2005년에 낸 에세이 「민주정치의 내부적 주변부로서 포퓰리즘Populism as the Internal Periphery of Democratic Politics」에서 대의민주주의에서 대代의 존재는 연설인(정치적 대변자)과 청중(대변되는 사람) 간의 관계가 한 단계를 건너뛰어 맺어지는 관계라는 사실을 암시한다고 지적했다. 전통적인 정치적 소통 방식과 대조적으로 포퓰리즘적 소통 방식은 "대변의 관계를 모두" 부정하고 "대변이 없이 함께하기"라는 개념을 표현하고자 한다. 즉 포퓰리즘적 연설자는 정치적 지도자이면서 동시에 청중의 일원이라는 의미이다.

지나간다. 척 토드는 내레이션을 통해 다음과 같이 얘기한다. "우리의 지도자들은 책임을 져야 합니다. 저는 대통령과 의회에 다가갈 수 있는 특별한 접근권[강조는 인용자]을 갖고 있습니다. 이런 접근권은 공공의 선을 위해 써야겠지요."* 물론 어느 모로 보나 폭스뉴스의 진행자들도 토드와 같은 정치권의 내부자이지만, 그들은 자신이 갖고 있는 "특별한 접근권"을 부각시키는 대신 자신들이 정치 및 언론 기관의 외부에 속해 있다는 점을 강조한다. 포퓰리즘의 논리에 의하면 이처럼 외부인스러움을 연출하는 목적은 폭스의 도덕적 순수성을 강조하기 위함이다. 그리고 이런 순수성은 정치 권력과 언론 권력의 중심에 만연해 있는 부패와 거리를 둘 때만 비로소 획득될 수 있다.

폭스뉴스 대 〈데일리 쇼〉- 진정성 연출하기 대 역설 연출하기

1990년대 후반과 2000년대에 인기와 정치적 위상의 측면에서 빌 오라일리에 필적할 만한 진보 진영의 언론계 인사를 꼽으라면 〈데일리 쇼〉의 진행자였던 존 스튜어트를 언급하지 않을 수 없다. 스튜어트는 〈데일리 쇼〉—현재는 트레버 노아 Trevor Noah가 진행을 맡고 있다—에서 폭스뉴스를 공격하고 오라일리의 포퓰리즘적 자아상에 깃들어 있는 계급-모순을 폭로하는 데 있어 특별한 재주를 갖고 있었다. 〈오라일리 팩터〉의 단골손님이기도 했던 스튜어트는 오라일리의 면전에서 그를 비판하곤 했다. 하루는 오라일리가 오바마 대통령이 "평범한 서민들과 자

•   Jennocuse (2011. 9. 8.)

신을 분리시켰다고" 비난하면서 "사람들이 '자, 당신은 우리나라의 지도자라고요. 그러니 무슨 말이라도 해야죠.'라고 말하고 있잖아요"라고 하자, 스튜어트는 오라일리가 전제를 깔고 말하는 "사람들"의 목소리를 물고 늘어지면서 맞받아쳤다. "어떤 사람들이요?" 오라일리는 선을 그으며 답한다. "서민들, 그냥 평범한 사람들이요. 저를 봐주는 사람들이요. 당신[강조는 인용자] 대신에 말이죠." 역설적이게도 이 답변은 부유한 TV 스타인 오라일리 자신과 그가 사랑하는 고향의 노동계급 주민들 사이의 사회적 거리를 부각시킬 기회를 스튜어트에게 제공했다. 스튜어트는 빈정대며 오라일리에게 "빌, 레빗타운을 마지막으로 다녀온 게 언제죠?"라고 물었다(2010년 9월 22일 방송). 또 다른 방송에서는 오라일리가 당시 폭스의 신흥 유망주 글렌 벡을 홍보하려 하자 스튜어트는 이번에도 오라일리의 논리적 오류를 지적해냈다. 오라일리가 막 스튜어트에게 벡이 "전형적인 사내"라고 칭찬을 늘어놓은 참이었다. "술집 의자에 앉아서…… 어떤 정당의 앞잡이 노릇도 하지 않아요. 그냥 속마음을 내뱉을 뿐이죠." 스튜어트는 그의 말을 가로막으며 쏘아붙였다. "요즘에는 자기 TV 쇼를 가지고 있는 게 전형적인 사내인가 보죠?"

이 사례들을 통해 알 수 있듯이 정치 뉴스의 연출성에 대한 이런 비판적 성찰이야 말로 〈데일리 쇼〉의 특징이라고 할 수 있다. 1996년 첫 방송부터 〈데일리 쇼〉는 텔레비전 뉴스 장르를 풍자하는 데 주력하던 코미디 프로그램이었지만, 1999년 스튜어트가 진행자 자리에 앉으면서 정치적 면모가 더 강해졌다. 스튜어트의 〈데일리 쇼〉는 빌 마허 Bill Maher의 〈정치적으로 올바르지 않음 Politically Incorrect〉(1993)과 함께 "진지한 뉴스" 주제들을 희극적으로 소화해내는 정치 저널리즘의 새로운 하이브리드(혼성) 장르를 개척했다. 〈데일리 쇼〉의 성공은 〈콜베어 르포〉(2005), 〈존 올리버의 지난주 이맘때〉(2014), 〈세스 마이어스의 심야 방송Late Night with Seth Meyers〉(2014), 〈밤마다 래리 윌모어와 함께The Nightly Show with Larry Wilmore〉(2015), 〈사만다 비의 전면 뉴스Full Frontal with Samantha Bee〉(2016) 등 코미디언들이 이끄는 진보적인 뉴스쇼라는 하위 산업의 성장을 촉진시켰다. 놀랍게도 이들 프로그램 대다수는 〈데일리 쇼〉에서 특파원을 지냈거나 전임 진행자였던 사람들이 진행을 맡고 있었다.

이 프로그램들은 현대 정치 커뮤니케이션의 기만적인 기법들을 해부하고 폭로하고 비판하기 위한 해석적 도구로 풍자와 패러디를 활용했다. 이들은 오늘날 정치 뉴스의 터무니없는 면모들을 강조하면서 상업적으로 값진 구경거리나 감정적인 당파성이 아니라, 합리적인 토론과 사실을 통해 대중매체가 가동되어야 한다는 언론관을 간접적으로 지지해왔다. 제프리 베임은 이 코미디쇼들이 대중문화와 오락 그리고 "포스트모더니즘 양식을 이용해 공공 정보와 민주적 책임이라는 하이모던 이상—지상파 시대 뉴스의 이상향이었던—을 지향하는" 저널리즘의 "신근대적" 패러다임을 제시했다고 주장한다. 『크롱카이트에서 콜베어까지』(2009)에서 베임은 〈데일리 쇼〉와 〈콜베어 르포〉가 진보적인 숙의민주주의에서 요구하는 "비판적 조사"를 제공한다는 사실을 설득력 있게 보여준다. 하지만 베임은 스튜어트와 〈데일리 쇼〉의 파생작들이 선보인 계급-문화 정치와 비꼬는 말투의 뉴스 스타일에 대해서는 크게 관심을 보이지 않았다.

뉴스 코미디쇼에서 찾아볼 수 있는 역설적인 소통 방식과 상류 문화 상품 및 텍스트에 만연한 "무감각한" 시선 사이에는 몇 가지 유사성이 존재한다. 피에르 부르디외의 연구가 증명하듯 문화적 부르주아—예컨대 예술가, 지식인, 교육받은 전문가―는 지나치게 진지한 텍스트 또는 시청자들이 자신의 정체성을 온전히 이입하기를 바라는 텍스트보다 "순진해 빠지거나 천박한 것은 없다"고 생각한다. 막대한 예산을 들인 할리우드 영화는 관객들로 하여금 스크린 속 인물들의 삶에 빠져들도록 초대하는 반면, 부르주아의 문화 텍스트에서 즐거움은 자신을 "극적 허구"와 동일시하는 대신 그 허구성을 폭로하고 평가 절하하는 데서 나온다. 이를 반영이라도 하듯 〈데일리 쇼〉와 〈콜베어 르포〉는 자신의 시청자들을 대중매체의 "손쉬운 유혹"과 "착시의 기술"을 꿰뚫어 볼 수 있는 사람들이라며 치켜세운다. 정치 미디어 영역에서 이는 포퓰리즘적인 정치 연출 속에서 인위적인 요소들―"서민을 위해 싸운다"는 미사여구, "평범한 미국인"과 "맥주 한 잔"을 기울이는 정치인의 홍보 사진 그리고 지방 박람회나 로데오 경기장에서 "서민적"인 모험에 참여하는 모습 등―을 인지할 능력이 있는 사람들을 의미한다.

물론 나는 고학력 전문직계급만이 역설적이고 풍자적인 비평을 즐긴다고 주장하는 것이 아니며, 스튜어트가 진행을 맡고 있었던 당시의 〈데일리 쇼〉가 "엘리트"를 계급적인 관점에서 비판하지 않았다고 주장하는 것도 아니다. 하지만 문화적 스타일의 측면에서 〈데일리 쇼〉의 소통 방식은 전문직계급의 시청자를 염두에 두고 설계된 것이 분명하다. 전문 잡지들은 〈데일리 쇼〉를 향해 "정치적 논픽션을 읽을 줄 아는 고학력 시청자들에게 접근"하려면 반드시 봐야 하는 쇼라는 찬사를 보냈다.* 폭스뉴스의 최고 프로그램들은 에미상을 비롯해 권위 있는 단체들로부터 그 공로를 거의 인정받지 못한 반면, 〈데일리 쇼〉와 〈콜베어 르

---

* Baym (2009), *Cronkite to Colbert*, p. 116에서 재인용.

포〉는 문화적 기관들로부터 수많은 상을 받아왔다. 베임은 〈데일리 쇼〉와 〈콜베어 르포〉의 "반현실주의적 회의주의"가 시대적인 포스트모던한 감수성 탓이라고 봤지만, 나는 도리어 이들이 택한 거리를 두는 소통 방식 그리고 "현실주의적"이고 진술한 연출에 의존하는 뉴스 스타일에 대한 혐오가 부분적으로는 전문직계급을 겨냥한 이상 지향적인 호소의 일부라고 본다.

베임의 표현대로 뉴스-코미디 프로그램들이 "정치의 연극"에 접근한 이유가 단지 그 연극의 관습과 예술적 효과 그리고 연출을 평가 절하하기 위해서였다면, 폭스뉴스는 반대로 더 나은 극장이 되고자 노력했다. "대중적 시선"을 의식하는 폭스뉴스의 프로그램들은 "선량한 맹신"과 "의도적인 순진함"—부르디외의 표현을 빌리자면—을 가지고 폭스의 연출을 받아들일 것이라는 전제하에 운영된다. 물론 이러한 전제는 폭스뉴스의 시청자들이 실제로는 백만장자인 폭스 진행자들과 자신을 똑같은 사람이라고 연출하는 모습을 진심으로 믿고 있다는 의미가 아니다. 이 전제의 진정한 의미는 폭스뉴스 시청자들 역시 블록버스터 영화를 보러 가는 관객들과 마찬가지로 "게임의 일부가 되고 싶은 욕망"(Bourdieu, 1984: 33), 즉 폭스뉴스 방송인들이 제시하는 서사와 연출에 공감하려는 의지가 있다는 것이다. 프로 레슬러들이 "경기" 중에 특정 배역에 충실한 것—레슬링 팬들은 이를 "케이페이브kayfabe"라고 부른다—처럼 폭스뉴스의 진행자들은 격정적인 저널리즘 스타일을 통해 노동계급인 척 연기하면서 시청자들로 하여금 이 연기를 호의적으로 해석하도록 유도한다. 이런 호의적인 평가는 특히 진행자들이 시청

•   Litherland(2014)

자들의 당파적 세계관을 공유하고 지지할 경우 더욱 쉽게 촉진된다.

그러나 폭스뉴스 진행자들의 진솔한 계급 연출이 항상 순조롭게 흘러가진 않았다. 좋은 텔레비전 콘텐츠를 만드는 데는 어느 정도의 진정성과 순발력 있는 반응이 필요하다. 그래서 제작자들은 폭스뉴스 진행자와 게스트의 상호 작용을 기획할 때 예측 불가능성을 어느 정도 용인할 수밖에 없다. 특정 게스트가 진행자의 연출에 "맞장구"쳐줄 것이라고 완벽하게 확신할 수 없다는 사실은 진행자와 뉴스 방송의 이미지에 위험 요소가 된다. 실패한 계급 연출의 사례로 〈글렌 벡〉의 한 에피소드를 들 수 있다. 이날 방송에서 벡은 경기 침체로 인해 피해를 입은 회사들을 위해 "중소기업 포럼"을 조직했다. 뉴욕시에서 볼링장을 공동 소유하고 있는 브렛 파커 Brett Parker가 게스트로 참석했고, 벡은 파커에게 "만일 완전 엘리트들을 대상으로 했다면 사업이 더 잘되고 있었겠죠? 당신들 사업은 그냥 우리 평범한 찌질이들을 대상으로 하잖아요?"라고 물었다. 파커는 능글맞은 미소를 띠면서 "사실 저희 볼링장은 그냥 평범한 볼링장에 다니는 분들보다는 좀 더 상류층을 대상으로 하는데요. 그래도 [경기 때문에] 피해를 많이 봤어요"라고 답했다. 파커의 반응에 약간 당황했지만 벡은 볼링이 "평범한 찌질이들"를 위한 하류 여가활동이라는 전제를 변호하고자 "저도 볼링 치는데요!"라고 선언했다. 하지만 파커는 "평범한 찌질이"라는 벡의 자기 이미지를 정면으로 반격하면서 벡에게―그리고 시청자들에게―그가 사실은 엄청난 부를 축적하고 있음을 상기시켜줬다. "그래요, 당신 꽤나 상류층이잖아요"(2009년 8월 17일 방송).

다시 부르디외의 표현을 빌리자면 폭스뉴스 진행자들이 소유하고 있는 엄청난 부와 사회적 지위를 인정하는 것은 그들과 시청자들 사이에

"사회적 단절"을 만들어낼 위험이 있다. 따라서 진행자들은 그런 단절을 예방하거나 메꾸기 위해 다양한 연출 전략을 활용한다. 시청자들에게 자신들의 노동계급 출신 배경을 상기시키는 것도 그러한 전략 가운데 하나다. 우리는 컨트리 음악 아티스트인 존 리치 John Rich가 패널로 초대된 〈해니티〉의 2009년 3월 24일 방송에서 그 사례를 볼 수 있다. 그는 최근 경제적 포퓰리즘 은행들에 구제금융을 제공하는 것에 반대하는 곡 〈디트로이트 폐쇄하기 Shuttin' Detroit Down〉를 발매했다. 리치는 방송에서도 경제적 포퓰리즘 주제를 이어가면서 구제금융이라는 명목으로 받은 정부 재정이 AIG 경영인들에게 보너스를 지급하는 데 사용되었다는 사실에 분노했다. 그러다 리치의 분노는 마침내 미디어 엘리트들에게로 옮겨갔고, 그 분노의 화살은 마치 해니티를 포함해 다른 패널들을 향하는 듯 했다. 리치가 반복적으로 그들을 언급하면서 "당신들"이라고 불렀기 때문이다.

워싱턴과 뉴욕에 사는 **당신들**[강조는 인용자]한테는 잘된 일이네요. 저는 순회 공연을 하느라 미국 전역을 돌아다니면서 각지에서 무슨 일이 일어나고 있는지 직접 보고 있거든요. 저는 텍사스주 애머릴로에 있는 트레일러 파크 Trailer Park*에서 자랐어요. 대학도 안 갔고요. (…) [평범한 미국인들은] 납세자들의 면전에 대고 욕을 하고 무례를 범하며 침을 뱉어대는 기업들에게 우리가 어째서 수천억 달러씩이나 줘야 하는지에 대해 **당신들의**[강조는 인용자] 거창한 설명을 지켜보고 있을 뿐이죠.

• 미국에서 집을 보유하지 못한 빈민들이 캠핑카trailer를 반영구적으로 주차시켜 만든 주거지역. 미국에서는 전형적인 빈민촌이라고 볼 수 있다. 🔤

리치의 이 발언은 해당 토론 주제에 할당된 시간이 끝나갈 무렵 나왔기 때문에 해니티에게는 곧바로 대꾸할 시간이 없었다. 그러나 주제가 바뀌는 도중에 빈 시간이 생기자 해니티는 리치의 발언에 답하기로 했다. "아까 전에 나온 얘기로 돌아가고 싶은데요." 리치가 쏟아낸 비판이 해니티의 뇌리를 사로잡은 모양이다.

방금 당신은 여기에서 정말 아픈 구석을 건드렸어요. 바로 우리가[강조는 인용자] 성장한 미국 말이죠. 저희 아버지는 가난하게 자라셨어요. 항상 일을 해야 했고, 커가는 가족들에게 도움을 보태고자 신문까지 배달하셔야 했어요. 제2차 세계대전에 참전해 4년간 조국을 위해 싸우고 돌아오신 뒤에야 비로소 롱아일랜드의 프랭클린스퀘어에 너비 50피트에 길이 100피트가 되는 땅을 얻게 되셨는데, 그토록 자랑스러워하셨던 순간이 없었습니다. 자식들을 본인보다 더 나은 여건에서 키울 수 있는 기반이 마련된 거니까요. 자, 지금 집에 앉아 있는 사람들이 몇 조 단위의 [구제금융]에 공감을 할 수 있긴 할까요?

폭스뉴스의 포퓰리즘적인 브랜드 이미지를 고려하면 이 방송사의 여러 최고 진행자들과 CEO 로저 에일스가 자신의 삶을 호레이쇼 앨저 Horatio Alger*의 소설처럼 묘사한 것은 결코 우연이 아니다. 산발적이지만 반복적으로 자신들의 출신 배경이 노동계급임을 언급하면서 폭스뉴스의 진행자들은 그들의 재산과 언론계 내의 지위를 숨기려고 애썼다.

• 19세기 미국의 청소년 소설 작가로 그의 작품 대다수가 저소득층 배경의 소년들이 안정적인 중산층으로 성공하는, 한마디로 '개천에서 용 나는' 서사를 선보였다. 🈂

마이클 킨슬리 Michael Kinsley, 알 프랑켄 Al Franken, 피터 하트 Peter Hart를 비롯한 진보 진영의 비평가들은 이런 전략이 폭스뉴스 방송인들의 핵심적인 수사 기법임을 눈치채고 빌 오라일리가 노동계급 출신이라는 주장에 얼마나 진정성이 있는지 의문을 제기했다. 오라일리는 자신에게 제기된 이런 의문을 매우 진지하게 받아들였고, 자신의 방송에서 반대 증거를 제시하는 데 많은 시간을 할애해가며 서민적 배경을 증명하려고 했다. 그렇지만 이 논쟁은 가장 중요한 핵심을 놓치고 있었다. 뉴스코퍼레이션에서 스포츠 기자를 지냈고, 현재는 살롱닷컴 Salon.com의 칼럼니스트로 활동하고 있는 찰스 피어스는 "빌 오라일리가 진짜로 블루칼라 영웅인지는 중요하지 않다. 그가 텔레비전에서 그 역할을 충분히 수행할 수만 있다면 말이다"라고 평가했다(2002). 아치 벙커*, 록키 발보아, 알 번디는 모두 텔레비전과 영화에 등장하는 가상의 인물일 뿐이지만, 그렇다고 해서 노동계급의 정체성을 대변하는 그들의 상징적 지위가 축소되는 것은 아니다. 빌 오라일리 같은 폭스뉴스의 방송인들은 처음부터 텔레비전 저널리즘의 상징적 세계 안에서 노동계급이라는 지위를 점유하고 있었다. 반면 진보 진영에 있는 폭스의 경쟁자들은 이 지위를 확보하는 데 별다른 관심을 보이지 않았다. 따라서 이들에게는 자신이 노동계급이라는 오라일리의 자전적 기록에서 허점을 찾기보다는, 폭스 방송인들의 연출 중 노동계급의 자질과 사고방식을 설득력 있게 재현하는 데는 도움이 되지만, 경험의 측면에서 보면 미국 노동계급

• 1970년대에 CBS에서 방영된 시트콤 〈올 인 더 패밀리 All in the Family〉의 주요 인물. 제2차 세계대전 참전 용사이자 블루칼라에 속하는 백인 남성으로, 편협적인 사고를 갖고 있지만 그래도 모든 사람들을 좋아하는 가장으로 그려졌다. 〔옮〕

의 진정한 모습과는 동떨어진 요소들을 찾아내 드러내는 작업이 더 유용하다고 할 수 있다.

무시와 냉대- 진보 케이블 뉴스에는 포퓰리스트를 위한 자리가 없다

CNN과 MSNBC에서 포퓰리즘의 언어를 활용하거나 노동계급다운 소통 스타일을 사용한 진행자들을 살펴보면, 이들이 높은 시청률을 확보했음에도 불구하고 보다 진보적인 동료들로부터 종종 조롱을 받거나 소외당했음을 알 수 있다. 2010년 1월에 출범했지만 일찍 막을 내려야 했던 CNN의 〈릭스 리스트Rick's List〉를 살펴보자. 이 쇼의 진행자 릭 산체스Rick Sanchez는 쿠바에서 태어났지만 플로리다에서 스페인어를 사용하는 가정에서 자랐고, 미식축구 특기생 장학금을 받으면서 미네소타주립대학교에서 저널리즘을 공부했다. 넓은 어깨와 각진 턱이 인상적인 산체스는 CNN에서 위트나 박식보다도 개인적인 관계를 우선시하는 연출 스타일을 추구했다. 〈데일리 쇼〉에서 산체스는 공개적으로 어릿광대라는 조롱을 받았다. 이 사건으로 상처를 입은 산체스는 2010년 10월 라디오 인터뷰에서 〈데일리 쇼〉의 진행자 존 스튜어트는 계급차별적인 "편견꾼"이라고 비난했다. 그는 스튜어트가 "나 같은 사람한테는 공감하지 못합니다. (…) 그는 가난하게 자란 사람을 이해하지 못해요"라며 비판했다. 그러나 인터뷰가 깊어지자 산체스의 비판은 반유대주의 색채를 띠게 됐다. 그가 CNN을 비롯한 뉴스 방송사들이 스튜어트 같은 유대인들에 의해 통제되고 있다고 암시했기 때문이다. CNN은 이 인종차별적인 암시를 빌미삼아 산체스의 방송을 없애버렸다.*

산체스의 경우에는 특정한 사건과 관련해 그를 해고할 만한 명확한 사유가 있었다. 이와 달리 MSNBC에는 단지 연출 양식이 경영진이 설정한 방송사의 브랜딩 목표에 부합하지 않는다는 이유로 좌천당한 진행자들이 있었다. 일례로 저녁 6시 시간대에 방송을 하던 터키계 미국인 앵커 젱크 유거 Cenk Uygur는 2011년 주말 방송으로 자리를 옮겨야 했는데, MSNBC의 이사장 필 그리핀 Phil Griffin이 그의 "공격적인 스타일"을 좋아하지 않았기 때문이었다. 유거는 터키청년 The Young Turks (이하 TYT)이라는 성공적인 온라인 뉴스 웹캐스트의 공동 창립자이자 스타 진행자였지만, 그리핀은 그에게 케이블 뉴스 시청자와 온라인 시청자는 "말하는 방식이 다르다"며 주의를 주곤 했다.** 유거는 MSNBC가 자신의 반기업적 견해를 검열하려 했다고 주장했다. MSNBC 대변인은 이 주장을 부인했지만, 유거와 MSNBC 경영진 간의 불화가 소통 스타일에서 비롯된 것임을 인정했다.*** 계약 협상 과정에서 유거는 주말 방송—케이블 뉴스 세계에서는 진정 아무도 원하지 않는 무인 지대라고 할 수 있다—을 진행하지 않겠냐는 MSNBC의 제안을 거부했다. 대신 유거는 케이블 뉴스를 떠나 TYT에 집중하기로 했다. 이 사건 이후 그는 아르메니아계 미국인인 공동 진행자 아나 카스패리안 Ana Kasparian과 함께 의도적으로 좌파 포퓰리즘 브랜딩 전략을 사용해 몇 년

•　　Stelter, B.(2010. 10. 1.) CNN Fires Rick Sanchez for Remarks in Interview. *New York Times*. www.nytimes.com/2010/10/02/business/media/02cnn.html Shea (2010. 10. 1.) 산체스에 대한 존 스튜어트와 〈데일리 쇼〉의 대응은 다음을 참조. Stewart, October 4,2010,r 1, 2010

••　　Stelter (2011. 7. 20.)

•••　　*Politico* (2011. 7. 21.) 참조.

만에 TYT를 세계에서 가장 성공적인 온라인 뉴스 기관의 반열에 들게 했다. 현재 TYT는 CNN을 포함해 여러 주요 뉴스 방송사들보다 많은 유튜브 구독자를 확보하고 있다.[*]

2013년 MSNBC가 진행자 에드 슐츠 Ed Schultz를 황금시간대에서 주말로 옮긴 사례는 이보다 더 이해하기 어려운 일이었다. 유거와 달리 〈에드 쇼〉의 시청률은 좌천될 당시에도 명백히 상승 추세에 있었다. 2013년 MSNBC에서 두 번째로 높은 시청률을 견인하던 사람은 흥미롭게도 미식축구 특기생 장학금으로 미네소타주립대학교를 졸업한 "빅 에디 Big Eddie"였다. 실제로 그의 쇼는 CNN의 모든 인기 프로그램들을 시청률로 제쳤으며, 심지어는 같은 8시에 편성되어 직접적인 경쟁관계에 있던 앤더슨 쿠퍼 Anderson Cooper의 CNN 쇼보다 시청률이 두 배 이상 높기까지 했다. 가장 인상적인 사실은 MSNBC의 최고 프로그램인 〈레이첼 매도우 쇼〉의 시청률조차 여러 차례 넘봤다는 점이다.[**]

MSNBC에서 슐츠만이 유일하게 제공할 수 있었던 교차 홍보[***]적인 이익을 고려한다면 시간대 개편을 상업적으로 설명하기 더욱 힘들어진다. 슐츠 또한 여러 폭스뉴스 방송인들과 마찬가지로 라디오 토크쇼를 통해 방송 경력을 시작했기 때문이다. MSNBC에서 슐츠가 진행했던 〈에드 쇼〉의 라디오 판인 〈에드 슐츠 쇼〉는 『토커즈매거진 Talkers Maga-

[*]   Weigel (2016. 5. 27.)
[**] *Mediaite* (2012. 8. 19.); Sareen (2013. 3. 13.); Rothman (2013. 5. 23.)
[***] 한 가지 상품을 이미 소비하고 있는 집단을 겨냥하여 다른 상품도 소비하도록 촉진하는 홍보 행위. 이 맥락에서는 텔레비전과는 다른 매체 유형의 콘텐츠를 소비하는 시청자들을 대상으로 텔레비전 방송을 홍보하는 행위를 의미한다. 圖

zine』[*]이 발표한 2013년 순위에서 6위를 기록하며 림보, 해니티, 벡의 뒤를 바짝 뒤쫓았다.『폴리티코』[**]의 기자 매켄지 와인거 Mackenzie Weinger 는 이를 두고 "전반적으로 상위권에는 보수 성향의 진행자가 진보 성향의 진행자들보다 많이 포진되어 있는데, 슐츠는 좌파 진행자 중 가장 높은 순위를 기록하고 있다"고 평했다.[***]

　라디오 토크쇼의 세계에선 좌파 정치색 때문에 외톨이가 된 슐츠였지만, MSNBC의 진보적인 취향 문화에서는 연출 스타일 때문에 이단아가 되었다. 슐츠는 폭스 방송인들처럼 도덕적 가치 판단으로 가득 차 있는 포퓰리즘 용어로 미국의 언론과 정치를 정의했다. 〈에드 쇼〉의 수사학적 체계 안에서는 "미국 재계"와 "백만장자 기득권 언론"이 파워엘리트로 지명됐지만, 폭스뉴스와 달리 지식인과 교수들은 엘리트로 지목되지 않았다. 슐츠는 항상 직접적이고 사적인 소통 방식을 추구했으며 자신의 시청자들을 "중산층분들"이라고 불렀다. 그리고 오라일리와 마찬가지로 항상 계급 정체성에 기반한 사회 집단의 관점에서 뉴스를 분석했다.

　슐츠는 2009년 티파티 시위에 대한 폭스뉴스의 "활동가적" 저널리즘 접근법―그리고 엔터테인먼트화―을 본떠 2011년 위스콘신에서 벌어진 노동자들의 시위를 여러 차례 생중계했다. MSNBC의 다른 황금시간대 방송에서는 시도하지 않았던 접근법이었다. 소방관, 간호사, 교사들에 둘러싸인 슐츠는 글렌 벡과 러시 림보 같은 보수 언론인들이

•　　라디오 토크쇼를 다루는 전문 잡지 ⓞ

••　　미국의 정치 전문 일간지 ⓞ

•••　　Weinger (2013. 3. 13.)

노동조합과 공공부문 노동자들을 "무임승차자"라고 불렀다는 사실을 지적하면서 군중을 자극했다. 〈에드 쇼〉만의 고유한 또 다른 특징은 노동계 지도자들을 인터뷰 대상으로 활용하는 데 그치지 않고 노조 임원들을 텔레비전 방송인이나 뉴스 분석가로 대우했다는 점이었다. 이 기법을 통해 〈에드 쇼〉는 대부분의 진보 방송에서는 거의 활용되지 않던 노동계급적 성격을 지닌 인재 풀을 활용할 수 있었다.

연출 및 체현된 정동의 관점에서 보면 슐츠는 (오라일리처럼) 손짓을 써가며 말을 했고, (숀 해니티처럼) 노동계급의 속어와 스포츠 용어를 사용했으며, (글렌 벡처럼) 감정적 효과를 극대화하기 위해 종종 카메라 가까이로 몸을 기울이곤 했다. 이러한 소통 기법들은 2009년 6월 9일 방송에서도 잘 드러난다. 당시 휴 휴이트Hugh Hewitt와 러시 림보 같은 보수 언론인들은 "사회주의적"인 미국 자동차 제조업체 크라이슬러와 GM에게 정부 보조금을 지원하는 데 항의하는 의미로 자신들의 청취자들에게 이 두 회사를 보이콧하라고 종용했다. 이날 방송에서 슐츠는 이런 보수 언론인들의 행태를 다뤘다. 그의 동료들이라면 휴이트가 종용한 보이콧을 "문제적"이라고 말하는 데 그쳤겠지만, 슐츠는 보이콧을 "반미국적 쓰레기"라며 맹렬히 비난했다. 슐츠는 "윤리적 성향"을 명백하게 드러냈고, 카메라를 응시하면서 다음과 같이 물었다. "여러분은 얼마나 많은 미국인들이 제조업에서 일자리를 잃었는지 아시나요? 이 경기 침체로 인해 얼마나 많은 미국 가정이 피해를 입고 생계가 망가졌는지 아십니까? (…) 아예 미국 노동자들의 면상을 발로 차버리지 그래요?" 이 마지막 말을 하면서 슐츠는 자신의 다리로 직접 발로 차는 시

• VampiressOnDaProwlq (2011. 2. 20.)

늉을 해 보였다.*

슐츠의 과격하고 감정적인 연출은 중도와 진보 언론 매체들로부터 많은 야유와 비판을 불러일으켰다. 비즈니스 전문직을 대상으로 하는 남성 패션 잡지 『GQ Gentlemen's Quarterly』는 2011년 "가장 영향력 없는 25인"이라는 풍자 리스트에 슐츠의 이름을 올려 조롱했다. 포퓰리즘을 연출하는 슐츠와 전형적인 뉴스 전문가인 CNN의 앤더슨 쿠퍼 사이에는 불화가 자라나고 있었고, 이를 반영이라도 하듯 쿠퍼의 프로그램 〈AC360〉에서는 "터무니없는 리스트 RidicuList"코너를 통해 슐츠의 명성에 흠집을 낸 『GQ』의 기사를 언급했다.** 2010년대 초반이 되자 주류 언론은 저널리즘적 "시민성"이 쇠퇴한 전형적인 "좌파 진영"의 사례로 슐츠를 언급할 지경에 이르렀다. 2010년 존 스튜어트와 스티븐 콜베어는 "제정신 회복을 위한 집회 Rally to Restore Sanity"를 주최했다. 집회를 보도한 코미디센트럴 Comedy Central 과 C-Span은 행사가 끝나갈 무렵 한 편의 비디오 몽타주를 내보냈다. 이 비디오는 슐츠 방송의 하이라이트 장면들과 〈오라일리 팩터〉, 〈해티니〉의 장면들을 나란히 늘어놓고 좌파와 우파 언론의 스타일이 똑같다는 것을 보여주었다. 행사의 중심 주제에 맞게 이 비디오는 케이블 뉴스가 미국 대중들 가운데 가장 "극단적"이고 "몰상식한" 사람들의 구미를 맞추고 있다고 비난했다. 1장에서 언급한 테드 코펠의 2012년 특집 방송 〈말의 전쟁: 당파적 불평이 '두려움의 마케팅'이 되다〉도 비슷한 목적으로 슐츠 방송의 하이라이트 장면들을 활용했다. 물론 슐츠의 "비시민성"을 둘러싼 모든 비

•   NBCnews.com(2009. 6. 10.)
••   Yazakchattiest(2011. 12. 4.)

판이 부당했던 것은 아니다. 2011년 5월 그는 보수 라디오 토크쇼 진행자인 로라 잉그러험 Laura Ingraham에게 여성 혐오적인 공격—"토크 창녀"라고 불렀다—을 했다는 이유로 MSNBC 방송으로부터 일시 정직 처분을 받았다.[•]

언론이 슐츠를 호의적으로 다루지 않았다는 사실이 2013년 MSNBC가 슐츠를 좌천시키기로 한 결정에 영향을 미쳤음은 의심의 여지가 없다. 『허핑턴포스트 Huffington Post』에 실린 한 기사는 MSNBC가 슐츠를 눈에 띄지 않게 만들려 한다고 지적하며 슐츠의 "활기 넘치고, 중서부적이며, 노동자 친화적인 포퓰리즘적 진보주의는 MSNBC를 장악해가고 있는 샌님 같은 어투와 점점 어울리기 힘들어졌다"[••]고 보도했다. 이 샌님스러움을 완벽하게 체현한 사람이 슐츠를 밀어내고 오후 8시 시간대를 차지한 진행자 크리스 헤이스 Chris Hayes였다. 〈크리스 헤이스와 올인 All in with Chris Hayes〉은 시청률 최저 기록을 갈아치웠고, 막을 내릴지도 모를 위기에 오랫동안 처해 있었다. 2017~2018년 트럼프-러시아 스캔들이 발생해 MSNBC의 황금시간대 시청률이 전체적으로 높아지기 전까지 이 쇼는 늘 퇴출 후보 1순위였다.

〈에드 쇼〉의 일시적인 성공과 이후 유거의 온라인 방송국 TYT의 성공을 통해 우리는 노동계급 시청자들에게 맞춰진 스타일을 선택하는 프로그래밍 전략이 MSNBC에게 상업적으로, 그리고 어쩌면 정치적으로도 유효했을지 모른다고 추측할 수 있다. 그러나 2003년 CNN이 마케팅 전략을 전환한 것처럼 MSNBC의 경영진은 오히려 그 반대 방향으

•   Farhi (2011. 5. 26.)

••   Sareen (2013. 3. 13.)

로 홍보하는 데 에너지를 쏟기로 결정했다. 초기부터 융통성 없이 "슬럼 피"—사회적으로 진보적이고 도시적인 전문직—인구만을 주 수요층으로 삼아왔고, 그로부터 파생된 취향 문화로 인해 MSNBC의 경영진들은 자신들이 높은 문화적 가치를 부여하는 "샌님 같은 어투"가 오히려 실제 시청자들과 잠재적 시청자들에게 맞지 않을 수 있다는 사실을 무시했다. 2012년 퓨리서치센터에서 발표한 연구에 따르면 MSNBC 시청자 중 26퍼센트만이 대학 졸업자였다. 이는 폭스 시청자의 대졸자 비율 24퍼센트보다는 높지만, 전국 평균인 30퍼센트보다는 낮은 수치였다.[•]

그러나 MSNBC는 여전히 유거와 슐츠 그리고 민권운동가 알 샤프턴Al Sharpton이 보여준 포퓰리즘 프로그래밍 전략을 거부하고 있다. 노동계급 스타일을 따르던 알 샤프턴의 〈정치의 나라Politics Nation〉는 2015년 주말로 밀려났고 이후 종영을 맞았다. MSNBC의 경영진은 아직까지도 폭스가 경쟁 우위를 확보할 수 있었던 이유를 포퓰리즘 스타일이 아니라 보수 이념에서 찾고 있다. 최근 MSNBC는 보수적인 방송인들을 충원했다. 이중 가장 놀라운 일은 한때 슐츠가 MSNBC 시청자들에게 보이콧해달라고 요청했던 휴 휴이트를 MSNBC가 고용했다는 사실이다.[••] 희한하게도 이와 같은 변화들은 트럼프 대통령 집권 초기에 이루어졌다. 2009년 1월 오바마 대통령이 취임했을 당시를 떠올려보면 폭스뉴스는 진보 방송인들을 고용하지도, 정부에 반대하는 프로

•   Pew Research Center (2012. 9. 27.); United States Census Bureau Public Information Office (2016. 5. 19.)

••   Vyse (2017. 5. 1.); Grim (2017. 5. 2.)

그램 주제들을 "누그러뜨리지"도 않았다. 폭스뉴스의 전략은 딱 그 반대였고, 이는 오히려 폭스뉴스 사상 가장 높은 시청률을 안겨주었다. 그리고 폭스뉴스는 정부가 경제 위기에 어떻게 대응해야 하는지에 대한 국가적 논쟁을 주도할 수 있게 됐다.

찰스 피어스는 MSNBC의 기업 문화, 즉 정치적으로 진보적인 문화에서는 타블로이드의 연출 기법을 수용하고 포퓰리즘적인 미디어 연출자들을 내세우는 것이 불가능했다고 분석했다. 2002년 피어스는 「폭스 포퓰리 Fox Populi」라는 제목의 기사에서 폭스뉴스 진행자들의 TV 연출이 "진정성 있게 인위적"이라고 말했다. 이는 폭스의 톱스타들이 일말의 가책도 없이 뉴스 및 정치의 연출적 성격을 완벽하게 수용하고 있다는 의미였다. 피어스에 의하면 이 진행자들은 폭스의 모회사인 뉴스코퍼레이션(현 21세기폭스)의 역사와 문화를 따라 "진실하고 고결한 타블로이드 정신[강조는 인용자]"을 지니고 있었다. 아직도 뉴스를 정보적으로 개념화하기를 고수하며(Schudson, 1978), 뉴스가 오락적·문화적 담론의 기능을 수행한다는 사실을 미온적으로만 인정하거나 부끄럽게 여기는 진보 뉴스 기관들과는 대조적이다. 피어스는 "진보 정치인들이 언제부터 타블로이드 신문들과 전반적으로 연을 끊기 시작했는지 모르겠다"며 의아해했다. 그는 민주당의 최다선 여성 하원의원인 마시 캡터 Marcy Kaptur에게 이 문제를 물었다. 캡터는 중서부 오하이오의 자동차노조 가족 출신이며, 피어스의 표현에 따르면 "NAFTA의 확고한 적이며 절대로 지지율 때문에 신조를 굽히지 않는 당당한 민주당원"이었다. 2012년 총선에서 캡터는 우파의 인기 언론인 새뮤엘 워젤바커 Samuel Wurzelbach-

---

•   "사람들의 목소리"라는 라틴어 격언 Vox Populi를 패러디한 것 📖

er—"배관공 조"라는 별명으로 불렸다—를 상대로 승리를 거뒀는데, 당연하게도 그 과정에서 포퓰리즘을 직접 대면하게 됐다. 한때는 캡터의 선거캠프가 노동계급 정치로 점철되기도 했지만, 이제는 캡터도 민주당에서 그런 정치 세력이 사라졌다는 피어스의 지적에 동의할 수밖에 없었다. 왜 그렇게 됐는지 이유를 묻자 그녀는 다음과 같이 과감히 답했다. "아마도 이제는 우리 정당의 교육 수준에 적합하지 않은 것이 됐는지도 모르죠"(2002, para. 38).

흥미롭게도 1930년대의 미디어 문화에서는 앞에서 언급한 관계들이 모두 반대로 이해되고 있었다. 이 시기 상업적 컨트리 음악은 정치적으로 좌파적인 코드로 가득 차 있었고, 내슈빌보다 먼저 컨트리 음악의 중심지를 담당했던 로스앤젤레스에서는 우디 거스리 Woody Guthrie 같은 사회주의적 컨트리 음악가들이 "힐빌리 hillbilly " 음악계를 이끌었다. 뉴딜 시대에 가장 활기찬 정치운동이었던 인민전선 Popular Front 은 의도적으로 라이프스타일을 주로 다루는 타블로이드 신문 『PM』을 발행했다. 이 신문은 반파시즘적 메시지를 담은 테오도르 소이스 가이젤 Theodor Seuss Geisel —훗날 닥터 수스 Dr. Seuss라는 이름으로 알려진—의 만평을 연재하기도 했다(Denning, 1998). 1930~1940년대에 "하류"문화와 타블로이드 뉴스 스타일 그리고 "연출"을 정치적 소통의 도구로 쉽게 수용한 것은 좌파 민주당이었다. 반면 그 시대에 "객관적인"명성을 지

• 산지나 농촌에서 온 사람들에 대한 멸칭이지만 1950년대까지는 컨트리 음악과 동의어로 사용됐다. 🈂

•• 기존에는 뉴딜 정책에 비판적이던 미국 공산당Communist Party of the United States of America, CPUSA에서 1935년을 기점으로 뉴딜 정책을 지지하는 방향으로 노선을 틀면서 루스벨트 정권과 맺으려고 했던 연대. 공산주의 운동이 인민전선으로 탈바꿈하면서 미국 공산당은 점차 애국주의의 노선도 택하게 된다. 🈂

닌 뉴스 미디어 기관들에서는 보수 진영의 목소리가 지배적이었다.

예를 들어 1940년 대통령 선거에서 민주당 대통령 프랭클린 델러노 루스벨트는 유권자 55퍼센트의 지지를 얻었지만, 일간지는 25퍼센트, 주간지는 33퍼센트만이 루스벨트를 지지했다. 당시 정치 커뮤니케이션을 지배하던 매체는 일간지였지만, 보수 언론에서 역사학자 노릇을 하는 리처드 비게리가 인정했듯 루스벨트는 라디오라는 신기술을 이용함으로써 일간지의 영향력에 대항할 수 있었다. 하지만 루스벨트를 분석할 때 눈여겨봐야 할 점은 그도 연출, 특히 진실함의 연출이 정치적으로 중요하다는 사실을 이해하고 있었다는 것이다. 앞서 대통령을 지냈던 공화당의 허버트 후버Herbert Hoover나 캘빈 쿨리지Calvin Coolidge는 냉정하고 기술관료적인 지도자 스타일을 내세웠지만, 루스벨트는 극히 사적인 어투로 미국 대중과 소통했고 그 방식은 타블로이드 뉴스의 소통 방식과 매우 비슷했다. 라디오에서 "노변담화fireside chats"•를 방송하면서 루스벨트는 라디오로 전해지는 소리의 특성이 감정을 자극할 수 있다는 점에 개의치 않고, 오히려 이를 자신의 장점으로 이용해 미국 대중과 친밀한 "유사-사회적" 관계를 효과적으로 형성할 수 있었다.

제한적인 의미에서 ― 제한적이라는 점을 강조해둔다 ― 우리는 루스벨트가 조지 W. 부시나 도널드 트럼프 같은 공화당 대통령의 20세기 초 진보 진영 버전이라고 생각할 수도 있다. 부시와 트럼프처럼 루스벨

• 노변한담 혹은 노변정담이라고도 번역된다. 일상 대화에서는 가족들이 벽난로 주위에 모여 앉아 나누는 이야기라는 의미를 지니고 있지만, 미국사·미국 정계에서는 루스벨트 대통령이 1933년부터 1944년까지 라디오로 발표한 총 30회의 대국민 담화를 뜻한다. 각 담화는 백악관 외교접견실에서 발신되었으며, 루스벨트는 항상 청취자들을 "제 친구 여러분my friends" 혹은 "제 동료 미국 국민 여러분my fellow Americans"으로 호칭하면서 입을 떼곤 했다. 🔒옮김

트도 그가 속한 귀족적인 아이비리그 출신 배경에서 중시하는 의사소통 규범을 위반함으로써 미국 대중의 신뢰를 얻었다(특히 텔레비전 이전 시대까지 루스벨트 자신과 그의 동료들은 루스벨트가 휠체어를 탄다는 사실을 숨기기 위해 부단히 노력했다는 점에 주목하자). 우선, 루스벨트의 언어 행위에는 극적 요소와 도덕적 가치 판단이 만연했다. 이는 대통령이라는 직위가 "단지 효율과 비효율을 따지는 공학자의 지위가 아니라 도덕적인 리더십의 위치"라는 본인의 믿음에서 비롯된 것이다(Schlesinger, 2002: 483). 둘째, 부시가 텔레비전에 출연할 때처럼 루스벨트의 라디오 연출에서 나타나는 가장 큰 특징은 언제든지 감정이 개입할 여지가 있었다는 점이다. 이는 특히 시청자들이 그를 투명한 사람이라고 인지하게 되는 데 기여했다. 셋째, 루스벨트는 트럼프처럼 공격적인 수사 기법을 쓰는 데 거리낌이 없었다. 루스벨트는 당시의 기업 엘리트와 부유층을 "경제적 왕족"이라고 불렀고, 성경의 표현을 빌려 이 "돈 장사꾼들"을 사원 밖으로 쫓아내겠다고 맹세했다(1933. 3. 4.). "조직화된 돈organized money "* 이 정치적으로 보복을 가하자 루스벨트는 "저는 그들의 증오를 환영합니다"라는 매우 유명한 발언을 내놓았다(1936. 10. 31.). 버락 오바마와 힐러리 클린턴 그리고 민주당 전국위원회 의장인 톰 페레즈Tom Perez 같은 현대 "기득권" 민주당원들에게서는 이러한 공격적 어조나 표현을 좀처럼 찾아보기 어렵다.** 마지막으로, 그리고 가장 중요하게 루스벨트는 포퓰리즘적 연출 기법이 성공하는 데 있어 매우 핵심적인 또 다른 요소를 공유하고 있었다. 그는 백인이고 남성이었다.

•   재계의 엘리트 집단을 당시에 만연했던 "조직화된 범죄organized crime"에 빗대어 비꼬는 멸칭 🔒

MSNBC와 더 나아가 민주당 좌파 진영이 갖고 있는 포퓰리즘에 대한 불안감은 단지 전문직계급의 문화 편향이라는 이유만으로 온전히 설명될 수 없다. 특히 민권운동과 닉슨 시대 이후의 정치적 지형에서는 더욱 그렇다. MSNBC가 포퓰리즘을 다루는 데 실패했다는 사실은 이 방송국이 비백인 시청자들의 이목을 끄는 데는 비교적으로 성공했다는 맥락과 함께 분석돼야 한다. 3대 케이블 방송사 중 지속적으로 가장 많은 아프리카계 미국인 시청자를 끌어모은 곳이 바로 MSNBC였다. 2013년에는 MSNBC의 25~45세 시청자 중 30퍼센트가 아프리카계 미국인이었다.••• 다음 절에서는 포퓰리즘 미디어 스타일을 활용하는 일이 백인 남성이 아닌 유색인종이나 여성 정치인들에게 얼마나 더 복잡하고 위험한 과제인지를 살펴보도록 한다.

•• 민주당 좌파 중 포퓰리즘 분파와 기득권 분파 간에 존재하는 수사학적 차이를 부각시켜주는 예로 MSNBC 〈크리스 헤이스와 올인All in with Chris Hayes〉의 2017년 4월 17일 방송을 들 수 있다. 이 방송에서는 전 대통령 후보인 버니 샌더스와 민주당 전국위원회 의장 톰 페레스의 공동 인터뷰가 진행됐다. 여기서 샌더스는 민주당이 더 포퓰리즘적이고 공격적인 스타일을 채택할 필요가 있다고 강조했다. "[한 정당으로서] 우리는 이 나라의 지배계급, 억만장자들 그리고 월 스트리트에게 손가락질을 하면서 '너희들의 탐욕이 이 나라를 망치고 있어. 그리고 이젠 우리가 너희를 끝내러 갈 거야'라고 말할 용기를 내야 합니다." 헤이스는 페레스에게 민주당이 악당을 지정해야 한다는 샌더스의 의견에 동의하는지 물었다. "당신은 이 사람들이 우리를 망치고 있다고 말해야 한다고 생각하나요?" 페레스의 답변은 오바마와 힐러리처럼 합의를 중시하는 스타일에서 벗어나질 못한다. "글쎄요, 우리가 투표라는 행위에 희망을 건다면 우리는 이길 것입니다. 하지만 우리가 우리의 적들로 하여금 투표라는 행위에 두려움을 걸게 놔둔다면 결과가 썩 좋지는 않지요." Stein (2017. 4. 19.)

••• Chariton (2014. 1. 2.) 또한 Wilstein (2014. 12. 15.)도 참조할 것.

포퓰리즘과 인종·젠더 문제

앞서 빌 오라일리가 존 스튜어트에게 버락 오바마 대통령을 비판하면서 사용한 "평범한 서민들로부터 자신을 분리시켰다"는 표현을 다시 살펴보자. 오라일리는 오바마의 두 임기 내내 이 비난을 되풀이했다. 다음 장에서 더 깊이 분석하겠지만 2010년 10월 6일 방송에서 오라일리는 오바마가 미국의 노동계급을 이해하지 못하고, 심지어는 "노동계급 미국인들을 깔본다"고 주장했다. 이날 방송에서 오라일리는 자신이 보기에 이러한 계급적 단절이 반영되어 있다고 여겨지는 민주당 정책들을 지적했다. 하지만 그에 따르면 오바마가 "백인 노동계급과 죽이 맞지 않는" 주된 이유는 "문화적 성향" 때문이었다. 그 뒤 2010년 11월 8일 방송된 "도대체 오바마 대통령은 누구인가?"라는 제목의 코너에서 오라일리는 오바마에 대한 불평을 다시 늘어놓았다. "[오바마는] 미국 국민들에게 자기 자신을 드러내지 않을 겁니다. (…) 우리 미국 국민들[여기서도 스스로를 '국민의 목소리'로 포장하고 있다]은 버락 오바마가 우리에게 거리를 두고 있다고 느끼고 있어요. 그리고 이건 대통령으로서 큰 문제입니다." 오라일리의 동료인 폭스 앵커 브릿 흄은 고개를 끄덕거리면서 이 얘기에 동조했다. "오바마는 겉으로 감정을 내보이지 않기 때문에 다가갈 수가 없어요." 둘 다 백인 남성인 이 방송인들은 오바마에게는 '강인함'이 부족하고, 그가 자신을 침착하고 신중한 전문가마냥 연출한다고 비판하기도 했다. 오바마 대통령의 연설에 문학적 특성이 가미되어 있다는 점 또한 폭스뉴스는 물론 러시 림보 같은 라디오 토크쇼 진행자들에게는 비난의 대상이 되었다. 비록 보수 진영처럼 웅변가로서의 자질이나 교수라는 배경에 대해서는 불평하지 않았지만,

버니 샌더스Bernie Sanders와 같은 포퓰리즘 성향의 진보 인사들조차 월 스트리트나 보수 진영에 대한 오바마의 침착하고 비공격적인 접근법에 대해서는 불만을 표출했다.

일리노이주 상원의원을 지낸 경력 초기부터 고학력 전문가인 오바마의 문화적 성향은 그의 공적 이미지를 구성하는 핵심적인 요소였다. 오바마의 2008·2012년 대선 선거운동은 오바마 이전까지 가장 성공적인 흑인 대통령 후보라고 평가받던 제시 잭슨Jesse Jackson의 노동계급 중심적인 1984·1988년 선거운동과 스타일 면에서 큰 차이를 보였다.' 물론 오바마가 대선에서 거둔 두 차례의 승리가 "탈인종화된 미국"의 시작을 의미하는 것은 아니다. 인종에 관한 고정관념을 연구하는 학자들은 이 사건으로 이미 존재하고 있던 흑인 전문직이라는 "하위 유형" 이 더 눈에 띄게 부각되었다고 주장한다(Fisk et al., 2009). 오바마가 보여주는 교양 있는 스타일은 당연하게도 일정 부분 그의 출신 배경에 기인한다. 그의 어머니 앤 던햄Ann Dunham은 인류학 박사학위를 받은 저명한 학자였고, 자랄 때 그의 곁에 없었던 아버지 버락 오바마 시니어Barack Obama Sr. 역시 하버드대학교에서 석사학위를 받았다. 활동가이자 정치인으로서의 경력을 시작하기 전까지 오바마는 사회 초년생 시절을 학계에서 교수이자 세계에서 가장 권위 있는 저널 중 하나인 『하버드로리뷰Harvard Law Review』의 편집자로 보냈다.

그러나 정치인이나 방송인의 자기표현 방식은 교육 수준에 의해 결정되는 것이 아니다. 앞서 살펴봤듯이 미국 언론과 정치의 역사는 엘리

• 　제시 잭슨의 대통령 선거운동과 포퓰리즘의 수사적 전통의 관계에 대한 역사적인 분석은 다음을 참조할 것. Kazin, *The Populist Persuasion*, pp. 270-280

트 학교 출신의 백인 남성들이 노동계급의 정체성을 연출하고 포퓰리스트의 역할을 수행하는 사례들로 넘쳐난다. 프랭클린 루스벨트와 그의 먼 친척인 시어도어 루스벨트 대통령이 그 명백한 사례다.[*] 오바마의 냉정하고 전문적인 연출 스타일을 이해하려면 지난 2세기 반 동안의 전직 대통령들과 오바마를 차별화하는 한 가지 특징을 고려해야 한다. 즉 그의 몸 자체에 체현되어 있는 흑인이라는 사실 말이다.[**] 오랫동안 백인 대통령들과 방송인들은 다양한 연출 기법을 택할 수 있는 자유를 누리고 있었지만, 오바마의 인종적 정체성은 그에게 같은 자유를 허용하지 않았다.

사회심리학자들은 "지위 취약성"이라는 개념을 통해 지도자의 위치에 오른 유색인종과 백인 여성들이 같은 지위에 있는 백인 남성들과 똑같은 성격적 결함을 갖고 있거나 똑같은 실수를 범했다 하더라도 백인 남성들에 비해 더 심한 질책을 받는 현상을 설명했다. 현실에서는 폭스의 진행자들 같은 보수적인 백인 남성 포퓰리스트들에게도 "지위 취약성"이 역으로 적용되는 듯하다. 정치적 스타일로서 문화적 포퓰리즘은 그 추종자들로 하여금 자신의 사회적 결함을 대놓고 드러낼 것을 요구하기 때문이다. 2016년 도널드 트럼프의 대통령 선거운동에서 극적으로 증명되었듯이 부족한 자격, 분노 표출, 형편없는 취향, "나쁜 매너" 그리고 자기의 직감만을 믿는 것과 같은 요소들도 긍정적 해석을 통해

---

[*]   시어도어 루스벨트 대통령이 어떻게 영화를 이용해 남성적이고 노동계급적인 공적 이미지를 구축했는지에 대한 분석은 David Gerstner의 2006년 단행본 *Manly Arts: Masculinity and Nation in early American Cinema*를 참조.

[**]   Walters, 2007; McIlwain, 2007

"평범함"과 "진정성"을 의미하는 기호가 될 수 있다. 그러나 다른 관점에서 보면 같은 특성이 한 사람의 "무능력"과 "무례함"을 의미할 수도 있다. 이렇듯 동일한 현상을 놓고 상반된 해석이 나올 수 있는 이유는 단순히 정치인들과 방송인들이 각자의 미디어 연출을 얼마나 잘 수행했는지의 여부로 완벽하게 설명할 수 없다. 이런 경우에는 연설자 본인에게 체현되어 있는 인종·젠더·섹슈얼리티의 문제가 더욱 중요하기 때문이다.

빌 오라일리가 전국적으로 방영된 쇼에서 민주당 상원의원 바니 프랭크Barney Frank에게 주먹을 휘두르며 "당신은 겁쟁이예요!"라고 소리를 질렀을 때 우파 진영은 그를 "전사"라고 추켜세웠다. 하지만 만일 오바마가 예의 바른 중산층 성향 외에 다른 모습을 보이고자 했다면, 그는 "흑인 전투광"이라는 낙인이 찍힐 위험을 무릅써야 했을 것이다. 비록 성공적이진 않았지만, 폭스뉴스의 방송들은 실제로 2008년 대통령 선거운동 기간 동안 오바마가 다니던 시카고 트리니티연합교회의 다혈질 목사이자 해방 신학자인 제레미아 라이트Jermiah Wright와 오바마를 엮어 비슷한 이미지를 심어주려 시도한 적이 있었다. 마찬가지로 2008년 전 영부인 미셸 오바마가 선거 유세에서 공격적인 수사적 스타일을 채택했을 때 보수 방송인들은 "흑인 전투광"의 여성 버전인 "성난 흑인 여자"로 묘사했다. 미셸 오바마의 분노는 흑인 특유의 태도 문제였을 뿐, 그녀의 도덕성을 진정성 있게 표현하거나 그녀가 정의한 "서민들"에 대한 깊은 개인적 관심을 드러내는 기법이 될 수 없었다. 터커 칼슨을 비롯한 보수 인사들은 미셸 오바마가 "피해의식에 절어 있다"

• Moffitt & Tormey, 2014; Moffit & Ostiguy, 2016

고 주장했다.[•]

　다음 장에서는 폭스뉴스의 진행자들이 포퓰리즘적인 미디어 페르소나를 구축하기 위해 자신들이 스포츠, 컨트리 음악, 체인 레스토랑 같은 것들에 얼마나 익숙한지를 피력하는 모습을 볼 것이다. 그러나 이 분석을 시작하기 전에 노동계급 취향을 정치적으로 연출하는 과정에서 인종이라는 요인이 어떤 영향을 끼치는지 살펴보자.

　미국 노동계급의 문화적 삶은 경제적 지위 못지않게 인종별로도 구분되어 있다.[••] 이는 비백인 정치인들이 노동계급의 정체성을 연출할 때 취향에 기반한 전략을 사용하기 어렵다는 것을 의미한다. 이전 대통령들이 그랬던 것처럼 오바마도 자신에 대한 호감도를 높이기 위해 대중문화를 활용했다. 특이하게도 오바마는 힙합 산업의 예술가들에게 손을 내밀었다. 대중문화 중 아프리카계 미국인들의 영향력이 강력한 분야였지만, 오바마의 전임자들 중 누구도 힙합을 제대로 인정한 전례는 없었다. 하지만 폭스뉴스는 이 전략이 오바마의 현실적인 성격을 나타낸다고 생각하지 않았다. 빌 오라일리와 다른 보수 방송인들은 오히려 오바마가 "지나치게 성적"이고 "유해한 엔터테인먼트"를 지지한다고 맹렬히 비난했다.[•••] 폭스뉴스가 담지하고 있는 보수적인 백인의 시선에서 힙합은 "게토" 혹은 오라일리의 표현대로 "갱스터"와 동의어였다. 폭스의 시선에서 힙합의 계급 문화적 특징은 힙합의 "위협적인" 인

•　　Zieber (2012. 1. 12.)

••　　Cosgrove, 1984; Kelley, 1996; Alvarez, 2008

•••　USAhistorywriter (2014. 3. 11.)

종적 코드에 의해 완전히 압도되고 지워졌다.[•]

흑인 음악에 대한 진보 진영 백인들의 시선은 어느 정도는 "긍정적"이라고 할 수 있지만—그들은 흑인 음악을 "힙"하다고 인지한다—그럼에도 불구하고 아프리카계 미국인 정치인들이 흑인 문화를 포퓰리즘적 정치 자원으로 활용하려 할 때는 그들의 시선이 장애물로 작용한다. 백인 진보주의자들은 종종 힙합을 "구별 짓기"(Bourdieu, 1984)를 지향하며 유행을 타는 음악으로 취급한다. 보헤미안 백인들—이른바 "힙스터"—이 반항을 표현하기 위해, 그리고 자신들보다 문화적 지식이 부족한 다른 백인 집단들—예컨대 "여피족", "레드넥rednecks",[••] 미국 노인들—과 자신을 구별하기 위해 흑인 음악을 사용하는 것은 오랜 역사적 경향이다.[•••] 따라서 백인들은 진보와 보수를 가리지 않고 힙합을 "평범"하거나 "전통적"이라고 생각하지 않는다. 하지만 힙합은 샘플링을 기본으로 하는 음악 형식이기 때문에 말 그대로 이전 세대 음악에 대한 향수와 경외가 저변에 깔려 있는 장르라고 할 수 있다.[••••] 반면 컨트

[•]　빌 오라일리가 폭스뉴스에서 장기 근무하는 동안 힙합 문화와 힙합 음악인들은 빈번히 오라일리의 욕받이 역할을 해야 했다. 오라일리는 루리크러스Ludicrous부터 에미넴, 나스Nas, 제이-Z까지 여러 힙합 음악인들을 공격하는 것으로 유명세를 타기도 했다. 오라일리가 공중파에서 래퍼들과 다퉜던 역사는 여러 힙합 잡지 및 블로그에 상세히 기록되어있다. Berry (2017. 4. 19.); Ozzi (2015. 1. 23.); Soundbitten (2002. 12. 20.) 참조.

[••]　미국의 농촌 지방에 거주하는 보수적인 백인 육체노동자에 대한 경멸적인 지칭 📖

[•••]　백인 보헤미안과 흑인 문화 간의 관계, 특히 흑인 남성성에 대한 백인들의 전유에 대해서는 Eric Lott의 *Love & Theft* (1993) 중 2장을 참조할 것. 특히 노만 밀러의 유명한 1957년 에세이 "The White Negro"에 대한 롯의 비판적 분석을 참조할 것(56-57).

[••••]　빅토리아 존슨Victoria Johnson은 〈로잔느 아줌마Roseanne〉나 〈엘런 쇼The Ellen Show〉와 같이 중서부를 배경으로 하는 시트콤을 분석하면서 비슷한 주장을 전개한다. 위 시트콤들에 나오는 문화적으로 "고지식한" 등장인물들은 일관되게 흑인 문화와 퀴어 문화를 "힙"한 것으로 취급하면서 중서부의 블루칼라 농촌 공동체에 속하지 않은 것으로 표현한다. *Heartland TV* (2008), "chapter 5: There is no 'Dayton Chic'": Queering the Midwest in Roseanne, Ellen and the Ellen Show 참조.

리 음악은 백인 문화와 연관되어 있다는 이유로 정치적 포퓰리즘에서 전통주의적 문화 유형으로 중요하게 다뤄진다. 그렇지만 음악학적으로 말하면 현대 컨트리 음악이 1920년대의 "힐빌리" 음악과 지닌 공통점 못지않게 현대 힙합 음악도 1920년대의 블루스 및 재즈 음악과 많은 공통점을 가지고 있는 게 사실이다.

우리는 이에 필적하는 이중 잣대를 젠더 영역에서의 정치 커뮤니케이션에서도 발견할 수 있다. 공화당의 존 베이너 John Boehner 전 하원의장이 카메라 앞에서 눈물을 흘릴 때마다 보수 언론은 이것이야말로 베이너의 동정심 그리고 더 깊은 차원에서는 그의 도덕적 리더십을 나타낸다고 칭송했다. 하지만 진보 진영의 여성 정치인이 흘리는 눈물은 대개 연약함 혹은 영악함의 신호로 받아들여지곤 한다. 2008년 뉴햄프셔 선거 유세 행사에서 힐러리가 "가짜 눈물"을 흘렸다고 비난받은 것처럼 말이다.

글렌 벡도 공식 석상에서 눈물을 흘리기로 유명한 보수 인사였다. 하지만 유망한 여성 뉴스 앵커가 글렌 벡과 비슷한 방식으로 자기를 소개할 수 있다고 상상조차 할 수 있을까? 폭스뉴스에 등장한 지 얼마 되지 않았을 때 그는 시청자들에게 자신을 이렇게 묘사했다. "저는 저널리스트가 아니에요. 우리 애들 아빠일 뿐입니다. 그리고 우리나라를 사랑하는 사람이고요. 여러분들도 저랑 비슷하다고 생각해요"(2009년 2월 6일 방송). 10일 후 벡은 같은 방식으로 자신의 언론 권위를 정의했다. 그는 마치 깊은 고민에 잠긴 듯 시선을 내리깔고는 힘든 사적 고백을 앞둔 사람마냥 목덜미를 긁어댔다. "저는 그냥 애 아빠예요. 그냥 찌질이일 뿐이라고요. 2000년에는 디제이를 했고요. [대학도 졸업]하지 못했고…… 모든 걸 독학했죠. 그러니 제가 말하는 건 적당히 걸러 들으세요"(2009년 12월 16일 방송).

　벡의 발언에 울림이 있는 것은 벡이 남성 TV 진행자이기 때문에 "그냥 애 아빠"일리가 없다는 젠더 고정관념 덕분이다. 벡은 정치적 리더이자 가족의 생계를 책임지는 가장이다(Lorber, 1994). 리에스베트 판 조넨Liesbet van Zoonen에 의하면 "남성 정치인은 자신이 돌봄 의무와 업무적 의무를 아우를 수 있는 온전한 사람임을 암시하기 위해 사생활을 노출할 수 있다"(2006: 298). 판 조넨은 포퓰리즘적 정치 스타일에서는 사생활을 활용해 공적 페르소나를 발전시키는 것이 대단히 중요한 일임에도 불구하고, 여성 정치인들이 이 전략을 활용하려면 남성들보다 더큰 위험을 감수해야만 한다고 설명한다. 여성인 공인이 자신의 감성적이거나 "사적"인 가정생활을 충분히 선보이지 않을 경우, 힐러리 클린턴이나 앙겔라 메르켈 독일 총리처럼 경력만을 우선시하는 냉철하고 무관심한 사람으로 그려질 위험이 있다. 반면 여성이 자신의 신체적인 매력이나 엄마로서의 역할을 강조할 경우에는 "진지한" 정치 지도자로 받아들여지지 않을 위험이 존재한다. 성향의 측면에서나 구조적인 측면에서나 대다수의 공직은 여전히 남성적인 역할이라고 간주되고 있기 때문이다.

보수 진영 여성들의 여성적인 포퓰리즘

여성 정치인과 방송인들이 구사할 수 있는 정치 스타일은 제한되어 있었지만, 폭스뉴스의 여성 방송인들은—비록 그 범위가 한정되어 있기는 했어도—민주당 여성들의 기술관료적인 "전문직" 스타일이 유일한 선택지가 아님을 입증했다. 앤 콜터 Ann Coulter, 미셸 몰킨 Michelle Malkin, 로라 잉그레이엄 Laura Ingraham 같은 논객들과 토미 래런 Tomi Lahren, 다나 로시 Dana Loesch, 판사 쟈닌 피로 Jeanine Pirro 등 새롭게 떠오르는 스타들은 모두 보수 토크쇼 업계의 남성들과 비슷한 공격적 수사 스타일을 보여주고 있다. 역설적이게도 이들의 공격적인 스타일은 지나치게 여성스러운 외모(목이 깊게 파인 드레스, 어깨까지 내려오는 머리—대부분의 경우 금발이다—모래시계 체형, 값비싼 보석, 자연스러워 보이지만 공들인 화장, 밝고 부드러운 조명 등)와 늘 한 쌍을 이루지만 방송에서는 이에 대한 언급이 거의 없다. 이처럼 꾸미지 않은 듯한 아름다움이라는 환상은 보수 진영의 심미적 정치 영역에서 중요한 역할을 수행하고 있다.

달리 말하면 폭스의 여성 진행자들은 자신들이 지지하는 이념, 즉 "전통적인" 가부장적 결혼을 찬양하고 젠더 차이의 자연스러움(즉 올바름)을 강조하는 이념에 부합하는 외모를 선보인다. 폭스의 쇼 〈파이브 The Five〉에서 공동 진행자를 맡았던 안드레아 탄타로스 Andrea Tantaros는 자신의 반페미니즘 책 『매듭에 묶이다: 원하는 것을 얻음으로써 여성들은 어떻게 비참해졌나 Tied Up in Knots: How Getting What We Wanted Made Women Miserable』(2016)에서 "우리[남성과 여성]는 생물학적으로 같지 않다", 하지만 이것이 "우리 힘의 원천이 되어야 한다"고 주장한다. 아이러니하게도 이 책이 출간된 지 얼마 지나지 않아 탄타로스는 당시 폭스에 근무하던 다른 많은 여성들과 함께 폭스 간부인 로저 에일스와 빌 샤인 Bill Shine을 성희롱 혐의로 고소했다. 조직 문화가 좀 더 페미니즘적이었다면 이런 행위를 사전에 예방할 수 있었겠지만, 그런 조직 문화는 보수 진영의 여성들이 자신의 이념적 진정성을 입증하기 위해 페미니즘을 공격해온 전통과 상충된다.

엘리너 버켓 Elinor Burkett이 자신의 책 『우측의 여성 The Right Wom-en』(1988)에서 밝힌 것처럼 1994년 104차 의회—소위 "공화당 혁명"으로 만들어진 의회—는 C-Span을 통해 중계된 행사에서 라디오 토크 쇼 진행자인 러시 림보를 위해 축배를 들었다. 당시 의회에는 공화당 소속의 초선 여성 의원이 7명이나 있었는데, 그 이전까지는 한 해에 그렇게 많은 초선 여성 의원이 선출된 적이 없었다. 와이오밍주 하원의원 바바라 큐빈 Barbara Cubin이 7명의 여성 의원을 대표해 림보에게 "러시가 옳았다 Rush was right"라는 문구가 적힌 명예 메달을 수여했다. 큐빈은 림보와 관중들에게 "우리 중에는 페미나치 femi-nazi가 없다"며 안심시켰다. "페미나치"는 림보가 진보적인 페미니스트들을 욕할 때 사용한 악명 높은 멸칭이다. 물론 보수적인 여성들의 반페미니즘 정치는 그 역사가 매우 길며, 1960년대 캘리포니아주 오렌지카운티에서 일어난 '배리 골드워터를 대통령으로 Barry Goldwater for President'라는 풀뿌리운동(Mc-Girr, 2001), 평등권 수정안 Equal Rights Amendment에 반대한 필리스 슐래플리 Phyllis Schlafly* 그리고 1970년대의 동성애 "재앙"으로부터 전통적인 가족적 가치를 지켜야 한다고 투쟁했던 아니타 브라이언트 Anita Bry-ant**까지 거슬러 올라갈 수 있다.*** 그러나 이념적인 요인만으로 폭스 뉴스의 여성 방송인들이 어째서 이런 젠더 연출 기법을 택했는지를 모두 설명하는 데는 한계가 있다.

---

* 1970년대에 "STOP ERA Equal Rights Amendment" 캠페인을 조직하면서 유명세를 탄 변호사 출신 보수 활동가로 여기서 STOP은 "우리의 특권을 빼앗아가지 마시오 Stop Taking Our Privileges"의 약자다. 슐래플리는 일자리에서 성차별을 금하는 평등권 수정안이 통과될 경우 현재 여성들이 누리고 있는 여러 특권들이 없어질 것이라고 주장했다. 슐래플리는 수정안이 통과된다면 남녀 화장실이 통합될 것이고, 여성들이 군대에 징집될 것이며, 전업주부의 연금 혜택이 사라질 것이라고 주장했다. 🔖

폭스뉴스에 나오는 여성 방송인들의 악명 높은 짧은 치마 그리고 폭스가 수많은 전직 모델들과 미인대회 참가자들을 고용한다는 점을 지적하는 대다수의 논평들은 이것이 폭스의 남성 시청자들을 위한 "눈요깃거리"에 지나지 않는다는 뻔한 주장을 전개한다. 그러나 이러한 방송전략이 여성 시청자들을 대상으로 폭스의 하류 문화적 정치를 전달하기 위한 여성적 연출 방식으로 기능한다는 사실을 고찰한 연구는 거의 없다. 실제로 2012년 퓨리서치센터의 조사에 따르면 폭스의 주요 시청자층은 여성이었다. 사라 배넷 와이저 Sarah Banet-Weiser는 미국 미인대회를 분석하면서 참가자들이 "여성성을 과하게[강조는 인용자] 연출하는 여자들, 한마디로 화장을 진하게 하고 지나치게 꽉 끼는 화려한 옷을 입는 여자들"을 보고 노동계급 출신이거나 비백인 하위 문화에 심취한 사람이라고 생각한다는 사실을 알아냈다. 왜냐하면 이 집단들은 "취향과 스타일이 뒤떨어진다고 간주되고 있기" 때문이다(1999: 82). 사회학자 피에르 부르디외는 신체 이미지야말로 "논란의 여지없이 계급적 취

•• 가수 출신 반동성애 활동가로 1977년 플로리다의 데이드카운티에서 성지향성에 대한 차별을 금지하는 조례를 통과시키자 이를 폐기하기 위한 운동을 이끌었다. 동성애자들로부터 아이들을 보호해야 한다는 취지의 세이브아워칠드런 Save Our Children이라는 조직을 만들어 활동하기도 한다. 그 결과 조례 폐지안이 69퍼센트의 지지를 받아 일시적인 성공을 거두지만 궁극적으로는 오히려 반대 진영을 자극하는 기폭제 역할을 하게 됐다. 플로리다의 성소수자 공동체는 이에 대항하기 위해 브라이언트가 광고하는 오렌지 쥬스를 보이콧하고, 브라이언트 반대 여론을 성공적으로 이끌어내 더 이상 가수로 활동할 수 없게 된 브라이언트가 파산하기까지 했다. 역설적이게도 2021년에는 브라이언트의 손녀인 사라 그린 Sarah Green이 동성 연인과의 약혼을 공개적으로 발표하기도 했다. 🈂

••• 여성 활동가들이 전후 시대 보수운동에서 수행한 역할에 대해서는 꽤 방대한 분량의 연구가 축적되어 있다. 이에 대한 개괄을 위해서는 다음을 참조할 것. Spruill, 2008. "Gender and America"s Right Turn." In B. J. Schulman & J. E. Zelizer(eds.), *Rightward Bound: Making America Conservative in the 1970s*. Cambridge, MA: Harvard University Press. 참고할 만한 다른 자료로는 다음을 참조할 것. McGirr, 2001; Critchlow, 2006; Moreton, 2010

향이 구체화된 모습"이라고 주장하기까지 했다. 3장에서 다시 강조하겠지만 취향이라는 것은 항상 지성이 어떻게 사회적으로 구성되는지와 연관되어 있다. 그리고 지성이라는 것은 항상 "근육 바보" 남성들과 "소녀소녀한" 여성들에게는 결여된 성질로 이해되어왔다.

로리 울레트Laurie Ouellette는 1960년대 헬렌 브라운Helen Brown[•]이 재설정한 잡지 『코스모폴리탄Cosmopolitan』의 편집 방향을 분석했다. 이 연구는 폭스 여성 방송인들의 극단적인 여성적 스타일에 숨겨져 있는 계급 논리를 해명할 수 있는 또 다른 이론을 제공한다. 1960~1970년대 『코스모폴리탄』은 표면적으로 전혀 보수적인 요소를 찾아볼 수 없었다. 집 밖에서 일하는 여성들을 지지했고, 강요된 모성에 의문을 제기했으며, 피임법을 활용하도록 장려했을 뿐만 아니라 가장 중요하게는 빅토리아 시대부터 이어져온 혼전 성관계와 여성의 성적 쾌락이라는 금기에 도전했다. 진보적인 페미니스트들은 『코스모폴리탄』의 이런 면모에 큰 박수를 보냈다. 그러나 그들은 『코스모폴리탄』이 여성들에게 어떻게 "외모"를 상향 이동 수단으로 활용할 수 있는지 조언을 해주었다며 이를 심각한 문제로 여겼다. 울레트는 이것이 "성차별과 여성 노동에 대한 자본주의적 착취를 합리화"하는 담론이라는 데에는 이견의 여지가 없다고 밝히고 있다(1999: 360). 그럼에도 불구하고 울레트는 여성적 섹슈얼리티를 전략적으로 사용하는 방법에 대한 헬렌 브라운의 조언이 노동계급 여성들에게 큰 반향을 불러일으켰음을 인정한다. 반면 주류 페미니즘 운동이나 상류층 여성을 대상으로 하는 『미즈Ms.』 같은 잡지는 노동계급 여성들로부터 이런 반응을 이끌어내지 못했다. 울레

• 1965년부터 1997년까지 『코스모폴리탄』의 편집장을 지낸 작가 겸 언론인 [옮긴이]

트는 "남성 중심적인 성공 서사에서 중요하게 여겨지는 임금, 학력, 전문적 기술 혹은 사회적 기회를 갖추지 못했지만 그래도 집안의 생계를 책임져야 해야 했던 여성들에게" 코스모 걸 Cosmo Girl의 '성공 신화'는 "남성적인 성공 서사보다 더 매력적이고 심지어 더 현실성 있는 전략으로 보였다"고 썼다.

폭스뉴스에서는 여성 방송인들의 성적 연출 전략을 구성하는 쾌락적 요소와 계급적 요소가 역설적이게도 "전통적으로" 경계 지어져온 젠더 역할—가부장적 이성애규범성 heteronormativity—에 대한 종교적 지지라는 모습으로 재구성되었다. 하지만 나는 이러한 연출적 특성이 폭스뉴스가 계급과 진보적 문화 엘리트주의에 관한 자신들의 정치적 서사 속에서 여성들이 동일시할 수 있는 지점들을 만들어내고자 암암리에 벌이고 있는 시도라고 생각한다. 알래스카의 전 주지사이자 2008년 부통령 후보였던 사라 페일린은 현대적인 여성적 보수 포퓰리즘의 전형이다. 한때 폭스뉴스 기고자로 활동했던 페일린은 1980년대 중반 미인대회에서 입상하기도 했다.* 페일린의 극단적으로 여성적인 복장과 신체이미지에는 이러한 출신 배경이 고루 배어 있으며, 이 여성성을 강조하기 위해 그녀는 수사적으로도 엄마라는 자신의 역할을 강조한다. "엄마그리즐리"라는 별명도 자신이 여느 강력한 보수 여성들처럼 "자기 새끼를 보호"하는 여성임을 강조하기 위해 스스로 붙인 것이다. 페일린은 또한 보수 진영의 다른 여성 포퓰리스트들과 마찬가지로 이런 확실한

---

* 1984년 미스 알래스카 대회에 출전한 페일린은 3위로 입상했다. 1989년에는 〈폭스와 친구들 Fox & Friends〉의 공동 진행자였던 그레첸 칼슨 Gretchen Carlson이 미스 아메리카로 입상했다. 칼슨은 폭스뉴스의 작업장에서 벌어진 성희롱에 대해 발언한 첫 주요 스타였다. 당시 폭스에 성희롱을 만연하게 만든 주요 인물은 (그 외에도 몇몇이 있지만) 창립 CEO인 로저 에일스였다.

여성성을 공격적인 수사 스타일과 백인 노동자계급의 취향 정치와 결합시켰다. 페일린이 가장 즐겨 구사하는 문화적 용어들은 사냥, 설상차 운전, 컨트리 음악과 연관되어 있다.

스타일의 측면에만 국한시켜 얘기하자면 사라 페일린과 현 트럼프 대통령 사이에는 많은 공통점이 존재한다. 트럼프는 서로가 지닌 정치적 이미지의 합이 좋다는 사실 그리고 둘이 공유하는 정치적 지지층이 많다는 사실을 인지했다. 페일린이 2011~2012년 대선 캠페인─실패로 끝난─"하나의 국민One Nation"순회 방문을 진행하고 있을 때 트럼프는 페일린과 나란히 뉴욕 캠페인에 모습을 드러냈다. 이 호의에 보답하기 위해 페일린은 2016년 1월 아이오와주 공화당 예비선거 전날 트럼프와 함께 무대에 올라가 그에 대한 지지를 선언했다. 페일린과 트럼프는 둘 다 연설 스타일이 자유분방했고, 대본에 의존하는 기존의 방식과 달랐기 때문에 마치 대화를 하는 듯한 인상을 줬다. 그리고 이 두 사람은 모두 정치와 리얼리티 텔레비전 분야를 오가면서 리얼리티쇼 같은 "하류" TV 장르의 자극적 기법을 교묘히 활용해 정치적 관심을 이끌어내는 방법을 익혔다. 마지막으로 두 인물이 포퓰리즘적인 정치 연출을 수행하는 과정에서는 젠더 정체성을 과장하는 기법이 핵심적으로 활용됐다. 그러나 지금까지 살펴본 것처럼 과장된 젠더 정체성은 트럼프에게 정치적인 보상을 안겨준 반면, 페일린은 그에 대한 대가를 치러야 했다.

정치인으로서 페일린은 트럼프보다 말주변이 없거나 지식이 부족하거나 더 많은 실수를 범하지 않았다. 그러나 공화당은 대개의 경우 페일린을 그저 여성과 노동계급을 대표하는 상징 정도로만 취급했다. 반면 트럼프는 공화당의 수장으로 지목될 수 있었다. 페일린의 체현된 여성성은 정치적 동료들을 포함해 대중들이 대통령 후보로서 페일린의 "정당성"을 평가하는 방식을 명백히 왜곡시켰다. 힐러리 클린턴은 샌님 같은 정치 스타일 때문에 호감도가 떨어지고, 오바마는 고학력자다운 성향 때문에 백인 노동계급 사이에서 매력이 반감되었을 수 있지만, 이 둘은 모두 자기 자신을 전문직으로 연출하는 전략 덕분에 최소한 "진지한" 후보—정치적 경쟁에서 필수적인 기본 조건—로 고려될 수 있었다. 이와 대조적으로 정치 커뮤니케이션에 참여하는 백인 남성들은 역사적인 고정관념에 맞서 싸울 필요가 없기 때문에, 자신이 제도권에서 업무를 수행할 "역량"과 중산층의 "예의범절"을 갖추고 있는지 입증하는 데 에너지를 쏟지 않아도 된다. 덕분에 이들은 별다른 제약 없이 사적이고 정서적인 자아를 정교하게 만들고 드러낼 수 있으며, 그들이 정치적 "품위"라는 일반적 규칙—예컨대 "성기 게이트pussy-gate"•처럼 트럼프가 역사상 전례 없는 방식으로 위반한 규칙—을 깼을 때 받게 될 타격도 완화된다.

• 2016년 대선 기간 중 트럼프와 텔레비전 진행자 빌리 부시Billy Bush가 버스를 타고 촬영장으로 이동하던 중 나눈 대화가 유출되면서 터진 스캔들. 이 대화에서 트럼프는 자기가 유부녀들을 어떻게 유혹했는지 묘사하기 시작했다. "난 기다릴 필요도 없어. 유명한 사람이면 뭐든지 하게 내버려둔다니까. 뭐든지 해도 돼. 그냥 푸시pussy(여성의 성기를 부르는 속어)를 움켜잡으라고." 〔옮긴이〕

3장

'나는 블루칼라 남자예요'

−폭스뉴스 진행자들은 어떻게 자신과 그들의 시청자를
노동계급이라고 상상하는가

『데일리미러』의 언어는 순수하게 플릿 스트리트의 '뉴스 언어'만으로 구성된 것도 아니고, 독자인 노동계급이 실제로 구사하는 언어도 아니다. 그것은 매우 복잡한 언어적 복화술로 그 안에는 대중 저널리즘의 타락한 잔인성과 노동계급 특유의 직접적이고 생생한 언어가 능숙하고 복잡하게 결합되어 있다.

스튜어트 홀, 1981

•   Hall(1998)

〈오라일리 팩터〉의 2010년 10월 6일 에피소드에서 진행자 빌 오라일리는 또다시 버락 오바마 대통령이 백인 노동계급을 이해하지 못한다고 비난했다. 오라일리는 대학 학위가 없는 백인 노동자들이 민주당보다 공화당을 선호한다는 최근의 여론조사 수치를 인용하며 방송을 시작했다. 나머지 방송 시간은 이 여론조사 결과를 설명하는 데 소비됐다. 오라일리는 경기 침체만으로도 여론조사 결과를 설명할 수 있다고 말했다. 그러나 "소수인종 노동자들 역시 [오바마는 지지하지만] 우려를 표하고 있기 때문에 뭔가 파악되지 않은 것이 있음이 분명하다"고 덧붙였다.

저희 '토킹 포인트 메모'에서는 그 요인이 바로 **계급**[강조는 인용자]이라고 생각합니다. 오바마 대통령과 민주당은 백인 노동계급의 가치관을 전혀 이해하지 못하고 있습니다. (…) 자, 진보 언론은 여러분께 백인 노동계급 미국인들이 오바마를 피부색 때문에 반대한다고 선동하겠죠. 하지만 그건 새빨간 거짓말이에요. 물론 모든 집단에는 편견에 가득 찬 사람들이 있기 마련이지만, 지금 문제가 되는 건 대통령의 문화적 성향이에요. 그게 그분의 문제입니다. (…) 진보 언론은 오바마의 문화적 측면을 무시하고 있어요. (…) 그리고 이제 진보 언론은 여론조사에서 감소하고 있는 오바마 지지율에 문화적인 요인이 있다는 것도 무시하겠죠. 왜냐면 진보 언론 자체가 미국의 노동자들을 깔보고 있거든요.

"진보 언론"이 "미국의 노동자들을 깔보고" 있다는 문구는 폭스의 방송들이 "진보 언론 편향"에 대한 이야기와 포퓰리즘적인 주제들을 어떻게 결합시키고 있는지를 보여준다. 그러나 민주당과 오바마가 백인 노동자들을 소외시키는 주된 "요인"이 계급 때문이라는 주장을 어떻게 해석해야 할까? 동시에 오라일리는 "계급"이라는 단어에 직관적으로 따라오는 경제적인 관점 대신 "문화적 측면"에서 계급을 다루고 있다. 오라일리가 노동계급의 "지혜", "가치관", "문화적 성향"을 언급할 때 그가 진정으로 의미하는 바는 무엇일까?

해당 방송에서 오라일리가 노동계급 문화와 연관시킨 몇 가지 정치적 이슈들—예를 들면 불법 이민이나 그라운드 제로 모스크ground zero mosque•와 같은 주제들—을 살펴보면 오라일리가 옹호한 노동계급의 문화는 실질적으로는 백인 문화를 의미한다는 사실을 알 수 있다. 이후에 방영된 여러 에피소드와 마찬가지로 이 에피소드 역시 오라일리가

• 정식 명칭은 Park 51로 뉴욕 맨해튼에 건립할 예정인 이슬람 문화센터 겸 모스크다. 9·11 테러 사건으로 사라진 세계무역센터 쌍둥이 타워의 자리 Ground Zero에서 매우 근접한 위치에 계획되어 많은 논란을 일으켰는데, 이 건물은 아직 착공조차 하지 못했다. 🔖

백인 노동계급이라는 정체성을 구성할 때 소수인종 및 그가 외부 위협이라고 정의한 사람들을 대척점으로 사용한다는 해석을 뒷받침해준다. 따라서 폭스뉴스가 계급을 연출하는 방식은 반드시 "교차성"의 관점에서 분석해야만 한다(Crenshaw, 1989). 이 책의 다른 부분에서도 여러 번 언급했듯이 폭스의 포퓰리즘에서 상정되는 시청자 집단은 근본적으로 인종·젠더 정체성과 얽혀 있다. 그러나 오라일리를 비롯한 폭스의 방송인들이 "계급"을 백인성 혹은 남성성의 완벽한 동의어로 활용한다고 간주하거나, 이들이 "허위의식"을 연기한다고 결론짓는 분석에도 맹점이 존재한다. 이럴 경우 보수 미디어의 인물들이 노동계급을 다른 정체성을 대신 상징하는 기호로써가 아니라 계급 그 자체로서 연출하는 방식을 탐구할 수 없기 때문이다. 여기서 나는 반복적으로 계급을 언급하는 행위 자체가 폭스뉴스의 정치 서사에 강력한 호전성과 도덕적 권위를 가져다준다고 주장한다.

물론 진보적이거나 좌파 성향의 독자들은 이 주장을 비웃을 수 있다. 어떤 사람들은 폭스뉴스가 보수 진영의 정치사상과 마찬가지로 미국에 계급 불평등이 존재한다는 사실을 경시하거나 심지어는 완전히 부정한다고 비판할 수도 있다. 그러나 몇몇 좌파 평론가들, 특히 토마스 프랭크Thomas Frank는 보수주의자들이 사회 계급을 자신의 방식으로 해명하려는 시도에서 우파의 포퓰리즘 논리가 발생한다고 봤다. 『왜 가난한 사람들은 부자를 위해 투표하는가What's the Matter with Kansas?』(2004)에서 프랭크는 백인 노동계급이 자신의 경제적 이익에 어긋나는데도 공화당에 투표하는 핵심적인 이유로 포퓰리즘을 꼽는다. 이 책은 W. 부시 시대에 보수 진영이 지역·종교·취향에 연관된 문화적 논쟁거리들을 이용하기 위해 포퓰리즘이라는 정치적 담론을 어떻게 재창조했는지 자세히 설명한다. 프랭크는 포퓰리즘의 이러한 문화적 버전이 "계급 적대감을 부추기는 동시에 사람들의 불만이 경제적인 이유에서 비롯된 것이라는 생각을 하지 못하게 만든다"고 분석한다(113).

분명히 이 책은 계급과 정치에 대한 질문을 새롭게 환기시켜줬으며, 계급이 보수 진영을 포함한 여러 미국인들에게 공감되는 정체성임을 인정했다는 면에서 공로를 인정받아 마땅하다. 그러나 보수 포퓰리즘에 계급적 측면이 존재한다는 사실을 파악하는 것만으로는 충분하지 않다. 계급을 다루는 것 못지않게 계급을 어떻게 다루고 있는가 역시 중요한 문제이기 때문이다. 프랭크는 책의 상당 부분에서 포퓰리즘의 인종적·젠더적 측면을 무시하고 있지만, 이들이야말로 보수 정치 담론에서 대다수의 노동계급이 어떻게 상상되고 있는지 이해하는 데 핵심적인 역할을 담당하고 있다. 한편 프랭크는 스튜어트 홀과 같은 그람시주의 학자들이 표방하는 "허위의식"이라는 개념에 힘을 보탠다(Grossberg, 1992; Bérubé, 2009). 허위의식은 노동자들이 자본주의의 가치와 신화를 받아들이게 되는 현상을 설명하기 위한 마르크스주의적 개념이다. 허위의식 때문에 노동자들은 자기 계급의 경제적 이익을 잘못 인식하게 되고, 정치적으로는 자신을 자본가계급 및 부유층과 동일시하게 된다. 결과적으로 그들은 노동자로서가 아니라 미래의 사업주나 부유해지기 전 단계의 시민으로서 투표권을 행사한다. 좌파 진영은 노동계급의 보수성을 설명하기 위해 매우 오랫동안—최소한 베르너 좀바르트Werner Sombart가 「미국에는 왜 사회주의가 없는가?Why is there no socialism in the United States?」라는 에세이를 낸 1905년부터—이러한 분석틀을 사용해 왔다.

우리가 프랭크에게 동의할 수 있는 측면은 그가 백인 노동계급이 보수 진영에 매몰되게 된 책임을 보수 성향 유권자들의 혼란스러운 정치적 사고가 아니라, 친노동자적 의제가 부재했던 민주당에 일관되게 묻고 있다는 점이다. 그리고 가장 최근에 낸 책 『진보여, 듣거라Listen, Liberal』(2016)에서 그는 이 주장을 강하게 내세웠다. 그렇지만 문화적 요소들을 통해 경제적 요소들이 은폐되고 있다는 그의 논리―그가 『왜 가난한 사람들은 부자를 위해 투표하는가』에서 주장한―는 이분법적 사고를 부추겼고, 계급을 구성하는 "진정한" 요소는 경제적 차이이며 문화적 차이는 "허위적인" 요소에 불과하다는 그릇된 사고가 확산되었다. 아무리 관대하게 보아주더라도 프랭크의 이분법에서 부와 재산 같은 "진지한" 경제적 요인에 비해 문화적 차이는 단지 창문 장식 정도에 지나지 않는 것으로 여겨지고 있다. 이로 인해 여러 진보주의자들은 우파에서 내세운 문화적 포퓰리즘의 정체성 정치를 이기는 데에는 "경제적 포퓰리즘"의 물질주의적 재분배 정책만으로도 충분하다는 믿음을 갖게 됐다.* 궁극적으로 이러한 사고방식은 진보 진영으로 하여금 포퓰리즘적 사회운동의 스타일과 연출적 측면 그리고 계급 정체성도 문화에 의해 형성된다는 사실을 과소평가하게 만들었다.**

피에르 부르디외는 계급에도 문화적인 측면이 존재한다는 명제가 단지 사회학적 말장난이 아님을 입증했다. 그는 자신의 고전 『구별짓기Distinction』(1979)에서 정통 마르크스주의에서 말하는 편협하고 경제 중심적인 계급 개념에 도전장을 내밀고, 보다 포괄적인 계급 이론을 제

---

* 신자유주의에 대한 비판 중 분배의 관점에서 비판을 가하는 진영과 정체성의 관점에서 비판을 가하는 진영 간 논쟁에 대해서는 다음 책의 서론 부분을 참고할 것. Lisa Duggan (2003), *Twilight of Equality?: Neoliberalism, Cultural Politics, and the Attack on Democracy*

** Bourdieu, 1984; Gans, 1999; Lamont, 2000; Bettie, 2003; Skeggs, 2004

시한다. 그는 계급차별화라는 하나의 과정이 취향과 노동, 교육과 수입, 주관적 정체성과 객관적 조건들을 통해 각기 다른 시점에 다양한 모습으로 표출된다는 것을 보여준다. 부르디외는 계급에 문화적 요소들이 없다면, 자본주의 경제의 변동과 반복적으로 나타나는 위기로 인해 재벌 왕족들과 계급 형태가 여러 세대에 걸쳐 유지되기 힘들었을 것이라고 설명한다. 그에 따르면 경제적 유산을 더욱 오래도록 지속시켜주는 요소는 그가 "문화자본"이라고 부르는 문화적·교육적 유산이다.

부르디외의 연구는 계급 지배가 실제로는 교육 제도, 전문 지식과 자격증, 심미적 자기표현 및 기타 상징적 관행들을 통해 이루어진다는 사실을 보여준다. 이는 모두 폭스의 반엘리트적 프로그램 담론에서 강조·정치화되고 있는 요소들이다. 하루는 〈오라일리 팩터〉에서 빌 오라일리가 게스트에게 이렇게 물었다. "폭스뉴스를 정말, 정말 경멸하는 사람들이 있는데 그들이 무슨 일을 하고 있는 사람들인지 아십니까? 대부분 텔레비전 비평가들이에요. 아시잖아요, 여러 학자들이나 교수들, 고등학교 교사 같은 그런 부류들이요"(2009년 10월 7일 방송). 고등학교 교사와 교수들은 할리우드의 유명 인사나 영향력 있는 정치인들과는 상당히 다른 사회경제적 위치에 있지만, 폭스는 그들이 공통적으로 문화적 명성을 갖추고 있음을 강조하면서 그들을 동일한 엘리트 사회의 일원인 것처럼 연출한다.

나는 이번 장에서 부르디외와 미셸 라몽Michèle Lamont을 비롯한 문화사회학자들의 연구를 바탕으로 한 텍스트 사례 분석을 통해 폭스뉴스가 사회를 포퓰리즘의 색채로 연출할 때 다소 유의미한 계급 차이를 어떻게 표현하는지 보여주고자 한다. 만일 그렇지 않았다면 빌 오라일리나 숀 해니티 같은 폭스 진행자들은 노동계급적 미디어 페르소나를 성공적으로 구축하지 못했을 것이다. 폭스뉴스의 포퓰리즘 전략에서 진정한 이념적 책략은 단순히 "진짜" 계급 불만을 "가짜" 계급 불만으로 대체하는 것이 아니다. 그들은 진짜 경제적 불평등을 가리기 위해 진짜 계급-문화적 불평등을 전면에 내세우려 했고, 이를 가능케 하기 위해 전략적으로 미국의 계급 위계질서와 관련해 제한적인 개념만을 제공했다. 물론 폭스뉴스의 계급 연출이 사회적 불평등을 야기하는 시장의 역할을 은폐하고 있는 건 사실이지만, 그럼에도 진보주의자들과 민주당은 설득력 있는 계급 정체성을 만들어내는 폭스뉴스의 포퓰리즘적 언론 스타일에 세심한 주의를 기울여야 한다.

반엘리트주의의 사회적 논리

부르디외의 "성향"과 "시선" 같은 개념들은 각 계급이 서로의 문화적 관행과 소비 선택을 평가하는 방식에 깔려 있는 근본적인 사회적 논리를 설명한다. 전문직계급의 취향이 부르디외가 구분의 원리라고 부르는 것에 맞춰져 있는 반면, 노동계급의 취향은 순응의 원리에 의해 정해진다. 이것은 노동자들이 "대중적 미학"에 부합하는 문화적 상품을 지향한다는 것을 의미한다. 부르디외에 따르면 이런 심미안은 개성보다 "동질적 경험과 사회적 집단성"을 선호한다. 노동계급에 속한 사회 구성원이 범할 수 있는 가장 큰 죄는 자신이 특별한 것처럼 행동하고, 옷을 입고, 말하는 것이다. 문화적 상징을 통해 자신을 더 돋보이게 하려는 시도는 자신이 속한 계급적 배경을 거부하는 행위로 여겨진다. "가족과 결별하는 부르주아의 아들은 호의적인 평가[한 인격체가 되었다는 칭

찬]를 받지만, 가족과 결별하는 노동자의 아들은 비난을 받는다."* 부르디외가 제시한 "순응" 대 "구분"이라는 도식은 폭스뉴스의 반엘리트주의적 담론이 확산시키고 있는, 정체가 모호한 비경제적 계급 개념을 파악하는 데 유용한 분석틀을 제공한다.

부르디외는 고국 프랑스에서 수행한 경험적 연구를 통해 계급과 취향의 관계를 통찰할 수 있었다. 미셸 라몽은 『노동자의 품격 The Dignity of Working Men』(2000)을 통해 이와 유사한 계급-문화적 역학이 미국에도 존재함을 보여줬다. 프랑스의 노동자들처럼 미국의 노동자들도 순응의 원칙을 고수하는 경향이 있어 유별나게 옷을 입거나 말하는 모습을 보고 "가짜"라거나 "가식적"이라고 평가한다. 라몽은 여기서 더 나아가 반엘리트주의적인 태도를 보이고, 구별 짓는 문화적 관행을 거부하는 행위 역시 개인이 노동계급의 구성원임을 알리고 "계급 동질성"을 강화시키는 기능을 갖고 있음을 밝혀냈다.

그러나 부르디외의 프랑스 중심적인 계급 분석을 미국 상황에 적용하는 데는 한계가 있다. 라몽이 지적하듯이 부르디외의 모형은 미국 전역에 공통적으로 존재하는 미국 문화 특유의 도덕적 담론들이 어떻게 노동자의 사회적 위계질서 개념에 영향을 끼치는지에 대해서는 아무것도 설명하지 못한다(2000: 9). 미국은 자유시장 이념이 문화적으로 더 깊이 침투해 있었기 때문에 미국의 노동계급은 시장에 의해 정의된 성과주의를 보다 쉽게 수용할 수 있었다. 이는 미국의 노동계급이 사업가

---

* 반면 스테파니 롤러 Stephanie Lawler 의 연구가 보여준 것처럼 중산층의 정체성은 주로 노동계급의 취향에 대한 "혐오"를 표현하면서 형성된다. 특히 음악 분야에서 미국 취향 정치에 대한 부르디외적 개괄 및 분석을 위해선 다음을 참조할 것. Nadine Hubbs(2014), *Rednecks, Queers, and Country Music*, pp. 15-18

나 부유층에 대해 덜 비판적임을 의미한다. 이와 대조적으로 프랑스 노동자들은 부자들에게는 더 큰 적대감을, 가난한 사람들에게는 더 큰 연대감을 표현한다. 그러나 프랑스의 노동자들이 시장에 기반한 불평등에는 더 회의적인 경향을 보일지라도, "문화적 구별과 문화자본"에 기초한 계급 불평등은 오히려 더 수월하게 받아들일 가능성이 높다. 반대로 미국의 노동자들은 "상류" 문화적 지식과 교육, 자격이 자신보다 우수한 사람들에 비해 자신이 지적으로 열등하다는 생각을 거부한다. 즉 미국의 노동계급은 문화적인 계급 상징에 더욱 격렬하게 저항한다. 라몽은 프랑스 노동자들 사이에 문화적 엘리트를 반대하는 담론이 상대적으로 약한 이유는 프랑스의 고등교육 시스템 때문이라고 봤다. 반면 미국의 노동자들 사이에서는 "포퓰리즘"과 연결되어 있는 전국적 "문화 레퍼토리" 때문에 그러한 담론이 더 강력하다고 생각한다.

예전부터 지배적이었던 포퓰리즘 담론들 가운데 폭스는 문화적 포퓰리즘과 생산주의라는 두 개의 담론을 채택했다. 후자는 4장에서 보다 자세하게 조명하고 이번 장에서는 전자를 살펴보도록 한다. 다음 절에서는 문화적 포퓰리즘의 계보를 추적하여 포퓰리즘 담론 내부의 여러 전통 중에서도 하필 문화적 포퓰리즘이라는 전통이 노동계급 취향 문화에서 순응의 원칙을 표현하게 된 과정을 알아볼 것이다. 이어지는 텍스트 분석들은 문화연구 이론가 짐 맥기건 Jim McGuigan (1992)과 역사학자 마이클 카진 Michael Kazin (1998) 같은 학자들이 제안한 것처럼 문화적 포퓰리즘이 단순히 대중문화의 민주주의적 미덕을 찬양하거나 상류층 문화를 거부하는 것이 아님을 보여준다. 이 절들에서 특별히 눈여겨봐야 하는 것은 이러한 담론에서는 특수한 미학적·인식론적 성향이 신체를 통해 연출된다는 점이다. 여기서 나는 적어도 보수 방송인들에 의해 사용되는 형식으로써의 문화적 포퓰리즘은 계급을 문화적 정체성으로 보려는 사고방식을 여러 형태로 표현하는 정교한 정치적 담론으로 이해해야 한다고 주장한다.

"조용한 다수" 대 "새로운 계급"— 보수운동이 미국의 계급을 재정의하다

"포퓰리즘"이라는 용어는 원래 1892년에 공식적으로 출범한 제3정당운동에서 유래됐다. 이 운동은 국민당People's Party 또는 포퓰리즘당Populist Party이라고 불렸으며, 반독점주의를 내세운 정치·경제적 의제를 일차적으로 내세웠다(4장 참조). 종종 간과되기는 하지만 이 포퓰리즘운동도 계급-문화적인 정치를 내세우곤 했다. 19세기 말 우세했던 또 다른 정치운동인 진보운동과 국민당을 비교해보면 이러한 정치는 명백하게 드러난다. 부분적으로는 산업자본주의의 병폐에 대한 정치적 대응으로 출범한 진보운동은 포퓰리스트들도 중요하게 생각했던 정치적 부패, 기업 권력 그리고 부의 불평등에 대해 동일한 사회적 비판을 제기했다. 그러나 진보운동가들이 "사회 발전의 희망은 정규 교육의 고급화에 있다"고 생각했던 반면, 포퓰리즘운동을 지지한 일반 농민과 직공들은 역사학자 윌리엄 호글랜드William Hogeland가 지적하듯이 "고급 정규 교육과 이를 통해 축적된 전문 지식을, 서민들을 권력의 중심에 접근하지 못하게 하려는 장치라고 간주했다"(2010). 호글랜드는 "포퓰리즘 담론에서 가장 뜨거운 비난의 대상은 특정 정책이 아니라 일반 국민들의 판단을 무시하는 엘리트들이었다"고 강조한다. 이것이 내가 문화적 포퓰리즘이라고 부르는 것의 본질이다.

가장 기본적인 수준에서 문화적 포퓰리즘은 평범한 사람들의 상식과 취향, 지적 능력을 옹호하고, 자격 조건과 엘리트 문화에 대한 지식을 바탕으로 권력을 정당화하는 것을 비난하는 정치적 담론이라고 할 수 있다. 다른 모든 형태의 포퓰리즘 담론과 마찬가지로 이 담론 역시 지배적인 제도들을 통제하고 있는 사람들과 그들에 의해 소외된 사람들 간의 사회적 갈등에 대한 서사를 제공한다. 그러나 문화적 포퓰리즘은 많은 교육자본과 높은 문화적 명성을 지닌 사회 집단과 제도들을 주요 표적으로 삼아 비방한다는 점에서 경제·종교적 포퓰리즘 전통과 구별된다.

포퓰리즘당의 수장인 윌리엄 제닝스 브라이언William Jennings Bryan은 종교적인 "사회복음주의Social Gospel•" 정치 그리고 기업 독점에 대한 반대로 유명했다. 하지만 그는 "금권 정치적인 부"의 비기독교적 본성을 열정적으로 비난하면서도 동시에 자신이 "귀족 교육"이라고 지칭한 현상에 대해서도 우려를 표했다. 20세기 초 스코프의 "원숭이" 재판이 진행되는 동안 브라이언은 정규 교육과 인증된 전문성에 대해 더 공격적인 입장을 취하게 됐다(Bryan, 1913: 362). 그리고 20세기 초를 기점으로 전자 언론의 시대가 도래하자 그의 포퓰리즘은 코글린 신부, 윌리엄 헨더슨 주니어William Henderson Jr., 존 브링클리 박사와 같은 포퓰리즘 라디오 인사들의 지원 아래 더 큰 힘을 얻었다. 지금의 시각에서는 희한한 조합이라고 생각할 수 있지만, 이 세대의 포퓰리즘적 라디오 진행자들은 종교적 보수주의와 좌파적 반기업 정치를 혼합한 브라이언의 담론

• 20세기 초 북미 개신교 내에서 활발하게 전개된 정치운동으로 기독교적 가치를 통해 사회적 정의를 실현하고자 했다. 옮긴이

을 재차 강조했으며, 모두들 브라이언처럼 고학력 전문직을 적대시했다. 이러한 적대감은 단순히 역사가 리처드 호프스태터 Richard Hofstadter 가 주장하는 "편집증적 스타일 paranoid style"의 결과라고 치부하기 어렵다. 이 포퓰리즘적 라디오 진행자들은 실제로 연방라디오위원회와 미국의학협회 같은 전문직 집단들에 의해 방송에서 퇴출당하게 됐기 때문이다.*

　19세기부터 20세기 초반까지의 정치적 담론에서 문화적 포퓰리즘은 중요한 부분을 담당하고 있었음에도 불구하고, 대개의 경우 그 중요성은 생산주의적 포퓰리즘과 복음주의적·종교적 포퓰리즘의 전통에 가려져 있었다(Kazin, 1998: 4). 그러나 미국 정치사에서 전후 시대만큼 문화적인 반엘리트주의 담론이 가장 왕성하게 생성된 시기도 없었다. 20세기 중반 들어 "엘리트"라는 단어는 새로운 의미를 지니게 됐다. 문화이론가 레이먼드 윌리엄스는 "엘리트"라는 단어의 어원을 추적하면서 "자연스러운 리더십"이라는 본래적 의미에서 경멸스런 어감으로 바뀌게 된 과정을 추적했다. 그는 "엘리트", "엘리트주의", "엘리트주의자"와 같은 단어들이 속물적인 태도 및 사회적 관습과 결부되게 되었을 뿐만 아니라 이와 동시에 사회적 엘리트라는 존재를 배출하고 보장해주는 교육 기관에 대한 적대감도 등장하기 시작했다고 강조했다. 이러한 담론의 전환은 고등교육의 유례없는 확대, 산업 경제에서 탈산업 경제로의 이행, 지식생산직(특히 정보기술 분야에서)의 부상과 같이 1950~1970년대

●　　코글린 신부에 대한 연구는 다음을 참조할 것. Brinkley, 1982; Kazin, 1998: Chapter 5 윌리엄 앤더슨 주니어에 대한 연구는 Vaillant(2004)를 참조할 것. 존 브링클리 박사에 대해서는 다음을 참조할 것. Frank, 2004: 196-199; Lee, 2002

에 나타난 주요 발전들로 인해 촉진되었다.

제2차 세계대전 전에는 대학 재학 연령의 미국인들 중 14퍼센트만이 대학에 등록되어있었지만, 1961년에는 대학 등록률이 38퍼센트까지 치솟았고, 1970년이 되자 놀랍게도 50퍼센트에 달했다(burner, 1996: 136). 사회학자 로버트 우스나우Robert Wuthnow에 따르면 전후 시대에 달성된 고등교육의 부분적 대중화로 인해 고등교육은 그 어느 때보다 "사회를 서로 다른 하위 문화로 분류하는" 기능을 수행하게 되었고, 이를 통해 "사회질서 기반 그 자체"를 변화시켰다. 고등교육이 급속하게 확산되고 노동 시장에서 대학 학위의 중요성이 증대되자 미국 내 교육 자본의 분포도 크게 달라졌다. 이러한 변화들은 광의의 중산층 사이에서 커다란 문화적 논쟁거리들을 만들어냈다. 예상대로 전문직계급과 그들의 취향 문화를 규정하는 중류 감성(1장 참조)은 계급적 분노의 대상이 되었고, 나아가 정치 분야에서도 유용한 표적이 되었다.

바로 이 시기에 새로운 성향의 포퓰리즘을 내세운 보수 정치인들이 등장하게 되었다. 1950년대와 1960년대에는 상원의원 조지프 매카시Joseph McCarthy와 앨라배마 주지사 조지 월리스George Wallace 같은 인물들이 반정부적인 포퓰리즘을 만들어내 "엘리트"와 "배부른 자본가fat cats"라는 표현의 의미를 바꿔놓았다. 이 두 단어는 원래 민간 부문에 대한 루스벨트의 생각을 상징적으로 표현한 "경제적 왕족"이라는 의미를 지니고 있었지만, 관료주의적 국가에 대한 매카시의 생각을 보여주는 "비뚤어진 지식인"이라는 의미로 변형되었다. 적색공포로 뒤덮인 1950년대 내내 매카시는 공산주의 음모론의 한가운데에 고학력 엘리트들을 배치했다. 그는 민주당 좌파 진영에서 사회주의적 지식인 분파를 숙청해 결국 사회과학적 분파와 케인스주의 분파만 남게 만들었고,

동시에 반공주의 운동을 전개해 보수 포퓰리즘 내에서 엘리트에 대한 문화·교육적 개념을 재정립할 수 있는 토대를 마련했다.

1960년대에는 앨라배마의 주지사이자 제3정당의 대통령 후보로 나선 조지 월리스가 매카시의 작업을 이어받았다. 그는 엘리트들을 "유사 지식인"이라고 불렀다. 매카시와 마찬가지로 월리스 또한 전자매체와 인터뷰를 활용해 지상파 기자들과 적극적으로 교류하고 명성을 얻는 데 능숙했다. 월리스는 스스로를 세련된 북동부 기자들 앞에서도 자기의 속마음을 솔직하게 털어놓는 평민으로 연출하면서 미국인들의 호감을 샀고 전국적 인지도를 늘려나갔다. 월리스는 인종차별주의와 분리주의적 정치를 내세우는 것으로도 유명했지만, 그의 정치 스타일 중 또 다른 중요한 특징은 취향과 학력 격차를 영악스럽게 이용해 계급적 분노를 자아냈다는 점이다. 월리스는 종종 백인 우월주의적 담화를 문화적 엘리트에 대한 공격과 엮곤 했다. 이처럼 서로 다른 유형의 정치적 주제를 결합시키는 기법은 오늘날까지도 지속적으로 활용되고 있다. 역사학자 마이클 카진은 이에 대해 다음과 같이 서술한다.

월리스의 주요 공격 대상은 변화를 위한답시고 평범한 남성과 여성들에게 "어처구니없는" 청사진을 강요하는 힘 있는 판사들과 "관료들" 그리고 "이론가들"이었다. 이 청사진 대다수가 흑인들을 도우려는 시도였다는 사실은 그들에 대한 반감을 키워준 핵심적인 요인이었다. 그러나 유럽계 미국인들 간에 존재했던 문화적 격차 또한 이런 집단들에 대한 반감을 키우는 데 기여했다. 점점 더 커지고 있던 이 문화적 격차는 아프리카계 미국인들의 권리에 대한 태도의 격차와 마찬가지로 계급 차이 및 도덕적 판단과 관련이 있었다.

(1998: 233-234)

이들이 지나치게 이지적이고 "유토피아적인" 계획을 일반인들에게 "속여 팔려고" 했다는 월리스의 개념화는 이후의 보수 포퓰리스트들에게 유용한 수사학적 틀을 제공했다. 코글린과 헨더슨 같은 라디오 포퓰리스트들이 반기업 정서에 집중한 것과 달리, 월리스는 이러한 결합을 통해 자유시장 이념을 근거로 반엘리트주의 문화 정치를 합리화했다. 뉴딜 시대에는 진보주의자들이 주장한 "적극적 국가positive state"라는 개념이 시장의 비인간적이고 무정한 면모를 교정하는 데 필요하다고 여겨졌다. 반면 전후 시대의 보수운동은 포퓰리즘이라는 새로운 무기를 통해 정부 개입 자체를 전통적 지식과 상식을 모독하는 엘리트적 실천이라고 설득하는 데 점점 더 성공하게 되었다.

정부가 고학력 엘리트들에게 사로잡혀 있다는 매카시와 월리스의 이야기는 마침내 보수 포퓰리즘의 핵심 서사가 된다. 니콜 헤머는 『우파의 메신저』(2016)에서 보수운동의 지식인 계층도 포퓰리스트들 못지않게 이 서사를 지지했음을 보여준다. 이 "엘리트 포퓰리즘" 동맹의 기반에는 지적 국가주의의 망령이 깔려 있었다. 프리드리히 하이에크Friedrich Hayek, 윌리엄 F. 버클리William F. Buckley, 어빙 크리스톨Irving Kristol, 밀턴 프리드먼Milton Friedman 등 보수 진영의 최고 지식인들이 내놓은 권력 분석은 모두 "새로운 계급New Class"이라는 개념을 근거로 하고 있다.' 아이러니하게도 이 개념은 원래 성장 일로에 있는 전문 경영자계급이 기술관료적인 기법을 이용해 노동자들의 규율을 잡는 현상을 설명하기 위해 좌파 성향의 학자들이 만든 용어였다. 물론 보수 사상가들은 이 용어에서 반기업적 요소를 제거하고, 대신 언론과 고등교육 등 주요 문화 기관과 정부를 통해 영향력을 행사하는 전문직 집단을 강조했다. 보수 진영 싱크탱크의 역사에서 1970년대와 1980년대는 보수적인 지식이 확립되는 매우 중요한 기간이었다. 보수적 지식을 체계화하는 프로젝트를 통해 포퓰리즘의 대립항에 대한 의식이 공유되었기 때문이다. 이 프로젝트에서 포퓰리즘은 역사학자 앨리스 오코너Alice O'Connor가 진보적 "자선사업-정부-교육 기관 복합체"라고 부른 것들에 대항하는 투쟁으로, 즉 상당 부분 부정의 언어를 통해 정의되었다.

그러나 이 엘리트-포퓰리즘 동맹은 예전에도 그랬으며 여전히 안정적이지 않다. 그 내부의 계급 모순이 표면으로 드러날 때마다 이 동맹은 약화되곤 한다. 오랫동안 보수 진영의 허브 역할을 해온 『내셔널리뷰National Review』**는 2016년 대선에서 문화적 포퓰리스트 후보인 도널드 트럼프를, 2008년 대선에서 부통령 후보 사라 페일린을 반대했던 것처럼 닉슨 시대 내내 조지 월리스를 강력하게 반대했다. 창립자 윌리엄 F. 버클리와 그의 동료들은 노동계급의 취향을 겨냥한 월리스의 호소가 경제적인 계급 분노를 확산시키는 방향으로 변질될 수 있다고 우려했다(Williamson, 1978).

그러나 버클리와 달리 닉슨의 고문이었던 케빈 필립스Kevin Phillips는 월리스의 포퓰리즘적 스타일이 유용하다고 생각했고, 보수운동의 발전에 중요하다는 사실을 인지했다. 필립스는 그때까지 대부분의 보수 정치인들이 할 수 없었던 일을 월리스가 해낼 수 있다고 인정했는데, 그것은 바로 백인 노동계급과 공화당 사이에 문화적 유대를 형성하는 것

• '새로운 계급'에 대한 좌파의 비판에 대해서는 Stanley Aronowitz의 1992년 저작 『정체성의 정치: 계급, 문화, 사회운동The Politics of Identity: Class, Culture, Social Movements』의 3장을 살펴볼 것. 추가적으로 다음도 참조할 것. Barry Briggs-Bruce(1979), *The New Class?* "An Introduction to the Idea of the New Class"; Alvin Gouldner(1979), *The Future of the Intellectuals and the Rise of the New Class*

•• 윌리엄 F. 버클리가 1955년 설립한 보수 성향의 시사·뉴스 잡지 📖

이었다. 필립스는 만약 공화당의 주류 후보들이 월리스의 문화 정치적 스타일을 모방할 수 있다면, 공화당은 컨트리클럽 같다는 이미지에서 탈피하고 수십 년 동안 노동자들이 공화당을 꺼리게 만든 "부자들의 정당"이라는 명성을 중화시킬 수 있으리라 믿었다.

리처드 닉슨과 케빈 필립스 그리고 팻 뷰캐넌과 향후 폭스뉴스의 CEO가 된 로저 에일스 같은 닉슨의 다른 핵심 전략가들은 1968년과 1972년 대통령 선거에서 민주당을 지지하는 노동계급을 차지하기 위해, 월리스의 문화적 포퓰리즘에서 서사와 스타일을 가져와 닉슨의 연출적 전략에 통합시켰다. 이렇게 혼합된 전략적 요소들은 주류 정치에 적합하도록 미세하게 조율하기만 하면 되었다. 닉슨의 연출 전략은 닉슨이 주장한 주정부의 권리를 친분리주의적 입장 및 "법과 질서"라는 수사로 치장함으로써 민권운동에 의해 야기된 백인들의 반발을 활용할 수 있도록 하는 한편, 매카시의 음모론적 반공주의나 월리스의 노골적인 인종차별주의 같은 극단적인 특징들은 은폐할 수 있었다. 다른 한편으로 이 전략은 이러한 초기 보수주의 포퓰리즘의 원형 가운데 가장 인기 있는 측면들을 여전히 돋보이게 해줄 수 있을 것이다.

닉슨 행정부가 이 문화적 포퓰리즘에 추가한 한 가지 독특한 요소는 문화적 엘리트의 중심 주체로 언론인들을 내세운 것이다. 닉슨의 호전적인 부통령 스피로 애그뉴Spiro Agnew가 조롱한 것처럼 언론인들은 "비관주의만 나불거리는 관리님"들로 전락했다. 닉슨 행정부의 두 번째 혁신은 포퓰리즘적인 정치 전략을 문화적으로 포퓰리즘적인 엔터테인먼트 산업 분야에 적합하게 조정한 것이다. 월리스와 마찬가지로 닉슨 행정부는 컨트리 음악 산업에 손을 내밀고, 컨트리 음악을 통해 선거운동을 진행함으로써 백인 노동계급의 취향에 호소할 수 있다는 사실을 깨달

왔다.* 닉슨은 컨트리 음악계에서 가장 큰 성지로 꼽히는 〈그랜드 올 오
프리Grand Ole Opry〉**를 방문한 첫 번째 미국 대통령이었으며, 1973년에
는 컨트리 음악 스타 멀 해거드Merle Haggard를 백악관으로 초청해 "반문
화"를 반대하는 노래 〈머스코기에서 온 오키Okie from Muskogee〉***를 공연
하게 했다.

　태동 당시 컨트리 음악은 동·서부로 양분되어 있던 팝 음악 시장에
서 배제되었기 때문에 장르 자체에 반엘리트적 문화 정치가 각인되어
있었다. "그랜드 오페라Grand Opera"라는 용어를 비틀어 꼰 그랜드 올 오
프리라는 이름부터가 부르주아적 취향에 대한 조롱이다(Malone, 2002:
75). 1960년대 후반과 1970년대 초 공화당이 컨트리 음악 산업과 동맹
을 맺었을 때, 보수적인 정치인들은 새로운 문화적 적군을 만들어내는
대신 컨트리 음악 산업이 1920년대 상업 전선에 뛰어든 이래 맞서 싸
워온 문화적 적군들—미디어 산업의 임원들, 학자들, 도시 주민들, 문
화비평가들—을 본인의 적군으로서 채택했다. 컨트리 음악사를 연구
하는 다이앤 펙놀드Diane Pecknold는 "컨트리 음악이 우파로 옮겨간 것이
아니라 우파가 컨트리 음악으로 옮겨온 것이라고 봐야 하며, 이를 통해
우파는 이미 정립된 시장의 소비자들을 의도적으로 정치적 지지층으로

• 　Kazin, 1998; Malone, 2002; Wilman, 2005; Feder, 2006; Pecknold, 2007; La Chapelle,
2007; Hubbs, 2014

•• 　미국 테네시주 내슈빌의 라디오 방송국 WSM에서 매주 토요일 밤 진행되는 컨트리 음악
공개 라이브 프로그램이다. 1925년 11월 28일 시작된 방송은 현재까지 진행되고 있다. 🔊

••• 　"머스코기에서 온 오클라호마 사람"이라는 뜻으로 1969년에 발매된 곡이다. 머스코기는
인구가 4만 명이 채 안 되는 소규모 도시이며 "오키Okie"는 1930년대의 더스트 보울Dust Bowl(가뭄
과 건조농법으로 인해 미국 중서부에서 일어난 대규모 모래폭풍) 때 농장을 뒤로하고 일자리를 찾아 대도
시로 이사했던 오클라호마 출신 빈민들을 지칭한다. 한국에서는 1970년 서유석이 〈철날 때도 됐
지〉라는 제목의 번안곡으로 발표했다. 🔊

바꾸려고 했다"고 지적했다(2007: 219).

이러한 연출을 실행함으로써 닉슨 행정부와 공화당은 자신들이 "침묵하는 다수"라고 명명한 보수 포퓰리즘의 정체성을 구축할 수 있었다. 좌파 비평가들은 노동운동의 몰락과 뉴라이트New Right의 부상이 미국에서 계급의식의 절대적인 쇠퇴를 불러왔다고 해석해왔고, 특히 로날드 F. 잉글하트Ronald F. Inglehart와 피파 노리스Pippa Norris는 이것을 "탈유물론적" 정치로의 전환이라고 표현하기까지 했다(2016). 그러나 나는 이 시기에 일어난 보수 포퓰리즘의 부상이 미국 계급의식의 종말이 아니라 계급의식이 문화-교육적 형식으로 전환되었음을 알리는 신호라고 주장한다. 이러한 전환을 가능하게 한 것은 전국적 차원의 경제 구조조정과 증가하는 전문직 고학력 사회 계급의 문화 및 신념 체계였다. 이 새로운 계급은 첨단 기술과 정보 경제로부터 가장 큰 물적 혜택을 받았고, 정치적으로는 스스로를 계급으로 생각하기 시작했다(Frank, 2016). 역사학자 E. P 톰슨Edward Palmer Thompson이 강조했듯이 계급은 독립적인 사회적 지위가 아니라 관계로서 이해되어야 한다. 각 계급의 정체성은 근본적으로 입지와 지위를 위해 다른 계급들과 투쟁을 하면서 형성된다(1963). 따라서 이와 같은 "새로운 계급"의 도입은 불가피하게 미국의 다른 계급 파벌들이 스스로를 인식하는 방식을 변화시켰다.

그러나 이러한 조건들만으로 계급에 대한 새로운 문화적 이해가 만들어지지는 않는다. 그것은 상당 부분 미디어와 정치의 장에서 형성된다. 보수 진영의 정치 행위자들은 계급 갈등에 대한 설득력 있는 서사를 구성하고, 계급을 문화적 정체성으로 이론화함으로써 탈산업화된 경제를 이해하려고 했다. 한편 매카시와 월리스가 새롭게 상상해내고, 닉슨 행정부가 정교화한 문화적 포퓰리즘 전략은 미국 정치 담론에 지속적인 영향을 끼쳤다. 오늘날까지도 정적을 문화적 엘리트라고 묘사하는 관습은 미국 정치의 특징으로 남아있다. 문화적 포퓰리즘의 서사와 계급 개념은 조지 W. 부시 대통령, 부통령 후보 사라 페일린 그리고 가장 최근에는 도널드 트럼프 대통령 같은 미래의 공화당 지도자들에게도 중요하지만, 무엇보다도 폭스뉴스와 보수 토크쇼 산업 전반에서 가장 중요한 원칙으로 자리 잡게 된다.

과연 폭스뉴스의 시청자들은 노동계급인가

당파적 시청자를 겨냥한 케이블 뉴스의 전략은 분명히 전체 유권자들의 당파성과 인구 통계적 특성을 고려하지만, 양자는 결코 완벽하게 반영되지 않는다. 예를 들어 폭스뉴스 시청자 가운데 백인이 차지하는 비중은 이미 유난히 백인 중심적인 공화당보다도 높다.* 사회경제적 측면에서 폭스뉴스 시청자들과 유권자들 사이에는 상당히 밀접한 유사성이 존재한다. 2016년 대선에서 공화당은 민주당보다 중산층(50,000~99,000달러)의 표를 더 많이 받았지만, 민주당은 저소득층(30,000~49,999달러)과 빈곤층(30,000달러 미만)에서 더 좋은 성적을 거뒀다.** 오랜 역사적 전통

• 『뉴욕타임스』의 브라이언 스켈터 Brian Skelter는 닐슨의 인구학적 통계를 인용하여 폭스뉴스 채널의 시청자 중 1.38퍼센트만이 아프리카계 미국인임을 보여줬다. 반면 아프리카계 미국인은 CNN의 시청자 중 20.7퍼센트, MSNBC의 시청자 중에선 19.3퍼센트를 차지한다. 2016년 대선에서 트럼프는 아프리카계 미국인 유권자 중 8퍼센트, 히스패닉 미국인 중에서는 29퍼센트의 표를 얻었지만, 힐러리는 아프리카계 미국인 중 88퍼센트 그리고 히스패닉 미국인 중 65퍼센트의 표를 얻었다. 다음을 참조할 것. Luhby & Agiesta (2016. 11. 9.); Shea (2010. 7. 26.)

•• Huang et al. (2016. 11. 8.)

에 따라 2016년에도 공화당은 대학 학위가 없는 중산층 유권자들의 표를 쓸어 모았다.*

바로 이 사회경제적 집단이 폭스뉴스 시청자의 핵심을 이루고 있으며, 이들의 중간소득은 약 62,000달러에 달한다(Pew, 2007).** 닐슨미디어리서치의 2009년 3분기 분석에 따르면 폭스뉴스 시청자의 평균 가계 소득은 연간 53,000달러였다.*** 퓨리서치센터의 2010년 조사에서는 폭스 시청자의 61퍼센트가 연간 75,000달러 미만의 소득을 얻었고, 71퍼센트는 대학을 졸업하지 못한 것으로 나타났다.**** 퓨리서치센터의 2012년 조사 결과 64퍼센트는 75,000달러 미만을 벌었고, 76퍼센트가 대학을 졸업하지 못했다.***** CNN과 MSNBC 시청자의 사회경제학적 통계도 대체로 폭스와 유사한 경향을 보인다. 따라서 이들의 시청자들은 평균적인 민주당 유권자들보다 나이가 많고 부유한 경향이 있지만, 민주당이 연대하는 정치적 세력을 반영하듯 두 방송사의 시청자들은 폭스뉴스보다는 인종적으로 다양하고 교육 수준이 높다.******

퓨리서치센터의 가장 최근 데이터에서는 MSNBC의 대졸 시청자들

•　　『티파티와 공화당 보수주의의 재창조The Tea Party and the Remaking of Republican Conservatism』(2012)에서 테다 스카치폴과 버네사 윌리엄슨은 티파티운동이 상당 부분 중간소득 미국인들로 구성되어 있다고 밝힌다(p23). 다음도 참조할 것. Wallsten & Yadron(2010. 11. 3.)

••　　Pew Research Center(2007. 1. 6.)

•••　　Berr(2011. 1.)

••••　　Pew Research Center(2010. 9. 12.)

•••••　　Pew Research Center(2012. 9. 27.)

••••••　　2016년 대선에서 공화당 후보로 나온 도널드 트럼프는 모든 주요 인구학적 범주에서 승리를 거뒀지만 단 하나의 예외가 대졸 백인이었다(Cohen, 2018. 3. 1.). 진보 진영과 보수 진영 간의 교육 격차에 대해선 다음을 참조할 것. Smith(2016. 4. 26.)

이 줄어들고 있어 폭스 시청자들과의 교육 격차가 좁혀지는 것으로 나타난다(1장 참조). 그러나 수년간의 데이터를 종합해보면 명백한 패턴이 보인다. 3대 케이블 뉴스 방송사 중 대졸 시청자의 수가 가장 적었던 방송사는 항상 폭스뉴스였다.* 2008년 전국애넌버그선거조사 National Annenberg Election Survey(이하 NAES)를 비롯한 여타의 설문조사에서도 비슷한 교육 격차가 드러났지만, 대학원 수준의 교육을 받은 전문직 시청자들이 얼마나 있는지를 확인하기 위해 NAES는 "전문 학위" 소지 여부를 추가로 분석했다. 그 결과 진보 성향의 MSNBC가 폭스를 거의 두 배 차이―15퍼센트 대 24퍼센트―로 앞섰다(Levendusky, 2013: 13).

"회귀분석"을 통해 공개적으로 접근 가능한 케이블 시청자 데이터를 철저하게 분석한 연구들에서도 일관되게 "교육 수준"이 폭스의 시청자

---

* 여기 케이블 뉴스 시청자 중 대졸자의 비율에 대한 데이터 연대표를 제출한다. 이 데이터는 주로 퓨 설문조사에서 인용되었는데, 일부 설문조사에서는 3대 케이블 방송사에 대한 시청자 인구 통계 정보가 모두 포함되어 있었지만, 일부는 폭스뉴스와 경쟁사 한 곳만이 포함되었다.

2012년: 폭스뉴스 24% vs. CNN 29% vs. MSNBC 26%
2010년: 폭스뉴스 29% vs. CNN 34% vs. MSNBC 34%
2007년: 폭스뉴스 22% vs. CNN 30%
2004년: 폭스뉴스 21% vs. CNN 27% vs. MSNBC 28%

CNN과 MSNBC에 비해 폭스뉴스에는 늘 대졸 시청자들이 가장 적게 유입되었다. 세 케이블 방송사 간의 교육 격차는 시간이 지남에 따라 변화를 보이는데, 특히 MSNBC와 폭스뉴스 사이의 교육 격차는 좁혀지고 있는 것으로 보인다. 2009년에 폭스뉴스는 보수적인 티파티운동에 대한 편파적인 지지로 인해 많은 비난을 받았다. 이에 대한 응답으로 폭스뉴스는 포퓰리즘적인 색채를 낮추기 시작했고, 셰퍼드 스미스, 브렛 베이어 Bret Baier, 크리스 월리스와 같이 "올곧은 뉴스"를 전하는 앵커들을 전면에 포진시키기 시작했다(Sherman, 2014: 343-344). 2013년에는 황금시간대 라인업에 메긴 켈리가 투입되면서 폭스가 좀 더 전문적인 뉴스 스타일로의 전환을 시도하고 있음이 두드러졌는데, 어쩌면 이로 인해 폭스의 대졸 시청자가 소폭 증가했을 수도 있다. 하지만 이 책의 결론에서 논의하겠지만, 도널드 트럼프의 대통령 선거운동은 폭스뉴스가 타블로이드 포퓰리즘의 공식에서 벗어나거나 완화하려는 시도를 복잡하게 만들었다. 위의 연대표에 수록된 인구통계 자료는 다음을 참조. Pew Research Center(2012. 9. 27.); Pew Research Center(2010. 9. 12.); Johnston, 2008 Pew Research Center(2007. 4. 15.); Pew Research Center(2004. 6. 8.)

와 MSNBC·CNN의 시청자를 구분해주는 인구통계학적 특성으로 나타났다. 2008년 배리 A. 홀랜더 Barry A. Hollander는 1998년부터 2006년까지의 케이블 뉴스 시청자 데이터를 이용한 연구에서 "폭스뉴스를 접할 확률과 관련해 교육 수준은 부정적 예측 변수였지만, CNN과 지상파 텔레비전 뉴스 그리고 인터넷 뉴스를 접할 확률과 관련해서는 긍정적인 예측 변수"였음을 입증했다(2008: 32). 그레고리 마틴 Gregory Martin과 알리 유루콜루 Ali Yurukoglu가 보다 최근에 실시한 2017년 회귀분석 연구는 현재까지 케이블 뉴스 시청자를 다룬 연구 중 가장 견고한 데이터 세트를 제공한다. 이들은 거의 10년(2000~2008)에 걸친 시청자 정보뿐만 아니라, 닐슨이나 미디어마크와 같은 민간 시청률 측정 기관에서부터 퓨리서치센터, NAES, 합동의회선거조사 Cooperative Congressional Election Survey, CCES와 같은 정부 및 비영리단체에 이르기까지 매우 다양한 출처의 데이터를 종합적으로 활용했다. 마틴과 유루콜루는 "물론 일부 속성은 모든 [케이블 뉴스] 채널[MSNBC, CNN 그리고 FNC 등]에서 시청률을 같은 방향으로 이동시킨다. 예를 들어 시청자의 연령이 그렇다. (…) 허나 다른 특성들에는 차별적 효과가 있는데, 대학 교육은 MSNBC를 시청할 확률을 증가시키지만 FNC를 시청할 확률은 감소시킨다"고 설명한다.*

2008년 폭스뉴스의 앵커 브릿 흄은 "우리[폭스뉴스]는 백인 노동계

---

* 홀랜더(2008) 그리고 마틴과 유루콜루(2017)의 회귀분석 연구 결과에 더 힘을 실어주는 요인으로, 더 이전에 실시된 폭스 뉴스에 관한 회귀분석 연구에서도 비슷한 결과가 관찰됐음을 밝혀둔다. 정치학자 스테파노 델라비냐 Stefano DellaVigna와 이선 캐플란 Ethan Kaplan의 획기적인 2005년 연구 "폭스뉴스 효과 The Fox News Effect"는 2000년도 폭스뉴스의 마케팅 데이터를 분석한 결과 "일반적인 폭스뉴스의 시청자는 전체 인구에 비해 교육 수준이 유의미하게 낮다"고 결론을 내렸다(14). DellaVigna & Kaplan(2005. 5. 10.) 참조.

급 유권자들을 대상으로 삼는다"고 말했다.* 그렇지만 우리가 시청자 데이터를 통해 알게 된 사실에 비추어 볼 때 이 말은 얼마나 진실일까? 물론 이 질문에 대한 답은 우리가 "백인 노동계급"을 어떻게 정의하느냐에 달려 있다. 흄이 이 발언을 했을 때 미국의 중위소득은 52,000달러였다.** 네이트 실버 Nate Silver와 같은 일부 통계학자들은 중위소득을 누가 "노동자계층"이 될 수 있고 없는지를 정의하는 경제적 문턱으로 간주했다. 한편 토마스 프랭크와 캘리포니아대학교 법학 교수 조앤 C. 윌리엄스 Joan C. Williams 같은 사람들은 이런 선을 그을 경우 노동계급을 지나치게 좁게 정의하게 된다며 강력하게 반대한다.***

엄격히 소득만을 따져서 정의한다면 폭스 시청자가 노동계급에 해당하는지는 논쟁의 여지가 있다. 그러나 많은 정치학자·사회학자·여론조사 기관들이 관습적으로 하는 것처럼 교육 수준이 대졸 미만인 사람들을 "노동계급"이라고 정의하면, 폭스 시청자의 대다수는 이 집단에 쉽게 들어맞는다.**** 물론 교육 수준이 계급의 완벽한 척도는 아니다. 소득이 적은 고학력자도 있고, 대학에 진학하지 않은 부유층도 있다. 하지만 일반적으로 교육과 부 사이에는 강한 인과관계가 존재한다(OECD, 2016). 게다가 소득세 등급을 기반으로 하는 측정값은 개인의 생애주기에서 단 한 순간의 소득 수준만을 보여주지만, 교육적 성취는 한 사람의 계급적 기원과 앞으로 누리게 될 장기적인 삶의 기회 모두를 더 잘 예측해주는 경향이 있다(Keister & Southgate, 2012). 또한 현대 미국에서

이는 어떤 결혼 상대자를 선택할지를 규정하는 가장 강력한 요인이기

••• 이 선은 통계학자 겸 작가 네이트 실버가 2016년 대선에서 공화당의 도널드 트럼프가 백인 노동자계층 사이에서 상당한 지지를 받았다는 일반적인 믿음을 반박하기 위해 사용한 기준이다. 실버는 「노동계급이 트럼프를 지지한다는 신화 The Mythology of Trump's Working Class' support」(2016)라는 기사에서 여론조사 자료를 인용하여 예비선거 기간 트럼프를 지지한 사람들의 중간소득을 72,000달러라고 추정했다. 그는 이 수치가 2015년 전국 소득의 중간값인 56,000달러를 상회하고 있기 때문에 트럼프의 지지 기반을 노동계급으로 간주할 수 없다고 주장한다. 캘리포니아대학교의 법학교수 조앤 C. 윌리엄스는 2017년 책 『백인 노동계급: 미국에서 계급 무지성을 극복하기 White Working-class: Overcoming Class Cluelessness in America』에서 연간 72,000달러를 버는 가정을 노동자계층에서 제외하는 실버의 전제에 이의를 제기한다. 그녀와 경제학자 헤더 부셰이 Heather Boushey가 내세우는 사회경제적 도식에 따르면, 이 소득 수준은 "만일 '노동계급'을 부자도 가난한 사람도 아닌 것으로 정의할 경우 노동계급의 중간소득보다 약간 낮다". 이들은 노동계급을 "하위 30퍼센트보다는 위지만 상위 20퍼센트보다는 낮은 가계 소득을 가진 사람"이라고 정의한다. Silver(2016. 5. 3.); Williams(2017)

2016년 미국정치학회에서 래리 바텔즈 Larry Bartels는 "캔자스는 무엇이 문제인가?"라는 제목의 발표를 통해 토마스 프랭크의 유명한 책 『왜 가난한 사람들은 부자를 위해 투표하는가』가 가지고 있는 전제, 즉 민주당이 백인 노동계급과의 사이에 문제를 가지고 있다는 전제에 이의를 제기했다. 그는 백인 노동계급 유권자들이 공화당 대신 민주당에 점점 더 많이 투표하고 있음을 보여주는 데이터를 제공했다. 그러나 이 주장을 받아들이기 위해서는 노동계급에 대한 바텔즈의 협소한 정의를 받아들여야 한다. 이 정의에서 노동계급은 전국 소득분위 중에서 하위 3분의 1에 속하거나 연봉이 35,000달러 이하인 사람으로 규정되기 때문이다. 프랭크는 「계급은 끝났다 Class is Dismissed」(2006)"라는 제목의 글로 바텔즈에게 가소롭다는 듯이 답한다. "여론조사를 본 적이 있는 독자들은 모두 사회의 가장 가난한 구성원들이 민주당에 투표하는 경향이 있음을 알고 있다. [바텔즈는] 단순히 이름표를 바꿔 그 가난한 미국인들이 '노동계급'이라고 주장하면서 '짠!'하고 [백인 노동계급의 보수성] 문제가 해결됐다고 선언한다"(p3). 이어서 프랭크는 다음과 같이 주장한다. "만일 백인 유권자들이 소득에 따라 3분의 1이 아닌 5분위로 나눠본다면 [2004년에] 공화당의 부시가 최하위 집단을 제외한 모든 분위에서 승리했다는 것을 볼 수 있다. 2005년 8월 퓨리서치센터의 조사 결과를 보면 명백하다." 부시가 이긴 집단에는 35,000~58,000달러에 속하는 "중산층 분위"가 포함되어 있으며, 이 집단에서 부시는 8퍼센트포인트 차이(36퍼센트 대 28퍼센트)로 승리를 거뒀다. 이 논의에 대해선 다음을 참조할 것. Bartels, Larry (2005. 9. 1-4.). What''s the Matter with What''s the Matter with Kansas? Prepared for presentation at the annual meeting of American Political Science Association. Washington, D.C. 이 발표는 추후 논문으로 발전되어 2006년에 게재된다. Quarterly Journal of Political Science. 1(2), 201-226 토마스 프랭크의 답변은 다음을 확인할 것. Frank, T.(2005) 프랭크가 답변에서 인용하는 설문조사는 다음을 확인. Pew Research Center(2005. 8. 5.)

•••• 정치학이자인 동시에 브루킹스연구소 연구원인 루이 테셰라 Ruy Teixeira와 하버드대학교의 사회학자 미셸 라몽은 둘 다 노동계급을 이렇게 정의한다. Lamont, 2000; Teixeira & Rogers, 2001

도 하다.* 이런 추세는 낸시 아이젠버그Nancy Isenberg의 책『알려지지 않은 미국 400년 계급사White Trash: The 400-Year Untold History of Class in America』(2016)가 역사적으로 입증한 바와 같이 식민지 시대까지 거슬러 올라가고, 오늘날까지도 미국의 계급 인식에 영향을 끼치는 "좋은 양육"이라는 전통적 개념을 반영하는 것처럼 보인다.

좌파에 속하는 많은 사람들에게는 실망스럽겠지만, 소득을 기반으로 한 계급 정의는 문화적 지위에 기초한 계층 구분보다 대중성을 획득하지 못하는 경우가 다반사다.** 1940년대부터 갤럽 여론조사들은 다양한 사회경제적 배경의 시민들이 스스로를 "중산층"이라고 생각하고 있음을 보여줬다. 심지어 수백만 명의 미국인들이 금융 위기로 인해 급격한 하향 계급 이동을 경험했던 대침체 기간에도 마찬가지였다. 당시 실시된 한 여론조사에 따르면 연간 20,000달러 이하를 버는 미국인의 40퍼센트가 자신을 중산층으로 묘사했으며, 반대로 15만 달러를 버는 미국인의 3분의 1이 자신을 중산층이라고 정의했다.***

• 크리스틴 슈와츠Christine Schwartz와 로버트 메어Robert Mare는 "1940년부터 2003년까지 교육 수준으로 분류한 결혼 경향Trends in Educational Assortative Marriage from 1940 to 2003"이라는 제목의 2005년 연구에서 지난 60년 동안 미국인들의 결혼 상대는 점점 더 교육적 수준에 의해 정해지고 있다는 것을 보여준다. 오늘날 교육 수준은 종교보다 결혼 선택에 대한 더 큰 예측 변수가 되었고, 일부 연구에 따르면 (그리고 어떤 인종 간 결혼을 다루느냐에 따라) 인종마저도 능가했다. 사브리나 태버니즈Sabrina Tavernise는 2012년 『뉴욕타임스』의 기사에서 증가하는 부의 불평등에 대해 언급하면서, 교육 수준에 있어서 동질혼의 증가가 부의 불평등을 강화한다고 주장한다. Tavernise(2012. 2.) 참조. 2014년에 아피니타스Affinitas라는 독일 회사는 전문직들끼리의 연애를 위한 온라인 데이트 서비스 EliteSingles.com을 시작하면서 교육 수준에 대한 동질혼이 이미 트렌드가 되어버렸다는 사실을 웹에 명시해버렸다.

•• Vanneman, R., & Cannon, L. W.(1987), Chapter 3: Class Divisions and Status Rankings: the Social Psychology of American Stratification. 다음도 참조할 것. Lamont, 1992, 2000

••• Pew Research Center(2008. 4. 9.)

미국 정치 담론의 역사 또한 미국의 "중산층 신화"에 기여했다. 19세기 미국 정치인들은 역사가 케네스 크밀 Kenneth Cmiel이 "중간적 수사 middling rhetoric"라고 명명한 것을 사용하기 시작했다(1991). 급진주의와는 거의 결합되지 않았지만, 이 담론 역시 계급 정치적인 면이 없는 것은 아니었다. 토마스 페인 Thomas Paine의 혁명적인 소책자 『상식 Common Sense』이 출간된 이후 정치 작가들과 연설가들은 미국 중산층에 대한 사회적 상상에 계급적인 특성과 색채를 부여하기 위해 "국민"으로부터 "엘리트"를 구별하는 반귀족적 주제와 포퓰리즘적인 언어를 활용하기 시작했다.

사회학자 크레이그 칼훈 Craig Calhoun이 지적했듯이 미국의 계급투쟁은 노동계급의 이름보다는 포퓰리즘적 상징인 "국민 people"의 이름으로 더 자주 일어났다(1982). 마찬가지로 국민이라는 용어가 포퓰리즘적으로 개념화될 때는 노동계급이 그 중심에 위치하지만, 포퓰리즘 담론에서 전제하는 대중적 사회 집단은 대부분의 경우 명확하고 객관적으로 정의된 노동계급이 아니라 프롤레타리아 내·외부의 다양한 계급 집단을 모두 아우르는 경우가 더 많다.

역사적으로 미국에서는 계급에 대한 포퓰리즘적 비판이 경험적이라기보다는 규범적이었고(Kazin, 1998: 13), 이것은 포퓰리즘이 어떻게 큰 융통성을 발휘해 매우 다른 정치적 의제들과 경제적 집단들에 봉사할 수 있는지를 부분적으로나마 설명해준다. 특히 정치 이론가 에르네스

•   학술적인 서적, 특히 사회과학 이론에서 people이라는 단어는 주로 "인민"으로 번역되지만, 한국어에서 "인민"이라는 단어가 지니고 있는 정치적 색을 무시할 수 없기에 이 책에서는 불가피하게 "국민"을 번역어로 채택했다. 옮

토 라클라우와 그의 오랜 협력자 샹탈 무페는 이러한 가능성의 영역을 강조한다. 그들이 구축한 이론적 틀은 사회적 집단―계급 집단을 느슨하게 개념화한 집단―이 형성될 때 포퓰리즘 정치 담론이 수행하는 건설적인 역할을 부각시킨다.* 이것은 "국민"이나 "생산자" 같이 계급을 지칭하는 여러 일상적인 이름표들이 어째서 각기 다른 역사적 순간에 상이한 "객관적" 계급과 사회 집단에 부여될 수 있었는지를 이해하는 데 도움이 된다.

포퓰리즘적인 계급 비판은 그 이념적 모순과 사회학적 부정확성 때문에 종종 불합리하고 일관성이 없다는 이유로 무시되거나, 아예 거짓된 계급 비판으로 치부되어왔다. 이러한 무시에는 계급 정체성이란 경제적 조건의 직접적인 반영이거나 반영이어야 한다는 전제가 깔려 있다. 그러나 과잉-유물론적 계급 분석은 계급의 정체성이 당파적 사회적 충성심(Wilentz, 1984), 친족·가족적 유대(Bettie, 2003), 취향과 심미적 선호(Bourdieu, 1984; Gans, 1999), 국적 윤리 담론(Lamont, 1992, 2000; Sayer, 2005) 그리고 마지막으로 대중매체와 대중문화(Aronwitz, 1992; McRobbie, 1994)를 통해 표현되고 구성된다는 점을 놓치고 있다.

1장에서 우리는 상업적 뉴스 산업이 문화적으로 "포퓰리즘적"이라는, 그리고 문화적으로 "이상 지향적"이라는 두 개의 서로 다른 저널리즘 스타일 및 시장 소통 기법을 중심으로 어떻게 구조화되었는지 살펴보았다. 두 가지 상반되는 미디어 스타일은 각자 다른 계급에 기반한 집단의 반응을 끌어내지만, 재차 강조하자면 그 과정은 매우 복잡하고 미묘하게 이루어진다. 미국 미디어 역사에서 미디어 브랜드와 미디어

-     Laclau & Moufee, 2001; Laclau, 2005a; 2005b; 2007

시청자가 사회학적으로 깔끔하게 일치된 경우는 거의 없었다. 둘 사이의 관계는 항상 일정 수준의 문화적 불일치와 주관적 정체성을 수반해왔다. 한 세기가 넘는 기간 동안 노동계급의 뉴스 소비자들은 고학력 전문가들이 선보인 전형적인 "배운 사람"을 체현하기 위해 노력해왔고, 반대로 전문직계급의 소비자들은 자신들이 노동계급의 전형적인 "진정성"을 풍기기를 갈망해왔다.

사회 계층들 간에, 그리고 사회 계층을 거슬러 발생하는 상징적 상호작용과 상호 모방은 특정 미디어 조직의 계급 정체성을 경험적으로 확인하거나 부인하려는 시도를 어렵게 만든다. 러시아 기호학자 미하일 바흐친Mikhail Bakhtin은 계급을 다음과 같이 정의한다.

> 계급은 기호 공동체, 즉 이념적 의사소통을 위해 동일한 기호 집합을 사용하는 사용자 전체의 공동체와 일치하지 않는다. 그러므로 다양한 계급들이 하나의 동일한 언어를 사용할 것이다. 결과적으로 다른 방향을 지향하는 억양들이 모든 이념적 기호 안에서 교차하게 된다.
>
> (1973: 23)•

컨트리 음악은 백인성 외에도 노동계급의 "억양" 또한 지니고 있다.•• 그러나 컨트리 음악을 비롯한 대중문화적 상징들은 특정한 계급의 전유물로 접근하기보다는 에릭 로트Eric Lott의 설명처럼 "계급투쟁이 이

• Voloshinov, V. N.(1973) *Marxism and the Philosophy of Language*. 공식적으로는 바흐친의 동료 발렌친 니콜라예비치 볼로시노프Valentin Nikolaevich Voloshinov가 저술했다고 되어있지만, 많은 학자들이 이 책의 진짜 저자는 바흐친이라고 주장한다.

루어지는 현장"으로 접근하는 것이 더 바람직하다(2007: 51). 따라서 이번 장의 주요 목적은 폭스뉴스가 노동계급 시청자들을 사로잡았다는 사실을 증명하는 것이 아니라, 폭스뉴스가 자신들의 정체성을 백인 노동계급이라고 주장하기 위해 사용하는 문화적 포퓰리즘 전략을 명확하게 설명하는 데 있다.

"저도 레드랍스터에서 식사를 합니다"
ㅡ노동계급의 취향 연출하기

폭스뉴스의 프로그램들은 "진지한 뉴스"를 다루면서 종종 연예계, 스포츠 그리고 대중문화에 대한 "가벼운 뉴스" 소재들을 끼워 넣는다. 프로그램 형식 자체에 대중문화가 들어가 있는 경우도 있다. 일례로 〈오라일리 팩터〉의 한 에피소드에서는 오바마의 세금 정책에 대한 토론이 끝난 후 뒤이어 "위대한 미국 문화 퀴즈Great American Culture Quiz"라는 코너가 이어졌다. 이 코너에서는 동료 방송인들에게 "엘비스 프레슬리의 앨범《제일하우스 록 Jailhouse Rock》에서 두 번째로 인기가 많은 곡은 어떤 곡이었을까요?"와 같은 질문들이 던져졌다. 그러나 폭스가 유별난 것은 아니다. 케이블이든 지상파든, 보수적이든 진보적이든, 진지하든 오락적이든 상관없이 현대의 모든 뉴스쇼들은 경제와 정치에 관한 "진지한 뉴스" 이야기들에 대중문화나 라이프스타일에 대한 주제들을 곁

•• 왜 컨트리 음악이 의심할 여지없이 노동계급의 장르인지에 대한 강력한 주장을 위해선 다음을 참조. Hubbs, 2014: 12-15

들여 방영하고 있다.[•] 폭스뉴스의 경쟁사들에서도 가볍고 대중문화 지향적인 코너들을 볼 수 있다. MSNBC의 레이첼 매도우는 "칵테일 모멘트Cocktail Moment"라는 코너를, 그리고 CNN의 앤더슨 쿠퍼는 "터무니없는 리스트"라는 코너를 진행하고 있다.

게다가 거의 모든 현대 뉴스 프로그램들은 과거 폭스뉴스와 〈커런트 어페어〉가 혁신에 기여했던 고도로 시각적이고 심미적인 방송 스타일을 채택했다. 데보라 자라밀로는 『예쁜 포장, 추한 전쟁Pretty Package Ugly War』(2009)에서 CNN과 폭스뉴스 둘 다 할리우드의 고예산 영화들에서 볼 수 있는 "하이 컨셉트high concept"[••] 연출 스타일을 뽐내고 있다고 지적한다. 이러한 관점에서 보면 폭스뉴스가 나머지 뉴스 산업과 공유하는 심미적·주제적 유사점이 차이점보다 크다고 할 수 있다. 그러나 이러한 표면적인 유사점에도 불구하고 폭스뉴스의 미적 스타일과 대중문화 레퍼토리를 경쟁사들과 차별화하는 것은 내면 깊숙이 흐르고 있는 계급-문화적 논리다. 표면적 유사점에만 집중할 경우 이 논리를 간과하게 될 뿐만 아니라 폭스뉴스의 진행자들이 대중문화를 대하는 태도에서 느낄 수 있는 특수한 성향을 놓치게 된다.

매도우는 "하류" 대중문화를 다룰 때조차 지식인과 전문가의 분위기를 풍긴다. 매도우는 단순히 대중문화를 즐기는 것에 그치지 않고 "마치 공부라도 하는 것처럼 파고든다". 특정 취향 정치에 대해 다루는 코너 "칵테일 모먼트"에서 매도우는 자칭 "팝문화 전문가"인 코미디언

•   Baum, 2003; Zoonen, 2005; Baym, 2009; Jones, 2012; Nadler, 2016

••   하나의 설정 혹은 가정으로 승부하는 예술작품을 의미한다. 예를 들어 '공룡을 부활시킬 수 있다면 어떤 일이 벌어질까?'라는 가정 혹은 설정으로 작품의 특징을 정의할 수 있는 〈쥬라기 공원〉과 같은 영화들이 하이 컨셉트 작품이라고 불린다. 🈂

켄트 존스Kent Jones의 "전문적" 도움을 요청한다. CNN이 대중문화를 활용하고 수용할 때도 비슷하게 우스꽝스러운 모습이 연출된다. 〈AC360〉에서 앤더슨 쿠퍼는 자신이 가장 좋아하는 리얼리티쇼 스타가 〈저지 쇼어 Jersey Shore〉˙의 "스누키 Snookie"˙˙라고 선언했는데, 이때 얼굴에 드러난 능글맞은 웃음으로 보아 그가 이에 대해 별로 진지하게 생각하고 있지 않거나 혹은 리얼리티쇼를 보는 행위를 "은밀한 쾌락" 이라고 생각한다는 것을 짐작할 수 있다. CNN과 MSNBC 프로그램에도 대중문화가 분명히 존재했지만, 두 방송사는 종종 대중문화를 진기한 사물로 묘사하거나 장난기 어린 방식으로 활용했다.

이러한 접근 방식은 〈데일리 쇼〉와 같은 진보적 시사 코미디 프로그램에서 볼 수 있는, 거리감을 두면서 빈정대는 스타일을 상기시킨다. 〈데일리 쇼〉의 방송인들이 "수치심 팬트리 Pantry of Shame"에서 자기들이 "베이컨네이즈Baconnaise"˙˙˙나 "팬케이크 말이 소시지 꼬치" 같은 가공식품을 좋아한다고 말했을 때 거기에는 사실 비꼬는 어조가 숨겨 있었다. 5장에서 더 자세히 설명하겠지만, 폭스뉴스 진행자들은 주로 진행자 자신이나 고상한 척하는 시청자들의 가식적인 모습을 비꼴 때 거리감을 두고 비아냥거리는 소통 방식을 채택한다. 이런 기법은 컨트리음악과 "블루칼라 코미디"의 전통에서 오랫동안 핵심적인 코미디 장치로 활용되어왔다. 하지만 이러한 태도는 오라일리를 비롯한 폭스 방

• 2009년부터 2012년까지 방영된 리얼리티 관찰 프로그램으로 휴가 별장에서 같이 지내는 여덟 사람의 일상을 담고 있다. 옮

•• 〈저지 쇼어〉에 출연하여 유명해진 여성 방송인. 칠레에서 태어나 이탈리아계 미국인 가정에 입양되었다. 옮

••• 베이컨을 첨가한 마요네즈 옮

송인들이 하류 취향을 다룰 때 보인 진솔한 스타일과는 대조적이다. 해니티는 "저는 차 안에서 《앨라배마 베스트The Best of Alabama》 앨범을 들어요. 우리 애들은 그 노래들을 벌써 다 외웠어요"(2008년 11월 17일 방송)라고 말하고, 오라일리는 "저는 레드랍스터에서 식사를 합니다. 레드랍스터를 좋아하죠. 공짜 새우를 엄청 주잖아요. 밥 먹으러 가야죠"(2009년 11월 23일 방송)라고 말한다. 이 발언들이 얼마나 계획된 것이었는지와는 별개로 두 진행자는 과장된 방식이긴 하지만 비아냥거리지 않고 노동계급의 문화적 상품과 관행에 대한 애정을 표현하려 노력하고 있다.

한편 폭스뉴스에서 대중적 취향에 대해 언급하는 것은 반문화 엘리트주의의 핵심 서사를 통해 정당화되기도 한다. 즉 노동계급 문화에 대한 애정을 선언하는 모든 행위는 무수히 많이 존재하는 상호 보완적인 표현 기법 전술과 맞물릴 때만 "문화적 평범함"을 연출할 수 있다는 것이다. 이러한 포괄적인 접근법이 결여되어 있는 쿠퍼와 매도우의 태도로는 아무리 하류 문화에 손을 내밀어봤자 뜬금없거나 기이해 보이기만 하고, 따라서 근거도 의미도 없는 행위로 전락하게 된다.

현재 폭스뉴스에서 최고 시청률을 기록하고 있는 〈해니티〉에서는 게스트 선정, 그래픽 디자인, 음악에서부터 해니티의 체현된 연출에 이르기까지 모든 요소들이 문화적 평범함을 풍기기 위해 설계되고, 부르디외식의 용어를 사용하자면 심미적으로 순응의 원칙을 드러내고자 노력한다. CNN의 뉴스 프로그램 코너 사이에는 웅장한 관현악 음악이 연주되지만, 〈해니티〉에서는 남부 록 음악의 후반부처럼 디스토션된dis-tortion 전자기타 소리가 연주된다. 이외에 컨트리 음악의 히트곡들이 코너와 코너 사이를 채우기도 한다. 매 방송 말미에 해니티는 쿼터백* 자세를 취하고는 너프 Nerf 사[**]의 스펀지 공을 촬영장 세트 너머 보이지 않는 누군가에게 던진다. 토론을 하는 중에도 해니티는 스포츠와 관련된 행사들을 자주 언급하고, 스포츠 용어를 은유로 사용하며, 여느 "조 식스 팩 Joe-six-pack[***]"처럼 경쟁 팀에서 뛰거나 응원하는 게스트들을 자극한다. 스포츠 문화에 대한 해니티의 유대감, 더 나아가 해니티의 노동계급 남성성은 그의 신체적 외모에 의해 한층 강조되는데, 그의 두꺼운 목과 사각턱을 보면 어린 시절 미식축구를 했을 법한 사람처럼 보이기 때문이다.

〈해니티〉의 시각 그래픽 또한 이런 노동계급적 취향 정치를 표현하고 있다. CNN은 국제성과 첨단 기술을 강조하는 형상을 전시하곤 하지만, 대침체 기간 내내 〈해니티〉의 그래픽은 마치 주간고속도로 Interstate Highway 표지판 같았다. 이러한 "그래픽 성향"(Caldwell, 1995)은 66번 국도와 주간고속도로 시스템과 관련된 신화, 자동차 문화, 미국적인 것을 상징하는 아이콘으로 기능한다(그림 3.1 참조). 이 시기에는 한 코너에서 다음 코너로 넘어갈 때마다 여러 주의 자동차 번호판이 모자이크처럼 배치된 그래픽이 방영됐다. 그리고 이것은 스포츠바나 애플비스 Applebee's 레스토랑[****]에서도 흔히 볼 수 있는 모습이었다.

주간고속도로 표지판과 자동차 번호판처럼 공공성과 일상성을 대변하는 사물들을 〈해니티〉의 중심 상징으로 택한 것은, 〈해니티〉가 자

• 미식축구에서 공격 전술을 이끄는 사실상 주장 격의 선수. 큰 체격과 체력이 요구되기 때문에 빈번히 남성성의 상징으로 언급된다. [옮]
•• 스펀지를 이용해 완구용 무기 및 운동 용품을 만드는 것으로 유명한 회사 [옮]
••• 주로 육체노동을 하는 일반적 미국인을 가리키는 별칭 [옮]
•••• 캐쥬얼 다이닝을 내세워 미국식 메뉴를 판매하는 전국적 체인 레스토랑 [옮]

그림 3.1 〈해니티〉 방송 중 코너 간 중간 시간 동안 화면에 등장한 그래픽

신들의 시각적 심미안을 문화적으로 평범한 스타일에 맞게 조율하는 데 우선순위를 두고 있음을 보여준다. 또한 〈해니티〉는 노동계급 취향 정치를 표현하기 위해 애국심과 연관된 그래픽을 사용하기도 한다. 다른 폭스뉴스 프로그램들과 마찬가지로 〈해니티〉의 세트장은 미국 국기와 하얀색 별들 그리고 빨간색과 파란색으로 가득 차 있다. 진보 진영의 코미디 뉴스쇼 〈콜베어 르포〉는 이런 심미적 선택을 패러디하면서 비웃기도 했다. 이렇게 애국심을 시각적으로 브랜딩하면서 폭스뉴스는 자신들의 국수주의적인 성격—특히 이라크전쟁으로 더 심화된—을 한층 강화시킬 수 있을 뿐만 아니라, 애국심의 과장된 표현을 "조악하다"고 생각하는 고학력 전문직의 취향 문화와도 거리를 둘 수 있게 된다.

오늘날과 같은 엔터테인먼트 중심의 뉴스 환경에서는 뉴스가 대중문화를 자신들의 프로그램으로 통합시키고 있는지를 묻는 게 더 이상 중요하지 않다. 보다 중요한 질문은 뉴스 기관들이 뉴스를 보도할 때 어느 정도까지 체계적으로 대중문화를 다루고 있는지, 그리고 어느 부문의 대중 엔터테인먼트와 자신들의 기업 브랜드 및 정치성을 일치시키고 있는가이다. 컨트리 음악과 아카데미 시상식이 대중문화의 한 형태임은 분명하지만, 정확하게 말하자면 둘 다 "상류 예술"로 정의하기는 어렵다. 반면 오스카 시상식은 "이상 지향적"인 방식으로 "상류", "힙함" 그리고 "모던함"을 표현한다. 문화적 포퓰리즘의 가치를 지닌 컨트리 음악은 "강경함"과 "평범함"을 찬양한다. 따라서 상류 문화와 대중문화를 대립시키는 전통적인 이분법은 이런 뉘앙스들을 설명하지 못한다. 노동계급과 중산층 간의 취향 격차와 긴장에 대응하는 분열이 대중문화의 장 내부에도 존재하기 때문이다.

　유명인들은 폭스뉴스가 경멸하는 "진보 엘리트"의 중요한 파벌 중 하나이며, 유명인이라는 개념 그 자체도 평범한 사람들과의 사회적 거리감으로 정의되기 때문에 문화적 포퓰리즘의 논리와 반대관계에 놓여있다고 볼 수 있다. 따라서 폭스뉴스의 최근 프로그램들은 자신들이 문화적으로 동맹을 맺을 유명인과 대중문화 장르를 대단히 까다롭게 선별한다. 폭스뉴스에 자주 등장하는 연예인들은 폭스뉴스처럼 "문화적으로 평범한" 것을 체현하는 데 몰두하며, 본인도 미디어계에서 소외감을 느낀다는 서사를 활용하는 경향이 있다. 이런 방식을 통해 폭스뉴스의 프로그램들은 방송사가 제도적으로 내세우는 반엘리트주의 서사를 정치 미디어 분야 바깥으로 확장시키고, 그 서사의 문화적 깊이를 풍부하게 만들며 사회적 의미를 확대시킬 수 있었다.

폭스뉴스의 진행자들이 유명인 게스트로 하여금 문화 엘리트들에 의해 차별당한 경험을 공유하도록 부추기는 것은 드문 일이 아니다. 한 예로 〈레드넥 테스트You might be a redneck if…〉 시리즈를 통해 유명해진 남부 코미디언 제프 폭스워시Jeff Foxworthy와의 인터뷰에서 글렌 벡은, 언론 비평가들이 폭스 시청자들을 "멍청이 무리"라고 묘사한다고 말하면서 다음과 같이 물었다. "그 사람들이 당신의 관객들도 공격하나요? 왜냐면 아시다시피 당신도 시골뜨기잖아요? 당신도 재주가 없으니까." 폭스워시는 "오, 그래요…… 우리도 '블루칼라 [코미디]' 투어에서 비슷한 비판을 받았어요"라고 답했다. 폭스의 최고 인기 프로그램에 반복적으로 등장하는 유명인들에는 몇 가지 유형이 있다. 코미디언·운동선수·참전 영웅들이 대표적이며, 무엇보다도 컨트리 음악 가수들은 공연자 자격으로든 패널 멤버로든 폭스뉴스에 자주 출연한다(그림 3.2 참조).

텔레비전 뉴스는 주로 정장을 입은 고리타분한 전문직계급의 환경으로 이해되지만, 컨트리 가수들이 폭스뉴스 프로그램에 출연할 때면 그들의 존재감을 나타내는 모든 요소들—체격, 패션 스타일, 주로 남부 억양으로 복잡하지 않은 언어를 구사하는 목소리 등—이 노동계급의 색채를 더해준다. 이에 대한 대가로 컨트리 가수들은 폭스뉴스를 활용해 공화당적인 색채를 자신의 "컨트리 음악 페르소나"에 가미할 수 있다. 공화당을 지지한다는 것이 컨트리 가수들에게는 자신의 농촌적 정체성과 백인 노동계급성을 증명해주는 일종의 정치적 훈장으로 기능하기 때문이다.

〈오라일리 팩터〉의 2008년 12월 1일 방송에서 빌 오라일리는 컨트리 가수 트레이스 애드킨스Trace Adkins와 인터뷰를 진행했다. 이 인터뷰는 폭스뉴스의 프로그램들이 저널리즘 산업의 지형도를 그리기 위해 사용했던 포퓰리즘-당파성의 분석틀을 엔터테인먼트 산업의 지형도를 그리는 데도 동일하게 사용하고 있음을 보여준다. 오라일리가 애드킨스에게 말을 건넨다. "당신은 보수적이고 전통적인 사나이죠. 그리고 많은 컨트리 음악 연주가들도 그렇고요. 그런데 당신도 한때 있었던 할리우드라든지, 음악 산업이 있는 뉴욕으로 가보면 아주 진보적인 사람들이 있잖아요. 왜 이렇게 나뉘어져 있는 거죠?" 애드킨스는 툴툴거리는 바리톤 목소리로 답한다. "알다시피 나뉘어져 있죠. 하지만 첨언하자면 저는 록 음악이랑 팝 음악계에서도 보수적인 사람들을 많이 알고 있어요. 그런데 단지 그렇게 솔직하게 대놓고 말할 수 없을 뿐이죠." 여기서 애드킨스는 폭스뉴스에서 보수 유명인들이 자주 구사하는 익숙한 이야기, 즉 "진보적인" 연예계에서는 자신들의 정치적 견해를 검열해야 한다는 이야기를 반복하고 있다.

오라일리는 애드킨스에게 가수들이 자신의 정치적 사상을 "설파"하기 위해 음악이라는 매체를 사용하는 게 짜증나지 않냐고 묻는다. 애드킨스는 단언한다. "그렇죠. 왜냐하면 제 생각에는 많은 사람들이 그 예술성이라는 거[강조는 인용자]를 쉽게 믿어버리거든요." 이에 대해 애드킨스는 컨트리 음악 팬의 입장에서 설명을 부연한다. "그냥 음악을 듣고 싶은 건데…… 남이 나한테 진보 어쩌고 하면서 배설하는 걸 듣고 싶지는 않죠." 오라일리는 애드킨스를 좀 더 부추기려고 질문을 던진다. "당신도 예술가 아닌가요? (…) 배우에, 작가에, 가수까지 하잖아요." 애드킨스는 이 "예술가"라는 용어와 거리를 둔다. "있잖아요, 저는 가수고 컨트리 노래를 불러요…… 글도 조금 쓰긴 하는데요, 네. 하지만 예술가들 중에는 당신이나 저 같은 사람들보다 자기가 더 계몽됐다고 생각하기 시작한 사람들이 있는 것 같아요. 저는 제 자신이…… 피카소라고 생각

그림 3.2 〈오라일리 팩터〉에 출연한 트레이스 애드킨스

하지 않아요." 모든 유명 인사들이 그렇듯 애드킨스와 같은 컨트리 음악가들도 자신의 대중적 이미지에 대단히 신경을 쓴다. 그러나 이들과 다른 유명 인사들의 차이점은 자신들이 특별하다거나 자신의 팬들과 사회적으로 구분된다는 이미지를 피하기 위해 엄청난 노력을 기울인다는 점이다. 『롤링스톤Rolling Stone』의 기고자인 크리스 윌먼Chris Willman은 『레드넥과 블루넥: 컨트리 음악의 정치 Rednecks and Bluenecks: The Politics of Country Music』(2005)에서 컨트리 음악 산업에서 "E"자로 시작하는 그 단어보다 무서운 단어는 없다고 진술한다(4-5). 보수 토크쇼 산업에서도 이와 유사하게 "엘리트주의자"로 낙인찍히는 것에 대한 두려움이 뚜렷이 감지된다. 해니티, 벡, 림보와 같은 보수적인 진행자들은 애드킨스가 "예술가"라는 이름표를 거부한 것과 동일한 이유로 "저널리스트"

라는 이름표를 거부했다. 두 이름표 모두 자기 팬들과의 사회적 단절을 암시하기 때문이다.

그러나 다음 절에서 보게 되듯이 문화적 취향에 대한 호소가 폭스뉴스 방송인들이 노동계급의 문화적 성향을 연출하기 위해 활용한 유일한 수단은 아니었다. 특정 취향 문화에 소속되어 있다는 것은 단순히 특정 음식이나 엔터테인먼트를 선호한다는 의미를 넘어 개인의 지적 사고방식에 대한 심오한 메시지를 전달하기 때문이다. 다시 말해서 어떤 취향이 "양질의 취향"인지에 대한 사회적 평가는 불가피하게 "스마트함"과 연관되어 있다. 지상파 시대에 텔레비전 뉴스의 이지적 세계는 취향과 생활방식의 문제에서 확고하게 분리되어 있었다. 그러나 오늘날의 뉴스 환경은 훨씬 더 심미적으로 설계되어 있고, 엔터테인먼트 미디어 부문과 긴밀하게 소통을 하고 있기 때문에 현대 뉴스 프로그램들은 취향의 유형과 지능의 유형을 끊임없이 연결시키고 있다.

"제가 전문가가 아닐지는 몰라도 생각은 있습니다"
─노동계급의 지성 연출하기

어느 날 폭스뉴스의 진행자 글렌 벡은 형형색색의 칠판과 여러 가지 식료품이 놓인 테이블 사이에 서서 코너를 시작했다. 달러 가치의 하락과 식료품 가격 인상 사이의 상관관계에 대해 논한 뒤, 그는 카메라에 더 가까이 다가서서 약간은 짜증이 섞인 한숨을 뱉었다. "보세요. 저는 경제학자가 아니에요. 그냥 고등학교만 졸업한 남자예요. 어쩌면 제가 다른 사람들이 볼 수 없는 걸 볼 수 있는 이유가 바로 그건지도 모르겠어요.

왜냐하면 제 머리는 소위 전문가라는 사람들이 채운 걸로 굵어진 머리가 아니거든요. 저는 혼자서 이런 것들을 생각해내죠"(2010년 11월 4일 방송). 백은 자신에게 대학 졸업장이 없다는 사실을 단점으로 여기지 않고 오히려 공인된 정치 분석가들에게는 없는 통찰력이 있다고 주장한다. 그는 형식적인 학식—"굵어진 머리"—이 세계에 대해 독립적으로, 그리고 현실적으로 생각하는 능력을 저해한다고 암시한다. 공인된 학력을 탐탁지 않게 여기는 이러한 유형의 서사는 진보 진영에서는 전혀 찾아볼 수 없다.

그러므로 진보 진영의 저널리스트들과는 달리 엘리트 학력을 갖고 있는 보수 언론인들은 빌 오라일리처럼 본인의 엘리트 학력을 두드러지지 않게 만들고, 그렇지 않다면 자신에게 자격증이나 대학 졸업장이 없다는 사실을 명예로운 훈장처럼 취급한다. 글렌 백 외에 숀 해니티와 러시 림보 같은 보수 언론계의 거물들도 자신이 대학을 졸업하지 않았다는 사실을 자랑스럽게 내세웠고, 이를 통해 그들은 자신이 대학을 졸업하지 않은 대다수의 텔레비전 뉴스 시청자들과 동시대의 계급-문화적 유사성을 공유하고 있다고 강력하게 주장한다. 부통령 후보이자 폭스뉴스의 기고자였던 사라 페일린 같은 보수 인사들은 자신들의 학력이 낮다는 사실을 진보 진영에서 어떻게 비판할지 예측할 줄 알게 되었고, 이런 비판을 자신이 실제 노동계급에 속해 있다는 증거로 활용했다.

그러나 이것은 폭스뉴스 진행자들이 노동계급의 지성을 묘사하는 데 사용하는 방법들 중에서 가장 표면적인 방법에 지나지 않는다. 그들은 대학 학위가 직업 능력이나 특정 분야에 대한 지식 이상을 의미한다는 점을 직관적으로 알고 있다. 학위는 개인이 특정 지식 공동체의 일원이라는 사실 혹은 카린 노르-세티나 Karin Knorr-Cetina의 말을 따르자면 인식론적 문화에 속해 있음을 보여준다(1999). 노르-세티나는 다양한 과학 분야에 대한 문화기술지 연구를 통해 학식을 드러내는 행위란 단지 무엇을 알고 있는지를 알리는 것뿐만이 아니라 어떻게 생각하는지를 표현하는 것임을 입증했다.*

폭스의 최고 방송인들은 폭스뉴스의 광범위한 문화적 포퓰리즘 전략의 일부로써 노동계급의 취향에 호소하는 것에 그치지 않고 대중적 지성―내가 명명한―을 연출함으로써 스스로 노동계급의 인식론적 문화를 대표하는 역할을 수행하고자 한다.** 〈해니티〉의 2010년 6월 6일 방송에서 그 예시를 볼 수 있다. 이 방송은 당시 세계 역사상 최악이라고 여겨졌던 브리티시페트롤륨 British Petroleum, BP의 멕시코만 기름 유출 사건을 다루고 있었다. 정부의 무능함과 오바마 대통령의 재난 대응에 대해 당파적인 언사들을 쏟아낸 뒤 진행자 숀 해니티는 불만을 털어놓았다. "제가 좌절감을 느끼는 건 지금 제게 보이는 것이, 저기, 저는 어부들을 사랑하거든요. 제 친구들 중에도 어업으로 먹고사는 사람들이 있어요. 롱아일랜드 해변에서 끝내주게 놀던 친구들인데요. 제가 아는

•　　『전문직 파워 Professional Powers』(1986)에서 엘리엇 프라이드슨 Eliot Freidson은 전문직계급의 특징 중 하나가 전문적인 형태의 지식을 소유하되 그에 대한 정당성을 전문적 동료의 승인 및 교육 자격을 통해 인정받는 경향이라고 주장한다. 그러나 전문직계급이라는 말은 전문가와 동의어로 사용될 수 없다. 전문직은 자신이 무엇을 알고 있는지 못지않게 그것을 어떻게 알게 됐으며, 자신의 역량을 어떻게 드러내는지에 따라 특징지어지기 때문이다. 『지식인의 미래와 새로운 계급의 부상 The Future of Intellectuals and Rise of the New Class』(1979)에서 앨빈 굴드너 Alvin Gouldner는 인본주의적 지식인이든 기술적인 지식인이든 상관없이 전문직은 "조심스럽고 비판적인 담론의 문화"를 공유한다고 주장한다(47). 즉 전문직에 종사하는 이들은 어느 정도 거리를 둔 채로 분석 내지 정당화를 진행하려는 경향과 지나치게 형식화된 언어를 공유한다.

••　　Paul Saurette와 Shane Gunster의 2011년 논문 "Ears Wide Shut: Epistemological Populism, Arguatainment and Canadian Conservative Talk Radio"도 인식론적 포퓰리즘이라는 용어를 통해 비슷한 현상을 기술한다.

사람들이에요. 진짜 열심히 일해요. 근데 이제 이 사람들의 생계가 몇 대에 걸쳐 중단될 수도 있는 거잖아요"(2010년 6월 14일 방송). 해니티는 롱아일랜드 지역의 어부들이 사용할 만한 은어―"롱아일랜드 베이에 서 끝내주게 놀던 친구들"*―를 사용함으로써 이번 유출 사건을 전달 하는 자신의 목소리를 특정 사회적 상황에 위치시킬 수 있었다. 이전 시대의 저널리즘에서는 특정 뉴스를 보도할 때 "제가 아는 사람들이에 요"와 같이 개인적 유대관계를 드러내거나 "저는 어부들을 사랑하거든 요"와 같이 정서적 애정을 표현하는 일이 직업적 자살 행위나 다름없었 지만, 폭스뉴스의 문화에서는 오히려 개별 앵커가 제공하는 해석에 신 뢰를 더해준다.

지상파 시대의 앵커들은 시청자들이 자신의 발언이 "어디서부터도 오지 않는다"고, 즉 특정한 사회적 관점이나 편견을 반영하지 않는다고 생각해주기를 희망했다(Baym, 2009). 반면 해니티를 비롯한 폭스의 방송 인들은 자신의 발언이 정확히 "어디에서 나오는지"를 밝혀 특정 상황에 위치시키고 있다. 부르디외에 의하면 이처럼 개인화된 해석적 입장은 자 기가 접한 공적 진술과 정보 상품을 사회·정치적 이해관계에 따라 형 성된 재화로 이해한다.** 따라서 공공 영역에 대한 폭스의 포퓰리즘적 모형에서는 이해관계가 없는 저널리즘과 이해관계가 있는 저널리즘 중 하나를 선택하게 되는 것이 아니라, 각기 다른 관심사와 이해관계를 반 영하는 분석들이 선택지로 제공된다. 다만 자신의 사적 이해관계가 노

---

* 　여기서 저자는 "clam out in the bays of Long Island"라는 표현을 쓴다. "Clam out"이라는 표현은 친구들과 격하게 놀면서 시간을 보낼 때 사용되는 관용구지만, 미국 동북부 해안지역의 특 산물인 대합 clam을 활용한 표현이기 때문에 롱아일랜드 어부들의 은어라고 소개한 것이다. 옮긴이

골적으로 반영되어 있는 입장을 주장하게 되면, 권력 지향적이고 도덕적으로 빈약한 사람으로 보일 것이기 때문에 이는 실제로 선택지가 되지 못한다. 따라서 폭스뉴스의 진행자들은 과학적 인식론적 문화와 부르주아적 취향 문화에서 도덕적인 가치 판단을 보류하는 표현 양식을 택한 것과 대조적으로, 윤리적 성향이 명확하게 드러난 노동계급의 문화적 시선을 택했다(Bourdieu, 1984: 4450). 폭스뉴스의 방송인들은 이렇게 매 뉴스 주제마다 일관되게 도덕적 이해관계를 강조하면서, 자신의 분석적 관점이 사리사욕을 넘어 공동체적 가치를 추구하고 있음을 보여주고자 하는 듯하다. 저널리즘의 하이모던 시대에는 객관적 거리를 연출함으로써 정당성을 얻을 수 있었다면, 폭스뉴스에서 가장 인기 있는 쇼에서는 개인적인 연관성과 도덕적 염려를 연출하면서 정당성을 확보할 수 있다.

이런 윤리적 성향을 잘 보여준 사례가 2008년 9월 16일 방송된 〈오라일리 팩터〉이다. 이날의 에피소드는 폭스의 분석 스타일에는 아무런 이념적 지향도 내재되어 있지 않다는 사실을 입증하는 데 특히 유용하다. 평상시에는 사업가계급을 옹호하고 규제 완화를 울부짖던 오라일리가 이 방송에서는 국내 석유회사들의 탐욕을 비판하고 더 많은 "관리

•• 폭스의 최고 인기 토론 방송에서 볼 수 있는 개인화된 뉴스 분석이라는 유형은 노동계급이 일상적으로 소비할 물건을 평가할 때 사용하는 도식과 대응한다. 피에르 부르디외는 노동자들이 예술적 사진을 평가하는 방식에 대해 언급하면서 "이미지란 항상 그것을 감상하는 사람을 위해 수행하는 기능에 따라, 또는 감상자가 이 이미지가 다른 계층의 감상자를 위해 어떤 기능을 수행할 수 있다고 생각하는지에 따라 평가된다"고 주장했다(1984: 41). 부르주아의 시선은 예술을 "자신 외에는 외부적 의미가 없는" 독립적 산물로서 평가하지만, 대중적인 평가의 입장에서 텍스트가 평가될 때는 그것이 어떤 사회적 용도를 수행하고 어떤 사회적 집단에 속해 있는지, 즉 부르디외 식으로 말하자면 "그 텍스트가 지닌 정보 이면에 있는 이해관계"에 따라 텍스트의 가치가 정해진다(43).

감독"을 요구했기 때문이다―물론 이런 견해를 더 자주 표출하는 것은 좌파 진영이다. 오라일리는 은행과 석유회사들이 더 큰 이익을 벌어들이기 위해 "평범한 미국인들"에게 해를 끼치고 있는지를 두고 폭스뉴스의 비즈니스 프로그램 진행자 닐 카부토와 열띤 논쟁을 벌였다.

이 토론을 시작하기 직전의 코너에서 오라일리는 2008년 대선에 출마한 두 후보에 대해 자기 의견을 밝혔다. "두 사람 모두 무책임한 기업으로부터 미국인을 보호하기 위해 무엇을 하려고 하는지 구체적으로 밝혀야 합니다." 이어서 오라일리는 기업들이 무책임하다는 사실을 보여주기 위해 자기가 했던 말을 다시 꺼낸다. "여담이지만, 어제 제가 지적했듯이 유가는 두 달 만에 33퍼센트가량 하락했습니다. 하지만 주유소 펌프에 적힌 휘발유 가격은 7퍼센트밖에 싸지지 않았어요. 정유사들이 또 다시 파업을 하는데 아무도 이들한테 관심이 없습니다." 헛웃음을 지으면서 오라일리는 자신의 시청자들에게 폭스뉴스의 비즈니스 방송 진행자를 소개한다. 그는 조롱 섞인 소개 멘트로 자기 동료의 이미지를 석유 산업의 병폐로 먹칠했다. "자, 오늘 밤 이 문제에 대해 또 다른 견해를 전해드리기 위해 모셨습니다. 폭스뉴스의 비즈니스 앵커 닐 카부토입니다. 항상 미국 재계를 옹호하시는 분이지요." 물론 카부토는 자기가 이런 식으로 소개될 것임을 예상하고 있었으면서도 고개를 저으며 애원하는 어조로 답했다.

그만 좀 하시죠…… 18개월 전에 유가가 배럴당 50달러였을 때 휘발유는 갤런당 2.22달러였죠. 근데 유가가 이제는 세 배나 올랐어요, 그렇죠? 그럼 휘발유 값도 똑같이 세 배가 올라 거의 7달러가 됐어야 했는데, 왜 그러지 않았을까요? 왜 안 그랬을까. 빌, 당신은 원하는 대로 기간을 선택할 수 있어요. 당신은 정치인들이 숫자를 자기 멋대로 쓴다고 비판하잖아요. 그러면 왜 당신도 자기주장하고 딱 맞는 기간을 선택한 거죠?

흥미롭게도 카부토는 오라일리의 주장에 이의를 제기하기 위해 근거-의존적인 비판 노선을 택했다. 그는 먼저 시청자들이 유가 변동을 더 넓은 시간적 맥락에서 바라볼 수 있도록 여러 대안적 수치를 인용했는데, 이 수치들은 석유회사들이 사리사욕을 챙기기 위해 가격을 인상하고 있지 않음을 증빙하는 자명한 근거처럼 보였다. 이어서 카부토는 오라일리가 제시한 통계의 한계를 지적하기 위해 그가 근거를 객관적으로 평가하지 않고, 대신 자기의 "주장하고 딱 맞도록" 조작했음을 암시했다.

하지만 카부토는 너무 많은 수치들을 인용했기 때문에 정신없이 빠르게 진행되는 케이블 뉴스 토크쇼에서 그의 주장은 약간 산만하다는 인상을 줄 수 있었다. 이러한 난해성을 감지한 오라일리는 특유의 "직설적 화법"으로 맞서면서 분석 방식을 완전히 바꿔놓았다. 그는 카부토의 수치에 대해 논쟁하거나 추가적인 통계를 인용하기보다 석유회사들의 과실을 가리는 것으로 논의를 재구성하려고 했다. "제가 아주 간단한 질문을 하나 하죠." 오라일리가 카부토에게 물었다. "석유회사들이 매 순간 이익을 극대화하고 있지 않다고 생각하십니까? (…) 당신은 그들이 미국인들과 공정하게 거래하고 있다고 생각하십니까?" 오라일리는 토론의 주제를 근거가 보여주는 바가 아니라, 사람들이 직관적으로 갖게 되는 석유회사들의 이해관계에 대한 믿음과 그 이해관계를 통해 추론할 수 있는 석유회사들의 의도로 옮겨왔다.

이제 카부토는 오라일리의 "증거"뿐만 아니라 석유회사들이 일상적인 소비자보다 이익에 더 신경을 쓴다는 통념에 대해서도 이의를 제기할 수밖에 없었다.

카부토는 오라일리가 "서민의 권익"이라는 평가 불가능한 기준을 내세운 것에 불편함을 느꼈는지 이 논쟁을 오라일리가 제시한 통계로 되돌리기로 결정했다. 그는 오라일리에게 명백한 모순이 있다고 비난했다. "당신은 방금 통계치에 대해 얘기했어요. 당신의 정의에 따르면 그들은 지금 휘발유를 7달러에 팔면서 바가지를 씌우고 있어야지요. 근데 지금 휘발유 가격은 7달러보다는 훨씬 싸잖아요." 이 시점에서 시청자들은 카부토가 점점 더 신경질적이 되고 있음을 느끼기 시작했다. 카부토는 "데이터"에 대해 얘기하기를 포기하고 오라일리가 속임수를 썼다고 비난했다. "당신은 말도 안 되는 **포퓰리즘**[강조는 인용자] 넌센스를 내세우지요. 그리고 사람들더러 그걸 믿게 만드는 거죠." 그러나 오라일리는 이전의 질문을 고집스럽게 반복하며 카부토가 진심으로 석유회사들이 가격 인상을 통해 이윤을 극대화하고 있지 않다고 믿는지 물었다. 질문을 반복하는 행위를 통해 오라일리는 카부토가 아직 이 문제에 대해 자신의 진정한 개인적 신념을 밝히지 않았음을 암시했다. 마침내 카부토는 자기 생각엔 그렇지 않다고 대답했다. 드디어 포퓰리스트 오라일리가 카부토를 쏘아붙일 수 있는 틈이 열렸다. "아니라고? 나는 그렇다고 생각하는데!"(2008년 8월 16일 방송)

여기서 진실은 궁극적으로 근거가 아니라 이 문제에 대해 폭스뉴스 진행자가 깊이 절감하고 있는 믿음(Peters, 2010) 그리고 그 문제와 연관된 사회 집단들에 관해 자신이 감정적 우려를 느끼고 있음을 **연출**하는 능력에 달렸다.

폭스뉴스가 미국의 공적 영역을 어떻게 개념화하는지 살펴보면 이러한 "개인화된" 뉴스 분석이 지닌 정당화의 힘을 보다 잘 이해할 수 있다. 폭스에서는 언론이 가장 지배적인 토론 주제로 꼽힐 뿐만 아니라 그 자체로 강력한 정치 행위자로 취급되어왔고, 폭스 방송이 포퓰리즘적으로 개념화한 정치계의 주요 악당으로 인식되어왔다(Conway et al., 2007: 207-210). 이 사상은 온라인 영역의 현대 보수 정치 매체에서도 핵심 원리로 남아 있다. 인포워즈와 브라이트바트뉴스같이 공화당과 연대하는 온라인 매체들은 도널드 트럼프가 언론을 "미국인의 적"으로 낙인찍은 2017년 2월 17일 "트윗"에 갈채를 보냈다(Grybaum, 2017). 트럼프처럼 폭스뉴스의 진행자들도 저널리즘적 해석이 정치적 결과를 결정하는 데 있어 주요 요인이 될 수 있음을 인지하고 여기에 무지막지한 힘을 부여했다(Cappella & Jamieson, 2008: 51). 그 결과 폭스의 최고 진행자들은 자신들이 "서민"의 이익 그리고 군인과 같이 도덕적으로 정당한 집단이나 어린이들처럼 무고하다고 여겨지는 집단의 이해관계와 함께하고 있기 때문에 뉴스를 진심으로 편향되게 분석하고 있음을 보여주려 노력했다.

포퓰리즘적인 저널리즘
-진실의 적인가 혹은 문화적 엘리트의 적인가

오랫동안 이성적인 미디어 형식이라고 여겨져온 정치 뉴스는 지성의 사회적 구성에 있어서 특별한 역할을 지속해왔다. 이 "진지한" 대중매체 장르의 전통적인 형식에 따라서 폭스뉴스의 최고 프로그램들도 대부분 "진지한 뉴스"를 우선시하는 편집상의 지향점을 가지고 있다. 따라서 이들도 다른 정치 뉴스 프로그램과 마찬가지로 자신의 시청자들이 더 큰 사회적 문제, 정치적 논쟁과 이념적 차이, 즉 지적 문화의 내용에 대해 생각하는 주체라고 치켜세운다. 폭스뉴스의 소통 방식이 명망 있는 신문 및 케이블 뉴스의 소통 방식이나 연설 방식과 구별되는 지점은, 폭스뉴스가 자신의 시청자들을 전문가 내지 전문직의 지식에 근접하고 싶어 하는 문화적으로 이상 지향적인 주체로 상정하지 않는다는 점이다. CEO 로저 에일스는 2001년『뉴스위크』와의 인터뷰에서 이 차이점에 대해 언급했다. 그는 기자에게 다음과 같이 얘기한다. "미디어 엘리트들은 자기들이 다른 멍청한 자식들보다 더 똑똑하다고 생각해요. 그리고 당신더러 어떻게 생각해야 하는지 가르치려 들죠. 근데 노동계급 남자들한테 그건 완전 헛소리에 불과하죠"(Wolcott, 2001). 에일스는 주류 언론과 달리 폭스뉴스가 비전문가들이 정치 세계에 대해 숙고할 수 있는 능력을 인정하고 있고, 따라서 공적으로 중요한 문제들을 다룰 때 필요한 것은 "상식"뿐이라고 확언했다.

비평가들은 종종 이러한 포퓰리즘적인 분석 태도를 폭스의 반지성주의를 나타내는 지표라고 해석했다. 그러나 폭스 방송 진행자가 교육 증서와 상류 문화의 과시에 대해 보이는 적대감이 단순히 반지성주의적 편향을 의미하는 것은 아니다. 그러한 결론은 폭스뉴스의 프로그램이 서민적 유형의 지성주의―대중적 지성이라고도 부를 수 있는―를 지지하고 있다는 사실을 간과하게 만든다. 폭스뉴스에서 기사의 내용을 넘어서는 행위, 정치적 논의 중에 개인의 경험이나 가족사에 눈을 돌리는 바로 그 행위들이야말로 진행자들이 노동계급의 인지적 문화와 긍정적으로 연관될 수 있게 해주는 계급 정체성을 표현해주고 있다.

물론 폭스의 포퓰리즘적인 논쟁 방식은 미국 저널리즘의 하이모던 시대로부터 상당히 변화했음을 나타낸다. 전통적인 패러다임에서 특정 진술의 신뢰성은 그것이 경험적 사실에 얼마나 잘 부합했는가에 의해 평가되었다. 따라서 그 진술이 특정 사회 집단이나 정치 진영에 도움이 되었는지 같은 문제는 진술의 진실성과는 무관해야 했다. 객관적 스타일의 저널리즘을 실천하는 사람들은 방법론적으로 건전한 근거들—예를 들어 정부보고서, 통계, 역사적 사건—은 진실을 담고 있고, 어떤 의도를 가지지 않은 자급자족적인 진리 단위로 취급한다. 전통적인 앵커는 뉴스 사건을 둘러싼 정보로부터 거리를 두는 연출을 통해 자신이 보도하는 사실들에 자율성, 즉 편견으로부터 자유로운 진실성을 부여했다.

오늘날 트럼프 시대의 언론 비평가들은 "탈진실주의" 또는 "탈사실주의"를 내세운 전국적 언론들이 출현하고 있다는 사실에 우려를 제기한다. 이것은 10년 전 부시 시대 내내 진보 진영의 방송인들이 제기한 우려와 비슷한 성격의 문제로, 정치 코미디언 스티븐 콜베어는 "믿고 싶은 진실truthiness"이라는 용어로 이 현상을 지적했다. 언론학자 크리스 피터스Chris Peters는 폭스뉴스에 대한 글에서 이 우려의 핵심을 간결하게 묘사했다. "진행자의 신념이 논쟁의 출발점이자 주장의 증거로 기능할 때 (…) 진실에 대한 저널리즘의 전통적 법칙이 요구하는 문턱"은 급격히 낮아진다는 것이다(2010: 842).

나는 여기서 피터스가 요점의 심각성을 경시한다거나, 많은 사람들이 "사실" 내지는 전문적인 동료들의 평가를 거친 지식으로 평가 절하하는 것에 대한 우려가 심각하지 않다거나, 또는 정당하지 않다고 주장하려는 것이 아니다. 나도 그 우려에 동참한다. 그렇지만 10년 동안 보수 미디어 문화 안에서 살았던 사람으로서 나는 "탈진실주의"와 "탈근대주의"에 대한 진단이 진보주의자들이 말하는 보편적인 사회적 병폐가 아닐 가능성, 즉 이것들이 진보 미디어 문화 특유의 감정이나 불안일지도 모른다는 의문을 갖지 않을 수 없다. 현재 CNN이 폭스 같은 친트럼프 언론에 대항하면서 취한 시도들이 이런 불안감을 달래는 데 초점을 맞추고 있다는 사실은 여러 가지 의미를 함축한다. 2017년 CNN의 #FactsFirst(사실 먼저) 캠페인 광고는 매우 간단한 메시지를 전달한다. "이것은 사과입니다. 어떤 사람들은 당신에게 이것이 바나나라고 말할지도 모릅니다. 그들은 바나나, 바나나, 바나나를 계속해서 소리칠지도 모릅니다. (…) 당신은 심지어 이것이 바나나라고 믿기 시작할지도 모릅니다. 하지만 이것은 바나나가 아닙니다." 광고는 "이것은 사과입니다"라고 장담한다.' 물론 일부 보수 논객들도 "인식론적 폐쇄"와 경험적 지식의 정치화에 대한 우려를 제기하기도 했다." 그러나 보수 언론계 전반을 보면 좌파 진영에서 이 문제에 대해 울리는 동일한 수준의 경종을 들을 수 없다. 보수 진영에게는 언론계의 문화적 엘리트주의가 더 중요한 문제다.

이 장에서는 취향을 자극하는 폭스의 호소 행위 및 프로그래밍에 있어서 서민적 지식과 분석을 연출하는 데 우선순위를 부여한 행위가 단순히 이윤 동기와 관련이 있는 것도 아니고, 뉴스 산업을 장악한 탈근대주의적 시대정신의 산물도 아니라는 것을 보여주었다. 나는 도리어 이것이 폭스의 보다 광범위한 포퓰리즘 브랜드 전략과 직접적으로 연관된 연출적 선택이라고 주장한다. 이 선택은 전후 보수 운동에서 진행된 헤게모니 프로젝트를 반영하며 맞물려 있는 전략이다. 그러나 폭스

-     Steinberg(2017. 10. 23.)
- ••   Cohen(2010. 4. 27.)

뉴스가 대중적 취향과 지성에 대해 찬양할 때는 인종적으로나 이념적으로 선별적일 수 있다는 점에 주목해야 한다.

　오라일리는 방송에서 여러 힙합 가수들과 다투는 모습을 보이곤 했는데, 한번은 게스트 루페 피아스코Lupe Fiasco가 (부시가 아니라) 오바마의 "테러와의 전쟁"을 비판하는 가사를 썼다고 비난했다. 오라일리는 이 래퍼를 가르치려고 들었다. "당신은 밖에 나가서 많은 젊은이들과 이야기를 나누는데, 그 얘기를 듣고 있는 애들은 정확히 정치학 박사들이 아니잖아요. 그래. 걔들은 쉽게 세뇌시킬 수 있는 애들이잖아요." 루페가 답한다. "글쎄, 그게 별로 중요하진 않다고 생각하는데요. 정치를 이해하기 위해 정치학 박사가 될 필요는 없잖아요." 흥미롭게도 오라일리, 숀 해니티 그리고 글렌 벡 역시 조금 다른 형식이긴 했어도 똑같이 이야기했던 경험이 있다. 그럼에도 불구하고 오라일리는 힙합 청중들, 즉 젊은 흑인들로 구성되었을 것으로 상상되는 이 공동체는 정치에 대해 숙고하기 전에 공식적인 교육을 받아야 할 필요가 있다고 주장했다. 이 주장은 오라일리가, 대다수가 백인인 자신의 시청자들은 "상식"을 활용할 수 있을 것이라고 믿는 것과 극명한 대조를 이룬다.•

　백인 노동계급에 대한 오라일리의 믿음을 약화시키는 단 한 가지 상황은 그들의 견해가 그의 자유시장 이념과 모순될 때 나타난다. 오라일리와 닐 카부토는 다른 일자의 방송에서 "평범한 서민과 월 스트리트 사람들의 분리"에 대해 대화를 나눴다. 오라일리는 금융 산업이 오바마의 세금 정책에 반대한다는 사실을 "미국인의 66퍼센트가 연봉이 25만 달러 이상인 사람들의 세금을 올리겠다는 아이디어를 좋아한다"는 사

•　　Fox News Insider(2011. 6. 20.)

실과 대비시켰다. 오라일리는 "금융 시장은 오바마 대통령을 반대하지만, 대부분의 서민들은 여전히 오바마 대통령과 함께하고 있다"고 결론을 내린다. 카부토는 "월 스트리트 사람들과 그들의 견해는 결국 전국을 가로지르는 견해가 되지요"라고 담담하게 답했다. 오라일리는 이제까지 유지해왔던 "평범한 판단"을 옹호하는 대신 카부토의 거들먹거리는 발언에 동의하며, "개미 투자자들Main Street folks"이 따라잡는 데는 시간이 좀 걸리지요"라고 응답했다(2009년 3월 5일 방송). 바로 이 지점에서 우리는 다음 장으로 넘어가야 한다. 지금부터는 폭스뉴스의 방송인들이 생산주의와 "일자리 창출자"라는 수사를 활용해 사업가계급이 지닌 전문성과 기술을 교수나 지식인들의 "엘리트" 지식과는 다른 것으로, 그리고 일상 노동자들의 "비추상적이고 실용적인" 사고에 가까운 것으로 연출하는 과정을 살펴보자.

4장

'만드는 자와 받는 자'

－폭스뉴스는 어떻게 노동계급과 사업가계급의
정치적 동맹을 구축했는가

이 지구상의 다른 사람들한테 제 노력의 결실을 빼앗아갈 자격이 있는
지…… 설명해보시죠.

빌 오라일리

진보주의자는 제가 열심히 번 돈에 대해 자기도 권리를 행사할 수 있다고
생각하는 사람이죠.

손 해니티

2009년 3월 13일 TV쇼 〈글렌 벡〉은 "여러분은 혼자가 아니에요"라는 제목의 "특집" 프로그램을 방영했다. 대침체 기간 동안 폭스뉴스에서는 여러 프로그램을 통해 "잊혀진 사람"이라는 서사를 소개했는데, 이날 방송에서 진행자 글렌 벡은 그 서사의 정수를 보여줬다. 그는 프랭클린 루스벨트의 유명한 문구를 재해석하여 일반적인 산업노동자가 아니라 소기업인이야말로 진짜 주인공이자 경제적 피해자라고 선언한다. 그는 또 티파티와의 제휴로 설립한 조직 "9·12 프로젝트"의 출범을 발표하기도 했다. 마치 4월 15일 폭스뉴스가 전국적인 티파티 시위를 대대적으로 보도한 것(서론 참조)의 예행 연습이기라도 한 듯, 이날 방송은 전국의 "시청자 모임"과 집회들을 실시간 비디오 연결을 통해 보여주는 것으로 시작했다. 벡이 카메라에 닿기라도 할 듯 몹시 가까이 다가가는 파격적인 앵글을 활용할 때마다 시청자들은 배경에 깔린 스튜디오 관객들의 환호성을 들어야 했다. 오래 방영되지는 못했지만 〈글렌 백〉 특유의 거리감과 카메라 앵글은 이 프로그램 고유의 특징이 됐다.

벡은 눈에 띄게 격양되어 있었고, 눈물이 가득 고인 자신의 모습을 비웃기라도 하듯 잠시 멈칫한다. 이윽고 그가 마음을 가다듬고 연설을 시작하자 화면은 벡의 목소리를 내레이션 삼아 다큐멘터리로 전환된다.

우리 기업들은 노조들의 새로운 요구 사항과 국제적인 배출권 거래 제도 그리고 전 세계에서 두 번째로 높은 법인세율과 직면하고 있습니다. 그런데도 정치인들은 왜 일자리가 해외로 나가는지 궁금해합니다. (…) 한편 지난 4개월 동안에만 400만 명이 넘는 친구들과 이웃들이 일자리를 잃었지요. (…) 모든 일자리의 70퍼센트는 소기업인들에 의해 만들어집니다. 그리고 아무도 이를 알아채지 못하는 것 같습니다. 약자를 사랑하고 보통사람들을 위해 맞서던 우리나라가 어떻게 되어버린 건가요? '잊혀진 사람' 목소리는 어떻게 된 건가요? 바로 여러분이 '잊혀진' 사람입니다!

벡은 소기업인들이 경제적인 면에서 생산적이라는 사실─"모든 일자리의 70퍼센트는 소기업인들에 의해 만들어집니다"─을 들어 이들이 도덕적인 덕목을 갖췄음을 강조한다. 벡의 내레이션에 곁들여지는 이미지들은 소기업인이 지닌 계급적 이중성을 드러낸다. 근본적으로는 소기업과 대기업의 이해관계는 동등하며, 대기업과 마찬가지로 소기업주들도 "노조의 요구 사항"이나 "배출권 거래 제도"와 같은 정책들─물론 진짜로 소규모인 사업에서는 두 정책 다 의미가 없다─과 대치 상태에 있는 것으로 연출된다. 하지만 다른 한편으로 소기업주들은 아직도 "보통사람"이다. 특히 월 스트리트 같은 기관과 비교하면 더욱 그렇다. 이 다큐멘터리는 정부에 의해 구제된 주요 은행들─씨티은행 Citibank, 모건스탠리 Morgan Stanley, JP모건체이스 JPMorgan Chase, AIG ─의 주식 티커 stock ticker˙ 및 명판의 이미지와 낡은 소기업 작업장의 이미지를 대조시킨다. 한 번은 번화가에 자리 잡은 작은 상점의 장면을 보여주고, 다음에는 구멍가게로 개조된 집을 보여줬다가 마지막에는 작은 마을의 중심가에 위치한 것처럼 보이는 상점의 모습으로 마무리한다. "그리고 아무도 이를 알아채지 못하는 것 같습니다"라는 대사에 맞춰서 작은 빵집, 세차장에서 일하는 남자 그리고 판매대 뒤에 서 있는 나이 든 커플―전형적인 가족사업˙˙의 모습을 연출한 것이다―의 모습이 스쳐지나간다. 이 장면들은 소기업 사업체들의 위치, 건물 외관, 가게 크기 그리고 평범하고 밋밋한 특징들을 부각시켜 소기업인들도 평범한 남자, 평범한 여자일 뿐이라고 연출한다. 즉 여기서 사용된 이미지들은 소기업인들도 대부분의 미국인과 마찬가지로 노동계급의 사회에서 왔으며, 아직도 그 세계에서 살고 있는 사람들이라고 묘사한다.

폭스뉴스는 끊임없이 가족사업을 운영하는 데 필요한 경영 기술과 책임감을 칭송한다. 공예업, 농업 및 공업의 육체노동, 즉 미국 정치문화사에서 항상 찬양받아온 유형의 노동과 가족사업에서 필요한 노동을 연관 짓는다. 이런 기법을 통해 폭스뉴스는 사업가계급에 도움이 되는 정책을 지지하면서도 자신들이 침체기 동안 "잊혀진 사람"을 대변한다고 주장할 수 있었다. 그러나 사업가계급 친화적인 포퓰리즘을 내세울 경우 반대로 경영인들과 사장들에 대한 시청자들의 분노만 부추길 위험도 있었다. 이를 방지하고 정치적 유대를 유지하기 위해 폭스는 계급

˙ 미국에서 개별 주식마다 배정되는 종목 코드로 고유의 알파벳 조합으로 이루어져 있다. 🝖

˙˙ 여기서 저자는 "mom and pop"이라는 용어를 쓰고 있는데 이는 부부가 운영하는 동네 구멍가게를 뜻한다. 🝖

정체성의 도덕적 면모를 부각시켰다.

이 장에서 우리는 폭스뉴스가 노동계급의 경제적 이익을 직접 지원하는 정책을 두둔하는 대신, 자사의 진행자들을 근면과 생산성을 중요시하는 "도덕적 경제"의 수호자 내지 옹호자라고 추켜세움으로써 스스로를 대침체로 인해 짓밟힌 사람들의 대변자라고 강변할 수 있게 된 과정을 살펴볼 것이다. 민주당이 경제 회복을 위한 경기 대응적 정부 지출 조치를 제안하고 그 세부 사항의 비용 편익을 분석하는 동안, 폭스뉴스의 방송인들은 국가 개입과 정부 지원이라는 원리 그 자체에 의문을 제기했다. 즉 폭스뉴스의 해석적 전략에서 가장 중요한 특징은 바로 경제 위기의 도덕적 부담을 정의하는 데 에너지를 투입하는 것이었다.

폭스 방송의 진행자들은 뉴스를 분석할 때 미국 포퓰리즘의 수사학적 전통으로부터 강력한 경제윤리적 원리들을 끌어 사용했는데, 특히 생산주의*라고 불리는 오래된 담론에서 여러 원리들을 도출해냈다. 이 담론은 "생산자"와 "기생자" 사이에 선을 긋고는 도덕적인 사회란 생산자에게 보상을 제공하는 사회라고 주장한다. 이 원리에 의하면 경제는 나태한 사람들 대신 근면한 사람들의 편익을 보장해야 한다. 물론 생산주의의 전형과 도덕적 논리는 제퍼슨 시대 이래 미국 정치인과 사회 활동가들에 의해 빈번히 재활용되어왔지만, 대침체 시대 들어 폭스뉴스는 이 담론을 재해석함으로써 자유시장 이념의 헤게모니를 보호하고

---

* Burke, 1995; Kazin, 1998; Huston, 1998; Berlet & Lyons, 2000; Peck, 2014a, 2017. 침체기에 부각된 보수 진영의 포퓰리즘 담론을 묘사하기 위해 "생산주의"라는 용어를 사용하는 정치분석가나 비평가는 드물다. 그럼에도 불구하고 티파티운동의 수사 기법을 설명하기 위해 칼럼니스트 두 명이 이 용어를 사용했는데, 바로 『뉴리퍼블릭 The New Republic』의 존 S. 주디스John S. Judis(2010)와 『뉴욕타임스』 칼럼니스트인 데이비드 브룩스David Brooks(2009)다. 둘 다 이 수사적 전통의 역사적 뿌리를 19세기 제퍼슨 및 잭슨 대통령의 정치운동에서 찾는다.

강화할 수 있었다.

폭스 프로그램에서 방송인들은 금융 붕괴가 "규제 없는" 대출자들 그리고 민주당이 저소득층 및 소수인종 시민의 자택보급률을 증진시키기 위해 선보인 정책의 결과라고 반복해서 주장했다. 이런 방법으로 금융 위기를 프레이밍함으로써 폭스는 복지 의존 및 국가기생주의에 대해 사람들이 가지고 있었던 인종차별적 고정관념을 활용할 수 있었다. 당시 〈해니티〉는 폭스에서 두 번째로 높은 시청률을 기록하는 등 탄탄한 입지를 과시했는데, 하루는 단골 게스트인 영국 정치인 다니엘 해 난Daniel Hannan이 출연해 이렇게 선언했다. "전례가 없이 부풀어 오르는 비생산성에 돈을 대기 위해 우리 경제에서 생산적인 부분을 쥐어짜는 짓을 영원히 할 수는 없는 겁니다. 돈을 빌려서 빚을 갚을 수 없는 것처럼, 경기 침체를 이기자고 돈을 계속 쓸 수는 없는 겁니다"(2009년 5월 19일 방송). 〈글렌 벡〉의 한 게스트는 이 메시지를 더 간결하게 전달했다. "경제 부양이라는 것은 생산적인 사람을 희생시켜서 나태한 사람을 앞장서게 만드는 겁니다"(2009년 11월 10일 방송).

다른 한편 폭스의 인기 방송인들은 생산자들을 찬양했다. 물론 이 중에는 재계의 엘리트들도 포함된다. 그들은 기업인들과 부유층이 가장 큰 세금 부담을 짊어지고 있으며, 정부가 온 국민에게 제공하는 모든 것에 대해 가장 큰 기여를 하고 있다고 열정적으로 선언했다. 바로 이 집단이야말로 우리 사회에서 가장 많은 가치를 창출했다고 지속적으로 강조한 것이다. 바로 이것이 내가 주장하는 기업가적 생산주의의 특징이다. 이 담론은 공급 측면의 경제 이론과 우파 진영의 "낙수 효과" 이론을 제기하는데, 둘 다 일반적으로는 사업가계급에 대한 규제와 부유층에 대한 세금을 반대한다는 공통점이 있다. 그러나 폭스의 기업가적 생산주의에서 공급 측면의 정책이야말로 근면 성실에 대한 보상이라고 주장하기 위해 활용된 것은 경제적 논리가 아니라 도덕적 논거였다.

기업가적 생산주의라는 담론은 모순투성이였고, 방송에서 이것을 성공적으로 활용하는 것은 폭스뉴스에게도 결코 쉬운 일이 아니었다. 그들은 이 담론의 핵심 모순을 감추고, 우회하고, 관리하기 위해 정교한 수사 전략을 사용해야 했다. 폭스의 방송들은 자신들이 "다수"를 대변한다고 주장함과 동시에 생산자들이 궁지에 몰린 "소수"라고 암시했다. 폭스뉴스는 생산자들을 경제적인 면에서는 "성공적"이었으면서도 희생당하고 소외되어버린 집단이라고 정의해야 했다. 한 진보적인 블로거는 이러한 모순을 지적하면서 폭스가 경제 침체기에 사용한 수사 기법을 "부자 포퓰리즘"이라고 불렀다. 그리고 전반적으로 진보 진영은 대체 어느 누가 이런 담론을 진지하게 받아들일 수 있을지 궁금해했다(Reed, 2009). 그러나 나는 여기서 승리를 거둔 것은 경제적 논리가 아니라 포퓰리즘의 도덕적 담화였다고 주장한다. 그랬기 때문에 폭스의 방송인들은 빈곤으로 추락한 미국 중산층이 역사적인 규모에 달했던 그 순간까지도 가장 부유한 시민들을 위한 경제 정책을 두둔할 수 있었던 것이다.

전통적 생산주의에서 기업가적 생산주의로

미국 포퓰리즘에 대한 선구적인 역사학자 마이클 카진은 19세기부터 20세기까지 "포퓰리즘에서 '국민'을 개념화하는 데 있어 중심 요소"가 "생산자 윤리"였다고 주장한다. 카진은 대중 연설가들과 정당들이 경제적 불평등을 비판 혹은 정당화하기 위해 생산자 포퓰리즘을 이용해온 것이 사실이지만, 결국에는 생산자 포퓰리즘 또한 일종의 도덕적 담론임을 강조한다. 모든 포퓰리즘 담론이 그렇듯 생산주의는 사회를 두 대치적인 집단, "생산자"와 "기생자"로 이분화한다. 대침체 기간 동안 폭스의 방송인들은 이 두 집단을 "만드는 자makers"와 "받는 자takers"라고 불렀다.

이 담론에서 정부는 엘리트 사회 계급에 의해 정복되고 통제된 것으로 묘사된다. 여기서 엘리트 사회 계급은 생산 계급의 부를 도용함으로써 자신을 살찌우는 집단이다. 역사학자 제임스 L. 허스턴 James L. Huston 은 이 서사 구조를 "귀족의 정치경제학political economy of aristocracy"(이하 PEA)이라고 부른다. 『노동의 결실 지키기Securing the Fruits of Labor』(1998) 에서 그는 1760년대부터 19세기까지 미국 정치인들이 부의 불평등과 "부자연스러운" 계급 위계를 설명하기 위해 PEA식의 절도 서사에 의존했다고 서술했다. 허스턴은 핵심적인 이론적 흐름 두 가지가 생산주의적인 도덕적 추론의 기초를 확립했다고 파악한다. 하나는 존 로크의 "재산 분배에 대한 공화주의 이론"인데, 이 이론은 진정으로 정의로운 사회라면 각 시민이 기여하는 노동에 비례하여 자원을 분배해야 한다고 주장한다.• 허스턴이 찾은 생산주의의 두 번째 핵심 원칙은 고전 정치경제학의 "노동가치론"으로, 이 이론은 모든 부가 인간의 생산적인 노동의 결과라고 주장한다.•• 미국 혁명 시대에는 "노동의 결실"이라는 용어가 두 원칙이 결합된 표상으로 기능했다. 제퍼슨 및 잭슨 시대 동

•   재산에 대한 공화주의 이론에 대해 더 알고 싶다면 다음을 참조. Shapiro, 1991; Katz, 1976
••   노동가치론에 대한 전반적인 개관을 위해서는 다음을 참조. Meek, 1976

안 농업인 및 공예업인의 정치적 집단들은 이 "노동의 결실"이라는 표상과 그 안에 내포되어 있는 생산주의적 도덕론을 받아들여 대중적으로 확산시켰다.

생산주의 담론은 앤드류 잭슨 대통령의 "인디언 이주Indian Removal" 정책을 정당화하기 위해서도 사용되고(Saxton, 1990), 에이브러햄 링컨 대통령의 노예제 폐지를 정당화하기 위해서도 사용되는(Foner, 1970) 이념적 유연성을 지니고 있다. 1880년대 도시 노동계급의 조직인 노동기사단Knights of Labor도, 1860년대부터 1880년대까지 활동한 급진주의 농업운동도 생산주의의 논리에 의존했는데 이 운동들은 궁극적으로 1892년 포퓰리즘당의 설립에서 정점을 찍고 만다. 기존의 생산주의 담론이 주로 자유방임주의의 이념적 입장을 장려했다면, 세기말의 생산주의 정치 담론은 전례가 없었던 방향으로 틀어지기 시작했다.

한 예로 포퓰리즘당은 산업자본주의의 부상 혹은 임금 제도의 확산, 노동 관리 경영, 부의 양극화와 같은 산업자본주의의 해악을 반대하기 위해 생산주의 담론을 활용했다.' 포퓰리즘운동가들은 로크의 개인주의적인 재산 이론을 고수하면서도 자유방임주의 이념은 거부했다. 대신 그들은 국가가 경제에 더욱 강하게 개입할 것을 요구하고 철도·전

• 미국 포퓰리즘의 역사에 대한 여러 연구들이 지적하고 있듯이 19세기 미국 공예업생산자 운동을 촉진시킨 가장 큰 요인은 영국 경제를 지배하고 있는 산업주의적인 임금 체계가 미국에 뿌리를 내릴 것이라는 우려였다. 미국의 공예업에 종사하는 장인들에게 영국식 산업주의와 노동관계는 도덕적·정치적인 문제를 지닌 것으로 이해됐다. 미국 공화주의의 핵심 교리인 경제적 독립성을 소규모 생산자로부터 빼앗아 그들을 임금 제도 및 경영적 판단 아래에 둔다는 것이다. 이 산업주의적 경영 구조하에서 노동자의 개별 노동은 더 이상 훌륭한 시장에 의해 평가받는 대신 타인에 의해 평가받게 된다. 다음을 참조할 것. Pollock, 1966; Foner, 1970; Goodwyn, 1978; Palmer, 1980; Montgomery, 1981; Noble, 1985; Wilentz, 1986

신·은행과 같은 주요 산업의 국유화를 부르짖기도 했다.[*] 당시의 포퓰리스트들은 국유화만이 경제 체계를 "단순 시장 사회"[**]의 훌륭한 원칙들로 되돌릴 수 있는 유일한 방법이라고 믿었다.

그러나 곧 포퓰리스트들은 생산주의가 공화주의와 노동가치론을 표방한 것이 오히려 새로운 기업 중심의 정치경제적 질서를 비판하기 어렵게 만들었다는 것을 알아차렸다. 국가 경제는 점점 기업에 의해 통제가 되고 있었으며, 이 기업들 또한 그 범위와 규모, 복잡성이 그 어느 때보다 증가하고 있었다. 부의 집중에 대한 생산주의 비판들을 뒷받침했던 로크의 재산 이론은 궁극적으로 부정적인 정치 이득과 정부 편애가 금권정치적인 사회질서를 만들었다는 분석 이상으로 나아가지 못했다. 부의 불평등이 실은 자본주의 체계에 내재되어 있다는 사실은 19세기의 포퓰리즘적인 권력 분석이 다룰 수 있는 범위를 넘어서 있었다.

하지만 1930년대에 들어서자 노동운동과 뉴딜 정책의 연합이 이 개념적인 문제를 떠맡으려고 했다. 대공황의 구렁텅이 속에서 루스벨트 대통령과 민주당은 처음으로 정부를 경제적 평등주의의 적이 아니라, 반대로 경제적 평등주의의 주체이자 동맹으로 내세운 새로운 생산주의적 포퓰리즘을 만들어냈다(Wilentz, 2002: 77). 1936년 민주당 전당대회 연설에서 우리는 루스벨트가 어떻게 기존 생산주의의 반국가주의적 성향을 뒤집으려고 했는지 살펴볼 수 있다.

경제적 불평등이 닥치자 우리들이 한때 쟁취한 정치적 평등은 여기 계신 여

-    Pollack, 1966 Schiller, 1996: 420
- ••   이 용어에 대한 설명은 다음을 참조할 것. Palmer, 1980: 12

러분들 중 너무 많은 분들께 그 의미를 잃어버리게 됐습니다. 매우 작은 집단의 손안에 모든 통제권이 들어가버렸습니다. 타인의 재산, 타인의 돈, 타인의 노동, 타인의 생명까지도요. 이런 경제적 폭정에 맞서기 위해서 미국 시민들은 오직 정부의 조직된 힘에 호소할 수밖에 없습니다.

여기서 루스벨트는 기업 거대화의 시대에서는 왜 경제 불평등을 단순히 정치 체제 내의 몇몇 부패한 행위자 탓으로 돌릴 수 없는지 설명한다. 연설의 중간에서 루스벨트는 "타인의 재산", "돈" 그리고 "노동"을 언급하는데, 여기서 우리는 비정당동맹Nonpartison League* 같은 당대의 가장 호전적인 노동단체의 담화가 반영되어 있음을 확인할 수 있다. 스티브 프레이저Steve Fraser는 1936년과 1937년을 루스벨트의 "개혁 열정"이 절정을 이룬 시점이라고 보았는데, 이때야말로 "노동의 언어와 행정력의 언어가 구분되지 않은 순간"이었기 때문이다(1989: 71). 1930년대 노동단체들은 "타인의 돈을 조종하고 타인의 노동을 착취하는 자"를 향해 가장 핵심적인 수사적 공격들을 가했다(70-71). 2000년대 후반의 대침체 기간 동안 민주당 정치인들은 이처럼 도덕적 가치 판단이 가득한 경제적 절도 담론으로부터 거리를 뒀다. 반면 티파티운동가들과 폭스뉴스의 방송인들은 이 담론을 완전히 수용했다. 하지만 뉴딜운동가들이 "타인의 노동을 착취하는 자"**를 공격하면서 경제의 기생충이자 흡혈귀라고 꼽은 이들은 정부 부처에서 경제를 조작하는 관

• 1915년에 노스다코타주에서 설립되어 1950년대까지 소규모 농업인 및 상인들의 권리를 보호하려는 목적으로 활동한 좌파 정당이자 사회운동 🌐

•• New York State Labor Non—Partisan League, "Declaration of Principles," July 16, 1936. (Fraser, 1989: 70)

료가 아니었다. 오히려 그들은 자유시장의 원주민이자 "민간 권력"을 구성하고 있는 은행가들과 기업인들을 공격 대상으로 삼았다. 그러나 뉴딜 정책이 오래도록 살아남은 것과 달리 위와 같은 수사적 태세는 오래가지 못했다. 역사학자 게리 거슬Gary Gerstle과 스티브 프레이저는 뉴딜운동이 1930년대 말에 이르러 "사회적 케인스주의"에서 "상업적 케인스주의"로 전환됐다고 보았다(1989: xiv). 이 전환을 통해 뉴딜 정책은 보다 급진적인 정책들과 거리를 두게 됐을 뿐만이 아니라 수사적 스타일 또한 변화되었다. 초기 뉴딜 정책을 특징지었던 반-독점주의적 정치와 "생산적 노동에 대한 숭배"의 자리에 기술관료적 논의들과 권위에 대한 사회과학적 이해가 자리 잡았다(Fraser, 1989: 56). 프레이저는 이러한 수사학적 변화가 뉴딜 정책의 "도덕적 우월성, 정치적 협상력 그리고 근본적인 사회적 의미"를 고갈시켰다고 주장한다.

1960년대의 "보수 반발" 그리고 닉슨 시대의 "침묵하는 다수"라는 담론이 부상하고 나서야 생산주의와 노동가치론은 다시 주류 정치에 입성할 수 있었다. 리처드 닉슨의 1968년 공화당 전당대회 연설에서 핵심 주제는 바로 "미국인들의 성공의 결실을 빼앗지 않을 것"이라는 약속이었다(Wills, 1970: 310). 같은 해 노동절 담화문에서 닉슨은 이렇게 주장했다. "전국적 관심이 실업자, 빈민층 그리고 퇴거된 사람들에게 집중되고 있는 요즘, 오히려 일하는 미국인이 잊혀진 미국인[강조는 인용자]이 됐습니다"(311). 닉슨의 "침묵하는 다수" 담론은 제퍼슨 및 잭슨 시대의 생산주의와 유사하게 자유방임주의적인 경제적 입장을 전진시켰지만, 19세기 공예업자나 농업인 집단과는 달리 은행, 독점 혹은 부의 집중에 대한 우려는 거의 드러내지 않았다. 생산주의의 절도 서사가 "침묵하는 다수" 서사로 각색되는 과정에서 정부 복지는 생산적인 다수의 부와 재산을 훔쳐가는 주요 메커니즘으로 지목되었고, 소수인종들은 사회의 주요 기생 집단으로 묘사됐다.

물론 미국 정치사 내내 포퓰리즘은 사회적 위계의 꼭대기에 있는 집단 못지않게 바닥에 있는 비백인 시민과 빈곤층까지 공격의 대상으로 삼아왔다(Berlet & Lyons, 2000; Lowndes, 2005). 즉 전후 보수운동은 포퓰리즘의 인종적 차원을 활용했을지 모르지만, 결코 그것을 발명하지는 않았다. 미국적인 생산자의 이미지는 거의 항상 백인 남성의 페르소나였다(Roediger, 1991; Kazin, 1998). 이 면에 있어서는 뉴딜연합이 선보인 좌파 생산주의도 다를 게 없었다. 역사학자 엘리자베스 파우_{Elizabeth Faue}가 강조했듯이 뉴딜연합은 뉴딜 정책의 혜택을 유색인종과 여성이 대다수를 차지한 직종들까지 확장시키지 못했고 그런 의지도 보이지 않았는데, 이것은 바로 생산적 계급이 상징적으로 구성되는 과정에서 유색인종과 여성이 배제된 것과 맞물려 있다.* 수십 년 후 이러한 배타적 조치들이 민주당 좌파 진영의 발목을 잡을 때쯤 되어서야 전후 보수운동은 뉴딜운동가들이 열심히 부활시키고 재구성한 노동계급이라는 상징의 정치적 의미를 뒤집게 된다(Denning, 1998; Lipsitz, 2001: 47-50).

1960년대와 1970년대 동안 전국적으로 산업 경제에서 탈산업 경제로 이행함에 따라서 미국의 계급 구조는 심대한 변화를 겪게 되었다.

---

* 역사학자 엘리자베스 파우는 특히 뉴딜연합과 인민전선에 대해 언급하면서 "여성들은 사회운동에서 한계적이고 종속적인 위치에 남아 있었으며, 권력의 구조와 [생산적] 노동의 상징적 체계에서 모두 배제되었다"고 주장했다(1991: 20). 사회학자 줄리 베티는 여성과 유색인종이 산업 및 노조 활동에서 체계적으로 배제되었기 때문에 생산적 노동의 범주는 "백인 노동자 남성의 독점적인 영역"이었다고 주장한다. 따라서 "'미국 노동계급 만들기'의 역사와 문화적인 표상은 백인 여성과 유색인종을 노동계급으로 상상하는 것을 어렵게 만든다. 노동계급이 산업 노동과 동일시되었기 때문에 백인 여성과 유색인종들이 주로 차지하는 비산업화·비노조화된 일자리는 노동계급이라는 범주 밖에 있는 것처럼 보인다"(1995: 134).

여성 노동자들이 새롭게 성장하는 서비스 산업을 채워나갔고, 도시락을 들고 출근하는 전후 시대의 전형적인 블루칼라 아버지 상像은 점점 증가하는 여성 가장들로 대체되기 시작했다(Stacey, 1990). 린든 B. 존슨 대통령의 위대한 사회 Great Society* 정책이 제한적으로나마 민권운동과 페미니즘운동의 정치적 요구 사항을 수용하기 시작했기 때문에 여성과 소수자는 정치적 진보주의와 연대하기 시작했다. 민주당은 이처럼 다양한 노동자 분파를 대변한다는 명분 아래 생산주의적 가치와 전통적으로 연관되어 있던 문제들을 제기했는데, 여성과 소수인종 노동자에 대한 동일 임금을 확립하는 것 그리고 그동안의 역사적 차별을 시정하기 위해 노력과 실적에 의해 혜택이 주어지는 고용 환경을 조성하는 것이 그 예이다.

마틴 루터 킹 주니어와 같은 민권운동가들은 비백인 노동자들을 충분한 임금을 받지 못하는 노동자 집단으로 프레이밍하기 위해 노력했으며, 중산층 백인이 높은 생활 수준을 누릴 수 있는 것은 비백인 노동자들이 저임금으로 서비스를 제공하기 때문이라고 주장했다(2010: 7). 하지만 그보다는, 비백인 노동자들은 정부가 애지중지하면서 보조금을 던져주는 게으름뱅이라고 주장한 보수 진영 포퓰리스트들—스피로 애그뉴 부통령, 앨라배마 주지사 조지 월리스 같은—의 모함이 더 효과적이었다. 이런 사상은 수년 후 로널드 레이건 대통령이 캐딜락을 몰고 다니는 "복지 여왕"이라는 신화를 만들어내면서 더욱 견고해졌다. 유사한 사례는 또 있다. 제2물결 페미니즘운동은 여성 근로자들이 작업장에서

• 1964년 린든 B. 존슨 대통령이 내세운 사회정책 슬로건. 복지 제도의 확장을 통한 빈곤과 인종차별의 제거가 주목표였다. 鄭

는 유급 노동을, 집에서는 무급 노동을 제공하기 때문에 경제적 책임을 추가적으로 부담하는 "이중 생산자"임을 강조하려고 했다. 하지만 이런 관점에 대해서도 보수 진영은 모성이라는 책무에 대해 제2물결 페미니스트들이 얼마나 헌신적인지에 대해 의문을 제기하고, 가정주부의 감소에 따른 소위 사회의 도덕적 타락—요즘 언급되는 "가족적 가치"의 조상 격인 개념이라고 볼 수 있다—을 탓하면서 묵살할 수 있었다. 보수 진영은 이 새로운 여성 노동자들의 성별을 강조함으로써 그들에게서 노동자로서의 계급 정체성을 사실상 은폐하는 데 성공했다. 1960년대와 1970년대에 여성과 소수인종이 얻은 정책적 이익을 재빠르게 뒤따른 보수 진영의 반발은 쉽게 진압되지 않았다. 위대한 사회의 시대부터 트럼프 시대에 이르기까지 좌파는 생산자계급이 누구인지에 대한 자신들만의 비전을 제시하지 못했고, 결과적으로 보수 진영은 백인 남성 노동자들을 여성과 소수민족의 정치적 대립 진영으로 설정하는 데 성공할 수 있었다.

생산주의적 포퓰리즘의 발전에 대한 대부분의 서사는 대체로 이 지점에서 끝난다. 성별과 인종의 경계를 따라 서로에게 책임을 전가하게 됨으로써 뉴딜연합은 해체되었고, 우파는 백인 노동계급을 사로잡는 데 성공했다. 이를 통해 공화당은 와스프스럽다는 이미지를 탈피하고 노동계급의 정당으로서 재탄생할 수 있었다. 정치학자 조세프 라운즈Joseph Lowndes는 "진보 정부에서 핵심 쟁점으로 인종을 택하면서 반-국가주의 포퓰리즘의 매력이 증가했다"(2005: 171)면서 이러한 역사적 관점을 요약한다. 이와 같은 주장을 그르다고 하기는 어렵지만 불완전한 부분은 존재한다. 이 관점에서는 보수 포퓰리즘이 백인 노동계급과 사업가계급 간의 정치적-사회적 연대를 구축할 수 있었던 이유로 두 집단 모두 비백인 타자에 대한 구별 지점을 공유하고 있었다는 정도의 얘기를 할 수 있을 뿐이다. 수 세기 동안 포퓰리즘의 전통은 기업인, 사업가 그리고 여러 부유한 집단들에 생산자의 지위를 부여하는 게 옳은지에 대해 의심의 눈초리를 보내왔는데, 이런 역사적 관점은 전후 보수운동에서 노동계급과 사업가계급 사이의 연대를 이루기 위해 후자의 생산적 가치를 입증하려고 쏟아부은 엄청난 지적 노력을 간과할 수밖에 없다.

1970년대 이후 밀턴 프리드먼을 위시한 시카고학파의 사상가들 덕분에 신고전주의와 통화주의적 자유시장 이론이 워싱턴의 경제학계와 정계를 지배하기 시작했다(Harvey, 2005; O''Connor, 2007; Van Horn & Mirowski, 2009). 동시에 학계 밖에서는 헤리티지재단(1973), 카토연구소Cato Institute(1977), 맨해튼연구소Manhattan Institute(1984)와 같은 자유시장 싱크탱크들이 폭발적으로 설립됐다. 보수운동가들은 이 새로운 지적 기반을 활용하여 자유시장 이념을 생산주의라는 포퓰리즘적인 도덕의 언어로 번역하는 데 열을 올렸다.*

이미 3장에서 살펴본 것처럼 탈산업 시대의 물적 변화들은 보수적 싱크탱크들이 수사학적 작업을 진행하는 데 많은 도움을 제공했다. 그러나 탈산업화는 중간 숙련의 블루칼라 일자리를 더 낮은 지위의 일자

---

* 역사가 스티븐 프레이저와 게리 거슬이 관찰한 바와 같이 1970년대에 와서야 "19세기 자유시장 이념의 도덕적·상업적 공리라는 오래된 전통에 의해 공화당의 정신과 영혼이 다시 사로잡히게 된다". 데이비드 브록의 책 『공화당 소음 기계 The Republican Noise Machine』(2004)는 이 관점을 지지하면서 보수 지식인 윌리엄 러셔 William Rusher가 1975년에 쓴 책 『새로운 다수의 탄생 The Making of the New Majority』을 주명한다. 브록에 의하면 러셔는 이 책을 통해 "한편에는 제조업자, 블루칼라 노동자, 농부들로 이루어진 '생산자'가 있고, 다른 편에는 '비생산자'가 존재하는 것으로 정치권력투쟁을 이해하는 계급 갈등 이론을 정립했다." 여기서 비생산자에 해당하는 사람들은 "주로 지식 산업 종사자들로 주류 뉴스 미디어, 교육 기관, 연방정부, 연구 재단 및 연구소 그리고 반영구적으로 복지만 찾는 유권자들"로 이루어져있다(81-82).

리로 전락하게 만들었고, 이는 노동 시장의 사회·기술적 위계를 양극화시켜 소수의 "고숙련" IT 관련 일자리가 상위권을 차지하고 "저숙련" 서비스 부문 일자리가 최하위권을 차지하는 상황을 만들었다. 이런 상황은 보수 진영에서 독점하고 있는 생산주의적 주장에 일종의 상징적 공백을 만들어냈다. 래리 그로스버그 Larry Grossberg가 썼다시피 서비스 중심의 노동 시장으로 전환하면서 "노동자 복지는 (…) 기업인들의 지위가 상승하는 것에 거의 직접적으로 비례하여 감소하게 된다. 이제 기업인들은 위험을 감수하려는 의지를 보임으로써 국가의 진정한 부를 창출하는 것으로 보이게 된다"(2005: 123).

"일자리 창출자"— 노동가치론에 대한 폭스뉴스의 해석

2012년 4월 12일 폭스뉴스의 창립 CEO 로저 에일스는 이례적으로 노스캐롤라이나대학교의 언론학과 학생들이 대상인 공개 강연에서 연설했다. 제브 체이펫츠 Zev Chafets의 에일스 전기에 따르면 당시 학장은 에일스에게 강연에서 정치적인 내용을 언급하지 말아달라고 요청했다. 하지만 2012년 대선이 임박한 시점이었고 에일스는 도저히 정치를 배제할 수 없었다. 그는 오바마가 부유층에 대한 세금을 인상하기 위해 대선에 출마하는 것이라고 예언하면서 학생들에게 다음의 이야기를 전달했다. "일자리가 필요할 때마다 저는 돈 많은 사람한테 가야 했습니다. 물론 저도 가난한 사람을 좋아하죠. 하지만 가난한 사람에게는 일자리가 없어요. 저는 일자리를 얻을 수 있었고 가난한 사람들을 도우려고 노력했죠…… 하지만 그 누구도 제게 일자리를 주신 분들로부터 저를 갈라놓게 내버려두지는 않을 겁니다"(2013: 227).*

새로운 논의는 아니었다. 1970년대부터 보수 진영에서 메아리처럼 반복되어왔기 때문이다. 하지만 대침체 기간 동안에는 특히나 폭스뉴스의 인기 방송들에서 지속적으로 반복됐다. 〈글렌 벡〉의 2009년 6월 17일 방송에서 벡은 자넷 콘트레라스Janet Contreras라는 시청자가 쓴 편지를 읽었다.

부의 재분배는 아니에요. 저는 부를 위해 일합니다. 저는 돈을 벌기 위해 일합니다. 그게 제 것이니까요. 저는 항상 저보다 더 많은 돈을 가진 사람들을 위해 일했습니다. 왜냐하면 그들이야말로 제게 일자리를 줄 수 있었기 때문입니다. 바로 이것만이 제가 유일하게 지지하는 부의 재분배입니다. 저는 가난한 사람에게서 일자리를 받은 적이 없습니다. 그리고 질문 하나 여쭙지요. 당신은 왜 제가 고용주들을 싫어하길 바라세요? 주주들이 이익을 내서 자선 사업에 기부하는 것에 반대하는 이유는 도대체 무엇인가요?

미국 최대 금융 기관들이 파산한 바로 다음 날에도 〈해니티〉는 부자에 대한 변호를 방영했다. 2008년 9월 16일 방송에서 해니티는 시청자들에게 1990년대 초의 "사치세"에 대해 상기시키며 불평했다. "그들은 요트에 세금을 부과하려고 했죠…… 그러면 누가 일자리를 잃을게요? 요트를 만들고 제트기를 닦던 사람들이죠. 진짜 부자들은 타격이 없었어요. 저는 지금까지 가난한 사람에게서 일자리를 구해본 적이 한 번도 없습니다."

---

* 전체 연설문은 다음을 참조. Ailes(2012. 4. 12.)

폭스뉴스가 경기 침체에 대해 보도하는 내내 주요 프로그램의 진행자들은 하나같이 부자들을 "일자리 창출자"라고 불렀다. 이 용어를 사용하면서 폭스는 기업인들을 노동계급의 일부라고 재정의한다. 어느 날은 〈해니티〉에 전 민주당 하원의원인 앤서니 위너 Anthony Weiner가 등장해 진행자 숀 해니티에게 "우리가 정말 백만장자와 억만장자들에게 감세를 해줘야 할 이유가 있을까요?"라고 물었다. 해니티는 이렇게 대답했다. "당신은 백만장자나 억만장자라는 단어를 사용하는데 제게는 경멸적인 표현으로 들리는군요…… 부자라고 하셨죠. 저는 부자 말고 다른 표현을 쓰지요. 일자리 창출자. 그리고 납세자"(2010년 12월 14일 방송). 해니티는 위너가 소득을 가지고 부유층을 정의함으로써 부유층과 폭스 시청자 간의 극단적인 계급 차이를 부각시켰음을 인지한 것이다. 따라서 그는 "일자리 창출자"이자 경제적으로 생산적인 자로서 부유층의 정체성을 강조함으로써 그들의 도덕적 지위를 회복하려고 시도한 것이다.

그러나 "일자리 창출자"의 개념을 부유층에게 연결시키는 것은 폭스뉴스의 입장에서 여러 가지 문제를 만들어냈다. 왜냐하면 단순히 일자리를 주거나 거부하는 것은 명백하게도 생산적인 일이 아니었기 때문이다. 생산주의적 담론은 그 오랜 역사 내내 사회적 가치를 노동에 연관시켜왔다. 사실 "노동계급"이라는 용어도 어원을 따지면 19세기 자신의 전신인 "생산계급"이라는 용어와 관련이 있다(Williams 1985: 64). 벤저민 프랭클린은 한때 미대륙의 식민지 사업을 구세계의 귀족적 게으름과 대조하면서 미국을 "노동의 땅"이라고 불렀고, 수백 년 동안 "근면한 노동자"는 이상적인 시민의 모습으로 여겨졌다. 반면 출생을 통해 선천적으로 획득한 부는 자주 폄하되었다. 폭스뉴스는 이런 문화적 가치를 계승하고 있기 때문에 자격 있는 부유층의 자산은 족벌주의나 정실주의의 결과가 아니라 개인적 노력의 산물임을 끊임없이 강조해야 했다.

〈해니티〉의 다른 에피소드에서는 미식축구 대학팀의 코치를 지낸 루 홀츠Lou Holtz가 게스트로 나와 세금 인상에 대해 불평했다. "우리는 지금…… 가장 성공한 사람들을 처벌하려고 하는 거예요. 요컨대 만약 당신이 성공했다면 열심히 해서 그랬다기보다는 불법적인 방법을 통해 성공했다고 보는 거죠"(2010년 4월 13일 방송). 이를 통해 분명해지는 것은 바로 폭스 프로그램에서 "성공"이라는 용어가 자격 있는 부유층을 묘사하기 위해 규칙적으로 사용된다는 점이다. "부자"라는 단어와 달리 "성공"이라는 단어는 부와 시장에 대한 지배력을 노력에 상응하는 것으로 취급한다. 〈오라일리 팩터〉에서도 이런 담론을 접할 수 있다. 하루는 마크 라몬트 힐Marc Lamont Hill이 게스트로 출현했다. 힐은 민주당이 "매일 출근해야 하는" 95퍼센트의 미국인들에게 더 나은 의료·교육·주거를 제공함으로써 "노동에 대한 보상을 제공하려고 한다"고 주장했다. 오라일리는 "노동이 보상되는 건 성공을 통해서"라고 응답했다(2009년 3월 10일 방송). 즉 생산자의 가치를 결정하는 것은 시장이라는 것이다. 그리고 대부분의 엘리트에게 위와 같은 도덕적 번역을 가미할 경우 그들이 지닌 특권적 지위는 노동 가치의 산물로 재해석된다. 폭스뉴스의 사회적 상상 속에서 시장에서 가치가 규정되는 모든 행위자들은 "노동자"이자 "생산자"로서 연대를 공유한다. 이런 식으로 폭스뉴스의 평론가들은 부유층도 노동자라고 주장할 수 있다. 실질적으로 부자들은 가장 열심히 일하는 사람들, 보수적인 소설가 아인 랜드Ayn Rand의 표현을 쓰자면 "초생산자super-producer"로 묘사되었다.

폭스뉴스가 "일자리 창출자"의 근면한 성격에 대해 지속적으로 강조할 때마다 그들은 "민간 부문의 생산적인 사람"—한 폭스 방송인의 표현을 빌리자면—으로 정의된다. 이 과정을 통해 "일자리 창출자"는 노동계급과 일치되며, 동시에 노력 없는 특권을 누리거나 게으름을 피우는 사람들—주로 공공 부문 노동자들이 이렇게 묘사된다—의 대척점으로 설정된다. 그러나 사업가라는 존재는 위에서 설명된 노동가치론에 맞지 않는다. "일자리 창출" 또는 단순한 사업의 소유가 곧 가치를 창조한다는 주장이 어떻게 가능할까? 이 문제를 해결하기 위해 폭스뉴스의 프로그램들은 일자리 창출자의 경제 활동을 유용하고 가치 창출적인 노동 활동으로 정의해야 했다. 그렇다면 폭스뉴스의 세계에서 "일자리 창출자들"은 정확히 어떤 종류의 노동을 하고 있는 것일까?

일자리 창출자들은 주로 자본을 모으고, 인력을 조직하며, 시장의 규칙에 따라 생활한다. 〈글렌 벡〉에서 벡은 미국 연방정부를 "회사"에 비유하면서 "주식회사 악덕 자본주의 Evil Capitalism, Inc."라고 비꼬았다. 벡에 따르면 이 회사는 시장의 규칙을 따르지 않으며, 파산하기 직전까지도 어떤 통치력도 발휘하지 못한다. 벡은 "미국이라는 엔진"을 "스타트업 start-up"할 수 있는 열쇠는 바로 CEO의 기술과 통찰력을 활용하는 것이라고 제안한다. 이 기술과 통찰력은 "상식"과 동일시된다.

이 회사, '주식회사 악덕 자본주의'는 4개의 사업부를 가지고 있습니다⋯⋯ 당신이 좋은 CEO라면 [실적 미달인] 부서들을 보고 '너희 형편없어! 여기 [성공적인] 부서가 하는 것 좀 따라 해'라고 말해야 되지요⋯⋯ 여러분이 CEO라면 한 사업부가 다른 사업부를 능가한다고 해서 벌을 주지 않을 것입니다. 하지만 지금 미국의 CEO[오바마 대통령]는 그런 일을 하고 있습니다.

(2010년 8월 11일)

벡이 꼽는 CEO의 가장 중요한 기술은 노동자 및 제품의 생산성과 시장 성과를 인지하는 능력 그리고 그에 맞게 재정적 자원과 조직적 지원을 분배하고자 하는 의지다. 폭스뉴스에서 "CEO"라는 단어는 효과적인 리더십을 의미하고, "사업 운영"은 올바른 통치를 의미한다. 그 결과 사업가계급의 경영 능력은 지속적으로 정부 관리 및 규제 당국의 무능함과 비교된다. 한 예로 〈글렌 벡〉에 초대된 방송인 존 탬니 John Tamny 는 다음과 같이 선언했다. "규제 당국은 자신들이 규제하려는 사람들과 동등하지 않습니다. 만일 그들에게 그런 기술이 있었다면 연방정부에서 일하진 않았겠죠"(2009년 6월 29일 방송). 〈해니티〉에서는 게스트로 출연한 사라 페일린 전 부통령 후보가 오바마 대통령을 비롯한 민주당의 리더십에 의문을 제기했다. "그분들이 사업을 운영해보긴 했는지 모르겠네요. 그분들이 어디 CEO가 돼서 회계장부를 확인하고, 급여를 지급하고, 한정된 예산에 맞게 살아봤다는 얘기를 들어본 적이 없어요"(2010년 4월 10일 방송). 여기서 페일린은 CEO를 재정적 규율 및 책임의 상징으로 연출하며 오바마와 민주당으로 대표되는 "무모한" 지출과 대조시킨다.

CEO의 현명한 자금 관리는 종종 어려운 시기에 예산을 정하고 "허리띠를 졸라맬 줄" 아는 알뜰한 가정 혹은 CEO처럼 시장의 힘에 노출되며 경제의 운용을 이해하는 소상공인들의 행위와 동일시된다. 〈글렌 벡〉의 또 다른 에피소드에서는 사우스캐롤라이나 주지사인 공화당원 마크 샌포드 Mark Sanford가 나와서 대부분의 플로리다 시민들이 공공 기반 시설 확충을 위한 연방정부의 경기부양금 지급에 찬성한다는 여론조사 결과에 이의를 제기했다. "이런 여론조사들에 부합하지 않는 침묵하는 다수가 있어요…… 이분들의 압도적 다수가 열심히 일하는 소기업인들입니다. 최종 결산을 낸다는 것이 어떤 기분인지 알고, 실제로 자신의 작은 사업에서 여러 가지를 손봐야 했고, 진짜 희생을 해야 했던 분들입니다"(2009년 6월 8일 방송).

폭스뉴스에서는 대기업인과 소기업인이 계속 같은 집단으로 동일시되는데, 이를 통해 민간 부문의 행위자들은 모두 금전적으로 자제할 수 있는 능력이 뛰어나며, 따라서 공공 부문 종사자나 공공 급여 수급자들보다 현실적인 경제 감각을 지니고 있다고 암시된다. 폭스뉴스의 프로그램들이 비즈니스 세계를 묘사할 때는 종종 시장경험주의 담론, 즉 시장이야말로 경험적 현실의 조건(즉 "현실 세계")을 가장 정확하게 반영하는 기관이라는 담론을 사용한다. 반대로 공공 부문은 이기적이고 무책임하게 자신과 타인을 노동의 도덕적 책무로부터 격리시키고자 하는 사람들에 의해 만들어진 왜곡된 현실의 영역으로 묘사된다.

위에서 인용한 〈오라일리 팩터〉 에피소드에서도 시장경험주의 담론의 예시를 볼 수 있다. 오라일리는 경제의 본질을 설명하기 시작했다. 여기서 주의 깊게 볼 것은 바로 오라일리가 자신의 경제적 분석을 정당화하기 위해 유명한 전직 CEO 잭 웰치 Jack Welch를 비롯한 다른 월 스트리트 중개인들의 견해와 자신의 분석을 일치시켰다는 점이다.

웰치도 월 스트리트와 동일하게 버락 오바마가 홍보하는 사회공학이라는 것이 경제를 정상 궤도에 올려놓는 것과는 별 상관이 없다고 주장합니다. 대통령께서 미국을 위해 제시한 서유럽적 비전을 월 스트리트가 받아들이지 않을 것임을 이해하실 때까지 우리 경제는 위험에 처해 있을 것입니다. 이념과 자본주의는 잘 섞이지 않지요. 자유시장이란 곳은 강자는 살아남고 약자는 몰락하는 험난한 곳입니다. 큰 정부로는 시장더러 활기차게 되라고 지시할 수 없어요.

(2009년 3월 10일)

이 분석에서 비즈니스의 세계는 실용적이고 심지어 자연스러운 영역으로 묘사된다. 오라일리가 "이념과 자본주의"가 섞이지 않는다고 얘기할 때, 그는 오바마 대통령을 위시한 정부 인사들을 오직 정치적이고 추상적인 지식만을 가지고 사회공학을 이념적으로 지지하는 사람으로 연출한다. 공공 부문 종사자나 정치인들과는 달리 기업인들은 실질적인 관심사에 의해 움직이며, 비정치적이고 공리주의적인 추론 방식에 의존한다.

오라일리가 사라 페일린을 인터뷰한 다른 에피소드에서도 공공 부문의 잘못된 가치 기준에 대조되어 생산자의 가치가 정의됐다. 당시에는 여러 비평가들이 페일린의 지능과 역량에 대해 의문을 제기했는데, 오라일리는 페일린이 이에 답변을 제시할 수 있는 기회를 주기 위해 다음과 같은 질문을 던졌다. "본인이 이 세상에서 가장 큰 권력을 감당할 수 있을 만큼 똑똑하고 예리하며 지적이라고 생각하나요?" 페일린은 이렇게 대답했다.

그렇다고 생각해요. 왜냐면 저는 상식이 있거든요. 그리고 저는…… 미국의 여러 가치들을 반영하는 가치관을 갖고 있어요. 그리고 저는 미국인들이 엘리트주의를 추구하지 않는다고 생각해요. 노력이나 민간 부문의 자유 경영 원칙은 한 땀도 들어가지도 않은 이력서 그리고 엘리트 아이비리그 교육으로만 채워진 무책임함 말이죠.

(2009년 11월 20일)

이미 2장에서 우리는 여성 포퓰리스트로서 페일린이 보수 진영의 남성 동료들로부터 차별적인 대우를 받았다는 점을 지적했다. 여기서 오라일리가 페일린의 "역량"에 질문을 한 것 자체에서도 성차별주의적 요소를 찾을 수 있는데, 도널드 트럼프의 지도력에 대해서 오라일리나 해니티 같은 방송인들이 전폭적인 신뢰를 보인 것과는 대조된다. 하지만 페일린 본인의 발언에 초점을 맞춰서 이 장면을 분석하자면, 학력보다는 "민간 부문의 자유 경영 원칙"에 따라 살아가는 것이 자격의 유무를 더 잘 측정한다는 주장을 포착할 수 있다. 따라서 정부 공무원들뿐만 아니라 교육 엘리트들—시장의 기준에서는 자격 요건을 갖추지 못한 자들—도 생산자들의 대척점으로 설정된다. 성과를 측정하기 위한 가장 기본적인 도구가 시장이라고 정의되기 때문에 역량이나 직업 윤리를 측정하기 위한 수단으로써 학력—이들에게는 공공 부문에서 가장 가치 있는 기준으로 간주되고 있다—은 그 중요도가 과장되거나 심지어 완전히 허황된 지표라고 간주된다.

폭스뉴스의 선도적인 프로그램들은 이런 방식으로 사업자계급과 노동계급의 사회적 친밀성을 강조하면서 공리주의적 지능, 현실 세계 그리고 자유시장 간의 연관성을 자연스러운 것으로 연출하고자 노력했다. 이런 전제에서 폭스뉴스는 오바마의 경제 부양 지출과 의료 개혁에 정치적으로 반대하고 공공 부문의 민영화를 지지해야 하는 이유를 제시할 수 있었다. 민영화는 근로자들을 위한 서비스 및 기회의 상실로 이어지는 것이 아니라 그들의 직업 윤리, 그들의 지능 그리고 그들의 기술 집합을 가장 잘 인정해주는 영역이 확장되는 결과를 낳는 것으로 묘사된다.

대침체기 내내 폭스뉴스에는 "사회주의" 대 "자본주의" 부류의 논의가 만연했다. 이 용어들은 서로 다른 경제 체제를 지칭한다기보다 상이한 도덕 체계 및 생산자와 기생자 간의 사회적 분열을 강조하기 위해 사용됐다. 즉 이 용어들은 폭스가 정교하게 정의한 사회경제적 갈등을 잘 표현해주는 유용한 기호로 작동했다. 폭스뉴스에서 "자본주의"라는 용어와 그것의 당연한 귀결인 "민간 부문"은 전통적인 도덕의 세계를 의미하며, 능력 중심적 사회에서 생산주의자가 택해야 할 전략인 근면, 자기 제어 및 실용적인 노하우를 의미한다. 이러한 전략들은 노동계급의 도덕과 문화가 자본주의에 합치될 수 있다는 상상을 가능하게 한다. 한편 진보 비평가들은 폭스뉴스의 방송인들이 사회주의라는 단어를 잘못 사용하고 있다고 우쭐해 하지만, 사실 폭스의 방송인들은 보수 진영에서 각별한 의미를 지닌 생산주의 윤리를 형성하기 위한 수단으로써 사회주의와 그 필연적 귀결인 공공 부문을 언급했을 뿐이다. 폭스 프로그램의 입장에서 사회주의는 생산주의의 반대에 있는 무언가를 지칭할 수 있는 유용한 도구였다. 진짜 노동 및 성과보다 사회적 공작과 정실 인사에 의존하여 개인적 이익을 추구하는 비도덕적인 전략을 의미하는 용어로 사용할 수 있었기 때문이다.

그럼에도 불구하고 생산주의 전통에 대한 폭스의 경영인-친화적인 해석에는 19세기 및 20세기 초의 생산자 개념과 근본적인 차이가 있었다. 19세기의 제퍼슨-잭슨 생산주의는 공예업자와 농부를 생산자라고 정의하면서 자유방임주의 경제 이념을 주장했고, 20세기 초의 진보주의자들과 뉴딜연합은 산업-프롤레타리아에 초점을 맞추면서 더 많은 국가 개입을 지지했다. 이런 차이에도 불구하고 생산주의의 두 버전은 노동에 의해 직접적으로 창출된 가치, 즉 생산 현장에 가장 근접한 사람들이 창출한 가치를 강조했다. 그러나 폭스뉴스는 기업인들이 제품이나 서비스를 제공하는 현장에서 한 발짝 떨어져 있음에도 불구하고 "일자리 창출자"라는 이유만으로 그들을 생산자로 정의했다. 다른 한편으로 폭스뉴스의 기업가적 생산주의는 경영 활동이 공리주의적 지능과 능력의 모범을 나타낸다고 연출하려고 했지만, 과거의 노동계급 중심적인 정치운동에서 공리주의적인 능력으로 칭송받았던 것은 바로 무언가를 직접적으로 만드는 데 필요한 기술이었다. 이러한 모순을 해결하기 위해 폭스뉴스는 모든 경영인을 소기업인과 동일시하기 시작했다. 그리고 이 소기업인들은 이미 사라져가고 있는 제퍼슨 시대의 전형적인 공예업자나 농부들의 모습을 간직하고 있는 것으로 설정됐다. 이렇게 해서 사장이자 동시에 노동자고, 경영인이자 동시에 숙련된 기술자인 계급이 탄생했다.

보수 포퓰리즘의 연출적 전략이 기업 소유를 육체노동과 연결시키기 위해 얼마나 애쓰는지 보여주는 사례로, 2008년 대통령 선거운동 기간 동안 조지프 워젤바커Joseph Wurzelbacher가 하룻밤 사이에 보수 언론계의 유명 인사로 변모한 사건을 들 수 있다. 오하이오 유세장에서 워젤바커는 당시 대선 후보였던 오바마에게 접근해 그가 제안한 세금 정책을 비판했다. 워젤바커는 자신만의 배관설비회사를 차리고자 하는 꿈이 있었는데, 이 새로운 세금 정책이 그 꿈을 실현하는 데 장애물이 될 것이라고 생각했기 때문이다. 이 사건을 계기로 워젤바커는 "배관공 조Joe the Plumber"라는 별명을 얻었고, 즉시 폭스뉴스의 여러 프로그램과 라디오 토크쇼로부터 섭외를 받았다. 이후 매케인의 선거운동과 보수 방송인들은 배관공 조가 자기만의 사업을 차리고 싶다는 평범한 미국인의 열망을 대변하고 있다며 자신들은 배관공 조를 지지한다는 담화를 발표해 워젤바커를 더욱 강력한 수로 만들어줬다. 시각적인 측면에서도 배관공 조는 유용한 정치적 상징이었다. 그는 키 크고 건장한 백인 기술공으로 서비스 부문의 여성화된 노동력과 대조를 이루면서 산업 노동계급의 남성적인 이미지를 체현했기 때문이다. 아이러니하게도 오늘날의 노동계급 대다수는 서비스 부문에 고용되어 있다.

제퍼슨 코위 Jefferson Cowie 의 책 『살아남기 Stayin' Alive』(2010)는 1970년대에 닉슨 행정부의 "블루칼라 전략"이 계산된 문화적 호소를 통해 백인 노조원들을 효과적으로 우파 세력으로 끌어들였다고 지적한다. 건설노동자의 이미지는 사실상 이때를 기점으로 보수 정치와 연결되었다. 블루칼라 노동과 정치적 보수주의 사이의 상징적 연결은 보수 포퓰리즘에도 깊은 문화적 영향을 끼쳤다. 그러나 건설 노동에 기반을 둔 생산주의적 계급 분류가 아직까지 영향력을 행사하고 있다고 해도 1970년대 이후 노동조합을 가진 블루칼라 일자리는 대부분 사라졌고, 노동조합이 없는 계약직 일자리로 대체되었다. 따라서 배관·전기·건식벽·골조와 같은 주택 건설업의 시공업자들은 엄밀히 따지면 개별 "사업주"라고 볼 수 있다. 그러나 배관공 조의 이야기에서 알 수 있듯이 이 사업주라는 이름표는 그들의 수입이 얼마나 불안정한지, 그리고 사업에 대한 그들의 소유권이 얼마나 위태로운지를 은폐한다. 정확히 말하자면 자영업 시공업자들에게 전통적인 의미의 직장 상사는 없어졌지만, 그들이 자재를 매입하고 운영비를 조달하기 위해 의존해야만 하는 금융 기관들은 이전의 상사들 못지않게 그들의 작업을 감독·규율하고 있다.

• 　미국 언론 및 문화에서 종종 등장하는 가상의 인물로 평범한 사람들, 주로 서민층이나 노동자들을 의미하거나 대변한다. 🔚

그럼에도 불구하고 많은 노동자들에게는 자영업자가 되는 길이 고등교육보다 계급 상승을 이루어줄 더 매력적이고 더 확실한 경로로 인식되고 있다.[*] 루이스 하츠Louis Hartz, 데이비드 포터David Potter, 다니엘 부어스틴Daniel Boorstin, 리처드 호프스태터를 비롯한 "여론"사학자들의 이론을 따르는 일부 좌파 비평가들은 노동계급이 사업주가 되려는 열망을 갖게 된 이유를, 미국에서 헤게모니를 장악한 소유적 개인주의 가치관의 탓으로 돌리면서 노동계급이 스스로를 상류층이라고 잘못 정체화한 결과라고 해석했다. 허나 모든 문제의 원인을 "당신도 자본가가 될 수 있다"는 담론의 탓으로 돌리는 분석에는 하나의 맹점이 있는데, 가장 강도 높은 경영 감독을 견뎌야 하는 노동계급에게는 소규모 사업주가 된다는 꿈이 일종의 도덕적 유토피아, 특히 노동과 경제의 유토피아로 보인다 것을 놓치고 있다는 점이다. 사업주가 된다는 것은 조직 내의 평가로부터 자유를 얻기 위한 방법으로 이해되며, 개인 사업이라는 공간은 학력이나 사회적 연줄이 아닌 자기가 생산한 제품 및 서비스의 질만으로 자신의 지능과 역량이 평가될 수 있는 작업 환경이라고 상상된다. 달리 말해서 임금 노동자들은 자신의 계급적 지위에도 불구하고 소규모 사업주와 동일시하는 것이 아니라, 오히려 자신의 계급적 지위 때문에 소규모 사업주와 동일시하는 것이다.[**]

---

* 미셸 라몽은 미국의 백인 노동자들이 자기들을 고학력자보다 고소득자와 더 쉽게 동일시함을 보여준다(2000). 라몽은 근로자들이 부에 의해 정의되는 성공을 교육보다 선호하는 이유 중 하나로 "전자가 후자보다 더 가까이 있는 것으로 인식되며, 노동자들 본인이 대졸자들보다 높은 위치에 갈 수 있게 도와줄 수 있는 사람이라고 인식하기 때문"이라고 꼽았다. 사업주가 되고 싶은 노동자들의 강한 열망에 대한 연구로는 다음을 참조할 것. Chinoy, 1955; Palmer, 1957; Robinson & Kelley, 1979; Jackman & Jackman, 1985; Vanneman & Cannon, 1987

** Vanneman & Cannon, 1987: 8387; Norell, 1990

경기부양법안을 인종 문제로 만들기
—생산주의의 절도 서사

2009년 3월 10일 방송된 〈오라일리 팩터〉의 "사회주의와 경제"라는 코너에서 빌 오라일리는 진보 진영의 게스트 라몬트 힐과 대면했다. "이 지구상의 다른 사람들한테 제 노력의 결실을 빼앗아갈 자격이 있는지[강조는 인용자]…… 설명해보시죠." 흥미롭게도 힐은 오라일리의 성공이 단지 그의 개인적인 노동의 산물이라는 가정 그 자체에 의문을 제기했다. 약간의 토론이 진행된 후에 오라일리는 자기는 세금을 내도 상관없다고 주장했지만, 다음과 같은 의견도 전달했다.

> 소득 재분배는 세금과는 다른 거지요…… 기본적으로 각자의 공정한 부담을 상회하는 거예요. 물론 저는 제게 공정하게 부과된 몫은 기꺼이 지불하고 싶어요. 아시죠? 그리고 제 월급의 40~50퍼센트가 공정하다고 칩시다. 하지만 그 이상으로…… 버락 오바마나 당신이나 다른 분들이나 이렇게 말하죠, 당신은 교육도 안 받고, 열심히 일하지도 않고, 지금은 깨끗하게 보이지만 30년 동안 뭔가에 중독되었을 수도 있는 사람들을 사회공학적으로 도울 의무가 있다고.

따라서 오라일리는 "사회주의"적인 "재분배 정책"과 일반적인 세금 정책—본질적으로는 모든 형태의 누진세가 재분배적인 성격을 가지고 있음에도 불구하고 —사이에 도덕적인 경계선을 긋는다. 그는 전자가 직업 윤리나 자기 절제가 없는 사람들을 돕는 반면, 후자는 자격 있는 사람들과 정책들을 지원한다고 암시한다.

이 코너의 후반부에서 오라일리는 "자격 있음"과 "자격 없음"의 프레임을 설명하기 위해 절도에 대한 매우 개인적인 이야기를 사용한다.

상위 1퍼센트는 소득의 50퍼센트 이상을 연방정부에 지급하고 있습니다. 이것도 많이 편향되어 있긴 하지만, 우리는 돈이 있으니까 괜찮아요. 그리고 저는 우리나라를 사랑하거든요. 하지만 제가 원하지 않는 것은 제가 죽고 난 뒤 누군가 제 집에 들어와서 이미 제가 세금을 모두 지불한 물건들을 갖고 나와 제가 모르는 사람들, 그 자격이 없을지도 모르는 사람들에게 거저 주는 거예요.

그러나 힐은 오라일리가 경제적 공정성을 얘기하기 위해 인용한 정책이 상속세라는 것을 믿지 못하겠다는 듯 피식 웃으며 답한다. "우선, [상속세라고도 알려진] 사망세는 정말 극소수의 미국인들에게만 영향을 끼치죠." 이때 오라일리가 언성을 높여 말을 끊었다. "나한테는 영향을 끼치는 걸!" 이 장면에서 오라일리는 미국 인구 중 가장 부유한 "극소수"에게만 혜택이 돌아가는 정책적 입장, 즉 포퓰리즘적인 경제를 논의함에 있어서 매우 불리할 수도 있는 입장을 거꾸로 활용하여 생산주의적 도덕관의 핵심을 드러내는 명확하고 간결한 예시로 전환할 수 있음을 보여준다.

오라일리는 세금을 (누가 죽은 다음에 이루어지긴 하지만) 주거 침입 및 강도 행위에 비유한다. 이 비유를 통해 그는 폭군과도 같은 정부의 이미지를 생생하게 자아낼 수 있었다. 이 법안의 부도덕성은 해당 정부 지원의 잠재적 수혜자—"제가 모르는 사람들" 그리고 "일하지도 않는 사람들"—에게 자격이 없음을 강조함으로써 고조된다. 이러한 부의 이전을 훨씬 더 부도덕하게 만들기 위해 오라일리는 오바마의 "재분배주의적" 정책이 국가 공동체의 가장 선한 구성원들을 희생양으로 만들고 있다고 연출했다. 오라일리는 오바마의 잠재적인 (그러나 아직 현실화되지 않은) 세금 정책이 개인적으로 그의 삶에 어떤 영향을 미칠 것인가─"나한테는 영향을 끼치는 걸!"─에 대해 논쟁을 일으키면서 스스로를 최고소득자의 대변인으로서 연출하고 있다. 오라일리 본인은 (그리고 시청자들도) 변변찮은 배경 출신이지만 자신의 재능과 근면을 통해 고소득자가 됐기 때문에 그가 속한 최고소득자 집단 또한 존경받아 마땅한 집단으로 그려지는 것이다. 마지막으로 오라일리는 국가 공동체를 위해 가장 큰 경제적 부담을 지고 있는 이들이 바로 부유층이라고 암시함으로써 그들에 대한 증세의 부도덕성을 증폭시켰다.

흥미롭게도 2008년 금융 붕괴에 대한 폭스뉴스의 보도에는 이러한 도덕적 입장을 거의 찾아볼 수 없었다. 이 기간 동안 폭스뉴스의 방송인들은 반복적으로 경기 침체의 원인은 바로 소수인종 및 저소득층이 주택 융자를 받을 수 있도록 은행 기관들에게 대출 기준을 낮출 것을 "강요"한 민주당의 정책이라고 주장했다. 특히 비난받은 정책들은 1977년의 「지역사회재투자법 Community Reinvestment Act」 그리고 프레디 맥Freddie Mac과 패니메이 Fannie Mae를 비롯해서 정부가 후원하는 주택 담보 대출 회사들이 최근에 내세운 정책들이었다. 이 정책들은 모두 전통적으로 차별받았고, 경제적으로 약자인 집단들이 주택 대출에 접근할 수 있는 기회를 확대하기 위해 고안된 것이었다.

본질적으로 폭스뉴스의 인과관계 서사는 정부 엘리트들과 그들의 지지자들이 어떻게 경제를 망쳤는지에 대한 이야기였다. 위에서는 진보적인 국가관이, 그리고 밑에서는 서브프라임 대출자들의 무식하고 "자제력이 없는" 성격이 문제였다. 명시적으로 복지 정책이라고 언급하지는 않았지만, 이 인과관계 서사는 종종 위에서 묘사된 정책들을 "재분배" 및 "적극적 우대조치 affirmative action"라고 부르면서 인종의 문제로 변환시켰다. 이러한 반-복지 프레임은 폭스뉴스가 오바마의 대통령 선거운동과 그의 정치적 부상에 대해 보도할 때마다 등장했다. 예를 들어 2008년 9월 1일 방송된 〈오라일리 팩터〉에서 오라일리는 오바마가 승리한다면 그것은 할리우드의 지지 덕분일 것이라고 꼬집으며 "소수인종 유권자들한테도 승리하겠죠. 특권을 보장해줘야 한다는 메시지가 강력하니까요"라고 전망했다.

폭스뉴스의 인과관계 서사가 경기 침체를 자유주의 야당 탓으로 돌리긴 했어도, 이때까지 주로 탓한 것은 그들의 무능과 무지였지 그들의 부도덕성이나 공격성을 탓하지는 않았다. 그러나 오바마가 공식적으로 정권을 잡고, 위기에 대한 가장 적극적인 대응책인 경기부양법안이 부상하자 폭스뉴스는 2000년대 후반의 경기 침체에 대한 해석을 도덕적 일탈의 한 유형을 중심으로 재구성하기 시작했다. 그 일탈은 바로 절도였다. 절도 서사는 피해의식을 내포하며 타인에 대한 공격이라는 강력한 이미지를 불러일으킨다. 2009년 초반 폭스뉴스는 이 절도 서사를 채택함으로써 2008년의 인과관계 서사로는 할 수 없었던 일을 할 수 있게 되었다. 폭스뉴스의 진행자와 평론가들이 경기 침체와 관련된 이야기들을 감정적이고 포퓰리즘적인 방식으로 접근할 정당성을 부여해준 것이다. 이것은 궁극적으로 폭스의 브랜드 정체성에 큰 영향을 끼쳤을 뿐 아니라 정치적 차원에서는 공화당 평당원들의 불만을 표출할 수 있는 능력을 갖출 수 있게 만들었다.

〈해니티〉의 2009년 2월 18일 에피소드는 폭스뉴스가 어조와 서사

두 측면 모두에서 2008년 인과관계 서사로부터 2009년 반-경기부양 법안 서사로 완벽하게 전환했음을 보여준다. 이날은 경기부양법안이 공식적으로 의회를 통과한 바로 다음날이었다. 사회자 숀 해니티는 그 날의 게스트에게 이렇게 말했다.

오늘 밤 여기 앉아 계신 평범한 미국인들 말이죠…… 아시잖아요, 매일 아침 일어나서 커피를 목구멍에 퍼붓고…… 하루에 14시간씩 일하고, 법을 지키고, 규칙을 따르는 평범한 미국인들요…… 이제 이런 사람들이 책임감 없는 사람들의 주택 융자 상환금을 대줘야 하네요. 그리고 정부에서는 재분배 정책 때문에 은행들더러 이런 대출을 해주라고 강요했었죠…… 그러니까 이 사람들은 다른 사람들의 주택 융자 때문에 궁지에 몰렸다는 거지요?

바로 다음날인 2009년 2월 19일 CNBC의 아침 비즈니스 뉴스 프로그램인 〈스쿼크 박스Squawk Box〉에서는 "전 세계에서 들린 불평 소리"로 유명해지게 될 장면이 연출됐다. 금융 분석가 릭 산텔리Rick Santelli는 농담 반 진담 반으로 "시카고 티파티"라도 해보자고 제안했다. 그럴 의도까지는 없었겠지만, 이 발언을 통해 그는 규모가 커지기는 했어도 지금까지는 "터무니없는 시위" 정도로 치부되었던 보수 시위운동에 새로운 이름을 붙여준 셈이 되었다. 산텔리가 "티파티"라는 이름을 붙여준 이 연설은 전날 밤 폭스뉴스에서 해니티가 연출한 서사를 거의 똑같이 반영했다. 산텔리는 시카고 증권거래소에 있는 동료 주식 거래인들 사이에 서서 화난 목소리로 다음과 같이 제안했다. "인터넷에서 국민투표처럼 우리가 정말로 인생 패배자들의 주택 융자 상환금을 보조해주고 싶은지, 아니면 대신 물을 다 마셔버리지 않고 오히려 물을 운반할 수 있는 사람들에게 보상할 것인지 투표해보자구요." 주변의 거래인들이 박수갈채를 보내자 산텔리는 비디오로 연결되어 있던 〈스쿼크 박스〉의 진행자에게 등을 돌리고 그들에게 질문을 하나 던진다. "여기 융자 상환금도 못 내는 이웃들이 화장실 하나 더 딸린 집에서 계속 살 수 있도록 돈을 대신 내주고 싶으신 분이 몇 분이나 계십니까? 손 들어보세요. 오바마 대통령님, 듣고 계시나요?"

해니티와 산텔리 둘 다 침체기 동안 다수 보수 언론에서 반복한 "잊혀진 사람" 서사의 다양한 변형을 활용한다. 이것은 "평범"하지만 경제적으로 생산적인 시민—예컨대 "하루에 14시간씩 일하고", "물을 운반할 수 있는 사람"—이 재정적으로 무책임하고 비생산적인 시민—예를 들어 "물을 다 마셔버리는" 사람—을 도와주라고 정부에 의해 강요받는 이야기다. 여기서 사용된 어투를 통해 명확히 알 수 있듯이 이 버전의 "잊혀진 사람" 서사도 앞서 요약된 PEA식의 절도 서사 및 생산자-기생자 이분법에 의존하고 있다. 그러나 기업과 정부 간 결탁에 초점을 맞춘 19세기의 정치 담화와 달리, 해니티와 산텔리는 어떻게 국가가 당파적 충성과 정치적 후원에 대한 대가로 자격 없고 기생적인 계급에게 부를 안겨주는지를 강조한다.

경기부양법안이 의회에 상정되기 전부터 폭스뉴스의 인기 프로그램들은 이 법안이 경제 활동에 활력을 불어넣는 게 아니라, 미국을 "복지지향 사회"로 변화시키기 위한 "트로이 목마"—〈오라일리 팩터〉의 단골 게스트 딕 모리스Dick Morris의 말을 빌리자면—라고 주장했다. 같은 회 방송에서 오라일리는 이것이 미국을 "초-스웨덴hyper-Sweden"으로 변화시키려는 시도라고 표현했다(2009년 1월 29일 방송). 경제 위기를 극복하기 위한 진보적 경제 정책이 근본적으로는 정부의 복지 프로그램을 확대하기 위한 민주당의 책략에 불과하다고 모함함으로써 폭스뉴스는, 서브프라임 모기지 사태에 대해 보도했을 때와 마찬가지로 이 정책들 또한 인종적인 색채가 깊게 배인 복지의 문제임을 암시할 수 있었다.

〈해니티〉의 한 에피소드에서 배관공 조는 진행자에게 말했다. "제가 여기서 경제 전문가인 척하려는 건 아닌데요, 저한테는 오바마가 말하는 경기부양책이 그냥 거저 퍼주자는 걸로 들리네요." 며칠 후 해니티는 오바마의 조언자 로버트 라이시Robert Reich가 경기부양법안의 일자리 프로그램이 여성과 소수인종에게도 동등한 혜택을 주도록 해야 한다고 주장했다고 공격했다. 해니티는 경기부양법안이 소수인종을 우대하기 위해 고안되었음을 지지하는 증거로 라이시의 발언을 사용했다(2009년 1월 22일 방송). 벡과 오라일리의 프로그램은 경기부양법안이 "보모 국가nanny state" 같은 복지를 늘리기 위한 계략이라고 프레이밍하는 추세를 따랐다.

그러나 대침체에 대한 폭스뉴스의 프레이밍 중 인종적인 차원은 단순히 경기부양법안이 가면을 쓴 복지라고 모함하는 것에 국한된 것이 아니었다. 폭스뉴스의 방송인들은 이 정책이 전통적인 가치 그리고 미국 역사와의 보다 깊은 문화적 단절을 상징한다고 강조했다. 2009년 초반 경기부양법안이 통과되기까지 몇 달 동안 폭스뉴스의 방송인들은 현세대가 전통적인 미국의 도덕적-경제적 원칙으로부터 점점 거리를 두고 있다고 장엄하게 경고했다. 어느 날 〈오라일리 팩터〉에서 빌 오라일리는 "미국인들이, 물론 전부는 아니지만 [스스로 돈을 버는 대신] 빅 브라더Big Brother 정부가 그들에게 돈을 줄 수 있도록[강조는 인용자] 자본주의 체계를 기꺼이 매각해버릴 용의가 있는지"에 대해 의문을 제기했다(2009년 1월 5일 방송). 오라일리를 따라하기라도 하듯 해니티도 묻는다. "정녕 일반적인 미국인은 건국의 아버지들 그리고 헌법 제정 대의원들과의 관계가 끊어져버린 걸까요? 여러분은 대다수의 미국인들이 정부가 모든 문제에 대한 해답이 될 것이라고 생각하도록 길들여졌다고 생각하시나요?"(2009년 2월 20일 방송) 폭스 방송의 진행자들은 오랫동안 보수 기반 세력을 미국 정치권의 "전통주의적" 집단이라고 불러왔기 때문에 여기서도 "미국인"과 같은 용어를 사용하여 모든 시청자들을 에두르고 있다. 하지만 전통적인 가치를 버린 것이 미국인의 "전부는 아니"라고 여지를 남겨두면서 폭스의 진행자들과 그 시청자들은 암묵적으로 자신들이 이 "전부는 아닌" 집단에 속하며, 현재의 문화적인 흐름에 맞서고 있는 집단의 일부라고 주장하고 있는 것이다.

기억 연구자인 바비 젤리저 Barbie Zelizer는 "안정적인 과거"라는 개념이 "정치적 정체성의 확립과 유지"에 있어서 필수적이라고 주장한다(1995: 227). 장 세스노 Jean Chesneaux의 말을 인용하자면 바로 과거야말로 "무엇이 [사회]에서 옹호하고 보존할 가치가 있는지, 그리고 무엇이 전복되고 파괴되어야 하는지 알 수 있게 해주는 것이다"(227). 폴 태거트 Paul Taggart는 포퓰리즘 정치운동이 특히 "전통"이나 "유산"과 같은 "과거 지향적"인 개념에 의존적임을 지적하며, 포퓰리즘 정치운동의 목표는 흔히 "고대의 가치를 현대 세계로 되살리기 위한 노력"으로 연출된다고 서술했다(2000: 16).

비평가들은 폭스뉴스의 방송인들이 "전통적 가치"에 대해 반복적으로 언급하는 것이 문화 전쟁의 쟁점—예컨대 종교·총기·동성애—을 지칭하는 것이라고 생각하는 경향이 있다. 하지만 폭스의 "전통적 가치"는 이 외에도 전통적인 "노동 윤리", 즉 생산주의적 도덕-경제 원칙과 깊이 연관되어 있다. 프랭클린 길리엄 Franklin Gilliam과 샨토 이엔가르의 연구가 보여주듯이 오늘날 뉴스 환경에서 "새로운 인종차별주의"는 "전통적 가치"의 언어를 통해 가장 자주 표현된다(2000: 566). 그리고 이 언어의 핵심에는 복지 문제가 자리 잡고 있는데, 왜냐하면 저소득층 백인들에게는 낙태나 학교 내 기도와 같은 종교적인 주제들보다도 복지 문제가 더 강력한 논쟁거리로 작용하기 때문이다(Bartels, 2008: 83-93).

2000년대 후반의 위기와 1930년대 대공황을 비교분석하는 것은 2009년 내내 전국 언론에서 가장 지속적이고 널리 퍼진 미디어 주제 중 하나였다(Pew, 2009). 폭스뉴스의 프로그램들이 대침체를 프레이밍할 때도 비슷한 역사적 비교분석을 실시했지만, 그들의 분석은 단순히 경제적인 요인을 비교하는 수준을 넘어섰다. 폭스의 방송인들은 대공황 세대와의 문화적 친밀성을 지속적으로 표명했으며, 자신의 시청자들을 대공황 시대의 가치의 현대적 수호자로 연출하기 위해 노력했다. 이 수사적 전략은 과거와 현재의 위기를 다룰 때 각각에 적용되었던 분석 방식의 전환을 요구했다. 경기부양법안의 원리들과 오바마의 대중적 기반은 대공황 세대의 "생산자 윤리"와 상반되는 것처럼 묘사되었다. 반면에 대공황 세대의 루스벨트 대통령 및 민주당과의 역사적 연관성 그리고 뉴딜 정책에 대한 의존은 탈정치화되었으며, 케인스주의 정책의 효과에 대한 도덕 중립적이고 기술적인 질문이 중심에 들어섰다. 폭스뉴스의 방송인들은 대침체 기간의 경기 부양 수혜자들이 가장 위대한 세대 Grestest Generation*와는 근본적으로 다르다는 것을 암시하기 위

• 1998년 미국 저널리스트인 톰 브로코Tom Brokaw가 동명의 저서에서 사용하면서 널리 알려진 개념으로 1901년부터 1927년까지 출생한 세대를 지칭한다. 이들은 대공황을 견디고 제2차 세계대전에 참전한 뒤 전후 부흥기를 이끈 세대로 현대 미국 사회의 틀을 닦은 세대로 평가된다. 🪶

해 이 섬세한 이중 전법을 실행했다.

"우리 뭐가 되어버린 거죠?"
─경기부양법안, 세대교체와 도덕적 해이의 상징이 되다

1935년 루스벨트 대통령은 의회의 연례연설에서 소유적 개인주의의 자유시장 원칙에 대해 유명한 비난을 가했다. 그는 이렇게 선언했다. "미국인들은 부의 축적이라는 원리를 단념해야 합니다." 폭스의 방송인들은 경기부양책에 대해 논쟁하면서 루스벨트와 비슷한 도덕적 원리를 활용하여 탐욕을 추구하는 현대 미국 문화를 비판했다. 그러나 정책 분석의 측면에서는 루스벨트의 논리를 전도시켰다. 대공황의 역사를 다룬 한 코너에서 게스트로 출연한 마이크 허커비 Mike Huckabee는 해니티에게 이렇게 얘기했다. "루스벨트 세대, 우리 부모님 세대 그리고 현재를 살아가는 세대 간의 근본적인 차이점은…… 그분들은 자신의 아이들이 더 나은 삶을 살게 하기 위해 스스로가 희생해야 한다고 생각하셨다는 겁니다." 하지만 경기 부양 지출을 지지하고 국가 부채를 늘리는 것은 "우리 자신을 위해 아이들을 희생시키는 것"이라고 결론지었다(2009년 2월 20일 방송). 허커비의 논리를 따르자면 정부의 지원 정책은 물욕과 이기주의를 위한 정책이며, 자유시장 정책이야말로 공동체주의적 윤리를 따르는 정책이었다. 다른 에피소드에서도 해니티는 위에서와 같이 세대를 구분 지었다. "아버지는 불경기 동안 문자 그대로 마분지를 신발에 끼우셨어요. 왜냐하면 새 신발을 살 돈이 없으셨거든요. 그때는 건강보험도 없었고, 대학 등록금도 없었고, 주택 담보 대출 같은 것도 없었고, 주택이 보장되지도 않았어요. 도대체 우리가 언제부터 이런 특권 의식을 갖게 된 거죠?"(2009년 2월 24일 방송)

이 사례를 통해 우리는 폭스의 방송인들이 대공황의 도덕적 교훈을 논리적으로 어떻게 꼬아놓았는지, 그리고 대공황 세대의 이야기를 어떻게 각색하여 자립자족의 이야기로 바꿔놓았는지 알 수 있다. 그러나 실제로는 이 세대야말로 중산층의 삶을 성취하기 위해 전례 없는 수준으로 정부의 지원에 의존한 세대였다. 이와는 대조적으로 대침체 동안 정부의 지원을 받으려고 하는 사람들은 물욕이 많고 부도덕한 것으로 간주됐다. 폭스뉴스가 대공황 시대의 정책을 분석할 때는 비교적 다른 방식의 비판을 활용했는데, 바로 경험적·역사적 근거에 따라 뉴딜 정책을 비판한 것이다. 폭스뉴스는 이런 방식으로 계속 분석의 기어를 변속하면서 방송인들로 하여금 대공황 세대의 직업 윤리, 자립심 및 남성성에 대해서는 의문을 제기하지 않고도 뉴딜 정책의 적극적이고 개입적인 접근 방식을 비판할 수 있게 만들었다.

〈오라일리 팩터〉의 2009년 2월 17일 방송에서도 대공황에 대한 논쟁이 이어졌는데, 게스트인 닐 카부토는 "경험적인" 역사적 기록을 근거로 뉴딜 정책의 효과를 비난했다. 그는 빌 오라일리에게 당연하다는 말투로 다음과 같이 말했다. "사실 이 문제의 역사에 대해서는 [재정적 전문가들도] 딱 여러분이 아시는 만큼 알고 있습니다. 경제 부양, 그러니까 지출을 늘리는 것은 곤경에서 벗어나는 데 거의 도움이 되지 않습니다." 하지만 오라일리가 논의를 현시점으로 되돌려 카부토에게 오늘날의 경제 환경에서 일반적인 미국인들이 가장 "두려워해야 하는 것"이 무엇인지 묻자, 아이러니하게도 금융분석가이자 "수치를 다루는 사나이"인 카부토는 미국인들은 문화적 규범의 변화에 대해 가장 걱정해야 한다고 주장했다. 그는 다음과 같이 경고했다. "저희가 지금 이런 선례를 남기고 있다는 사실이 두렵네요. 만약 당신이 주택 융자금을 내지 못한다면 다른 누군가 당신을 구제해줄 거라는 선례요. 만일 여러분이 어려운 상황에 처하면 정부가 도와주겠죠."

논의되는 시대에 따라 분석적 접근법이 달라지는 모습을 명백히 보여주는 사례로 〈글렌 벡〉의 2월 11일과 12일 에피소드를 꼽을 수 있다. 두 편의 에피소드에 걸쳐 뉴딜 정책에 대한 논의가 다뤄졌는데, 두 번 다 논의를 진행하기 직전 경기부양책의 필요성을 강조하기 위해 플로리다 포트마이어스에서 열린 버락 오바마 대통령과의 회동을 다룬 코너가 방영됐다. 2월 11일 방송에서 벡은 경기부양법안이 과연 경제를 회복시킬 수 있을지를 물으며 이 코너를 시작했다. 경제학자이자 『월스트리트저널』의 칼럼니스트인 스티븐 무어Stephen Moore와 약간의 토론을 진행한 뒤 오바마와 관객들 간의 교류를 보여주는 동영상이 재생됐다. 마이크를 들고 객석에 서 있는 나이 든 흑인 여성의 모습이 보였다(그림 4.1).

그녀는 "저희는 자동차나 거닐 수 있는 공원 그 이상이 필요합니다"라고 애원하면서 자신이 주택을 보유하고 있지 않음을 암시한다. "저희도 저희만의 부엌이나 화장실이 필요해요. 제발 도와주세요." 오바마 대통령은 가까이 다가가서 약속한다. "당신을 돕기 위해 우리가 할 수 있는 모든 것을 하겠습니다. 저희 직원들이 이 회동이 끝나자마자 당신과 이야기 나눌 수 있게 조치하지요." 이제 스튜디오에서는 토론 주제가 경기부양책에서 이 동영상으로 옮겨갔고, 분석적 접근도 무어의 경제적 전문 지식에 기반을 둔 것으로부터 동영상 속 여성에 대한 도덕적 평가로 전환됐다. 벡은 이 사람이야말로 "어떻게 하면 나도 내 것을 얻

그림 4.1 포트마이어스 회동

을 수 있는지"고민하는 사고방식의 사례라고 단언했다. 그는 믿을 수 없다는 말투로 말한다. "이 여자는 미합중국 대통령에게 가서 '나도 새 집이 필요해요'라고 말했을 뿐인데 새 집을 얻었네요." 이 코너는 무어의 발언과 함께 마무리됐다. "대부분의 미국인들이 이걸 보고 어떻게 생각하는지 아시나요? 그냥 네가 일하면 되잖아!"(2009년 2월 11일 방송)

다음 날의 에피소드에서 벡과 보수 평론가 미셸 말킨Michelle Malkin은 똑같은 회담에서 나온 동영상 세 편에 대해 평가했다. 첫 영상에서는 아프리카계 미국인 남성이 나와 대통령에게 월급이 유동적일 때 정부 지원을 유지할 수 있는 더 쉬운 방법이 있는지 묻는다. 두 번째 동영상은 나이 든 아프리카계 미국인 여성들이 집을 구하는 모습을 보여준다. 마지막 동영상에서는 맥도널드에서 일한다고 말하는 히스패닉계 백인 청소년이 등장한다. 이 밀레니얼 세대 노동자는 오바마에게 자신과 같은 패스트푸드점 직원들이 처한 한정된 직업 이동성과 정체된 임금 문제를 어떻게 해결할 것인지 묻는다. 이 시점에서 카메라는 다시 벡을 단독으로 잡는다. 그는 얼굴을 찡그리며 고개를 한쪽으로 갸우뚱거리면서 묻는다. "미셸, 음…… 우리 뭐가 되어버린 거죠?" 말킨은 이렇게 답한다. "저는 지금 특권의 문화가 이렇게 폭발해버렸다는 사실이 역겹네요. 이제는 사람들이 어떤 망설임도 없이 미국 대통령으로부터 면죄부와 온갖 종류의 떡고물을 받아먹으려고 접근하네요." 벡은 답한다. "맙소사, 저는 대통령한테 그런 걸 물어본다는 걸 상상조차 못하겠는걸요?" 말킨은 이 대화를 마무리 짓는다. "그래요, 우리는 걸인들의 나라가 됐어요."

말킨은 폭스가 오바마의 2008년 대통령 선거운동을 보도하기 위해 사용한 프레임과 벡이 경기부양법안을 다루기 위해 사용한 프레임을 일치시키기 위해 다음과 같이 말한다. "저희 이거랑 비슷한 영상을 본적 있죠, 폭스뉴스에서 자주 틀어줬던 영상인데. 다른 오바마 지지자가 나오는 영상이요." 벡이 답한다. "바로 여기 그 영상이 있습니다." 이어 그 문제의 영상이 재생되고 시청자들은 오바마의 승리 연설에 참가하기 위해 딸을 데리고 군중 속에 앉아 있는 아프리카계 미국인 여성을 보게 된다. 기자가 그녀에게 왜 이렇게 감동했는지 묻자 그녀는 이렇게 대답한다. "왜냐하면 저는…… 이제 제 차에 기름을 채울 수 있는지 걱정할 필요가 없을 거예요. 주택 융자금을 갚는 것에 대해서 걱정할 필요도 없을 거고요…… 제가 오바마를 도우면 오바마도 저를 도와줄 거예요." 화면은 다시 믿을 수 없다는 듯이 고개를 젓고 있는 벡으로 돌아왔다. 말킨은 얼굴에 미소를 지으며 말했다. "바로 그렇죠. 빵이랑 물고

기는 알아서 늘어나고, 돼지고기랑 쿨에이드Kool-Aid*는 그냥 하늘에서 떨어지겠죠!" 벡은 말킨의 발언에 인종차별적인 면모가 있다는 것은 전혀 언급하지 않고 생산주의의 중심 교리를 요약한 역사적 인용구로 넘어간다. "토머스 제퍼슨이 한때 얘기했죠. [스크린에 인용구가 등장한다] 일할 의향이 있는 사람들을 착취해 일하고 싶어 하지 않는 사람들에게 줄 때 민주주의는 더 이상 존재하지 못하게 될 것이다"(2009년 2월 12일자 방송).

2월 9일 에피소드에서는 1920년부터 1921년 동안의 "잊혀진 공황"에 맞선 쿨리지 대통령의 자유방임주의적 접근과 루스벨트의 개입주의적 접근을 역사적으로 비교하면서 뉴딜 정책을 비판하는 내용이 방영됐다. 자유시장 정책이 이전 시대의 침체를 성공적으로 극복했고, 뉴딜 정책은 실질적으로 실패했음을 강조하기 위해 통계적 분석, 정책 사례 그리고 하이에크의 경제 이론이 활용됐다. 2월 10일 방송 중 대공황에 대한 코너도 전날 방송과 마찬가지로 통계를 많이 활용했는데, 특히 뉴딜 정책의 낭비적이고 비효율적인 면모에 초점을 맞췄다. 여기서 주목해야 할 점은 벡의 비판이 뉴딜 정책이나 그 정책에 의존해야 했던 사람의 비도덕성을 겨냥하지 않았다는 것이다.

오히려 벡은 이 모든 에피소드에서 뉴딜 정책을 묘사함에 있어서 나태와 의존이라는 용어를 사용하지 않기 위해 주의를 기울인다. 반대로 경제 부양이나 오바마의 기반 세력에 대해 분석할 때는 대체적으로 도덕적 결점과 직업 윤리에 대한 문제에 집중했다. 이 두 가지 분석을 나

• 크래프트하인즈사가 소유하고 있는 과일 향이 첨가된 음료수 분말. 주로 저소득층들이 많이 소비한다. 🌐

란히 배치하되 반-복지 담론을 선별적으로 적용함으로써 폭스뉴스는 뉴딜 정책이 자유시장 이념에는 부합하지 않았지만, 그래도 자격이 있는 사람들에게 지원을 제공했다고 암시했다.

왜 계급에 대한 도덕적 담론이 중요한가

최근의 역사 중 가장 심각한 경제 위기라고 꼽힐 수 있는 대침체의 한 가운데에서 폭스뉴스는 미국 우파 진영의 가장 영향력 있는 언론 매체라는 자격으로, 1930년대의 "잊혀진 사람" 서사를 채택해 대침체로 인해 드러난 경제적 부당함을 설명하고자 했다. 그러나 폭스의 인기 방송인들은 이런 부당함을 매우 구체적이고 한정적인 방법으로 정의했다. 즉 부당함은 거의 항상 정치 체제 내의 부패와 편파적인 정부 개입의 결과로 이해됐다. 자본주의는 어떤 비난도 받지 않았다. 폭스뉴스의 방송인들은 시장을 정치적 정실주의와 학력 기반 계급 제도에 대항하는 해방적이고 체제 전복적인 힘으로 연출했다. 물론 폭스뉴스 프로그램이 민간 부문을 계급이 없는 영역으로 단정했다는 것은 아니다. 하지만 민간 경제는 "자연스러운 계급"으로 분류되는 사회적 공간으로(Burke, 1995), 오라일리의 말을 인용하자면 "강자는 살아남고 약자는 몰락하는" 공간으로 묘사되었다.

19세기 중반 영국 차티스트운동의 포퓰리즘 담화를 연구한 가레스 존스Gareth Jones도 사회적 계급에 대한 비슷한 개념화를 묘사한 바 있다.

그 구분은 경제적인 의미에서 지배계급과 피착취계급 간의 구분이 아니라 주로 부패 및 독점적인 정치 권력의 수혜자와 피해자 간의 구분이었다. 처음부터 그 대립은 도덕적이고 정치적인 것이었고, 계급 간 못지않게 계급 내부에서도 선이 그어지곤 했다.

(1983: 169)

계급에 대한 도덕적 담론은 소득 불평등의 경험적 원천이나 계급 격차를 명확하게 정의하는 데는 덜 효과적이다. 그러나 앤드류 세이어An-drew Sayer가 관찰한 바와 같이 도덕적 담론은 우리가 애초에 계급에 관심을 가져야 하는 이유를 설명하는 데 있어서 사회과학적인 담론들보다 더 효과적이다(2005: 7). 그리고 이런 도덕적 담론이 정치적 운동이나 이념적 프로젝트를 위해 활용될 때 이 담론은 우리가 어떤 형태의 사회적 위계질서에 반대해야 하고, 어떤 형태의 위계질서를 정상적이거나 공정하다고 받아들여야 하는지 정해준다. 나는 대침체에 대한 폭스뉴스의 포퓰리즘적 프레임이 성공적이었다고 주장한다. 생산주의적 도덕의 논리들이 항상 인식되는 것은 아니지만 여전히 미국에서 계급, 일자리 그리고 부의 분배에 대한 근본적인 규범적 가정이 무엇인지 알려주고 있기 때문이다.

문화사회학자 미셸 라몽은 종종 "도덕적 공동체와 문화적 소속감에 대한 인식이 정책 선택의 밑바탕이 된다"고 주장한다. 그럼에도 불구하고 미국의 사회적 위계질서에 대한 도덕적 담론이 어떤 정치적 영향을 끼치는지에 대해서는 "아직 충분히 연구되지 않은 상태로 남아 있다"고 지적했다(2000: 9). 미국 정치에서 도덕적 수사의 역할을 다루는 연구자 중 가장 생산적인 연구자를 꼽자면 단연코 언어학자이자 인지과학자인 조지 라코프George Lakoff를 들 수 있다. 실제로 지금까지 폭스뉴스가 경기 침체를 어떻게 보도했는지에 대해 내가 분석한 내용은 라코프가 수십 년 동안 주장해온 두 가지 핵심 가설을 뒷받침한다(1996; 2004; 2008). 우선 나의 분석은 정치적 사고방식의 위계질서에서 도덕적 근거가 이성적인 논리나 사실에 기반한 근거보다 우선시된다는 라코프의 주장을 지지한다. 둘째로 라코프는 미국 보수 진영이 진보 진영보다 도덕의 언어를 더 능숙하게 사용하는 경향이 있다고 봤는데, 나 역시 이에 대해서도 동감하는 바다. 이런 경향성이 생기는 이유는 부분적으로 보수 진영이 진보 진영보다 이러한 정치적 의사소통 방식을 기꺼이 수용하기 때문이다.

그렇지만 나와 라코프의 차이는 바로 도덕적 담화가 왜 통하는지에 대한 설명에 있다. 라코프는 주로 신경학적인 관점에서 이 현상을 설명한다. 라코프에 의하면 도덕적 프레임이 강력하고 위험하기까지 한 이유는 바로 "신경 회로"와 무의식적 사고 과정을 활성화하기 때문이다(2008). 사회심리학자 조나단 하이트Jonathan Haidt도 도덕적 "도화선trigger"개념을 활용해 라코프와 비슷한 관점을 취한다. 하지만 라코프나 하이트의 진화심리학적 관점과는 달리 나는 보수 진영의 도덕적 서사가 큰 영향력을 행사할 수 있는 이유를 이 서사 자체가 미국 정치 문화에 깊숙이, 그리고 역사적으로 내재되어 있기 때문이라고 본다.

보수 진영에서 사용되는 도덕적 서사가 강력한 이유는 라코프 및 하이트가 제안하듯이 그 서사들이 공화당 유권자들과 보수적 시청자의 심리적 성향에 전적으로 맞춰져 있기 때문이 아니다. 이 서사들이 강력한 흡입력을 지닌 이유는 바로 그 서사들의 문화적 통용성이 오늘날 당파 간 경계를 거스를 수 있으며, 보수 언론의 반향실을 넘어설 수 있기 때문이다. 2010년 폭스의 CEO 로저 에일스는 자유시장 싱크탱크 후버연구소Hoover Institute와 인터뷰를 하면서 폭스의 도덕적 담화가 지닌 초-당파적인 대중적 매력에 대해 암시했다. "당신이 만약 미국을 이해한다면 미국은 아마 중도 우파 국가라고 말하겠지요. 물론 그 말이 어느 정도는 맞을지 몰라도, 결국엔 미국인들은 간단한 것들에 믿음을 보낸다고요…… 미국인들이 단순하긴 해도 멍청한 건 아니라서요."•

　이번 장에서는 포퓰리즘, 생산주의 윤리 그리고 "전통적 가치"가 본질적으로 보수 정치와 결부된 존재가 아님을 확인했다. 다만 이들 간의 연결고리는 폭스뉴스를 비롯한 보수 담론을 제작하는 주체들에 의해 구성된다. 생산주의 포퓰리즘과 정치적 보수주의의 연관성의 역사를 추적함으로써 보수 진영에서 깊이 공감하는 가치들 그리고 노동을 기반으로 하는 존엄성이라는 개념이 과거에도 있었으며, 앞으로도 대안적인 정치적 수단을 통해 다시 실현될 수 있음을 알 수 있었다. 이처럼 포퓰리즘과 보수 진영과의 관계를 비본질적인 것으로 만드는 과정을 통해 나는 진보 진영에게도 포퓰리즘 전통이 보이는 것보다 더 유연하며, 단순히 권위주의적 정치나 백인 노동계급의 원초적이고 반동적인 충동의 결과로 환원시킬 수 없음을 보여줄 수 있었다.

•　　Hoover Institution(2010)

5장

포퓰리즘적-지적 전략

−폭스뉴스는 어떻게 자신들의 포퓰리즘 프레임 안에서
전문가 지식을 흡수하고 있는가

텔레비전 뉴스의 세계에서 폭스뉴스의 인기 프로그램들은 독특하다. 내가 3장에서 대중적 지성이라고 명명한 노동계급 특유의 지적 문화를 연출하고 구성하기 위해 개인적 경험과 같은 비전문적인 지식을 쉽게 수용하기 때문이다. 그러나 비평가들은 대개 폭스뉴스가 고학력 전문가들의 인식론적 문화—20세기 대부분 동안 언론계를 손쉽게 지배했던—로부터 스스로를 분리하려는 경향을 보인다고 강조하면서 폭스뉴스를 반지성주의적 뉴스 조직으로 그려왔다. 특히 풍자 전문 뉴스 프로그램인 〈데일리 쇼〉는 단골 코미디 아이템으로 폭스뉴스를 소비함으로써 폭스뉴스가 반지성주의적이라는 평판을 다지는 데 큰 역할을 했다. 이 외에도 케이블 뉴스 시장 내 주요 경쟁사들이 내세운 브랜드 만들기 전략 또한 폭스에 대한 고정관념을 만드는 데 일조했다. 예를 들어 MSNBC의 최고 인기 프로그램으로 꼽히는 〈모닝 조Morning Joe〉는 "생각하는 시청자의 선택"이라고 홍보된 적이 있는데, 명백히 폭스뉴스의 아침 프로그램인 〈폭스와 친구들Fox & Friends〉을 겨냥한 문구였다. 그렇지만 폭스뉴스의 프로그래밍을 면밀히 살펴보면, 폭스에 대한 이와 같은 부정적인 연출 그리고 폭스 자신이 연출했던 고학력 엘리트에 대한 반감이 실제로는 선별적이고, 상당한 부분에서는 의도된 것이라는 사실을 알 수 있다.

특히 2009년 초반 폭스뉴스에서 경제 부양 논쟁을 다룰 당시 이런 의도가 명백하게 드러났다. 당시 폭스뉴스는 경기부양법안에 대해 비판하고 있었고, 여기에 "공식적" 정당성을 실어주기 위해 유례없이 많은 수의 보수 진영 작가와 싱크탱크 연구원들이 폭스뉴스의 인기 프로그램들에 출연했다.[*] 이 비판에서 이목을 끈 요소는 바로 대공황의 역사를 재조명하기 위해 여러 사람들이 합심하여 달려들었다는 것이다. 특히 공화당 정치인들과 폭스뉴스의 방송인들은 자기들의 주장에 근거를 부여하기 위해 애미티 슐레이스의 『잊혀진 사람: 대공황의 새로운 역사』(2007)(이하 『잊혀진 사람』)를 가장 자주 인용했다(그림 5.1).

통념과 달리 슐레이스는 뉴딜 정책이 1930년대의 대공황을 단축시키기는커녕 오히려 장기화시켰고, 따라서 2008~2010년의 경제 침체에서 벗어나기 위해 정부 지출을 사용하는 것은 어리석은 행동이라고 주장했다.

이 장에서는 폭스뉴스가 슐레이스와 그녀의 책을 어떻게 홍보했는지

---

[*]   팩티바Factiva에서 제공하는 폭스뉴스 방송 녹취록 데이터베이스와 단어 빈도 분석에 따르면, 폭스에게 있어서 2009년은 최근 10년 동안 상위 5개 보수 싱크탱크의 전문가 및 연구자들이 가장 많이 출연한 때다(2011년 12월 7일 접속). 더 세부적으로 들어가면 전문가 출연이 총 세 기간에 집중되어 있음을 알 수 있다. 2009년의 아주 초반 그리고 경기부양책에 대해 논쟁이 한창이던 8월과 9월 그리고 마지막으로 의료보험법안에 관련된 회담에서 시위대가 난동을 부리던 때였다. 이 기간 동안 폭스뉴스에는 잘 알려지지 않은 연구소도 수백 개는 등장했지만, 가장 눈에 띈 연구소는 헤리티지재단(1973년), 카토연구소(1977년), 맨해튼연구소(1984년), 기업경쟁력연구소(1943년), 후버연구소(1919년)였다.

그림 5.1 〈해니티〉에서 소개된 슐레이스의 책

를 사례로 삼아 폭스뉴스가 보수 진영의 지식인들에게 이례적인 홍보 플랫폼을 제공하는 방법을 살펴본다. 여기서 나는 폭스뉴스가 본질적으로 반지성주의적이라기보다는 보수 진영의 지적 문화를 위한 대중적 인터페이스로 이해되어야 한다고 주장한다. 폭스뉴스는 자유시장주의적 싱크탱크에서 생산된 이론적 지식을 인기 프로그램의 번역을 거쳐 접근성 있고 대중적인 언어로, 스튜어트 홀의 표현을 빌리자면 "대중적 관용어"로 전환할 능력을 가지고 있었기 때문이다.*

• 1981년 논문 "The Social Production of News"에서 스튜어트 홀과 동료들은 전문가들을 "일차적 정의자"로 규정하고, 이들이 생산한 엘리트 지식으로 인해 뉴스 보도의 아젠다와 이념적 관점이 사전 프레이밍된다고 설명한다. 이후 "이차적 정의자"인 저널리스트들이 이 공식적 지식을 "대중적 관용어"로 번역하여 일반 청중에 대한 접근성을 증진시킨다(1981: 342–345).

물론 침체기 동안에도 폭스뉴스의 인기 프로그램들은 연예인 스캔들, "10대의 '섹스팅sexting'' 유행"과 같은 선정적인 사건들을 계속 다뤘다. 하지만 폭스뉴스의 편집부는 그에 못지않게, 어쩌면 더 많은 시간을 할애하여 정부 정책에 관한 "진지한" 뉴스, 특히 경제 정책에 대한 뉴스를 다루기 시작했다. 전국적으로도 2009년 초반에는 경제학과 경제사라는 주제가 뉴스 미디어의 중심에 자리 잡고 있었는데, 두 영역 모두 통계적인 부분이 매우 많았기 때문에 논의에는 전문가의 개입과 경험연구의 인용이 불가피했다. 따라서 당시 뉴스 환경이 경제학자들과 통계 수치로 가득 찬 기사들로 넘쳐났음에도 불구하고, 폭스뉴스는 이런 전문적 지식을 포퓰리즘 연출이라는 더 큰 틀에 매끄럽게 접목시키는 데 성공했다. 이처럼 명민함 내지 우수함을 윤색하는 과정을 통해 폭스는 진행자들의 도덕 중심적인 담론을 더욱 설득력 있게 만들었다.

싱크탱크 연구원들을 게스트로 출연시키는 것 말고도 폭스뉴스의 인기 프로그램들은 시청자들에게 "더 많은 정보"를 위해 자유시장주의 연구소들의 웹사이트에 접속하라고 반복적으로 종용했다. 숀 해니티는 "침체기"를 다룬 에피소드에서 유명한 공화당 전략가 칼 로브Karl Rove를 초청해 헤리티지연구소의 웹사이트에서 경기부양법안에 대한 모든 정보를 찾을 수 있었다고 자랑했다. 해니티는 대화를 끊고 시청자들을 향해 말한다. "참고로 그 웹사이트 주소는 AskHeritage.org예요. [거기서] 많은 정보를 얻을 수 있었어요." 로브는 해니티의 말에 맞장구치면서 웹사이트의 이름을 다시 한번 반복한다. "AskHeritage.org. 맞습니다." 해니티는 쐐기를 박고자 마지막으로 한 번 더 웹사이트의 이름을

•　　sex와 texting이 결합된 단어로 성적인 내용의 문자를 주고받는 행위를 뜻한다. 🈯

언급한다. "AskHeritage. 좋아요"(2009년 1월 29일 방송). 이렇게 그들은 시청자들에게 같은 웹사이트를 은근하게 홍보하고, 다시 홍보하고, 또 다시 홍보한다.

그러나 보수 싱크탱크를 인용하고 그들이 낸 정책 보고서의 데이터를 활용하는 것은 폭스뉴스가 전문적 지식을 활용하는 방법 중 가장 단순한 방법에 불과하다. 이 복잡한 현상을 보다 깊이 이해하기 위해서 우리는 폭스뉴스 프로그램에 전문가들이 등장하는 모습을 면밀히 관찰해야 하고, 그들의 성과가 만들어지고 홍보되는 과정의 이면에 숨겨진 조직적 제휴관계를 조사해야 한다.

상식으로 무장한 폭스 진행자들과 엘리트 학계가 공감할 수 있는 뉴딜 정책에 대한 새로운 "여론"을 만들어 내기 위해 폭스는 다양한 계급적 지식과 문화적 권위를 활용했다. 포퓰리즘과 기술관료주의 간의 합의가 연출되는 이 과정을 나는 포퓰리즘적-지적 전략populist-intellectual tacic, PIT이라고 명명한다. 잘 수행된다면 PIT는 강력한 이념적 도구로 기능할 수 있지만, 이 전략의 사용에는 명확한 위험이 따른다. 특히 폭스뉴스가 엘리트의 권위에 너무 많이 의존한다면, 뉴스 산업의 경쟁자들과 구별하기 위해 자신이 사용했던 노동계급적인 미적 감각과 포퓰리즘적 감수성이 약화될지도 모르기 때문이다. 대공황을 재조명하는 과정에서 폭스의 프로그램들이 한편으로는 엘리트의 신임을 활용하고, 동시에 자기들이 지식인들과 대립관계에 있다는 프레임을 유지하는 것이 어떻게 가능했을까? 애미티 슐레이스와 그녀의 저작 『잊혀진 사람』을 다룬 〈해니티〉의 에피소드를 통해 우리는 폭스뉴스가 다양한 연출 기법을 통해 전문 지식에 본질적으로 내포되어 있는 엘리트주의와 어떻게 거리를 유지했는지 살펴볼 수 있다.

보수 싱크탱크의 역사를 취급하는 이 장의 첫 부분에서는 부르디외의 장 field 이론을 활용하여 공공 지식인과 싱크탱크 지식인이라는 개념을 정의한다. 두 번째 절에서는 애미티 슐레이스의 경력을 다루고 그녀의 저서가 홍보되는 과정에서 보수 진영 지성의 세 기둥들, 즉 자유시장 연구소, 공화당 그리고 폭스뉴스 간의 관계가 어떻게 드러났는지를 살펴본다. 그다음 부분에서는 저서『잊혀진 사람』을 다룬 〈해니티〉의 에피소드를 텍스트 분석을 활용해서 파헤친다. 여기서 나는 포퓰리즘적-지적 전략의 개념을 사용하여 폭스의 인기 프로그램들이 슐레이스의 명성과 책 판매율을 높이는 것 이상의 역할을 수행했음을 밝힐 것이다. 폭스뉴스는 바로 이 책에 수록된 역사적 내용을 케이블 뉴스매거진 형식으로 각색하는 복잡하고 어려운 해석적 작업을 수행한 것이다.

스튜어트 홀은 〈해니티〉와 같은 뉴스 프로그램들이 수행하는 번역 기능이 "[전문가의 관점을] 문외한인 사람들로 하여금 '더 쉽게 접근할 수 있게' 만들 뿐만 아니라 그 관점에 대중의 힘과 공감을 부여하여 다양한 사람들이 이해할 수 있는 모습으로 변화시킨다"고 본다(1981: 345). 폭스뉴스의 조직력이 애미티 슐레이스의 홍보 전략을 실현하는 데 도움을 준 것은 사실이지만, 그에 못지않게 중요한 것은 폭스뉴스의 방송이 담론을 통해 그녀의 연구를 각색했다는 점이다. 이전까지 그녀의 연구에 문화적 권위를 부여해준 집단이 보수 지식인 사회 및 중류 소비자층으로 한정되어 있었다면, 폭스뉴스의 각색을 거친 뒤에는 그 저변이 더 많은 집단으로 확장되었다.

지난 10년 동안 여러 저널리즘 학자들은 애미티 슐레이스를 비롯한 전문가들이 자신의 지적 공동체 내에서 지위를 얻거나 확보하기 위해 사용하는 미디어 전략을 브루디외의 장 이론을 활용해 설명하고자 했다.[*] 이 연구들은 사회과학계, 언론계 및 정계라는 장 사이의 역학 그리고 지식 생산 기관 내 전문가들 간의 경쟁을 규정하는 장의 내부적 논리를 밝히는 데 많은 기여를 했다. 그러나 장의 논리에서 연출적 차원은 상대적으로 적은 관심을 받았다. 즉 수사적 전략, 심미적 설계 및 체현된 연출 스타일을 비롯한 미디어 프레젠테이션을 통해 장의 논리가 구성되고 강화되는 과정은 충분히 탐구되지 않았다.[**] 이 장의 목표는 이러한 공백을 해소하고, 특히 미디어에서 전문성을 연출하는 것이 비전문적이고 포퓰리즘적인 소통 스타일과 짝지어질 때 더욱 효과적이 된다는 것을 밝히는 것이다.

"반–지식인층" 만들기
─우파와 지적 문화 간의 긴밀하지만 복잡한 관계 이해하기

폭스뉴스가 연출적인 측면에서 보수 정치 문화의 포퓰리즘적 요소와 학술적 요소 사이의 긴장을 관리해야 했던 것은 사실이지만, 이 또한 두 요소 간의 긴장을 성공적으로 해소하지 않으면 안 되었던 보수운동

---

[*] 이 분야의 가장 기초적인 문헌으로 로드니 벤슨 Rodney Benson과 에릭 느뵈 Erik Neveu가 2005년에 낸 『부르디외와 저널리즘의 장Bourdieu and the Journalistic Field』을 들 수 있다. 다른 문헌으로는 다음을 참조할 것. Jacobs & Townsley, 2011; Medvetz, 2012; Benson, 2013; Briggs & Hallin, 2016

[**] 에리카 로블즈-앤더슨 Erica Robles-Anderson과 패트릭 스벤슨 Patrik Svensson은 파워포인트 소프트웨어의 확산과 함께 "연출된 권위"가 더욱 중요해졌다고 지적한다(2016). 그들은 이 소프트웨어가 "프레젠테이션 문화"를 촉진시켰다고 보고 있는데, 그 전형적인 상징으로 대중적인 청중을 위해 무료 온라인 강연을 제공한 TED를 꼽았다.

사의 일부로서 볼 수 있다. 1970년대 "시카고 혁명"*과 함께 신고전주의 경제 이론이 부활하면서 보수운동은 근현대 미국 정치의 가장 큰 모순 중 하나를 만들어냈다. 즉 보수운동은 문화적 엘리트들을 공격함으로써 노동계급에 친화적인 포퓰리즘적 이미지를 형성했지만, 동시에 막대한 자원을 투자해 자유시장 연구소를 설립했고, 또 밀턴 프리드먼을 비롯한 보수 진영의 지식인들을 홍보하고 있었다. 스테파니 머지Stephanie Mudge는 가장 핵심적인 신자유주의 사상가인 프리드리히 하이에크의 저술에 이러한 역설이 있다고 지적했다. "하이에크가 전문가에 의한 통치를 비판했다는 것을 감안하면, 신자유주의의 역설 중 하나는 경제 [전문가]가 세계에서 가장 정치적으로 영향력 있는 직종 혹은 최소한 가장 영향력 있는 직종 중 하나로 부상한다는 사실이다"(2011: 346).

1973년 맥주업계의 거물 조셉 쿠어스는 헤리티지재단의 설립에 힘을 쏟았다. 이 기구는 미국에서 가장 영향력 있는 싱크탱크 중 하나가 되었고, 정치적 전문성의 개념을 더욱 깊은 수준에서 완전히 재정의해버렸다. 역사학자 조지 내쉬George Nash는 헤리티지재단을 "레이건 혁명의 두뇌"라고 불렀는데 여기에는 아무런 과장도 없었다(1998: 335). 보수 활동가 폴 웨이릭은 레이건 대통령이 1980년 첫 국무회의에서 헤리티지재단의 정책 전환 매뉴얼을 나눠주며 "여기 행정부 운영을 위한 청사진이 있습니다. 이대로 따라주세요"라고 말했다고 전했다.** 미국기업연구소(1972년 부활), 카토연구소(1977년), 맨해튼연구소(1978년) 등 동

•   신고전주의를 내세운 시카고경제학파를 "혁명"에 빗대어 표현한 것 [옮]

••   다음에서 재인용. Medvetz, *Think Tanks in America*, p. 109

시기에 등장한 다른 보수 싱크탱크들과 마찬가지로 헤리티지재단 또한 닉슨에 의해 대법관 후보로 지명된 루이스 파월 Lewis Powell의 악명 높은 파월 비망록 Powell Memorandum에서 영감을 받았다. 상공회의소를 대상으로 작성된 이 비망록은 휴렛-패커드 Hewlett-Packard와 스탠더드오일 Standard Oil을 비롯한 당시 재계의 선두주자들로부터 열정적인 반응을 이끌어냈다(Phillips-Fein, 2009: 163-169; Medvetz, 2012: 102-105). 그 내용은 어빙 크리스톨이나 윌리엄 사이먼 William Simon과 같은 보수 지식인들의 주장과 일치했다. 보수 활동가들과 재계의 지도자들이 선거와 입법에 중점을 둔 정치 전략에서 벗어나 예술계, 학계 그리고 언론계에 민주당 내 좌파 진영이 확립해둔 문화적 헤게모니에 도전할 수 있도록 "반-지식인층"을 구축하는 데 많은 에너지를 투입해야 한다는 것이다(O'Connor, 2007: 73-75).

비록 민주당 좌파 세력이 진보 시대 Progressive Era*의 전성기에서 1930년대까지 "당내" 사회운동가 지식인들을 개발하는 데 성공적이었다고 해도, 닉슨과 레이건 시대 이후 동시대 공화당에서 볼 수 있었던 수준의 헌신을 발견할 수는 없었다. 오늘날의 진보 진영은 정책적 주장을 펼칠 때 정치 분야 밖에서 활동하고 있는 당파적 색채가 옅은 지식 생산자들에게 의지하는 경향이 있다.** 이런 전략으로 민주당은 자신들이 "사실 기반 공동체 face-based community"(Sherman, 2010)의 일원이라고 자부하는 교수, 대학생, 언론인 그리고 다른 고학력 집단들로부터 더 많은 표를 얻을 수 있었지만, 사회주의적 혹은 케인스주의적인 수요경제학 이론을 대중 미디어를 통해 주류화하는 데는 성공하지 못했다. 이

• 19세기 말부터 1920년대까지 미국에서 다양한 사회 개혁 및 운동이 이루어진 시대 ⬛

런 면에서는 진보 진영이 보수 진영에 한참 못 미친 것이 사실이다.

토마스 메드베츠Thomas Medvetz의 저서 『미국의 싱크탱크Think Tanks in America』(2012)는 보수 싱크탱크들이 브루킹스연구소Brookings Institute와 같이 진보적이거나 당파적이지 않은 싱크탱크들을 보수 싱크탱크들이 능가하게 된 데에는 후자가 "전문성의 장field of expertise"내에 존재하는 모순 내지 상충되는 힘을 관리하는 데 더 탁월한 능력을 지니고 있었기 때문이라고 보고 있다. 메드베츠는 "전문성의 장" 개념을 사회학자 길 에얄Gil Eyal로부터 가져왔다(2002, 2006). 에얄은 전문성의 장을 전문가 그룹이 지속적으로 직면하게 되는 두 가지 딜레마에 의해 정의되는 장 이라고 보았다.

(1) 전문가 집단으로서 "폐쇄성"의 전략을 추구하여 스스로를 격리하고 엘리트로서 구별을 지을 것인가, 아니면 미디어 중심적인 "개방성" 전략을 택하여 홍보를 통해 연구의 가치를 높일 것인가?

(2) 지적 "자율성"과 창조적 독립성을 강조할 것인가, 아니면 지적 상

•• 앤드류 리치Andrew Rich는 논문 "The Politics of Expertise in Congress and the News Media"에서 의회 의원들이 싱크탱크에 대해 어떻게 생각하는지에 대해 조사했는데, 그 결과 민주당 의원들은 정치적 이념을 내세우지 않는 싱크탱크를 가장 신뢰할 수 있는 것으로 보는 반면, 보수파 의원들은 보수주의를 내세운 싱크탱크야말로 가장 신뢰할 수 있는 존재로 보고 있다는 사실이 드러났다(2001: 586). 이 결과는 의회 내 좌파 세력은 아직까지도 전후 세대 진보 진영의 여론인 "이념의 종말" 개념에 매몰되어있는 반면, 보수 세력의 경우 이념적 색이 분명한 지식 생산 조직을 인용하고 지지할 확률이 높다는 것을 보여준다. 이 연구는 또한 1994년과 1995년 공화당이 의회를 장악한 이후 보수 싱크탱크가 의회에서 증언한 횟수 또한 증가했음을 보여준다. 리치의 2004년 저서 『싱크탱크, 공공 정책 그리고 전문성의 정치 Think Tanks, Public Policy, and the Politics of Expertis』의 3장 "정치적 신뢰도"에도 두 정당 간의 비슷한 차이점이 지적되어 있다.

품 또한 소비자에 대한 "의존성"을 지니고 있음을 인정하고 청중의 소통적·이념적 선호에 맞게 연구 방향을 설정할 것인가?

메드베츠는 1960년대의 해방운동 기간 내내 자기들의 정치적 칼날을 벼린 좌파 활동가-전문가들 중 상당수가 대학에서 안식처를 찾았으며, 결국 지적 자율성은 높지만 공공 참여도는 낮은 전문가, 즉 "상아탑" 지식인이 됐다고 설명한다. 고등교육 기관의 승진 규정은 좌파 지식인들로 하여금 "폐쇄성"의 전략에 의존하여 문화적 정당성을 확보하도록 장려했다. 물론 여러 좌파 지식인들은 매카시즘의 탄압으로부터 스스로를 보호하기 위해서도 "폐쇄성"의 전략을 택할 수밖에 없었다. 이러한 전략은 명성을 얻는 데는 효과적일 수 있지만 전문가를 고립시키는 경향이 있으며, 따라서 전문가들이 정치적으로나 문화적으로 무의미하게 될 위험을 가지고 있다. 미국 대학들이 좌파에게 사로잡혔다고 진단한 여러 보수 지식인들은 그 반대 방향인 "개방성"의 전략, 즉 홍보를 추구하는 전략을 추구하기 시작했다. 그러나 이들이 "개방성"의 전략을 선택지로 삼을 수 있었던 것은 1970년대와 1980년대에 재계가 싱크탱크를 위시한 지식 인프라를 조직적으로 구축해두었던 덕분이었다.

메드베츠는 싱크탱크를 "장 사이의 장"이라고 묘사했다. 즉 싱크탱크란 지식 생산 조직들 사이에 반¾구조화된 네트워크로서 재계·정부·언론계·학계를 비롯하여 보다 공고하게 확립된 장들 사이에서 운영된다고 보았다(137-140). 싱크탱크는 학술 기관들만큼의 전문적 정당성은 갖고 있지 않지만, 대학과 달리 느슨한 조직 구조와 혼종화된 장의 논리를 통해 소속 연구자들에게 다양한 장을 오갈 수 있는 이동성을 제공한다. 바로 이 이동성 덕분에 싱크탱크들은 뉴스 미디어 및 정당에서 제공하는 홍보 기회를 십분 활용할 수 있다. 이다음 절에서 나는 애미티 슐레이스의 경력 그리고 경기부양책에 대한 논쟁에서 그녀의 책이 어떻게 홍보되었는지에 초점을 맞추어, 싱크탱크 네트워크의 활동가-전문가들이 지닌 개방성의 사례로서 다루고자 한다. 〈해니티〉의 해당 에피소드를 집중적으로 분석하면서 나는 "활동가-전문가"라는 애미티 슐레이스의 지위가 에얄의 두 번째 딜레마, 즉 자율성 대 의존성의 딜레마에 대해서도 문제를 제기하고 있음을 보여줄 것이다. 상아탑의 지식인들과 달리 활동가-전문가들은 후원자들의 정치적·이념적 요구 사항에 부합하는 성과물을 생산해야 한다는 직접적인 압박을 느낀다. 이렇게 자율성이 감소되면 전문가에 대한 신뢰도에도 타격이 발생한다. 소비자의 요구에 완전히 순응하는 것처럼 보이는 전문가는 결국 일반적인 시민과 아무런 차별성도 보이지 않게 되는데, 전문가의 권위는 바로 그 일반 시민과의 특별한 차별성에 기반을 두고 있기 때문이다. 신뢰도에 대한 이 같은 타격을 중화하기 위해 슐레이스와 같은 활동가-전문가들은 자기가 연구 주제로부터 자율성과 객관성을 확보했다는 것을 자기 나름의 방식으로 입증하려고 하는데, 이 방식은 바로 무관심한 ― 피에르 부르디외의 표현을 빌리자면 ― 분석 태도를 연출하는 것이다.

애미티 슐레이스와 활동가-전문가의 "개방성"

미국 경제사에 대한 애미티 슐레이스의 연구는 보수 진영의 지식 체계에 존재하는 거의 모든 주요 거점들과 연결되어 있었다. 대중에게 자신의 연구를 더욱 "개방"하기 위한 노력의 일환으로 슐레이스는 다양한 플랫폼을 통해 주요 뉴스 매체에 자주 등장했을 뿐만 아니라 그 내부에서 직접 일하기도 했다. 활자 저널리즘을 예로 들자면 그녀는 『월스트리트저널』, 『파이낸셜타임스』, 『내셔널리뷰』, 『코멘터리』 그리고 『블룸버그뉴스Bloomberg News』 같은 자유시장 논평의 주요 거점에서 편집자와 칼럼니스트로 일했다. 슐레이스는 또한 라디오(예를 들어 NPR의 〈마켓플레이스〉)와 텔레비전(예를 들어 폭스뉴스, CNBC, 블룸버그텔레비전)에 출연했고, 뉴욕대학교의 스턴경영대학원에서는 대공황에 대해 강의했다. 석좌연구원 자격으로 다양한 연구소를 감독하거나 연구에 기여했는데, 그 연구소 중 대다수는 자유시장 정책을 공개적으로 옹호하는 연구소(예를 들어 국제정책네트워크, 맨해튼연구소, 미국기업연구소, 조지W.부시연구소)였다. 물론 스스로를 비-이념적인 기관이라고 내세운 연구소(예를 들어 외교관계위원회)에 기여한 경험도 있다. 2006년에는 『뉴욕선New York Sun』에 밀턴 프리드먼을 위한 감동적인 부고문을 투고했다. 이를 통해 알 수 있듯이 슐레이스는 자신의 작업을 보수 진영의 지적 운동사의 전통 속에 자리매김하고 있으며, 다른 동료들도 이에 동의했다. 맨해튼연구소 창립 25주년을 기념하기 위해 집필된 『지성을 영향력으로 바꾸기Turning Intellect into Influence』(2004)의 서문에서 슐레이스는 보수 진영의 신세대 지적 지도자의 일부로 꼽혔고, 찰스 머레이Charles Murray나 조지 길더George Gilder에 비견되는 사람으로 묘사되기도 했다.

지금까지 슐레이스는 경제사를 다룬 전국적인 베스트셀러를 4권 출판했다. 1999년에는 『탐욕스러운 손The Greedy Hand』 그리고 더 최근에는 『쿨리지Coolidge』(2013)가 나왔다. 하지만 가장 성공적인 책은 바로 2007년에 하퍼콜린스HarperCollins 출판사를 통해 나온 『잊혀진 사람』이다. 여기서 주목해야 할 사실은 하퍼콜린스가 폭스뉴스와 같은 모회사에 속해있었다는 점, 즉 뉴스코퍼레이션의 계열사였다는 점이다. 뉴스코퍼레이션이 거대한 복합기업이라는 사실은 교차 홍보 전략을 가능하게 하는데, 이 전략은 루퍼트 머독이 자신의 정치적·이념적 신념을 상업적 이익과 일치시키기 위해 써먹는 몇 가지 특징적인 기술 중 한 가지다. 『잊혀진 사람』은 뉴스코퍼레이션의 엄청난 홍보 인프라와 작가이자 이야기꾼으로서 슐레이스 본인이 가지고 있는 명백한 재능에 힘입어 19주 연속 『뉴욕타임스』의 베스트셀러 자리를 지킬 수 있었고, 25만 부 이상이 인쇄되었다. 경제사 책치고는 이례적인 기록이었다. 게다가 『잊혀진 사람』은 2009년에 맨해튼연구소에서 주관하는 프리드리히 폰 하이에크 문학상Friedrich von Hayek Book Prize을 수상했고, 이후에는 슐레이스 자신이 이 상을 위한 심사위원장을 맡기까지 했다.

『텔레비전에 대하여On Television』(1999)에서 피에르 부르디외는 슐레이스처럼 학술적 장과 뉴스 미디어를 오가는 행위자를 "기자-지식인"이라고 불렀다. 이들은 연구 기관에서 연마한 기술을 활용하여 언론의 장에서 강연자의 지위를 확립한다. 반대로 그들은 학계에서 더 높은 급여와 권위를 확보하기 위해 텔레비전 출연을 통해 얻은 명성을 활용할 수도 있다. 그러나 다중채널화 및 탈-방송화된 현대의 뉴스 환경에서 공공 지식인들의 행동을 정의하는 힘의 역학은 더욱 복잡해졌다. 1970년대와 1980년대 싱크탱크의 폭발적인 설립 그리고 그 뒤를 이은 1990년대와 2000년대의 당파적 뉴스 시장의 출현은 언론의 장과 학술적 장 사이의 차이를 모호하게 만들었을 뿐만 아니라, 언론과 정치 그

• 머독이 어떻게 정치 전략과 기업 전략 간의 균형을 맞췄는지에 대해서는 다음을 참조할 것. Arsenault & Castells, 2008

자체의 경계를 모호하게 만들기도 했다.

따라서 기업 전략과 정치 전략이 점점 더 서로 얽혀가는 이 새로운 미디어 환경에서 대중을 위한 모든 지적 콘텐츠가 부르디외가 암시한 것처럼 상업적 오락의 논리에 굴복하고 있는지는 불명확하다. 폭스뉴스는 애미티 슐레이스와 그녀의 연구를 이용하여 대침체에 대한 자기의 해석을 더욱 발전시켰는데, 이 사례는 오히려 현대 저널리즘이 전문적 지식을 활용하는 과정의 이면에 깔린 정치적 논리를 강조해주기 때문이다. 책은 2007년 처음 출판될 당시에는 별다른 반응을 끌어내지 못했지만, 2009년 초 공화당 정치인들과 보수 언론의 방송인들이 이 책을 언급하면서 비로소 널리 알려졌다. 공교롭게도 이 시점은 경기부양 법안이 의회에서 논의되고 통과된 시점과 일치한다. 이 사실은 이 책이 가진 문화자본적 가치가 상승하게 된 이유가 궁극적으로 책 고유의 학술적·오락적 혹은 보도적 가치에 따른 것이 아니라 정치적 효용에 달려 있었음을 보여준다.

물론 공화당 정치인들은 2008년 금융 위기 당시에도 슐레이스의 책을 인용했지만, 경기부양책에 대한 초기 논쟁이 발발하면서부터는 화제를 만들 목적에서 이 책을 열심히 들여다보기 시작했다.* 2008년 12월 당시 인디애나주 하원의원이었고 현재 부통령인 마이크 펜스는

---

* 2007년 6월에 뉴트 깅리치 Newt Gingrich 전 하원의장은 슐레이스의 책이 뉴딜 정책 이전 시대의 "휘그식 자유시장 자유주의 Whig-style free-market liberalism"를 조명해줬다고 칭찬하면서, 우리 모두 국가적으로 그 시절로 돌아가야 한다고 제안했다. 2008년 9월에는 공화당 원내총무인 존 카일 Jon Kyl 상원의원이 상원에서 조지 W. 부시를 허버트 후버와 비교하는 것을 비난하기 위해 슐레이스의 책을 인용했다. 카일은 "애미티 슐레이스가 쓴 대공황에 대한 훌륭한 역사서『잊혀진 사람』에 적혀 있듯이 우리는 후버가 개입주의자였다는 것 (…) 시장에 대한 강력한 비평가였음을 상기해야 합니다"(Weigel, 2009, 9번째 문단).

금융 위기를 해결하기 위해서는 대규모 경기 부양이 필요하다는 정치적 여론에 반대하고 있었는데, 이때 그는 『잊혀진 사람』에서 슐레이스가 개진한 주장을 말만 바꿔 써먹었다. 그는 인디애나주의 기자에게 다음과 같이 밝혔다. "슐레이스는 1932년과 1936년의 지출 및 조세 정책이 오히려 상황을 악화시켰다고 지적했습니다. 바로 이것이 제가 의회가 행동하는 것이 중요하다고 얘기하면서도 1930년대의 교훈, 즉 돈을 빌리고 퍼붓는 방식으로는 경제를 다시 성장시킬 수 없다는 얘기도 하는 이유입니다"(Weigel, 2009).

2009년 2월 6일 야당 원내대표였던 공화당의 미치 맥코넬Mitch McConnell은 상원에서 슐레이스의 저서를 암묵적으로 활용했다. "역사를 배워서 좋은 점 중 하나는 많은 것을 배울 수 있다는 겁니다. 그리고 우리는 뉴딜 정책의 대규모 지출 프로그램들이 효과적이지 않았다는 사실을 명백하게 알고 있습니다."˙ 같은 달에 열린 스티븐 추Steven Chu 에너지부장관의 인사청문회에서 공화당의 존 바라소John Barrasso 상원의원은 『잊혀진 사람』한 부를 꺼내 위원회와 기자들에게 보여주면서 슐레이스를 대놓고 언급했다. "오늘날의 경제 위기를 겪으면서 많은 상원의원들이 대공황의 역사에 대해 쓰인 『잊혀진 사람』이라는 제목의 책을 읽고 있습니다. 해결 방안을 찾고 비교하기 위해, 그리고 경기부양책을 제대로 살펴보기 위해서요." 2009년 2월 3일 『워싱턴인디펜던트The Washington Independent』에 실린 기사 「GOP의 반경기부양 선언」에는 당시 하원 예산위원회 소속의 폴 라이언Paul Ryan 의원과 상원 정책위의장을 맡고 있던 존 엔사인John Ensign 상원의원이 의회의 동료들에게 슐레이

RealClearPolitics(2009)

스의 『잊혀진 사람』을 추천하고 나눠주고 있다는 내용이 담겼다. 진보 진영의 한 논객은 그들이 "『잊혀진 사람』을 마치 마오의 '작은 붉은 책 Little Red Book '인 마냥 들고 다녔다"고 지적했다.

경기부양법안에 대해 열린 2009년 4월 기자회견에서 앨라배마주 하원의원 스펜서 배커스 Spencer Bachus 는 슐레이스 책의 내용을 깊이 파고들었을 뿐만 아니라 한술 더 떠 윌리엄 그레이엄 섬너 William Graham Sumner 의 1883년 에세이 「잊혀진 사람」에 대해서도 설명했다. 섬너는 슐레이스가 자신의 책 후미에서 인용한 19세기 지식인이었다. 배커스는 청중들에게 섬너의 말을 직접 인용하여 다음과 같이 말했다. "그는 [잊혀진 사람은] 일하고, 투표하고, 대개는 기도도 하지만, 항상 돈을 내야 했다." 이어서 배커스는 이 인용문을 오늘날의 맥락에 적용했다. "자, 오늘날 잊혀진 사람은 납세자입니다…… 논의를 거쳐서 이 사람, 아니면 저 기업을 도와주자는 결론이 나옵니다. 그리고 법안이 제안됩니다. 근데 그거 아시나요? 다른 사람의 잘못을 메우기 위해 돈을 내야 하는 건 항상 잊혀진 사람입니다. 그는 자신의 대출금을 제때 갚지만, 다른 사람의 대출금도 갚아야 하지요." 이 내용을 보도한 『폴리티코』의 기사에 따르면 2009년 초반 하원의 야당 원내대표인 공화당의 에릭 캔터 Eric Cantor 는 국회의사당 스위트룸에서 특별히 선택된 공화당 하원의원들과 점심 식사를 같이 할 수 있도록 슐레이스를 초대한 적이 있다.••

국회의사당에서 『잊혀진 사람』이 공격적으로 홍보되던 와중인 2008년 8월부터 2009년 4월까지 슐레이스와 그녀의 책은 폭스뉴스의

• 　『마오 주석 어록 Quotations from Chairman Mao Tse-tung』에 대한 별칭 🔲

•• 　Coller & O'Connor (2009)

다양한 프로그램에서 여러 차례 언급되었다. 그러나 2008년 가을까지만 해도 슐레이스가 시청률이 비교적 낮았던 낮 시간대 프로그램에만 출연했던 것과는 달리 2009년 1월부터 4월까지는, 즉 공화당 정치인들이 그녀의 책을 의회에서 더 많이 언급하게 된 시점에는 폭스뉴스의 3대 인기 방송에서 슐레이스와 그녀의 책이 추천되었고, 심지어는 전체 코너가 할애되기도 했다. 예를 들어 뉴욕 시장을 지냈던 루디 줄리아니 Rudy Giuliani는 〈해니티〉에 출연해 해니티에게 다음과 같이 말했다. "저는 그분[오바마 대통령]과 그 세력이 작년에 나온 애미티 슐레이스의 책『잊혀진 사람』을 읽기를 바랍니다. 아마 다시 베스트셀러에 오른 것 같은데요. 간단하게 얘기하자면 이 책은 왜 1929년의 불경기가 그 자체로도 나빴지만, 11년 혹은 12년 동안 대공황으로 지속되었는지를 설명해줍니다. 뉴딜 정책은…… 대공황을 해결하고자 하는 관점에서 작동한 것이 아니었거든요"(2009년 1월 26일 방송).

사우스캐롤라이나 주지사였던 공화당의 마크 샌포드는 〈글렌 벡〉에 게스트로 출연해 벡에게 이런 말을 건넸다. "지금 사람들이 끄집어내는 정책들은 1920년대랑 1930년대에도 사용됐지만 효과가 없었어요. 지금 우리는 우리가 처한 위기를 연장하고, 악화시키고, 심화시킬 수 있는 길을 가는 것에 대해 얘기하는 거예요." 코너를 마치면서 벡은 샌포드에게 "주지사님, 정말 감사합니다"라고 말한 다음 갑자기 슐레이스 얘기를 꺼낸다. "참, 혹시 애매티 슐레이스의 책『잊혀진 사람』을 읽지 않으셨다면…… 주지사님께서는 그 책을 읽어보셨나요?" 샌포드는 이렇게 답했다. "저도 읽었어요. 굉장하죠. 적극적으로 추천합니다"(2009년 2월 2일 방송).

2009년 4월 15일, 바로 전국적인 티파티 시위가 처음으로 일어난 날에 보수 코미디언 데니스 밀러 Dennis Miller 는 〈오라일리 팩터〉에서 티파티 시위자들과 그들의 대의명분을 묘사하기 위해 슐레이스의 책에서 나온 용어를 사용했다. 그는 오라일리에게 슐레이스가 섬너로부터 가져온 이론을 설명하면서 이렇게 말했다. "저는 지금 애미티 슐레이스라는 여성분이 쓰신 흥미로운 책을 읽고 있어요. 바로 잊혀진 미국인과 대공황에 관한 훌륭한 책인데요. 서문에서 1883년에 예일대학교 교수를 지낸 분을 인용하고 있어요. 그 연설은 이렇게 가죠. 핵심 인물 'A'가 'X'한테 문제가 생겼다는 걸 알게 됩니다. 'A'는 'B'와 상의해서 'X'를 도울 방법을 찾죠. 그리고 'A'랑 'B'는 자기들이 'X'에게 무엇을 줄 것인지 'C'한테 얘기합니다. 하지만 오늘날 'C'는 달라졌어요. 제가 보기에 'C'는, 그러니까 잊혀진 사람은 더 이상은 그만이라고 말하는 것 같습니다."

머지않아 이러한 공동 홍보 전략이 폭스뉴스와 보수 언론계라는 반향실을 훨씬 넘어서는 파급력을 지녔음이 명백해졌다. 윌리엄 로이히텐버그 William Leuchtenburg 가 『루스벨트의 그림자 In the Shadow of FDR』(2009) 에서 지적한 것처럼 ABC의 〈디스 윅 This Week〉을 비롯한 지상파 뉴스 프로그램에 출연한 보수 방송인들도 반복적으로 루스벨트의 정치 경력에 대해 의문을 제기했으며, 폭스뉴스의 방송인들과 마찬가지로 뉴딜 정책이 사실상 실패했다는 결론을 당당히 내리기 위해 슐레이스의 책을 인용했다. 결국 슐레이스의 책이 촉진한 루스벨트와 뉴딜 정책에 대한 비판적 담론은 오바마 대통령에게까지 영향을 끼쳤다. "[오바마는] 하필 무너지고 있는 금융 기관과 탈레반의 부활에 대처해야 하는 지금 시점에, 그가 태어나기 훨씬 전에 일어난 사건들에 대해 그가 어떻게 해석하고 있는지를 기자들이 도대체 왜 궁금해했던 건지 의아해했다."

한 기자회견에서 오바마는 "일부 상원의원과 하원의원들은…… 아직도 루스벨트와 다투고 있네요"라며 불평했다(2009: 306).『억만장자 동정하기 Pity the Billionaire』(2012)에서 토마스 프랭크는 슐레이스의 책에 대한 홍보 캠페인이 장기적으로는 어떤 역사적 결과를 가져올지에 대해 심사숙고한다. "구글에서 루스벨트의 행정부 1·2기에 대해 뭐라도 검색해 보면 곧바로 보수 진영의 연예인과 자유주의 경제학자들이 뉴딜 정책에 대해 집착적으로 느끼는 혐오가 결과에 뜨게 될 것이다. 원한다면 도서관에서 아서 슐레진저 Arthur Schlesinger, 어빙 번스타인 Irving Berstein, 마이클 데닝 Michael Denning 혹은 로버트 맥엘베인 Robert McElvaine과 같은 학자들의 저서를 찾을 수도 있겠지만, 만일 인터넷에서 조사하기 시작한다면 아마 당신이 가장 먼저 접하는 전문가는 애미티 슐레이스가 될 가능성이 높다"(135).

케이블 뉴스의 언어로 학술적 지식 Intellectual knowledge•을 번역하기

글렌 벡의 쇼가 폭스뉴스에서 새롭게 출범한 첫 주인 2009년 1월 26일에 게스트로 애미티 슐레이스가 초대됐다. 이후 몇 달, 아니 몇 년에 걸쳐 슐레이스는 벡의 쇼에 여러 번 출연하게 된다. 하지만 벡은 폭스뉴스에 입사하기 전, 즉 CNN 〈헤드라인 뉴스〉 채널에서 활동하고 있었던 2008년 6월에 이미 자신의 방송에서 슐레이스의 책을 다룬 적이 있

• 이 책의 다른 부분에서는 "intellectual"이라는 단어를 "지적"으로 번역했지만, 이 절에 한해서는 전문적인 지식이라는 측면을 강조하기 위해 "학술적"이라는 단어로 번역한다. 🔖

다. 이를 통해 벡은 보수 진영의 방송 진행자 중 슐레이스의 업적을 인정한 최초 진행자로 꼽히게 된다. 이때 벡이 슐레이스를 홍보한 방식을 살펴보면 그의 보다 일반적인 프로그래밍 스타일을 알아볼 수 있다. 벡이 강조한 것은 민중 교육, 보수주의적 학문 그리고 그의 라디오 진행자로서의 경력 배경을 반영하기라도 하듯이 더 자유롭고 여유로운 토크 형식이었는데, 그것은 보다 장황한 역사적·학술적 토론에 더 적합한 형식이었다. 폭스뉴스로 이직하면서 벡은 이런 형식적 혁신들도 함께 가져왔다.

벡의 쇼는 이 지면에서 설명할 수 있는 것 이상으로 독특했지만, 폭스뉴스에서 즉시 성공을 거뒀고 거의 단독으로 폭스뉴스의 주간 시청률을 전례 없는 수준으로 끌어올렸다.[*] 이런 일이 가능했던 이유는 보수 토크쇼 시청자들이 수도권의 정치 그리고 경마 중계와도 같은 스타일의 정치적 보도 못지않게 교육적·역사적인 콘텐츠에도 관심이 많다는 사실을 벡이 눈치 빠르게 알아차렸기 때문이다. 2010년에 유고브 YouGov[**]에서 실시한 브랜드 이미지 조사 BrandIndex 결과는 벡의 직감이 옳았다는 것을 확인시켜줬다. 이 조사는 공화당원과 민주당원들이 가장 선호하는 상위 5개 브랜드를 관찰했는데, 공화당원들이 1위로 꼽은 것은 폭스뉴스였지만 2위는 히스토리채널 History Channel이 차지했다.[***]

---

[*]   Pew Research Center(2010. 3. 5.) *The State of the News Media: An Annual Report on American Journalism 2010.* 이 보고서는 다음과 같이 밝힌다. "2009년에는 〈글렌 벡〉의 평균 시청자 수가 232만 명이었는데, 오후 5시 프로그램이라는 사실을 고려하면 매우 이례적인 것이었다. 전년도 같은 시간대의 전임자와 비교하면 96퍼센트나 증가한 것이다. 전반적으로 폭스의 주간 시청률이 상승하게 된 핵심 요인은 바로 벡의 프로그램이 인기를 견인한 데 있다."

[**]   영국을 기반으로 한 여론조사 기관 ▣

[***]   Ives(2010)

하지만 벡의 프로그램은 폭스뉴스의 다른 프로그램들과 너무 달랐고 또 파격적이었기 때문에, 폭스가 전문적인 지식을 활용해 보수적인 이념을 가미한 해석을 뒷받침하는 과정의 전형적인 사례로 벡의 쇼를 살피기에는 어려움이 따를 수 있다. 〈글렌 벡〉은 폭스의 간판 프로그램인 〈오라일리 팩터〉와 상당히 달랐다. 〈오라일리 팩터〉의 진행자인 빌 오라일리는 타블로이드 TV 쇼인 〈인사이드 에디션〉에서 텔레비전 경력을 시작했기 때문에 그의 스타일 또한 빠르고 화려한 텔레비전 뉴스의 페이스에 훨씬 더 적합했다. 그리고 〈오라일리 팩터〉는 "케이블매거진"* 이라는 형식에 충실하게 시작과 끝이 분명한 여러 코너들—예를 들어 전통적인 뉴스 보도, 〈크로스파이어 Crossfire〉**를 방불케 하는 당파적 토론, 다큐멘터리, 인터뷰, 원탁토론, 가벼운 대중문화 코너—로 이루어져 있었다. 하지만 그렇다고 해서 오라일리가 경제 위기를 프레이밍하

• 　여기서 "케이블매거진"이라는 용어는 크리스 피터스의 개념에서 따온 것으로 그의 2010년 논문 "No-Spin Zones: The Rise of the American Cable News Magazine and Bill O''Reilly"에서는 다음과 같이 정의하고 있다. "〈60분〉을 비롯하여 수십 년 동안 존재해온 뉴스매거진과 비슷하면서, 주로 한 시간 정도의 길이로 유사-취재 보도를 통해 지상파 뉴스보다 사건들을 세밀하게 다루는 저널리즘으로, 이 프로그램들은 또한 〈미트 더 프레스 Meet the Press〉 같은 일요 아침 토크쇼와 유사한 모습을 하고 있는데, 주로 유명 정치인 인터뷰와 원탁회의가 포함되어 있다. 몇몇 보도들은 〈CBS 저녁 뉴스 CBS Evening News〉에 나올 내용을 다루고 있어 전통적인 뉴스 보도의 분위기를 풍기는 한편, 〈크로스파이어〉와 같은 시사토론 프로그램에서는 갈등에 대한 포용력을 따왔다. 때때로는 섹스, 연예인 그리고 범죄에 대한 외설적인 이야기를 다루면서 〈커런트 어페어〉를 비롯한 타블로이드 뉴스매거진 같은 분위기도 낸다. 이를 더 정확하게 표현하기 위해선 '케이블 정치 토크쇼 뉴스매거진'이라고 불러야 하겠지만, 그 어감이 어색하고 필요 이상으로 길다. 따라서 나는 이런 프로그램들을 활자 뉴스매거진의 케이블 방송 버전이라고 비교적 간단하게 개념화했다. 간략한 뉴스 브리핑과 상세한 사회 이야기, 인터뷰 그리고 사설들이 하나의 일관된 형식으로 엮어진 작품이다"(846-847, 1n).

•• 　CNN에서 1982년부터 2005년까지 방영되었으며, 진보 논객과 보수 논객이 한 명씩 진행을 맡고 각 진영마다 두 명의 게스트를 초청해 정치적 안건에 대한 논의를 진행한 시사토론 프로그램이다. 2013년에 잠깐 부활되었지만 이듬해인 2014년에 다시 막을 내렸다. 🏛

는 데 있어서 대공황의 문제를 충분히 다루지 않았다든지, 책을 홍보하지 않았다든지, 아니면 보수 지식인을 활용하지 않았다는 의미는 아니다. 단지 오라일리의 쇼는 벡의 쇼에서 볼 수 있는 심도 깊은 다큐멘터리나 정교한 역사적 논의를 제공하지 않았을 뿐이다.

침체기 동안에는 〈오라일리 팩터〉도 〈글렌 벡〉이나 〈해니티〉처럼 전반적으로 전문적 지식을 더 기용하여 포퓰리즘의 목소리와 지식관료주의의 목소리의 균형을 맞추려는 모습을 보였다. 하지만 벡이나 해니티와는 달리 오라일리는 자기 스스로 "블루칼라 남자"(2010년 10월 6일 방송)인 동시에 "역사학자"(2009년 9월 9일 방송)임을 자처함으로써 포퓰리즘적-지적 전략을 몸소 체현하려고 했다. 경기 침체 이후 몇 년 동안 오라일리는 벡을 제치고 우파 진영에서 가장 인기 있는 역사학자가 되었다. 2011년에 그는 『링컨 죽이기 Killing Lincoln』라는 역사서를 냈다. 이 베스트셀러의 성공 이후 제목에 "죽이기"가 들어간 서스펜스 스릴러 스타일의 역사서가 다섯 권이나 뒤따랐다.* 이 책들은 각각 수백만 부씩 팔렸으며, 빌 오라일리는 2010년대에 가장 많은 역사서를 쓴 작가 중 한 명으로 부상했다.

오라일리가 출판업에서 거둔 성공을 계기로 폭스뉴스는 2015년 1월 히스토리채널에 소속된 제작사 웜스프링스프로덕션Warm Springs Productions과 제휴를 맺고, 미국 서부 개척 시대에 대한 일요 역사 특집 시리즈 〈전설과 거짓: 서부 속으로Legend & Lies: Into the West〉를 10주 동안 편성했다. 오라일리는 시리즈의 제작 책임을 맡았을 뿐 아니라 시리즈에

• 『케네디 죽이기 Killing Kennedy』(2012), 『예수 죽이기 Killing Jesus』(2013), 『패턴 죽이기 Killing Patton』(2014), 『레이건 죽이기 Killing Reagan』(2015) 그리고 『잉글랜드 죽이기 Killing England』(2017)

자주 등장하기도 했는데, 특이한 점은 그가 포퓰리스트 혹은 정치평론가가 아니라 "전문가"로서 등장한다는 사실이다. "건국의 아버지"를 다룬 두 번째 시즌(2016)에서는 다른 폭스 진행자들도 역사 전문가로 등장한다. 〈폭스와 친구들〉의 브라이언 킬미드Brian Kilmeade 역시 역사 전문가로 출연하는데, 그는 경력 초기에는 종합격투기 종목의 캐스터로 활동하면서 스포츠 방송인으로 경력을 쌓았지만, 폭스에 합류한 이후로는 조지 워싱턴과 토머스 제퍼슨에 대한 대중 역사서를 집필했다. 보수 방송인들이 파트타임 역사학자로 둔갑하는 것은 라디오 토크쇼에서도 마찬가지였다. 글렌 벡, 마크 레빈 그리고 러시 림보는 모두 미국 혁명 시대에 관한 대중서를 썼다. 그러나 문제는—이 장의 후반부에서 자세히 설명하겠지만—보수 방송인들이 포퓰리즘-지성의 스펙트럼의 양극단을 연기하려고 할 때 발생한다. 오라일리만큼 텔레비전 연출에 숙달된 사람들조차 이 모순되는 정체성들을 함께 다루려고 할 때마다 문제에 부딪혔다.*

　1999년부터 폭스뉴스의 최고 인기 진행자로 군림했던 숀 해니티는 폭스의 방송 규범을 잘 알고 있었고, 오라일리처럼 침체기 동안에도 주로 케이블매거진 형식을 고수해왔다. 그러나 해니티는 벡의 스타일 그리고 역사적 논쟁을 취급하려는 경향—침체기 내내 광범위하게 힘을 얻은—에도 많은 영향을 받았다. 해니티의 프로그램은 벡처럼 대공황

---

* 　2006년에는 시청자의 메일에 오라일리가 응답하는 코너에서 한 시청자가 오라일리의 엘리트 학력을 꼬집어 그를 엘리트주의자라고 지적하면서 오라일리 본인이 진보 진영에게 했던 것과 동일한 비난을 오라일리에게 가한 적이 있다. 오라일리는 자신의 노동자계급성을 원상 복귀시키려고 다음과 같이 반박했다. "선생님, 저를 똑똑하게 만드는 것은 제 하버드 졸업장이 아니에요. 저를 진짜로 돋보이게 만든 것은 고난과 역경을 거치면서 얻은 훈장이지요."

에 대한 짧은 역사 다큐멘터리를 방영하는가 하면, 대공황을 주제로 취급하는 것을 넘어 대공황에 대해 진행된 연구에 대해서도 다루기 시작했다. 그리고 2009년 4월 7일 방송에서 해니티는 한 코너를 통째로 할애해 슐레이스의 책 『잊혀진 사람』을 다뤘다. 이 글에서는 폭스뉴스가 어떻게 보수적인 지적 문화를 활용하는지를 보여주는 사례로 이 코너를 분석하려고 한다. 해니티야말로 벡의 이례적인 스타일과 오라일리의 전형적인 스타일 사이의 중간 지점을 대변한다고 할 수 있기 때문이다.

가장 처음으로 분석해야 할 것은 〈해니티〉에서 "잊혀진 사람" 코너가 시작되기 전에 방영된 예고 영상인데, 이 영상에서 코너가 어떻게 소개됐는지를 살펴봐야 한다. 기능적인 면에서만 보면 예고 영상의 역할은 시청자들이 중간 광고 시간에 채널을 돌리지 않도록 방지하는 것이다. 하지만 예고 영상은 전체 코너의 수사적 틀을 축약해서 보여주는 특성을 가지고 있기 때문에 분석의 대상으로서도 유용하다. 예고 영상은 이후 시작될 콘텐츠를 미리 프레이밍해주기 때문에 한 시간 동안 이어질 방송의 흐름 내지는 주제의 연속성을 정립한다.

이 예고 영상에서 해니티는 시청자들에게 다음과 같은 메시지를 전달한다. "오늘은 루스벨트의 유명한 '잊혀진 사람' 연설이 있었던 날입니다. 하지만 진보 진영에서는 진짜로 잊혀진 사람이 누구인지 잊어버린 것 같군요. 우리 모두가 기억해야 할 매우 중요한 역사의 교훈입니다." 이 음성과 동시에 화면에는 "역사의 교훈"이라는 제목 아래에 루스벨트가 「사회보장법」에 서명하는 유명한 장면을 담은 흑백 영상이 흘러나온다. 이 영상 옆에는 또 다른 영상이 재생되고 있는데, 당시 하원의원이었던 민주당의 바니 프랭크Barney Frank가 연단에서 연설하는 장면을 보여준다. 이 영상의 제목은 "바니의 참교육"이다. 해니티는 미소를 짓고 말한다. "바니 프랭크가 매우 예리한 대학생과 경제 문제에 대해서 일대일 토론을 합니다. 그리고…… 하원의원님께선 냉정을 유지하지 못하셨군요."

중류적 취향의 역사 영상 그리고 그 옆에서 송출된 프랭크의 영상 사이의 극명한 대조는 다름이 아니라 당파 싸움 또는 감정적 폭발을 보고 싶어 했던 시청자들의 원초적 욕구에 부합하기 위한 장치다. 두 영상의 결합은 〈해니티〉의 이 에피소드가 서로 상충하는 문화적 욕구를 충족시키는 방식을 보여준다. 한 시점에는 깨달음에 대한 "상류"적인 열망에 응답하지만, 그다음 시점에는 정적이 당황하고 패배하는 것을 즐기는 유치한 쾌락에 응답한다. 이러한 두 예고 영상의 조합을 통해 우리는 폭스의 프로그램들이 어떻게 다양한 취향의 문화를 연결하고 그 연관성을 정당화하는지를 이해할 수 있다. 폭스의 시청자들이 정보 중심적인 역사 코너를 통해 얻은 지식은 추후 그들이 온라인 공간이나 가족들과 정치적 논쟁을 벌일 때 상대방을 "참교육"시킬 수 있게 해주는 무기로 작동한다.

해당 코너 그 자체는 프랭클린 루스벨트와 윌리엄 그레이엄 섬너의 명언들을 비교하는 것으로 시작된다. 첫 명언은 루스벨트의 1932년 "잊혀진 사람" 라디오 연설에서 따온 것으로 방송에서는 잡음이 섞여 녹음된 그의 목소리가 재생된다. "지금같이 불행한 시대에서 요구되는 것은 잊혀지고 단절됐지만, 그래도 우리 경제에서 없어서는 안 되는 분들에 의해서만 실행될 수 있는 계획입니다. 바로 1917년에 그랬던 것처럼 위에서 내려가는 것이 아니라 바닥부터 올라오는 계획, 즉 경제라는 피라미드 밑바닥에 있는 잊혀진 사람을 다시 한번 믿어주는 계획 말입니다." 이 녹음이 재생되는 동시에 오래된 라디오의 모습이 화면에

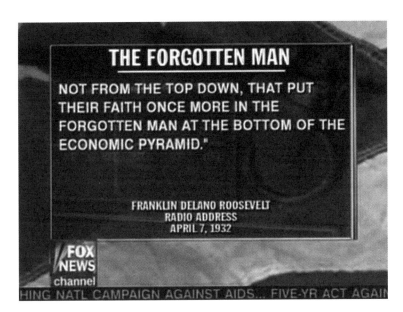

THE FORGOTTEN MAN

NOT FROM THE TOP DOWN, THAT PUT
THEIR FAITH ONCE MORE IN THE
FORGOTTEN MAN AT THE BOTTOM OF THE
ECONOMIC PYRAMID."

FRANKLIN DELANO ROOSEVELT
RADIO ADDRESS
APRIL 7, 1932

FOX
NEWS
channel

HING NATL CAMPAIGN AGAINST AIDS... FIVE-YR ACT AGAIN

그림 5.2 루즈벨트의 "잊혀진 사람" 연설

표시되고, 그 이미지 앞으로 인용문의 내용을 담은 자막이 나타난다(그림 5.2 참조). 조금 뒤에 다시 살펴볼 두 번째 인용구는 섬너의 「잊혀진 사람」에세이 중에서 핵심 주장을 담고 있는 것으로 해니티 본인의 목소리로 낭송된다.

해니티가 인용문을 통해 코너를 시작하는 모습은 슐레이스가 같은 인용문을 통해 책의 서문을 여는 모습을 연상시킨다. 이 작용을 통해 해니티는 슐레이스 책의 수사학적인 특징들, 즉 책의 핵심 개념과 이념적 입장을 수월하게 소개할 수 있다. 다른 한편 이 인용문에는 잊혀진 사람에 대한 경쟁적 관계의 두 가지 정의가 짧은 음성 안에 압축되어 있어서 빠른 속도감에 맞춰 제작되는 요즘의 텔레비전 생태계에도 잘 조응한다.

400페이지 분량의 책을 7분짜리 텔레비전 코너로 요약하는 데는 명백한 한계가 있지만, 텔레비전 매체와 뉴스 형식을 활용하는 것에도 나름의 장점이 있다. 루스벨트 그리고 대공황 시대가 주로 전자 대중매체의 형식으로 국민적 의식 속에 남아있기 때문이다. 텔레비전 프로그램인 〈해니티〉는 활자 매체인 슐레이스의 책이 할 수 없었던 방식으로 대공황에 대한 "집단 기억"에 남아 있는 당시의 소통 기법(예컨대 음성, 영상)들을 재현할 수 있었다. 위의 예시에서 루스벨트의 음성과 오래된 라디오의 이미지는 루스벨트의 "노변담화"에 대한 향수를 자극한다. 루스벨트는 한 달에 한 번씩 라디오로 방송되는 "노변담화"를 통해 소통하면서 수백만 명의 미국인들로 하여금 자기가 루스벨트의 관심을 받고 있다는 환상을 심어주었고, "노변담화"는 루스벨트가 지닌 매력적인 대통령 스타일의 상징으로 여전히 기억되고 있다. 잡음이 섞인 음질의 녹음과 마찬가지로 루스벨트가 「사회보장법」에 서명하는 장면을 보여주는 영상의 화질 또한 시간의 흔적을 보여주고 있다. 흑백의 톤, 여기저기 긁힌 자국과 필름에 낀 알갱이, 깜빡거리는 장면 모두 오래된 필름의 상징이다. 이러한 특징들은 시청자들이 대공황과 1930년대라는 역사적 순간을 시간적 맥락에 위치시키는 데 도움을 준다. 오락적인 관점에서 보자면 마치 영화의 예고편과 같은 이 미디어 유물들은 시청자의 관심을 끌어당길 뿐 아니라, 뒤이어 진행되는 건조한 정책토론 동안 그 관심을 유지해주는 데도 도움을 준다. 정치적·이념적 관점에서 볼 때 이러한 장치와 기호의 사용은 〈해니티〉로 하여금 시청자들이 대공황에 대해 지닌 일반적이고 대중적인 이해와 슐레이스의 특수한 학술적 재해석이 서로 소통케 하는 역할을 수행한다.

코너는 대공황에 대한 친숙한 표상으로 시청자들의 이목을 집중시킨

다음 두 번째 인용문을 시작한다. 해니티는 시청자들에게 이렇게 소개한다. "루스벨트가 '잊혀진 사람'이라는 아이디어를 가져온 것은 반세기 전에 '잊혀진 사람'에 대한 글을 쓴 예일대학교 교수 윌리엄 그레이엄 섬너로부터였습니다." 이어서 해니티는 자신의 표현으로 섬너의 주장을 설명하기 시작한다.

섬너는 두 사람에 대해 얘기합니다. A와 B는 제3의 인물인 X가 어떤 이유로 고통받고 있다는 것을 깨닫게 됩니다. 그리고 그들은 X에게 연방정부의 지원이 필요하다고 판단하지요. 그러나 A와 B는 그 지원금을 자기들끼리는 낼 수 없기 때문에 C에 대한 세금을 인상해야 했습니다. 이 잊혀진 사람은 A와 B가 필요하다고 생각하는 다양한 프로그램에 돈을 대주기 위해 유인됩니다. 그런데 루스벨트는 X가 잊혀진 사람이라고 주장했어요. 그 목표는 여러분도 아시잖아요. [이 시점에서 해니티는 알파벳 놀이 때문에 조금 헷갈리기 시작한다] 바로 X를 돕기 위한 연방정부의 개입을 이끌어내려고 했던 거죠. 이 모든 것은 원래 잊혀진 사람인 C의 희생에 의해 이루어진 거고요. 좀 익숙한 이야기처럼 들리지 않으시나요?

섬너의 잊혀진 사람 이야기를 자기의 언어로 전달하면서 해니티는 뉴딜 정책에 대한 슐레이스의 재해석 그리고 침체기 전반에 대한 폭스의 보도에 내포된 기본 전제인 정부의 절도와 납세자의 희생이라는 서사를 내세운다(4장 참조). 그러나 해니티의 이야기만 따로 놓고 볼 경우 알파벳으로 가득 찬 이 얘기는 지나치게 추상적이고 모호하다는 인상을 줄 수 있다.

해니티는 곧바로 이 문제를 해결한다. 해니티가 섬너의 이론을 설명하

는 동시에 화면에는 형형색색의 도표가 나타난다. 또 만화 인물·돈·화
살표·알파벳 그리고 민주당 상원 원내대표 해리 리드 _{Harry Reid}와 버락
오바마 대통령의 미소 짓는 얼굴이 도표 위에 등장한다(그림 5.3 참조).

　이 시각적 도표는 이야기에 등장한 각 인물에게 사회적·정치적 정체
성을 부여함으로써 섬너의 도식을 더 구체적으로 만들어준다. 그림 중
앙에 있는 인물인 C는 진취적인 기업가로 보이며, 주변의 화살표를 보
아 돈의 흐름이 시작되는 지점에 서 있다. 즉 이 인물은 등장인물 중 유
일하게 부의 창출자이자 생산자로 표현된다. 포토샵으로 C의 어깨 위
에 어색하게 삽입된 미국 국기는 그의 덕목과 애국심을 더욱 강조해준
다. A와 B는 오바마 및 리드의 얼굴 사진과 결합되어 있는데, 이를 통해
두 가상의 인물을 정부 및 조세 정책과 연관시킬 뿐만 아니라 야당인
민주당과도 연결시킨다. 한 세기가 지난 섬너의 난해한 이론을 〈해니
티〉에서 기존에 확립한 기존의 당파적 구조 안에 위치시키고, 오늘날의
정책(예컨대 경기부양법안)을 해석하기 위해 사용함으로써 섬너의 작업은
시의성을 지니게 되고 "익숙한 이야기로 들리"게 된다.

　해니티가 자기의 언어로 섬너를 설명할 때 그는 "잊혀진 사람"에 대
한 루스벨트의 정의를 삽입했다("루즈벨트는 X가 잊혀진 사람이라고 주장했어
요"). 이렇게 두 인물을 연결시키면서 해니티는 슐레이스의 책이 그런
것처럼 섬너의 도식을 통해 뉴딜의 역사를 재해석할 수 있음을 암시한
다. 도표에서 X라는 인물은 정부 보조금을 받으며 두 손을 다 벌린 상
태로 시청자들을 바라보고 있다. 이런 방식으로 좌파 진영의 "잊혀진
사람"은 기생하는 인물로 새롭게 프레이밍 됐다. 앞에서 재생된 루스벨
트의 인용문에 나온 노동자-생산자의 이미지와는 완전히 다른 이미지
가 부여된 것이다. 하지만 루스벨트의 라디오 방송에 대한 해니티의 분

그림 5.3 섬너 이론의 시각화

석은 "잊혀진 사람"과 같은 뉴딜 시대의 담론 중에서도 더 진보적인 세금 정책과 정부 프로그램을 요구했다는 부분만을 다룰 뿐이다. 해니티는 본인에게는 매우 편리하게도 뉴딜연합의 "잊혀진 사람" 서사 중에서 핵심을 구성하고 있던 "경제적 왕족"과 기업의 정치적 영향력에 대한 루스벨트의 도덕적 비판을 자신의 논의에서 배제한다.

이제 코너가 인터뷰 부분으로 넘어가면서 슐레이스가 해니티와 함께 스튜디오에 모습을 드러낸다. 슐레이스의 상반신이 화면에 잡히고, 그 밑으로 그녀의 전문성을 나타내는 문구가 나타난다. "애미티 슐레이스: 외교협회 선임연구원" 앵커 데스크 건너편에서 해니티는 슐레이스의 책을 요약하려고 한다. "당신은 추정컨대 그 선량한 의도가 뉴딜 정책에 영감을 주었을 1920·1930년대의 진보주의자 A의 이야기 그리고 그 모든 것에 돈을 대야 했지만 아무도 생각해주지 않은 미국인 C의 이야기를 하고 있지요." 해니티는 이어서 시간을 허비하지 않고 토론을 바로 오늘날의 정치로 이끈다. 그는 슐레이스에게 묻는다. "바로 지금 우리가 처한 상황이죠…… 예를 들자면 뉴욕에는 900만 명의 사람들이 있지만, 그 사람들 중 42,242명이 세금의 50퍼센트를 지불하고 있죠. 이분들이 바로 C인가요?" 그녀는 동의의 미소를 지으며 이렇게 답한다.

그분들이 바로 뉴욕의 C입니다. 그리고 전국에 C가 있습니다. 지금까지 주택 융자금을 꾸준히 갚아왔음에도 불구하고 주택 융자금 반납 연기를 받지 못한 사람일 수도 있고요…… 아니면 긴급 구제 정책이 선호하는 집단에 속하지 않는 사람일 수도 있지요. 그게 바로 큰 고민입니다. 항상 누군가 빠지게 되잖아요. 그 잊혀진 사람 말이에요.

루스벨트가 1930년대에 같은 용어를 사용했을 때 그는 "경제라는 피라미드의 밑바닥"에서 착취당하던 사람들을 의미하면서 사용했다. 반대로 슐레이스와 해니티는 "아무도 생각해주지 않은" 납세자 중 최상위 집단에 있는 사람들을 얘기한다. 슐레이스와 해니티가 다양한 경제 행위자들을 묘사하기 위해 사용한 알파벳 체계(A·B·C)는 앞서 언급한 19세기 지식인 윌리엄 그레이엄 섬너의 사회 이론에서 따온 것이다. 공화당 정치인들과 폭스 방송인들이 언급했듯이 "잊혀진 사람"이라는 용어는 섬너가 1883년 동명의 에세이에서 처음 만든 용어였다. 그는 초기 형태의 복지에 대한 맹렬한 비평가였으며, 자유방임주의에 대한 그의 열렬한 지지는 종종 사회적 다윈주의 사상과 혼합되곤 했다.

해니티가 이용한 "잊혀진 사람"의 개념은 섬너의 정의를 따랐지만,

동시에 해니티는 "잊혀진 사람"에 대한 루스벨트의 유명한 연설도 활용했는데, 그것이 바로 미국 대중문화사에서 가장 알아보기 쉬운 상징이었기 때문이다.* 즉 〈해니티〉는 현명하게도 시청자들에게 새로운 학술적 주장을 던져주기만 해도 그 전문적·학문적 무게에 의해 시청자들이 그 주장을 수용할 것이라고 가정하는 오류를 범하지 않았다. 에얄의 이론에 따르면 이런 전략은 학계나 의학계처럼 "폐쇄"된 제도적 공간에서만 가능한데, 그 공간은 전문가들이 "자율성"과 영향력을 행사하여 소비자의 욕구를 정의할 수 있는 곳이어야 한다. 그러나 폭스처럼 시청률에 의존해야 하는 상업 뉴스 기관은 자기들이 선보이고 싶은 학술적 내용을 시청자들이 갖고 있을 것이라 예상되는 지식의 수준에 맞춰야 한다는 압력을 더 크게 느낄 수밖에 없다. 이러한 이유들로 인해 〈해니티〉는 섬너의 추상적인 이론 못지않게 루스벨트에 대한 논의와 미디어 유물들도 취급해야만 했다.

• 1932년 뉴욕 알바니에서 있었던 루스벨트의 상징적인 "잊혀진 남자" 라디오 연설 이후, "잊혀진 사람"이라는 비유는 1930년대의 정치 문화뿐만 아니라 대중문화로도 확산되었고, 당시 가장 유명한 영화와 가요에도 등장했다. 예를 들어 알 두빈 Al Dubin의 〈우리의 잊혀진 사람을 기억하세요 Remember My Forgotten Man〉는 1930년대의 가장 인기 있는 노래 중 하나였고, 해리 워런 Harry Warren의 〈황금광 Gold Digger〉 영화 시리즈에도 자주 삽입됐다. 이 노래는 명백하게 루스벨트의 연설과 관련되어 있었고, 그 연설과 비슷하게 보상받지 못한 노동을 주제로 삼았다. 가사에도 이 주제 의식이 잘 드러나 있다. "우리의 잊혀진 사람을 기억하세요. 당신은 그에게 땅을 경작하게 했고, 그는 쟁기 뒤를 길었죠. 눈썹에서 땀방울이 떨어지는데 지금 그의 모습을 보세요!" 흥미롭게도 2000년대 후반에 슐레이스와 폭스뉴스가 재도입한 것이 보수 진영의 인물이나 단체가 이 용어를 보수적으로 재해석하려고 한 첫 시도는 아니었다. 게리 윌스 Gary Wills는 리처드 닉슨 대통령이 지금은 더 유명해진 "침묵하는 다수"라는 용어를 사용하기 전, 1968년 마이애미 공화당 전당대회에서 "잊혀진 미국인"이라는 용어를 사용했다고 기록한다. 닉슨 본인은 1964년 배리 골드워터의 대선 캠페인에서 이 용어를 따왔는데, 이때 골드워터의 연설문 작가인 마이클 번스타인 Michael Berstein이 "잊혀진 미국인"이라는 용어를 사용했다(Wills, 1970. 31ofn 37, 38). 최근에는 도널드 트럼프가 2016년 대선 유세 기간 내내 "잊혀진 미국인"이라는 용어를 사용했고, 2017년 1월 취임연설에서도 "잊혀진 남성과 여성"이라는 용어를 사용했다.

그러나 루스벨트, 특히 그의 유명한 "잊혀진 사람" 연설에 이목을 집중시키면서 슐레이스와 해니티는 대공황의 역사에 대한 그들의 자유시장적 해석에 위협이 가해질 수 있다는 사실을 감수해야 했다. 코너에서 사용된 루스벨트의 연설과 대공황 시대의 이미지들에는 여전히 뉴딜연합의 반-기업적인 정치 및 도덕적 비판이 담겨 있기 때문이다. 이 용어를 이념적으로 유용하게 만들기 위해 해니티의 "잊혀진 남자" 코너는 슐레이스의 저서를 따라 이 용어에 남아있는 좌파적 함의를 섬너의 자유방임주의로 대체하려고 노력한다. 주로 "잊혀진 사람"에 다른 계급의 특징들을 덮어씌우는 방식으로 이루어지는데, 즉 "잊혀진 사람"을 납세자들 중 최하위 집단이 아니라 최상위 집단에서 나오는 사람으로 묘사하는 것이다. 대공황의 사회적 주인공이 누구인지 재정의한 결과, 해니티는 대공황의 역사로부터 기존의 좌파 이론가들이 제시한 것과는 매우 다른 정책적 교훈을 도출할 수 있게 된다.

인터뷰의 마지막 부분은 〈해니티〉가 프로그램의 형식과 시청각적 연출뿐만 아니라 해니티와 슐레이스의 상이한 의사소통 스타일 그리고 체현된 연출을 통해서도 포퓰리즘적-지적 전략을 수행함을 보여준다. 역사에 대한 최종 비평을 내릴 때 슐레이스는 추상적이고 냉정한 언어를 사용하며, "임의적"이나 "문제적"과 같은 단어를 뉴딜 정부에 갖다 붙인다. 반대로 해니티가 슐레이스의 비평에 동의할 때 사용하는 언어는 매우 대조적이다. "그리고 이제는 [정부가] 더 커졌죠…… 그리고 그분[오바마]은 원하는 건 뭐든 다 얻게 되겠죠. 우리는 우리 아이들이랑 손자, 손녀들한테 돈을 훔치고 있는 거예요. 애들 야구 방망이를 가져가고, 돼지 저금통을 부수고, 마지막 한 푼까지 다 뺏어가는 거지요. 제가 보기엔 이건 도덕적으로 타락한 것 같아요." 슐레이스의 분석적인

그림 5.4 해니티의 보디랭귀지

언어와는 달리 해니티의 언어와 몸동작은 큰 정부를 "우리 아이들의 돼지 저금통을 부셔버리는" 폭력배의 모습으로 나타내고자 하는 그의 사고방식을 생생하게 표현한다. 돼지 저금통을 부순다는 얘기를 할 때 해니티는 팔로 방망이를 휘두르는 시늉을 했다(그림 5.4 참조).

　해니티의 수사에서 시장 내 정부의 역할이 증가한다는 것은 국가나 경제와 같은 추상적·정치적·사회적인 구조의 작동이 "문제화"되는 것만을 의미하지 않는다. 그것은 바로 나에게 가장 가까운 사람들에게 명백한 위협이 가해진다는 것을 의미한다. 3장에서 설명했듯이 해니티는 지금 논의되고 있는 주제를 개인의 배경 및 주변 인물과 연결시키기 위해 감정적으로 이입하는 앵커 기법을 채택한다. 이 연결은 해니티가 반-오바마, 반-국가주의적 태도를 취하는 데에 도덕적 근거와 정당성

그림 5.5 슐레이스의 반응

을 제공한다. 해니티의 극적이고 도덕 중심적인 논평에 대한 슐레이스
의 반응도 매우 특이하다. 그녀는 이에 동조하는 대신 처음에는 멍한
표정을 지으며 아무 말도 하지 않았다. 그리고 나서 그녀는 찌푸린 미
소를 쥐어짜내는데, 마치 재분배적 세금 정책에 대한 해니티의 다채로
운 반응에 거리를 두고 싶으면서도 동시에 재밌어하는 표정이다(그림
5.5 참조). 해니티의 열정적인 마무리에 침묵으로 화답하면서 슐레이스
는 눈에 띄게 어색한 순간을 만들어내는데, 이것은 그녀가 도덕적이고
개인적 관점에서 정치적 문제들을 다루는 것을 불편하게 여긴다는 사
실을 드러낸다.

포퓰리즘 쇼에서 학술적 내용 규제하기

앞 부분에서 나는 〈해니티〉가 슐레이스의 책에 담긴 주요 역사적 주장을 대중적 담론으로 번역하고, 책의 내용을 "좋은 텔레비전"에 적합하게 각색한 과정을 살펴봤다. 하지만 이처럼 학술적인 내용을 대중적 언어로 번역하는 데 위험이 따르지 않는 것은 아니다. 학술적인 내용을 활용할 경우 해니티가 스스로를 문화적으로 평범한 남자, 즉 시청자들과 취향과 지식 수준이 일치하는 사람으로 연출하는 데 문제가 생길 수 있다. 방정식을 연상시키는 윌리엄 그레이엄 섬너의 추상적 언어, "예일대학교 교수"라는 섬너의 지위 그리고 섬너의 이론을 설명하기 위해 해니티가 수행해야 하는 교육적 역할("역사의 교훈") 모두 문화적 엘리트의 분위기를 물씬 풍긴다. 그러나 이 쇼의 포퓰리즘적 감성을 유지하고 일반 시청자와의 사회적 단절을 막기 위해 해니티는 몇 가지 연출 기법을 활용하여 지적 문화 및 공식적 전문성과 거리를 둔다.

섬너의 이론이 시각화된 도표를 다시 살펴보자(그림 5.3 참조). 텔레비전 역사상 가장 수익성이 높아서 이 세상의 모든 첨단 비디오 효과와 애니메이션 기술을 마음대로 사용할 수 있는 방송사가, 도대체 왜 그렇게 조잡하고 유치해 보이는 방식으로 중요한 역사적 주장을 전개했는지 의문이 생길지도 모르겠다. 기업가를 묘사하기 위해 사용된 만화 이미지는 마치 어린이 색칠 놀이책에서 잘라 붙여넣은 것 같아 보인다. 버락 오바마와 해리 리드의 미소 짓고 있는 얼굴이 비스듬히 붙여진 모습은 자동차 계기판 옆이나 스포츠 행사에서 볼 수 있는 머리가 흔들거리는 인형을 연상케 한다. 이 도표의 투박하고 우스꽝스러운 요소들은 시청자들을 위해 프로그램 내용을 "단순화dumbing down"시키려는 〈해니티〉 제작자들의 의식적인 노력의 일환이라고 볼 수 있다. 이런 해석은 베테랑 지상파 앵커 테드 코펠이 폭스뉴스와 케이블 뉴스에 대해 가했던 비판과 일맥상통한다(1장 참조). 그러나 동시에 이 해석은 해당 코너의 매우 중요한 요소 한 가지를 설명하지 못하고 있다. 만일 〈해니티〉의 전략이 단순히 시청률을 높이고 가벼운 "공통분모"에 기반한 오락을 제공하는 것이었다면, 이 코너는 도대체 왜 경제사학자의 책과 대부분의 사람들은 들어본 적도 없는 19세기 지식인을 주제로 삼았을까?

댄 래더의 용어를 빌려 표현하자면 시각적 도표들은 의심할 여지없이 슐레이스의 역사학적 주장을 "연예화 shobiznifiy"하고 있다. 그러나 이 주장에 시사풍자적인 요소를 덧칠하는 것은 단순히 상업적 목표를 달성하기 위해 대중소비주의 및 인포테인먼트의 트렌드에 맞추는 데에서 그치는 것이 아니라, 〈해니티〉 쇼의 노동계급적 목소리 및 권위를 유지하기 위한 이념적 전략에 해당한다. 〈해니티〉의 포퓰리즘적인 연출 전략 안에서 성공적으로 작동하기 위해서는 슐레이스의 학술적 작업 및 주장이 지닌 권위적인 외양이 어느 정도는 더럽혀지고, 무너지고, 평범해져야 한다. 간단히 말해서 도표에서 나타난 경박하고 유머러스한 미학의 전술적 목적은 〈해니티〉가 슐레이스의 학술적 작업을 다루고 검증하되, 프로그램 그 자체가 지나치게 학술적이라는 인상을 주지 않기 위함이다.

〈해니티〉에서 슐레이스 및 섬너의 글이 지닌 학술적 특징을 무디게 해주는 또 하나의 전략은 해니티 본인의 거리두기 연출이다. 코너의 도입부에서 해니티가 섬너의 이론을 설명할 때 그의 표정을 보면, 마치 시청자들의 입장에서 알파벳으로 가득 찬 섬너의 이론이 얼마나 복잡하고 추상적으로 들릴지 그가 다 헤아리고 있다는 인상을 받게 된다.

해니티가 섬너의 언어와 그와 연관된 교수적 역할로부터 자신을 분리하기 위해서는 섬너의 권위와 학식을 비꼬아야 한다. 눈살을 찌푸리고 미소를 지으면서 해니티는 엄격한 선생님을 연상시키는 표정을 짓고 시청자들에게 선언한다. "참, 5분 뒤에 이 내용에 대해 시험을 보겠습니다." 이 농담에 카메라맨이 웃는 소리가 화면 밖에서부터 들려온다.

폭스뉴스의 3대 진행자 모두가 침체기 동안 이러한 거리두기 기법을 사용했다. 〈글렌 벡〉의 한 에피소드에서는 20세기 초 러시아 경제학자 니콜라이 콘드라티예프Nikolai Kondratiev의 자본주의 파동 이론이 소개되고 있었다. 벡은 자신이 너무 어지러운 논쟁들을 늘어놨다는 것을 감지한 듯이 비꼬는 말투로 시청자들에게 해명했다. "제가 어울리는 사람들 사이에선 이런 얘기들이 너무 인기가 많단 말이죠"(2010년 2월 24일 방송). 마무리로 이론을 요약하기 전에 벡은 "잠깐만요, 파이프가 필요해요"라고 말했다. 이어서 입에 나무 파이프를 물고 교수 흉내를 내며 1960년대 시트콤인 〈길리건의 섬 Gilligan's Island〉˙에 등장하는 억만장자 서스턴 하웰 3세와 매우 유사한 와스프 억양을 구사했다.

〈오라일리 팩터〉에서도 비슷한 거리두기 관행을 볼 수 있다. 하루는 게스트 존 스토셀John Stossel이 보수 경제학자 프리드리히 하이에크를 언급했다. 그러자 오라일리는 대화를 끊으며 반문했다. "하이에크라고요?" 스토셀은 다시 한 번 강조했다. "경제학자 프리드리히 하이에크요." 하지만 오라일리는 여전히 하이에크를 모른다는 듯이 "하이에크

•   1964년부터 1967년까지 CBS에서 방영된 시트콤으로 무인도에 난파된 조난자 7인의 이야기를 다뤘다. 여기에 등장하는 서스턴 하웰 3세는 월 스트리트의 억만장자로 하버드대학교를 졸업했으며, 육체노동이 필요할 때마다 타인에게 맡기거나 돈으로 때우려고 하는 모습을 보이는 속물적인 인물로 그려진다. 🖩

요?"라고 되물었다. 대화는 곧 스토셀이 오바마를 사회주의자라고 생각하는지에 대한 논쟁으로 이어졌다. 스토셀은 입장을 표명했다 "저는 그분을 개입주의자라고 부릅니다." 그러자 오라일리는 이렇게 답했다. "그게 무슨 뜻인지는 아무도 몰라요. 그리고 하이에크가 누군지도 아무도 모르고요"(2010년 5월 4일 방송). 오라일리가 하버드대학교의 케네디행정대학원에서 석사학위를 받았다는 사실을 고려한다면, 그리고 그가 미국사, 특히 보수운동사에 대해 지닌 지식을 고려한다면 하이에크를 들어본 적이 없다는 그의 주장을 믿어주기는 어렵다. 그러나 그가 무지를 가장한 것이 자신의 포퓰리즘적인 언론 페르소나를 보호하기 위한 방법이었다고 보면 앞뒤가 맞아 떨어지기 시작한다.

〈오라일리 팩터〉의 단골 코너인 "오늘의 단어"에서도 비슷한 거리두기 전략이 실시된다. 이 코너에서 오라일리는 "sagacious(현명한)"(2008년 9월 23일 방송) 혹은 "pettifogger(궤변가)"(2009년 1월 28일 방송)와 같이 "난해하고 한물간" 단어들을 소개한다.• 해니티는 이 단어들의 고급스러운 성격을 조롱하고자 턱을 들고 천천히 단어들을 읊곤 했다. 좀 더 최근의 사례로는 오라일리가 자기가 새로 낸 역사서를 홍보한 방송을 들 수 있다. 그는 이 책이야말로 완벽한 아버지의 날 선물이 될 것이라고 주장했다. "아버님들께선 제 역사서 중 어떤 것이든 재미있어 하실 거예요. 만일…… (여기서 오라일리는 극적 긴장을 위해 잠시 말을 멈춘다) 아버님께서 '학식 있는 분man of letters'이시라면 말이죠."

•   Billoreilly.com. Words of the Day [온라인 아카이브] 다음에서 접속. www.billoreilly.com/factor-words-of-the-day

"이입하는" 포퓰리스트, "무관심한" 전문가

2장에서 우리는 폭스뉴스의 포퓰리즘적인 프로그램 담론이 어떻게 정치적 공론장을 서로 경쟁하는 미디어 시스템과 지식 인프라로 나누어 단순화시켰는지를 살펴봤다. 한 진영은 엘리트들을 위한 것이고, 다른 하나는 국민을 위한 것이다. 정치 분야에 대한 폭스의 포퓰리즘적 개념화는 한편으로는 숙의민주주의의 규범적이고 진보적인 이론화로부터의 이탈을 상징하지만, 다른 한편으로는 전문 저널리즘의 인식론적 기준을 수정하고 공공 토론에서 근거가 평가되는 방식을 바꿔놓았다. 폭스의 인기 진행자들은 지상파 시대 내내 만연했던 무관심한 앵커 스타일을 택해 진실성을 추구하기보다는, 중립성의 원칙을 버리고 소위 이입하는 invested 태도(부르디외에서 따옴, 1984: 34-50)를 갖추기로 결정했다.

"잊혀진 남자" 코너의 인터뷰에서 해니티의 열정적이고 이입하는 스타일에 대해 애미티 슐레이스는 무관심한 disinvested 태도로 반응한다. 이러한 태도는 그녀가 지적 자율성 및 진실성을 갖췄고, 그녀의 연구가 방법론적으로 건전하다는 것을 상징적으로 표현한다. 지금까지 전문가 집단에 대한 대부분의 연구는 그들이 자율성을 취득하는 과정을 조직적인 관점에서 접근했다. 이에 반해 나는 이 과정의 연출적인 측면을 부각시키고자 슐레이스가 출연한 〈해니티〉 에피소드를 분석한다. 이를 통해 전문가들, 특히 학력이 낮은 전문가 집단이 스스로를 자율적인 사상가이자 연구자로서 자리매김하기 위해 기술관료적인 사고방식을 연출하는 모습을 포착하고자 한다.

이날 방송 중 슐레이스와 해니티 간의 인식론적 및 성향적 차이 또한 가장 명확하게 드러난 시점은 바로 정치적 토론의 열기가 가장 거셌던 장면에서다. 해니티가 슐레이스에게 말한다. "자, 제가 보기에는 버락 오바마가 어떤 신화 혹은 신념을 확산하려고 하고 있는 것 같은데요. 바로 뉴딜 정책이 말 그대로 우리를 대공황에서 탈출하게 해줬다는 겁니다. 근데요, 제 아버지와 어머니께서도 대공황 기간 동안 자라셨거든요. 아시지요? 매우 힘든 시절이었고, 지금도 제게 그 얘기를 자주 해주시는데, 실질적으로는 뉴딜 정책은 우리를 대공황에서 벗어나게 해주지 못했다는 거예요. 안 그런가요?" 슐레이스는 이렇게 답한다. "맞습니다. 그리고 데이터를 보시면 명확해요. 어려운 내용이 아니거든요. 다우지수는 회복되지 않았고, 실업률도 10퍼센트 이하로 내려간 적이 없어요. 좀 우호적으로 추측하더라도 1년 정도 빼고는 10퍼센트를 상회했습니다. 1인당 GDP도 실질 GDP를 따지자면 회복되지 않았고요. 당시의 모든 기본적 수치들이 좋지만은 않아 보입니다."

해니티는 자신의 부모님이 "대공황 기간 동안 자라셨다"고 언급하고, 관객들을 향해 "아시지요?"라고 되물으면서 대공황 당시에 생존했던 사람들의 기억에 큰 가치를 부여한다. 이를 통해 그는 대공황의 역사에 대해 "안다"고 말하는 것이 어떤 의미를 지니는지, 그 문화적 정의를 재정립한다. 부모님의 경험을 언급하는 것 외에도 그는 "지금도 제게 그 얘기를 자주 해주시는데"라고 강조하면서 자신도 그 역사에 대해 잘 알고 있음을 피력한다. 해니티가 "자주"라는 단어를 말할 때 그는 일부러 길게 끌어 발음하고, 눈썹을 올린 뒤 미소를 씩 짓는다. 마치 부모님과의 관계가 부담스러울 정도로 가깝다는 것을 암시하는 듯하다. 특이하게 부모님이 "힘든 시절"을 보냈다는 얘기와 뉴딜 정책이 효과가 없었다는 주장 간에는 어떠한 논리적 연결고리도 제시되지 않는다. 그럼에도 불구하고 해니티는 부모의 과거 경험과 자신이 얼마나 밀접한 관계를 지니고 있는지에 방점을 두면서 자신이 이 주제에 대해 발언할 권리를 지니고 있음을 정당화하려고 한다. 즉 자신의 주장에 얼마나 진실성이 있는지는 중요한 질문이 아니게 된다. 대공황 전문가인 슐레이스의 면전에서도 해니티는 자신의 대인관계 그리고 부모님의 생생한 경험에 대한 지식을 내세워 슐레이스의 공식적인 전문 지식에 맞설 수 있다. 즉 해니티의 권위는 부모님의 유산, 나아가 대공황 세대의 유산의 문화적 기수로서 스스로를 연출함으로써 확립되었다.

〈오라일리 팩터〉에서도 이처럼 이입하는 분석적 접근과 무관심한 분석적 접근이 동시에 사용되는 모습을 볼 수 있다. 대공황을 다룬 코너가 방영됐던 날이었다. 빌 오라일리와 그의 게스트들은 한 장면에선 "저희 아버님은 대공황이 일어났을 때 십 대셨지요"라며 사적으로 대공황에 접근하다가 다음 장면에서는 갑자기 추상적인 경제사를 인용하곤 했다. "여러분도 역사를 아시잖아요. 과한 경기 부양 지출은 대공황에서 벗어나는 데 거의 도움이 되지 않는다는 걸요"(2009년 2월 17일 방송). 〈오라일리 팩터〉가 제2차 세계대전, 즉 "위대한 세대"가 경험한 두 번째 주요 사건을 분석할 때도 이 두 분석적 접근이 균형 있게 활용되는 모습을 관찰할 수 있었다. 제2차 세계대전에서 일본에 핵폭탄을 사용한 것이 윤리적이었는지를 두고 논쟁하던 중에 오라일리는, 확신에 찬 목소리로 미국 정부의 추측에 따르면 연합군이 일본 본토를 침공했을 경우 사망자 수가 더 많았을 것이라고 주장했다. 게스트 중 한 명이 이에 대해 의문을 제기하자 오라일리는 자신의 가족을 언급하면서 반박했다. "저희 아버지께서도 일본으로 가는 [해군] 배에 타고 계셨거든요. 그러니까 당연히 알 수밖에 없었던 거죠"(2009년 5월 4일 방송). 그러나 이와는 대조적으로 오라일리가 배우 톰 행크스의 제2차 세계대전

시리즈*를 비판할 때는 역사학자들의 전문적 사관과 동조하는 모습을 보인다. 이날 방송에서 오라일리는 게스트로 나온 역사학자들에게 동의를 표하면서 톰 행크스의 시리즈물이 "현재주의 presentism"의 오류를 범하고 있다고 비판했는데, 여기서 "현재주의"는 현재를 살아가는 역사학자의 시선에 의해 역사적 사건이 왜곡되는 현상을 일컫는 전문 학술 용어임에 주목해야 한다(2010년 3월 12일 방송).

이 장면에서 우리는 오라일리가 벡이나 해니티보다도 포퓰리즘적-지적 전략을 단독으로 실행하는 데 거리낌이 없었음을 다시 한번 확인할 수 있다. 이제 〈해니티〉로 돌아와서 "잊혀진 사람"에 대한 코너를 다시 한번 살펴보면 또 하나의 특징을 발견할 수 있는데, 바로 폭스의 포퓰리스트 진행자들이 전문가의 역할을 맡기 위해서는 종종 다른 인물들의 도움을 필요로 한다는 점이다. 대공황이라는 역사적 주제에 대해 해니티가 자신이 지닌 개인적·사회적 유대를 강조할 때 슐레이스는 정반대의 방식으로 자신의 전문성을 정당화한다. 〈해니티〉에 연예인이나 라디오 토크쇼 진행자들 혹은 폭스의 다른 방송인들이 게스트로 출연할 때는 대게 해니티와 비슷하게 개인사에 대한 내용을 언급하거나 해니티와 공유하는 출신 성분을 강조하곤 하는데, 슐레이스는 그러지 않았다. 대신 슐레이스는 전문적인 역사학자이자 훌륭한 사회과학자로서 뉴딜 정책이 실패했다는 것이 "진실"임을 단언하기 위해 경험적인 증거를 제시한다. 해니티가 자신의 부모에 대한 일화를 공유한 직후 슐레이

• 　2001년 HBO에서 스티븐 스필버그와 톰 행크스가 같이 제작한 두 편의 미니시리즈 드라마 〈밴드 오브 브라더스〉와 〈퍼시픽〉을 뜻한다. 전자는 유럽 전선에 파병된 미국 육군 중대의 이야기를, 후자는 태평양 전쟁에서 활약한 미군 해병대의 이야기를 다루고 있다. 🅰

스가 당시의 경제 수치들—예컨대 실업률·다우 지수·GDP—을 인용한 모습을 상기해보자. 그녀는 이 수치들이야말로 뉴딜의 비효율성을 결정적으로 증명한다고 주장했다.

오바마가 "확산하려고 하고 있는 것 같은" 뉴딜 정책의 "신화"에 대해 해니티가 노골적으로 당파적인 비판을 가할 때, 슐레이스는 역사적인 수치를 손쉽게 인용함으로써 마치 해니티의 주장이 검증된 사실에 부합하고 있다는 인상을 자아낸다. 슐레이스처럼 사회과학의 도구와 연구 기법들을 잘 다루는 전문 역사학자들은 자신들이야말로 실질적·현상적인 의미에서 진짜 역사에 대해 알고 있는 사람들이라는 분위기를 풍긴다. 집단 기억이라는 현상의 두루뭉술함 그리고 해니티가 인용하는 개인사의 특수성과는 달리, 뉴딜 정책에 대한 슐레이스의 비판은 과학적 지식의 정확성과 보편적 신뢰성을 지니고 있다. 그러나 슐레이스가 근거를 제시할 때 그 근거의 참·거짓 여부는 그 근거를 얼마나 자신의 이해관계 및 정치적 소속과 분리시킬 수 있는지에 달려있다. 해니티가 개인적 배경, 정치적 신념 및 사회적 연대를 활용하여 대공황의 역사를 비롯한 뉴스 주제에 접근하는 것과 달리, 슐레이스는 "데이터를 보시면 명확하다"고 강조한다. 역사적 기록은 그 자체로서 명확하다는 뜻이다. 이런 수사학적 전략을 택함으로써 슐레이스는 자신의 책이 촉발시킨 정치적 논쟁에서 스스로를 보호할 수 있었다.

해니티가 책의 성공에 대해 물어볼 때도 이런 수사학적 전략이 돋보인다. 그는 신이 나서 묻는다. "『잊혀진 사람』이 이렇게 잘 나갈 거라고 상상이라도 해보셨나요?" 해니티의 질문에는 이미 슐레이스와 그녀의 분석 대상(대공황) 사이에 사적인 관계가 있음이 암시되어 있으며, 더 나아가 슐레이스의 지적 작업(책)과 개인적인(금전적·명예적·정치적) 야망

간에도 관계가 있음을 암시한다. 슐레이스는 답하기 전 잠깐의 침묵을 통해 질문에 대한 불편함을 표출한다. 마침내 뱉은 답은 간단했다. "저도 이런 경기 침체는 예상을 해본 적이 없습니다. 여기까지만 말하죠." 그러자 해니티는 인터뷰의 마지막 질문을 묻는다. "이 책이 왜 그렇게 인기를 끌었다고 생각하세요?" 슐레이스는 이렇게 답한다. "단지 그 시기를 다시 볼 필요가 있었기 때문이라고 생각해요. 그리고 손, 저한테 영감을 준 건 말이죠…… 사실 저는 재해석을 할 필요가 없었어요. 그 시대 사람들이 한 얘기를 전한 것뿐이거든요." 모든 역사적 해석에는 정치적 동기가 있다거나 현재주의적이라는 의심의 눈초리가 따르게 되는데, 군이 "재해석을 할 필요가 없었다"고 말하면서 슐레이스는 본인 스스로도 뉴딜에 대한 재조명이 그런 방식으로 읽힐 수 있다고 인지하고 있음을 드러낸다. 이런 지적에서 스스로를 자유롭게 하기 위해 슐레이스는 다시 한번 책의 역사적 결론에서 거리를 둔다. "그 시대 사람들이 한 얘기를 전한 것뿐이거든요." 이 결론의 뜻은 바로 책의 내용은 본인의 주장이 아니라는 것이다.

다른 언론사와의 인터뷰에서도 슐레이스는 학술적 자율성에 기반한 수사적 전략을 활용했다. 〈해니티〉 방송이 나간 지 불과 몇 주 후에 『폴리토Polito』의 기자는 공화당에서 경기부양법안에 대한 비판을 지지하기 위해 슐레이스의 책을 인용하는 것에 대해 슐레이스 본인이 어떻게 생각하고 있는지 물었다. 슐레이스는 다음과 같이 답했다. "저자로서 특정 정책 입안자들이 이 책을 읽고 있다는 것은 매우 만족스러운 일입니다. (…) 그리고 만약 특정 정치인들이 생각하기에 『잊혀진 사람』이 논쟁을 전개하는 데 도움이 된다고 생각하면 그것도 좋은 일입니다. 하지만 그렇다고 해서 내가 개별 의원의 개별 행동을 지지한다는 뜻은 아닙니다. (…) 책은 그 자체로 살아 숨쉬기 때문에[강조는 인용자] 제가 계획하지 않았던 일들도 일어나곤 합니다"(2009. 4. 21.). 여기서도 슐레이스는 자신의 책이 그 자체로 독립적이며, 자율적으로 집필된 지적 생산물이라는 주장을 반복한다. 이런 주장은 물론 책의 제작·홍보 및 보급 과정의 이면에 있는 사회적 관계, 조직 및 정치적 이해관계를 은폐한다.

로버트 S. 맥엘베인을 비롯한 대공황 시대의 가장 유명한 전문가들조차 사학적인 관점에서는 슐레이스의 책을 강력하게 비판하지만, 그녀가 작가로서 지닌 재능은 인정한다.[•] 그러나 슐레이스가 지적 자율성에 대해 강조할 때마다 그녀의 연구와 정치적 관계 간에 존재하는 의존적 관계는 점점 가려진다. 사실 자유시장주의 싱크탱크들이야말로 수십 년간 슐레이스의 경제사 연구를 지원해줬으며, 이 지원은 그녀의 연구가 싱크탱크들의 이념적 요구를 충족시켜준다는 전제에서 이루어진 것이다. 슐레이스가 2002년 국제정책네트워크 International Policy Network[••]의 바스티아상 Bastiat Prize[•••]을 수상한 것 또한 이 의존적 관계를 명확하게 보여준다. 그리고 대침체 기간 동안 폭스뉴스와 공화당에서 『잊혀진 사람』에게 제공해준 어마어마한 홍보 서비스 또한 정치적 이해관계에 근거를 둔 의존성의 사례로 볼 수 있다.

• 『잊혀진 사람』에 대한 강력하고 학술적인 비판에 대해서는 다음을 참조. McElvaine, 2009

•• 1971년부터 2011년까지 운영된 런던의 싱크탱크. 비정치성과 비영리성을 내세운 기관이었지만 자유시장주의적 논의를 주로 생산했고, 재정적으로는 주로 대기업의 기부금에 의존했다. [옮긴이]

••• 자유시장주의를 주장한 프랑스의 고전경제학자 프레데릭 바스티아 Frederic Bastiat(1801~1850)를 기리기 위해 만들어진 상으로 자유사회의 원칙을 옹호한 작가들에게 시상된다. 2011년까지는 국제정책네트워크가 시상했지만, 2012년부터는 미국의 자유주의 싱크탱크인 이성재단 Reason Foundation으로 시상처가 옮겨졌다. [옮긴이]

역할 바꾸기— 폭스뉴스 방송인의 다재다능한 소통 능력

지금까지 나는 주로 해니티와 슐레이스 간에 포착되는 소통 기법의 차이, 분석적 접근 방식의 차이 그리고 그들이 활용하는 지식의 계급-문화적인 배경 차이를 강조했다. 하지만 이들을 단순히 "포퓰리스트"와 "지식인"의 역할에 해당한다고 이분법적으로 단정한다면, 슐레이스와 해니티가 지닌 다재다능한 소통 능력을 간과할 뿐 아니라 포퓰리즘적-지적 전략을 단순하게 파악하는 오류를 범하게 된다. 물론 해니티가 포퓰리즘 성향에 더 가까운 것은 확실하지만, 토론에서는 종종 표현 방식에 변화를 주고 분석에 있어서는 무관심한 접근법을 사용하여 객관성과 중립성이라는 과학적 저널리즘의 가치를 표상하기도 한다. 이처럼 전문적인 자세를 취하기 위해 본인의 성향을 바꿀 수 있는 능력은 매우 중요하다. 해니티가 상류 문화와 하류 문화에 대한 "이중 접근권"을 지닌 모습을 연출할 때, 그의 시청자들은 자신에게도 "이중 접근권"이 있다고 상상하게 되기 때문이다(Gripsrud, 1989).

슐레이스가 뉴딜 정책이 효과가 없음을 입증하기 위해 경제적 지표들을 나열한 장면으로 돌아가보자. 해니티는 슐레이스가 시작한 통계학적 담론에 기여하기 위해 자신의 수치 하나를 덧붙인다. "[실업률은] 주로 20퍼센트에 머물고는 했죠." 여기서 해니티가 통계적 수치를 인용한 것은 평론가로서 본인에 대한 신뢰도를 높이기 위함뿐만이 아니라, 슐레이스와 같은 전문가들이 이용하는 사회과학적 담론의 이질성과 엘리트성을 중화시키려는 의도도 담겨 있다. 사회과학적인 담론은 덜 이질적이면서도 여전히 엘리트처럼 보이게 하는 역할을 했다. 바흐친Bakhtin*의 표현을 빌리자면 슐레이스와 해니티는 각각 "공식적" 문화와 "비공식적" 문화를 대변한다고 할 수 있는데, 〈해니티〉에서는 포퓰리즘과 전문성의 영역을 가로지르면서 두 문화 간의 근본적인 긴장과 모순을 해결하려고 한다. 하지만 이런 노력이 항상 효과가 있는 것은 아니다.

예를 들자면 해니티가 자신의 부모의 경험에서 통계적 담론으로 옮겨갈 때도 약간의 마찰이 일어나 해니티와 슐레이스의 차이를 부각시켰다. 해니티가 수치를 덧붙이자("주로 20퍼센트에 머물고는 했죠") 슐레이스는 해니티가 사용한 수치가 부풀려졌다는 것을 인식하고 바로 고쳐버린다. "한 14퍼센트, 15퍼센트 정도였죠." 이처럼 슐레이스는 해니티가 자신과 지적으로 동등한 존재로 자리매김하려는 시도를 차단한다. 해니티는 다시 한번 평범하고 대중적이며, 문화적으로 열등한 존재가된다. 물론 슐레이스는 이와 같은 제스처가 일종의 권력관계를 나타내는 것처럼 보일 수도 있으며, 특히 "잘난 체"하는 것으로 읽힐 수도 있음을 인지하고 있다. 따라서 그녀는 "한 14퍼센트, 15퍼센트 정도"였다는 애매한 표현을 사용해 해니티의 실수를 어느 정도 포용해주려는 제스처를 취한다. 여기서 우리는 포퓰리즘적-지적 전략을 수행하는 데 있어서 포퓰리스트 진행자만이 대중적 지식·문화적 권위와 전문적 지식·문화적 권위 간의 긴장을 봉합하려고 노력하는 유일한 행위자가 아님을, 즉 전문가 게스트들도 비슷한 노력을 기울이고 있음을 확인할 수 있다.

• 미하일 바흐친 Mikhail Bakhtin(1895~1975). 러시아의 철학가로 언어철학과 문학 이론에 큰 기여를 했다. 이 부분에서는 바흐친의 "공식적" 문화와 "비공식적" 문화 개념이 인용되는데, 그는 공식적 문화는 기존 권위의 정당화에 종사하지만, 비공식적 문화는 그 권위를 비평하며 탈중심적인 성격을 지니고 있다고 보았다. 옮김

지식인들과 학자들도 TV 포퓰리스트 못지않게 다재다능한 방식으로 소통할 수 있다. 사실 폭스뉴스를 비롯하여 TV에 출연하는 대부분의 전문가들은 텔레비전 매체에서 요구되는 의사소통 기법을 이해하고 있거나, 이미 텔레비전 및 라디오에서 연설해본 경험이 있기 때문에 출연하기로 선택한 것이다. 대개의 경우 이 전문가들은 슐레이스와 마찬가지로 주요 신문의 저널리스트로 일한 경험이 있기 때문에, 학계라는 장에 만연한 난해한 언어 및 연출 스타일을 저널리즘의 대중적인 언어로 번역하는 방법을 이미 터득한 사람들이다.

일반적인 토크쇼부터 히스토리 채널이나 디스커버리 같은 채널에서 볼 수 있는 인포테인먼트 프로그램에 이르기까지, 각 케이블 방송은 대중에게 호소하기 위한 자신만의 미학을 지니고 있다. 이를 이해하는 지식인의 경우 전문 용어의 사용을 기피하고, 자신이 구사하는 언어나 자아의 연출에 대중적인 색채를 가미하려고 노력한다. 예를 들어 로마 시대 무기 전문가가 히스토리 채널에 등장할 때 그는 "전차는 그 시대의 스텔스 폭격기라고 보면 돼요"라고 말하거나, 네로 황제를 묘사할 때 "완전 나쁜 자식"이라고 말할지도 모른다. 가끔씩 이런 번역이 효과적일 때도 있지만, 그렇지 못할 경우 지식인은 오히려 더 어색하거나 이질적으로까지 보일 수도 있다. 그럼에도 불구하고 이런 번역을 전혀 시도하지 않은 채 스스로의 공식적인 모습을 단적으로 연출한다면, 시청자들은 그들로부터 더욱 심각한 사회적 단절을 느끼게 된다. 그리고 이 사회적 단절을 느낀 대중은 지식인들이 자신을 업신여긴다고 생각하거나, 더 심각하게는 지식인이란 자신과 상관이 없는 사람이라고 생각하게 될 수 있다.

포퓰리즘적-지적 전략을 성공적으로 체현하는 지식인 게스트는 자신의 전문 지식과 학력에 대해 인정을 받을 뿐만 아니라, 자신의 지능과 지식이 일반 시청자의 상식을 보완하며 뒷받침하고 있다는 이미지를 풍긴다. 해니티가 예일대학교 섬너 교수의 주장을 요약한 장면을 살펴보자. 알파벳이 남발된 공식을 이용해 납세자·정치인·복지수급자의 위치를 설명한 뒤, 해니티는 자신의 지적 권위에 한계가 있음을 인정하고 슐레이스에게 교사의 역할을 양보한다. 이를 통해 그는 슐레이스가 전문가로서 지위를 누리고 있음을 표명한다. 해니티는 공손하게 말을 건넨다. "제가 설명하려고 했는데, 아마 선생님은 더 잘 설명해주실 수 있겠죠?" 이에 응답하듯이 슐레이스는 오늘 토론할 주제는 상식적인 선에서 납득할 수 있는 내용이라고 말하며 자신과 대중적 지식 (그리고 해니티와 시청자들)과의 거리를 좁히고, 이 주제가 어려워 보이는 것은 순전히 논점의 구성이 난해한 방식으로 이루어져 있기 때문이라고 암시한다. 슐레이스는 이렇게 선언한다. "글쎄, 이건 꽤 간단해요. 방정식으로 설명하니까 복잡해 보이는데, 결국 잊혀진 사람은 정부가 원하는 프로젝트에 돈을 대주는 납세자예요. 이 프로젝트는 좋은 프로젝트일 수도 있지만, 대부분의 경우엔 별로 좋지 않은 프로젝트지요. 바로 이것이 뉴딜 때 일어난 일입니다." 여기서 우리는 해니티가 깔아둔 준비 작업 위로 슐레이스의 발언이 이어져 나오는 포퓰리즘적-지적 전략을 확인할 수 있다. 슐레이스의 발언 그 자체에서도 엘리트적인 구별 짓기를 엿볼 수 있지만 동시에 대중들이 접근할 수 있을 것처럼 포장하는 요소를 발견할 수 있다("어렵지 않아요").

포퓰리즘-지적 전략이 성공적으로 수행되려면 모든 행위자들이 유연한 의사소통을 선보일 수 있어야 한다. 유연한 의사소통은 각 행위자들이 일시적으로 서로 반대되는 페르소나를 취하여 대중적 지식과 전문적 지식 간의 문화적 마찰을 해소할 수 있게 해주기 때문이다. 하지만 행위자들이 한 가지 계급-문화적 성향 및 분석적 접근을 연출하는 데 전념하지 않고 오히려 페르소나 간의 경계를 너무 자주 침범한다면, 그들의 연출 전략은 가장 핵심적인 목적을 상실하고 만다. 이 장에서 다룬 사례에서 핵심 목적은 대공황의 역사에 대해서 상이한 계급-문화적 권위를 아우르는 합의가 존재함을 보여주는 것이다. 해니티와 슐레이스가 계급-문화적인 차이를 꾸준히 연출하지 않았다면 이런 합의가 있다는 것도 보여줄 수 없게 되고 만다. 또한 해니티나 슐레이스 중 한 명이라도 전문성과 포퓰리즘의 경계를 너무 자주 거스를 경우, 해니티가 수행하는 포퓰리스트라는 역할 그리고 슐레이스가 수행하는 지식인이라는 역할의 진정성에도 의문이 생긴다. 반대로 말하자면 〈해니티〉를 비롯한 폭스뉴스의 인기 프로그램에 학자들과 전문가들을 초청함으로써 포퓰리스트 진행자는 전문가계급의 목소리를 대변할 필요가 없어진다. 이렇게 게스트들의 지적 연출에 스스로를 대비하면서 해니티는 일반적인 남성이라는 자신의 연출을 더욱 돋보이게 할 수 있다.

연출되어야 하는 전문성

정당이라는 것은 입법, 선거 승리 그리고 정부 권력을 추구하기만 하는 기관이 아니다. 정당이란 최소한 제대로 기능하는 정당이라면, 교육 기관으로서의 역할도 수행한다. 그람시 Antonio Gramsci는 정당의 문화적-이념적 역할에 관심을 기울였는데,* 특히 그가 "유기적 지식인"이라고 명명한 인물들이 정당에서 양성·확산되고 있음에 주목했다. 여기서 유기적 지식인이란 계급과 도덕성을 "상식적"인 방식으로 새롭게 개념화할 수 있는 사람들로, 만약 성공적인 개념화가 이루어진다면 그 개념들은 다양한 사회 분야를 아우르면서 그들에게 공유될 수 있는 가치로 발전하게 된다(Laclau & Mouffe, 2001: 67). 헤게모니 및 지적 리더십의 중요성에 대한 그람시의 사상을 설명할 수 있는 예로 신자유주의적 사상이 미국 그리고 전 세계적으로 확산되는 과정을 살펴볼 수 있다. 신자유주의의 가장 결정적인 특징들 중 하나는 바로 지식 생산에 대한 신자유주의 운동의 헌신이다. 사회학자 스테파니 머지에 의하면 이렇게 생산된 지식은 "케인스주의 정책과 개발 정책의 실패를 설명하고, 경제 회복을 위한 새로운 정책을 권장하면서 정치적 엘리트들에게 상징적인 자원을 제공한다"(2008: 708). 애미티 슐레이스의 책 『잊혀진 사람』은 신자유주의의 지식 생산이 아직까지도 강력하게 지속되고 있음을 증명한다.

그러나 그람시는 또한 헤게모니적 권력을 확보하기 위해 상식을 재편하려는 정치 집단은 상이한 수준의 이념들을 연결하는 방법, 즉 이론적인 아이디어와 대중적 신념을 연결하는 방법을 고안해야 한다고 강조했다.

상식은 철학이 민담화된 모습이며, 항상 완벽한 민담―즉 우리가 평상시에 이해하는 정의의 민담―과 학자의 철학·과학·경제학의 중간에 위치한다. 상식은 미래의 민담, 즉 특정 시공간에서 상대적으로 경직된 형태로 존재하

• 　제임스 P. 홀리 James P. Hawley는 그람시에 대해 요약하면서 그람시에게 있어서 정당이란 "문화와 교육을 위한 조직으로서 새로운 유형들이 배양되고 있는 상태"로 정의된다고 말한다(1980: 586). 다음도 참조할 것. Gramsci, 1971

는 대중적 지식을 만들어낸다.[•]

그람시의 통찰을 반영하기라도 하듯 폭스뉴스의 해석 전략 역시 대공황에 대한 새로운 "민담"을 만들기 위해서는, 자신들이 대공황에 대해 제시한 이념적 틀이 상이한 계급-문화적 권위와 소통할 수 있어야 함을 인식한 듯 보인다. 포퓰리즘-지적 전술이라는 개념을 소개함으로써 나는 그람시의 분석틀에 기여하고, 어떤 의미에서는 이 분석틀을 넘어서고자 했다. 헤게모니 이론가들은 거대한 이념 구조와 광범위하고 역사적인 정치적 변화에만 집중하는 경향이 있다. 따라서 지금까지의 연구에서는 정치 미디어 텍스트 내에서 연출 전술과 체현된 연출 스타일이 수행하는 역할, 즉 매우 세밀하지만 거대 이념 구조 못지않게 중요한 미시적 요소들이 충분히 다뤄지지 못했다. 여기서 나는 거대한 헤게모니 전략을 가능하게 만드는 미디어 전략을 묘사하기 위해 포퓰리즘-지적 전략이라는 개념을 일종의 이론적 도구로서 제안한다.

이번 장을 읽은 독자들이 앞으로는 폭스뉴스의 프로그램을 볼 때 단순히 바람잡이나 당파적 선동자들을 위한 무대라고 생각하지 않기를 바란다. 진보 진영의 언론 비평가들은 폭스뉴스를 보수적인 지적 문화를 위한 대중적인 플랫폼 정도로 과소평가하곤 한다. 물론 폭스뉴스에서 보수적인 작가·연구원·전문가들이 컨트리 가수, 스포츠 스타들과 나란히 토론 패널로 출연하고, 그들의 연구도 조금 과하거나 웃긴 이미지로 설명되는 것이 사실이다. 그럼에도 불구하고 폭스뉴스의 인기 프로그램들에서는 이런 전문가들이 반복적으로 출연하고, 그들의 학술적

•   Gramsci (1985), p. 421

작품들 또한 반복적으로 홍보되고 대중적 언어로 번역된다. 간혹 지식인이나 학자가 특정 방송에 출연하지 않더라도, 자신들이 내세우는 정치적 주장의 진실성을 확인해줄 수 있는 학술 연구 및 학술적 기준은 꼬박꼬박 인용된다. 인용되는 방식이 피상적이고 문제적일 수도 있긴 하지만 말이다. 이러한 "학술적" 지식의 원천은 대부분 보수적인 싱크탱크다. 그리고 종종 폭스의 인기 프로그램 제작자들 자신 스스로도 전문적이고 기술관료적인 방식을 통해 신뢰도를 구축하려고 한다.

비평가들이 폭스뉴스 시청자들에 대해 지닌 선입견은 그들로 하여금 폭스뉴스 프로그램의 지적인 측면을 무시하게 만든다. 이들의 선입견에서 폭스의 시청자들은 화려한 그래픽과 매력적인 금발 앵커와 같이 자극적인 것을 요구하는 저학력 시청자에 불과하며, 문화적 상징에 의해 쉽게 혼동되고 당파적 선전에 반응하는 사람이다. 이러한 선입견은 폭스뉴스의 시청자들이 실제로는 지적 문화에 접하고 싶은 욕구를 가지고 있을 가능성 그리고 그들의 상상 속에서는 이미 지적 문화에 참여하고 있을 가능성을 배제해버린다. 〈해니티〉를 비롯한 폭스뉴스의 방송들을 분석하면서 우리는 폭스뉴스가 노동계급적인 문화적 특징을 잃지 않으면서도 지적 문화를 끌어들일 수 있던 방법을 알 수 있었다. 대부분의 대졸 미만 시청자들이 언어적인 정보, 전문가의 의견 그리고 엘리트적인 문화 스타일에 특권을 부여하지 않는다는 사실은 그들이 특정 주장 혹은 정보를 무시하려고 한다거나, 자기들의 경험적 정확도를 평가하고 싶어 하지 않는다는 것을 의미하지는 않는다.

게스트들은 자신의 "공식적" 역량을 표현하기 위해 자신의 학력이나 경력 사항을 언급하거나 전문적인 분석 능력을 선보일 수 있다. 하지만 이렇게 정치색이 뚜렷하고 도덕성에 관심 많은 인물의 인정을 받지 못하거나, 자기 스스로가 그런 인물이라고 입증하지 못할 경우 전문가 게스트들은 대중적 정통성을 확보하는 데 실패하게 된다. 〈해니티〉 그리고 더 나아가 폭스뉴스의 제작자들은 대부분 이 사실을 인지하고 있는 것처럼 보인다. 다르게 말하자면 전문가 게스트의 성향이 의문스럽지 않고, 포퓰리스트 진행자가 해당 게스트도 지금 토론되고 있는 주제에 대해 도덕적인 이해관계를 갖고 있다고 확실히 암시할 때, 비로소 전문가는 자신의 지식을 통해 큰 울림을 끌어낼 수 있다. 반대로 포퓰리스트 진행자는 그 역량이 공식적으로 보증된 적이 없기 때문에 자기 스스로는 정통성을 확보할 수 없다.

탈근대주의 문화의 부상 그리고 고학력 엘리트에 대한 보수 진영의 비판으로 말미암아 경험적 지식과 기술관료적 목소리의 정당성은 흔들리고 있다. 그럼에도 불구하고 여전히 경험적 근거에 기초한 논쟁 방식이 미국의 공공 영역에서 진실을 주장하는 데 사용되는 지배적인 방법이라는 사실을 잊어서는 안 된다. "잊혀진 남자"에 대한 코너에서 보았듯이 평범한 사람을 대표하는 해니티는 대공황에 대한 논점을 제시할 때마다 몇 번이고 전문가의 확인을 구한다. 그리고 이런 모습은 〈글렌 벡〉과 〈오라일리 팩터〉에서도 재현된다. 집단 기억과 실천적 지식의 타당성은 아직까지도 전문가의 의견과 얼마나 부합하는지에 달려 있다. 미국 뉴스 산업의 가장 거칠고 당파적인 분야라도 예외는 아니다. 물론 선정적인 음모론 이야기가 드러지리포트, 브라이트바트, 인포워즈 같은 온라인 보수 매체의 밥줄임을 부인할 수는 없지만, 다른 모든 뉴스 기관들처럼 이 매체들 또한 "진보적이고" "글로벌주의적"인 거짓말을 "까발리기" 위해 "연구", "통계" 그리고 "전문가"에 의존하고 있다.

진보 진영의 비평가들은 보수 언론이 기존 진보 진영에서 통설로 받아들여졌던 경험적 지식의 전통에서 벗어났다는 사실에 과하게 집중하는 경향이 있다. 때문에 이들은 오히려 보수 언론이 아직도 전문적 지식을 존중할 뿐 아니라, 정치적인 주장이나 뉴스 해석을 전개하는 과정에서 전문적 지식에 의존하고 있음을 간과했다. 이 장에서 나는 폭스뉴스의 인기 프로그램들을 단순하게 반-지성주의의 화신으로 그리기보다, 폭스뉴스의 진행자들과 게스트들의 분석적 유연성을 보여주려고 노력했다. 진보 언론인들도 단순히 폭스뉴스를 팩트체크하는 데에 그치지 않고, 폭스뉴스가 보여주는 인식론적 다양성과 유연성을 배우고 모방하려는 노력을 기울여야 할지도 모른다. 대공황의 역사를 성공적으로 다시 쓴 애미티 슐레이스의 사례를 통해 나는 진보 진영은 왜 우파 싱크탱크들의 미디어 중심적인 "개방적" 전략에 대해 혐오를 보이는지, 즉 진보 진영의 지적 전통에 내재된 "폐쇄적" 지향성에 대해서도 의문을 제기하고자 했다.

아마도 기후 변화만큼 고학력 전문가에만 의존하는 "폐쇄성"의 전략이 비효율적이라는 것을 극명하게 드러내는 주제는 없을 것이다. 진보 진영에서는 기후 변화가 인위적인 현상이라는 사실을 여러 과학자 및 연구 결과가 뒷받침하고 있다고 지속적으로 강조하고 있지만, 상당수의 미국인들은 여전히 이 과학적으로 확립된 사실이 참이라고 믿기를 거부하고 있다.• 우리는 보수 진영에서 전문가-활동가들이 거둔 성공을 통해 연구 및 "사실"이 그 자체로 대중과 소통하지는 않음을 배울수 있다. 포퓰리즘과 마찬가지로 전문성도 가능한 한 가장 많은 대중이 접할 수 있는 무대에서 연출되어야 한다.

•   Nuccitelli (2013).

결론

트럼프의 포퓰리즘

-폭스의 타블로이드 경력이 고상한 미래를 방해할 때

모든 타블로이드는 안정화되는 순간부터 지적인 방향으로 선회하기 시작
한다.

H. L. 멘켄 H. L. Mencken

2017년 4월 21일자 〈오라일리 팩터〉의 오프닝을 맡은 건 보수적인 코미디언 그레그 거트펠드Greg Gutfeld였다. 거트펠드는 평상시에는 명랑한 모습으로 유명했지만, 최근에 해고된 빌 오라일리 대신 출연한 이날 방송에서는 우울한 말투로 입을 열었다. "〈오라일리 팩터〉의 마지막 방송과 함께해주셔서 감사드립니다. 여기 함께하는 우리 모두에게 참으로 낯설고 역사적인 하루가 될 것입니다." 방송을 맺을 때도 거트펠드는 이날이 얼마나 역사적으로 유의미한 시점인지를 설명했다. "〈오라일리 팩터〉가 방영된 20년 동안 필은 뉴스계를 완전히 바꿔놓았습니다. 이 쇼는 주류 언론으로부터 푸대접을 받아온 저희 애청자분들께 피난처를 제공해주었습니다." 그러나 거트펠드는 오라일리의 마지막 방송을 자신이 대신해야 한다는 압박감과 그 어색함을 다음과 같이 표현한다. "하지만 지금까지 이런 상황에 놓인 것은 처음이네요. 이렇게 덕망 있고 대단한 쇼를 제가 어떻게 끝낼 수 있단 말입니까? 못하겠어요. 제 쇼도 아니고 그럴 권한도 없는걸요." 그리고 그렇게 〈오라일리 팩터〉는 막을 내렸다. 폭스뉴스를 케이블 뉴스라는 지형에 자리 잡게 해줬으며, 20년 동안 폭스뉴스가 선두주자가 될 수 있게 해준 바로 그 쇼 말이다.

빌 오라일리의 종말은 2017년 1월 10일 보도기자 에밀리 스틸Emily Steel과 마이클 슈미트Michael Schmidt가 『뉴욕타임스』에 폭스뉴스의 직원이었던 줄리엣 허디 Juliet Huddy에 대한 기사를 실은 데서 시작됐다. 2011년 허디는 자신이 오라일리의 성적 접근에 회답하지 않았다는 이유로 일자리에서 보복 행위를 당했다고 주장했다. 기사에 따르면 폭스뉴스는 허디의 입을 다물게 하기 위해서 "몇십만 달러"를 지불했다고 한다. 스틸과 슈미트는 2017년 4월 1일 후속 기사에서 폭스뉴스가 5명의 여성들이 오라일리에게 제기한 성희롱 혐의를 해소하기 위해 1300만 달러 이상을 지불했음을 폭로하면서 폭스뉴스를 끝장내버렸다. 동시에 〈오라일리 팩터〉에 광고를 내보내는 기업들을 반대하는 사회운동이 거세졌다. 두 가지 이유로 인해 〈오라일리 팩터〉로부터 기업들의 대규모 이탈이 발생했고, 결국 폭스뉴스는 오라일리의 방송 출연을 중단하게 되었다(이후 밝혀진 바로는 폭스뉴스는 2017년 1월에 오라일리에게 제기된 또 하나의 성희롱 혐의에 합의를 보기 위해 3200만 달러를 지불했다).•

그러나 오라일리의 해고와 관련해 흥미로운 점은 오라일리의 성희롱 소송을 대중이 처음 접한 시점이 『뉴욕타임스』의 기사가 실린 2017년이 아니라는 점이다. 폭스의 전 프로듀서 안드레아 맥크리스Andrea Mackris가 연루된 첫 번째 사건은 이미 2004년에 언론에 공개된 바가 있다.••
그렇지만 당시의 폭스뉴스와 오라일리는 이 스캔들을 손쉽게 견뎌낼

———————
•　　Steel & Schmidt (2017. 10. 21.)

••　　NBCnews.com (2004)

수 있었다. 이에 비해 2017년 보도가 파괴적일 수 있었던 것은 바로 발표 시기 때문이었다. 이 기사가 보도된 시점은 폭스 역사상 가장 큰 스캔들이 있은 직후였다. 바로 2016년 7월 〈폭스와 친구들〉의 공동 진행자인 그레첸 칼슨이 성희롱 혐의로 CEO인 로저 에일스를 고소한 것이었다. 황금시간대 진행자 메긴 켈리를 비롯한 폭스의 다른 직원들도 비슷한 경험을 증언하고 고소에 동참했다. 미국 정계에서 가장 영향력 있는 인물로 꼽혔던 에일스는 즉시 폭스의 최고경영인 자리에서 물러났다. 그리고 오랫동안 투병해온 혈우병 관련 합병증으로 인해 1년도 채 지나지 않아 세상을 떠났다.

에일스 및 오라일리의 퇴출에서 가장 큰 아이러니는 수년간 강력한 정적들이 그들을 무너뜨리려 시도했음에도 불구하고, 정작 그들의 몰락을 야기한 힘은 폭스뉴스 내부에서 나왔다는 점이다. 바로 폭스뉴스라는 방송사에 만연했던 성차별적 조직 문화를 폭로한 여성 제작자 및 저널리스트들이었다. 이에 반해 몇십 년 동안 지속된 폭스의 객관성 및 언론 신뢰성에 대한 공격은 별 타격을 주지 못했다. 따라서 이러한 스캔들들이 폭스에게 있어서 역사적인 사건이었음은 분명하다. 그러나 이 사건들은 스캔들이 동시에 터져 에일스와 오라일리가 퇴사하기 이전부터 폭스뉴스가 이미 자신들의 지위를 유지하기 위한 새로운 경로를 발굴하고 있었다는 사실을 은폐하기도 했다.

폭스뉴스의 모회사였던 뉴스코퍼레이션은 2013년 6월을 기점으로 두 개의 회사로 분리되었다. 텔레비전과 영화 부문을 비롯한 복합 미디어 부문은 21세기폭스주식회사로 출범했고, 활자 매체 부문만 뉴스코퍼레이션이라는 원래 이름으로 남게 됐다. 이와 같은 개편은 루퍼트 머독의 두 아들 라클란 머독과 제임스 머독으로 하여금 2015년부터

21세기폭스의 경영권을 잡을 수 있는 길을 열어주었고, 이 시점을 계기로 두 인물은 폭스뉴스의 미래를 구상하는 데 더욱 큰 역할을 맡게 됐다. 하지만 로저 에일스와 머독의 아들들 사이에는 해묵은 반목이 존재했다. 폭스가 출범한 시점부터 루퍼트 머독은 자기 아들들이 주장한 진취적이고 전문적인 스타일보다 에일스의 창의적 리더십을 더 높게 평가했다. 그러나 장기적인 시청자 전략을 세우기 위해서는 지속 가능한 시청자 기반을 확보하는 것이 중요했는데, 당시 폭스를 애청하던 나이 많고 보수적인 시청자들만으로는 이것이 불가능하다는 사실이 점차 명백해졌다. 이를 해결하기 위해 폭스뉴스는 2013년 말부터 보다 젊은 연령층 및 무소속 시청자들에게 다가가기 위해 애쓰고 있었다.

그리고 메긴 켈리가 등장했다.

이때까지 지난 10년간 폭스의 황금시간대 편성에는 아무런 변화도 없었다. 그러나 2013년 10월 7일 폭스뉴스는 새로운 황금시간대 편성을 공개했다. 가장 크게 홍보된 것은 바로 전직 변호사인 메긴 켈리가 진행할 〈켈리 파일The Kelly File〉이었다. 당시 폭스 내 시청률 2위를 차지하고 있던 〈해니티〉는 이 새로운 쇼를 위해 기존의 9시 자리를 내주고 10시로 옮겨가야만 했다. 수년간 9시 방송의 자리를 지켜온 〈해니티〉가 당파주의 그 자체였다면, 〈켈리 파일〉은 더 올곧고 덜 편향된 프로그램이라고 홍보됐다. 『뉴욕타임스』에 실린 「메긴 켈리의 순간The Megyn Kelly Moment」이라는 기사는 새롭게 황금시간대 진행자를 맡은 메긴 켈리야말로 "폭스의 미래를 정의할 여성"이라고 추켜세웠다(Rutenberg, 2015). 그리고 한동안은 이것이 사실인 것처럼 보였다. 켈리를 열렬히 칭송해준 『뉴욕타임스』 기사에 따르면 켈리의 프로그램은 "9시 시간대를 차지한 케이블 뉴스 프로그램 중 전체 시청률이 매년 성장한 유일한 프로그램"이었다. 이 기사는 〈켈리 파일〉이 (해니티를 제치고) 케이블 뉴스쇼 중 두 번째로 높은 시청률을 기록하면서 2014년을 마감했다고 보도했으며, 심지어는 오라일리의 시청률을 몇 차례나 추월하기도 했다고 지적했다.

　물론 켈리의 뉴스 보도와 분석은 대부분의 경우 폭스뉴스의 보수적 이념에 어긋나지 않았지만, 진보 언론 비평가들은 그녀가 특히 젠더와 관련된 문제에 대해서는 보수 논객들을 저격하는 악마의 옹호자 역할을 수행했다는 점을 칭송했다. 켈리가 보수 블로거 에릭 에릭슨Erick Erickson의 "아빠가 밖에서 돈벌이하고 엄마가 집에서 돌봐주는 가정에 있는 애들이 가장 잘 되죠"라는 주장을 저격했던 사례를 살펴보자. 이 주장에 대해 켈리는 다음과 같이 쏘아붙인다. "에릭, 당신의 이론은 미국심리학회, 미국소아과학회 그리고 컬럼비아대학교에서 수행된 연구랑 노스캐롤라이나대학교에서 수행된 연구에 의해 이미 파기됐는데요…… 왜 우리가 당신 말을 그대로 받아들여야 하는 거죠? 에릭 에릭슨 씨?"•

　켈리는 사실성과 언론의 독립이라는 가치를 옹호하는 "올곧은" 뉴스 앵커로 스스로를 연출했고, 이 연출은 매우 순조롭게 작동하는 것처럼 보였다. 켈리가 공화당 예비경선 첫 토론회에서 도널드 트럼프 후보와 운명적인 대화를 나눌 때까지 말이다. 2015년 8월 6일의 운명적인 밤 켈리는 공화당의 지지자 역할을 수행하지 않았다. 당시 함께 사회를 본 브렛 베이어Bret Baier와 크리스 월리스Chris Wallace처럼 켈리도 트럼프와 다른 후보들에게 매우 어려운 질문들을 던졌다. 그러나 그날 밤 무대에

•　Martysoffice (2013. 5. 31.)

서 가장 논쟁적인 질문은 젠더 성차별에 대한 것이었다. 켈리는 트럼프에게 "후보자님은 스스로 좋아하지 않는 여성들에게 뚱뚱한 돼지, 개, 더러운 게으름뱅이, 역겨운 동물 등 여러 가지 비하적인 단어들을 사용했는데요…… 본인 자신이 여성에 대한 폭력의 일부라는 비판에 대해 어떻게 생각하십니까?"라고 물었다. 군중들이 켈리에게 엄청난 박수를 보내자 트럼프는 다음과 같이 답했다. "이 나라의 가장 큰 문제는 정치적 올바름입니다."

토론이 끝난 후 트럼프는 〈CNN 투나잇〉에서 "어디선가 피가 나는 거 같지 않냐"고 물으면서 켈리가 사회자로서 강인한 태도를 보인 것이 생리와 관련이 있다고 암시했다. 그는 성차별적인 발언으로 인해 언론인 및 정치인들로부터 광범위한 비난을 받았다. 하지만 폭스 시청자들은 이메일을 통해 켈리보다 트럼프를 지지한다는 목소리를 냈고, 폭스의 지도부는 새로운 프로그램의 방향이 폭스의 애청자층에게는 "과도하게 코스모폴리탄"한 것은 아니었는지 의문을 갖게 됐다. 켈리가 트럼프와 대립하고, 에일스의 성희롱에 대해 증언하면서 그녀는 폭스뉴스에서 멘토 역할을 해주었던 빌 오라일리와도 갈등을 빚게 됐다. 빌 오라일리가 두 사건에서 모두 트럼프와 에일스의 편을 옹호했기 때문이다.* 결과적으로 머독 가문에서 켈리에게 2000만 달러의 연봉계약을 제안했음에도 불구하고 켈리는 2017년 1월 폭스뉴스를 떠나 NBC로 이직하기로 결정을 내린다.

2016년 대선을 위한 공화당 예비경선 첫 토론회에서 폭스뉴스는 "올곧은" 뉴스 앵커들에게 조명을 집중시키고자 했다. 하지만 사회자들은

• Steel & Schmidt(2017. 4. 14.)

트럼프와 대립하는 모습을 보였고, 결국 켈리는 폭스뉴스를 떠나게 됐다. 이 일련의 결과들은 타블로이드 포퓰리즘 정신에 기반을 둔 방송사가 언론계에서의 명성이나 언론 기관으로서의 정당성을 갈망할 때 발생하는 모순을 보여준다. 공화당 예비경선에서는 트럼트의 정치 스타일이야말로 어떤 공화당 후보보다 폭스의 본래적인 프로그램 스타일을 표방했기 때문이다.

물론 트럼프는 미국의 타블로이드 언론 분야에서 이미 오랜 경험을 지니고 있다(Grove, 2017). 워터게이트 스캔들을 다뤘던 베테랑 기자 칼 번스틴은 이미 「바보 문화」라는 에세이에서 타블로이드화의 예시로 도널드 트럼프를 언급했다. 그는 넬슨 만델라가 출소하던 역사적인 날까지도 트럼프가 말라 메이플스Marla Maples와 저지른 불륜이나, 이방카 트럼프와의 이혼이 톱기사로 다뤄진 사실에 안타까워했다. 「내 인생 최고의 섹스」. 바로 트럼프의 불륜을 다룬 1990년 2월 16일자 『뉴욕포스트』 기사 제목이었다. 트럼프는 머독의 『뉴욕포스트』 외에도 『내셔널인콰이어러』를 소유한 타블로이드 뉴스계의 귀족 데이비드 페커 David Pecker와도 오랫동안 긴밀한 관계를 유지해왔다.* 이에 더해 트럼프는 명백히 "하류" 미디어에 속하는 두 장르, 즉 리얼리티 프로그램과 프로 레슬링이라는 장르에서도 중심적인 역할을 수행했다. 그는 텔레비전 역사상 가장 성공적이었던 리얼리티쇼로 꼽히는 프로그램**의 제작자이자 출연자로 14시즌 동안 활약했으며, 월드레슬링엔터테인먼트World Wrestling Entertainment, WWE의 세계관에서도 주요 인물로 활동했다. 후자의

—————

•   Borchers(2016)

경우 WWE 명예의 전당에 헌액될 정도로 존재감이 있었다.

도널드 트럼프는 폭스뉴스와도 여러 방면에 걸쳐 각별한 관계를 갖고 있었는데, 이는 2015년 7월 16일 그의 대선 출마 선언보다 훨씬 전으로 거슬러 올라간다. 2011년에 트럼프는 〈폭스와 친구들〉의 "단골 게스트"가 되었고, 자신의 이름을 건 "트럼프와 함께 월요일 아침을Monday Mornings with Trump"이라는 코너를 맡기도 했다.••• 이렇게 공식적인 역할이 주어지기 전에도 트럼프는 1990년대 후반부터 〈해니티〉, 〈오라일리 팩터〉를 비롯한 폭스의 최고 인기 프로그램에 게스트로 출연했다. 의심할 여지없이 이런 활동들은 훗날 그가 보수 진영에서 입후보하는 데 유리하게 작용했다. 물론 트럼프가 폭스로부터 미디어 플랫폼을 제공받게 된 데는 그가 민주당에서 공화당으로 전향한 게 결정적이었던 것도 사실이다. 그러나 트럼프의 스타일이 폭스뉴스의 기업 브랜드와 높은 호환성을 보였다는 점도 그 못지않게 중요했다. 지금까지 어떤 공화당 대선 후보보다도 폭스의 포퓰리즘 타블로이드 스타일을 몸소 잘 표현할 수 있었던 사람이 바로 트럼프였다. 그리고 루퍼트 머독과 로저 에일스를 비롯한 폭스뉴스의 주요 인물들 모두가 공화당 경선 기간에는 트럼프의 출마를 반대했지만, 결국 트럼프가 대선 후보로 선출되어 민주당의 힐러리 클린턴에 맞서 싸우게 되자, 폭스뉴스는 곧바로 트럼프의 선거 캠프와 이해관계를 일치시켰고 트럼프를 가장 열

•• 트럼프 회사에서 근무할 새로운 경영인을 뽑는 서바이벌 리얼리티 쇼 〈어프렌티스The Apprentice〉를 가리킨다. 2004년부터 2017년까지 총 15시즌이 방영됐다. 첫 시즌은 트럼프 본인이 진행자로 출연했지만, 대선 출마를 공지한 뒤 방영된 마지막 시즌은 아놀드 슈워제네거가 진행을 맡았다. 🐷

••• Montopoli (2011). 트럼프와 폭스 사이의 관계에 대한 개괄을 위해선 다음을 참조할 것. Power, 2015

럴히 지지하는 언론이 됐다.[•]

누가 봐도 트럼프의 가장 열렬한 지지자에 속하는 해니티가 여전히 폭스뉴스의 노동계급 포퓰리스트 이미지를 유지하고 있었지만, 빌 오라일리를 대신해 8시 시간대를 메꾸게 된 터커 칼슨은 그렇지 않았다. 나비넥타이가 트레이드마크인 터커 칼슨보다 블루칼라스럽지 않고, 지역색이나 종족성을 드러내지 않기도 쉽지 않을 것이다. 『워싱턴포스트』에서 대니얼 W. 드레즈너 Daniel W. Drezner는 아이러니하게도 폭스의 경쟁사들이 더 당파적이고 더 포퓰리즘적이고 더 타블로이드스러운 면을 보이면서 폭스의 지배력을 뒤흔들 가능성이 있다고 지적한다(2015). 온라인 영역에서는 "대안 우파"를 자처하는 브라이트바트뉴스 그리고 음모론을 기반으로 움직이는 알렉스 존스 Alex Jones의 인포워즈가 폭스에게 위협을 가하고 있고, 텔레비전 분야에서는 원아메리카뉴스네트워크, 뉴스맥스TV, 블레이즈TV Blaze TV, 싱클레어브로드캐스팅그룹과 같은 보수 텔레비전 벤처들이 새롭게 등장해 경쟁을 치열하게 만들고 있다. 물론 모든 기업의 마케팅 부서들과 광고주들이 알고 있는 진실에 의하면 한번 확립된 브랜드 충성도는 쉽게 깨지지 않는다. 그렇다면 여기서 우리는 폭스뉴스가 스스로를 더 젊고, 힙하며 전문적인 스타일의 뉴스 방송사로 재브랜딩하는 것이 얼마나 안전한 전략인지에 대한 질문을 던져야 한다. 그리고 도널드 트럼프의 정치적 부상은 폭스뉴스의 시청자들이 여전히 언론으로서의 명망보다는 포퓰리즘을 선호하고 있음을 시사한다.

• Kludt(2016)

포퓰리즘 변호하기

지난 10년 동안 포퓰리즘에 대한 연구는 기하급수적으로 증가했다. 특히 1990년대와 2000년대 들어 북유럽에서 우파 포퓰리즘운동이, 남유럽과 중남미에서는 좌파 포퓰리즘운동이 동시에 부상하면서 많은 연구들이 촉발됐다. 그리고 2016년 영국의 "브렉시트" 국민투표와 미국 대선에서 트럼프가 거둔 승리는 포퓰리즘이라는 개념이 2010년대에 가졌던 위상을 더 높여주었다. 미국을 연구하는 사람으로서 나는 미국 정치 상황에서 포퓰리즘이 전개되는 미묘한 뉘앙스들을 밝히고, 나아가 그 논리가 미국 언론 시장에서 뉴스 브랜딩의 규칙을 어떻게 규정했는지를 드러내고자 했다. 이 책은 폭스뉴스의 프로그램에 대한 텍스트 분석을 통해 포퓰리즘이 문화적으로 파급력 있는 방식으로 계급 불평등을 활용할 수 있으며, 동시에 계급 불평등의 근본 원인을 왜곡하거나 은폐할 수 있다는 것을 보여준다. 또한 미국 포퓰리즘의 서사 전통 및 상징 내에 존재하는 인종차별적이고 성차별적인 차원을 비판하고, 연출 스타일로서의 포퓰리즘이 여성 정치인과 유색인종 정치인에게만 유효한 일종의 함정을 만들어버린다는 사실도 지적했다. 하지만 최근 일부 학자들이 내세운 주장 중 내가 동의할 수 없는 한 가지는 바로 포퓰리즘의 핵심 논리가 본질적으로 민주당 좌파가 내세우는 다문화적 가치와 함께 할 수 없다는 주장이다.

이 견해는 민주당이 포퓰리즘 스타일에 대해 거부감을 보이는 원인이 바로 민주당 내에 존재하는 인구학적 다양성 및 포용성에 있다고 결론짓는다. 반대로 보수 포퓰리즘이 일관된 정체성을 유지할 수 있는 것은 단순히 공화당이 지닌 인종적 동질성의 결과라고 설명한다. 얀-베르너 뮐러 Jan Werner Müller는 신간 『포퓰리즘은 무엇인가?What Is Popu-lism?』(2016)를 통해 위와 같은 설명에 힘을 실어준다. "엘리트"를 배제하여 "국민"이라는 정체성을 형성하려는 포퓰리즘의 경향은 민주적 다원주의에 반대되는 모습이라고 주장한 것이다. 포퓰리스트에게 권력의 중심부란 협상의 대상이 아닌 대치의 대상일 뿐이며, 이렇게 반대 진영을 적대시하는 모습은 그 자체가 이미 시민적 포용이라는 자유민주주의의 원칙과 양립할 수 없기 때문이다. 그러나 뮐러가 주장하는 것처럼 포퓰리즘의 수사가 원칙적으로 외국인 혐오적이거나 다문화주의에 적대적인지에 대해서는 논란의 여지가 많다.

포퓰리즘을 비판하는 좌파 진영의 비평가들은 대개 "작은 나"를 내세우는 자유민주주의가 포퓰리즘보다 더 포용적인 민주주의의 형태라고 가정하는 듯하다. 하지만 포퓰리즘 학자 벤자민 모핏이 지적하듯이 자유민주주의의 서사에는 표면적으로 다원주의를 칭송하는 것처럼 보이면서도, 실질적으로는 기술관료적인 배제가 여러 형태로 존재할 수 있다(2016). 이런 배제 메커니즘은 정당과 정부 조직의 행정적·법적 절차를 통해 작동하기도 하지만, 진보적이고 "부르주아"적인 공론장의 전문적 소통 방식을 따르지는 않는 목소리들과 표현 스타일을 직접적으로 주변화하면서 작동하기도 한다. 낸시 프레이저는 이와 같은 "합리적"인 소통 기준이 그 자체로 인종차별, 성차별 그리고 계급차별의 요소를 내포하고 있다고 지적했다(1990). 또한 포퓰리즘이 과거의 잃어버린 전통을 지속적으로 상기시키는 것을 비판적으로 보아야 함에는 틀림이 없지만, 그렇다고 "전통적 문화"를 정치적 보수주의와 직접 동의어로 간주하는 것도 경계해야 한다(Hall, 1998). 반대로 근대성이나 세속주의의 담론 역시 당연히 정치적 진보주의와 함께한다고 단정해서도 안

된다. 선구적인 젠더 역사학자로 꼽히는 조안 스콧Joan Scott은 근대성과 세속주의와 같은 담론들이 역사적으로 여성을 "여성화된 가족 영역에 종속시켜 합리성과 남성성으로 통치되는 정치 및 경제의 영역에 봉사하도록" 만들었다고 지적한다(2017: 3).˙ 동시에 스콧의 분석은 이 "진보적" 담론들이 이슬람 혐오적인 사상과 정책을 정당화하기 위해 사용되기도 했음을 폭로했다.

『여인 부대An Army of Women』(1997)의 저자 마이클 골드버그Michael Goldberg는 도금 시대Gilded Era˙˙의 정치사를 다루면서 여성들의 "공적"이고 정치적인 활동을 더 수월하게 용인해준 것은, 당시 기성 정당이 선보인 "고상한" 중산층 스타일의 정치 문화가 아니라 오히려 포퓰리즘 스타일을 따른 인민당의 정치 문화였다고 지적한다. 1890년대까지도 주요 정치 기관들은 여성의 정치 참여가 빅토리아 시대의 신성한 "가정성의 윤리"를 거스른다고 간주했다(5). 아일랜드계 선동가인 매리 리즈Mary Lease는 당시의 "여성운동"이 농민동맹과 같은 포퓰리즘 조직과 끈끈한 연대를 지니고 있음을 몸소 보여준 인물이다. 리즈는 1880년대에 여성기독교금주동맹Women's Christian Temperance Union, WCTU에 가입하면서 정계에 입문했고, 1890년대에는 인민당에 입당하여 가장 인기 있는 연사

• 『재상상된 근대성: 분석적 길잡이』Modernity Reimagined: An Analytic Guide』(2017)에서 찬드라 무커지는 근대성에 대한 다양한 논의들을 수 세기에 걸쳐 추적한다. 이 분석을 통해 무커지는 근대성의 사회·문화적 정치 안에 존재하는 복잡성과 우발성을 포착할 수 있었다. 그러나 무커지는 스콧의 젠더적인 비평을 지지하며 다음과 같이 표방했다. "철학자들이 남성과 여성은 서로 반대되는 성질로 구성되어 있다는 근대성의 원리를 표명한 것은 18세기 후반의 일이었다. 남성은 자연스럽게 근대 세계의 지도자가 될 운명을 타고났지만, 여성은 반대로 시대에 뒤떨어지고 인위적으로 유지되는 사회적 전통의 운반자가 되어야만 했다."

•• 1870년대부터 세기말까지 미국의 경제가 급속히 성장한 시기를 의미한다. 🔲

가 됐다. 역사학자 레베카 에드워즈Rebecca Edwards는 리즈에 대해 다음과 같이 서술했다. "이 시대에는 정치적 연설이 아직 대중을 위한 오락거리로 간주되던 시대였고, 리즈는 청중의 관심을 사로잡는 데 탁월했다. (…) 리즈는 셰익스피어와 성경을 인용하여 자기의 연설을 꾸몄고, 야유꾼들을 쫓아내는 데는 고소하게 비아냥대는 것이 최고라는 사실을 알고 있었다"(2000: 60). 공화당 지도부는 "남자 마누라"와 같은 비방으로 리즈의 여성성을 공격했지만(Goldberg, 1997: 261), 리즈의 유머·끈기·공격적인 계급 담화는 일반 청중 및 인민당원들에게 큰 인기를 끌었다.

오늘날의 보수 여성 운동가들과 마찬가지로 리즈도 여성의 정치적 참여가 기독교적 모성의 의무를 배반하는 행위라기보다는, 오히려 그 의무를 수행하는 행위라고 생각했다. 그러나 리즈의 포퓰리즘은 사라 페일린의 시장 친화적 포퓰리즘과 달리 은행과 기업을 공격하기 위해 "엄마주의Momism"(Eliasoph, 1998: 183-189)의 수사를 활용했다. 리즈는 여성참정권운동가들과 WCTU 회원들 앞에서 이렇게 연설했다. "독점이라는 제도가 악질적인 저당과 압류를 이용해 우리의 집을 빼앗아가고 있습니다 (…) 여성들이 왜 농민동맹에 가입하는지 궁금하시다고요? 아니 지금 이 땅에 농민동맹에 가입하지 않을 여유가 있는 여자가 어디 있나요?"(Edwards, 2000: 59) 리즈의 사례는 포퓰리즘이 남성의 전유물이라는, 그리고 남성의 전유물이여야만 한다는 전제를 흔들어놓는다.

골드버그는 인민당이 당시의 기성 정당들보다 여성들에 대해 더 포용적인 태도를 갖고 있었음을 칭송했다. 그럼에도 불구하고 인민당의 남성 지도자들은 공화당의 남성 지도자들과 마찬가지로 가족농장이라는 사적인 영역과 농장연맹이라는 사회운동 조직에서 내적으로 젠더 불평등이 발현되는 모습을 인지하지 못했다.

잠시 뮐러가 포퓰리즘에 가한 비판을 다시 살펴보자. 역사적으로 포퓰리즘운동에 참가한 집단들 사이에 존재했던 사회적 차이와 불만들은 분파적 분열을 막고, 단일한 정치적 정체성을 유지한다는 미명하에 무시되어왔다. 4장에서 살펴본 1930년대의 뉴딜연합 그리고 2016년 민주당 예비선거에서 버니 샌더스가 사용한 포퓰리즘 선거 캠페인도 이런 비판으로부터 자유롭지 못하다. 특히 후자에 대해서는 샌더스의 지지자 나오미 클라인Naomi Klein도 정당한 비판이라고 인정한 바 있다.⁺ 여기서 핵심은 백인이 정상으로 간주되는 가부장적 사회에서 포퓰리즘운동은 너무 쉽게 백인 남성 노동계급을 "국민"의 기본적인 이미지로 간주해버린다는 사실을 인지하는 것이다. 그리고 뉴딜의 사례에서 살펴봤듯이 "노동계급"이라는 상징에 어떤 사람이 포함되고 어떤 사람이 포함되지 않는지는 추후 정책의 영역에도 영향력을 미치고, 결국에는 실질적인 경제적 결과로 이어지게 된다.

진보 진영에서 포퓰리즘에 대해 나름 합리적인 비판을 가했다는 점에는 의문의 여지가 없다. 그러나 그와 동시에 그들이 내세운 전문적인 뉴스 페르소나 그리고 기술관료주의를 표방한 정치인들은 백인·비백

⁺ 버니 샌더스의 전폭적인 지지자인 나오미 클라인은 자신의 저서 『"아니오"만으로는 부족해: 트럼프의 충격 정치에 저항하기 그리고 우리가 필요로 하는 세상 만들기No Is Not Enough: Resisting Trump's Shock Politics and Winning the World We Need』(2017)에서 샌더스의 좌파 포퓰리즘운동의 결점 중 하나가 아프리카계와 라틴계 미국인을 끌어들이는 힘이 부족하다는 점이라고 주장한다. 클라인은 샌더스의 경제 포퓰리즘에 박수를 보내면서도 경제적 불평등의 재생산에 있어서 인종과 성별의 역할을 충분히 인지하고 있음이 표현되어야 한다고 강조한다. 킴벌레 크렌쇼Kimberlé Crenshaw는 이와 같은 방식을 "교차적intersectional" 방식이라고 표현한다.

인을 가릴 것 없이 노동계급의 관심과 참여를 이끌어내는 데 실패했음도 잊어서는 안 된다. 『포퓰리즘 폭발The Populist Explosion』(2016)의 저자 존 쥬디스John Judis는 여러 한계점에도 불구하고 2016년의 "버니 샌더스를 대통령으로Bernie Sanders for President"운동이, 포퓰리즘과 다문화주의가 같은 체제 안에서 공존할 수 있음을 보여주었다고 주장한다. 포퓰리즘이 본질적으로 백인우월주의와 엮여 있다고 보는 비평가들이 종종 있지만, 이들은 미국적인 맥락 밖으로 눈을 돌릴 필요가 있다. 그와 반대로 해외에서는 인종차별에 저항하는 좌파운동이 포퓰리즘의 수사를 사용하는 사례를 여럿 관찰할 수 있기 때문이다. 스페인의 포데모스Podemos운동*이나 그리스의 시리자SYRIZA운동**에서도 이런 면모를 찾아볼 수 있다. 무엇보다도 베네수엘라의 우고 차베스나 볼리비아의 에보 모랄레스를 비롯한 라틴아메리카의 포퓰리스트 대통령들은 포퓰리즘 수사를 통해 원주민의 인종적 정체성을 구현하기도 했다.

정치 이론가 샹탈 무페는 오늘날 좌파 진영이 단순히 기존 지지층을 확인하고 선거구별로 맞춤 전략을 세우는 것에서 벗어나 "국민을 구성하는 것"을 주요 임무로 삼아야 한다고 강력히 주장했다. 하지만 정치적 운동을 통해 "국민"을 구성하는 과정이 순전히 수직적인 과정이라고 가정해서는 안 된다. 이 과정은 집단 구성원들 간의 격렬한 대립과 타협 그리고 여러 가지 연정의 구축을 수반하고 있기 때문이다. 자메이카

---

* '우리는 할 수 있다'는 뜻의 스페인어. 스페인의 사회민주주의 정당으로 2014년에 창당되었고, 긴축 재정에 반대하여 공화주의 및 반체제주의를 표방했으며, 포퓰리즘적 성향을 보이고 있다. 🈂

** 그리스어로는 ΣΥΡΙΖΑ. 급진좌파연합Συνασπισμός Ριζοσπαστικής Αριστεράς의 약자. 2004년 그리스 좌파 정당 연합체로 시작된 정당으로 2015년 총선에서 승리해 집권을 시작했다. 2019년에는 제1야당으로 지위가 하락했다. 반체제주의와 세속주의, 사회민주주의를 표방하고 있다. 🈂

태생의 영국 문화 이론가 스튜어트 홀은 이렇게 강조한다. "불변의 진리는 바로 사회적 이해관계가 서로 모순적인 관계에 있다는 것이다. 계급적 위치, 정치적 입장 및 이념적 성향 간에 자동적으로 그어지는 관계란 없다. 다수majorities라는 것은 수동적으로 생겨나는 것이 아니라 '만들어지는 것' 그리고 '쟁취되어야 하는 것'이다"(1988c: 27).

심지어 가장 동질성이 강해 보이는 정치 공동체에서도 포퓰리즘은 헤게모니를 구축하는 작업 못지않게 "힘든 일"이다.* 매 선거 주기마다 보수 진영의 활동가들은 정장 차림의 월 스트리트 공화당원들과 레이건을 지지한 블루칼라 민주당원들Reagan Democrats** 간의 사회적 격차를 해소해야만 했다. 뿐만 아니라 론 폴Ron Paul을 위시한 자유주의적 남성들과 종교적으로 보수적인 여성들 그리고 남부 선벨트Sun Belt***의 보수주의자들과 북동부 러스트벨트Rust Belt****의 보수주의자들 간의 격차도 좁혀야 했다. 보수 진영의 지적 문화 또한 두 가지 상충되는 주장이 공존하는 무대였다. 바로 전통적 삶의 방식을 보호해야 한다는 에드먼드 버크Edmund Burke의 주장과 경제학자 조지프 슘페터Joseph Schumpeter의 "창조적 파괴" 개념을 추종하는 신자본주의 경제 이론, 즉 자본주의를 통해 끊임없는 사회적 변혁을 추구해야 한다는 주장이다(Grossberg, 2005: 132-134). 여기서 나열된 지적 전통들이 자연스럽게, 혹은 논리적

---

* 이 표현은 "헤게모니화는 힘든 일"이라는 스튜어트 홀의 발언에서 따온 것이다(Lipsitz, 1998. 6.).

** 원래는 민주당을 지지했지만 1980년대부터 레이건을 지지하기 위해 민주당을 이탈하여 공화당을 지지하기 시작한 러스트벨트 출신 백인 노동자들을 뜻한다. 옮긴이

*** 일조량이 많은 미국 남부 지역을 의미한다. 온난한 기후로 인해 전후 베이비부머 세대들의 은퇴 후 거주지로 각광받고 있다. 옮긴이

**** 중공업의 몰락과 함께 경제가 추락한 미국 중서부와 북동부 지역을 의미한다. 옮긴이

으로 하나로 엮인다고 생각하면 큰 오산이다. 마치 총기 소유를 지지하고, 낙태를 반대하고, 기후 변화를 부인하며, 부자에 대한 감세를 지지하는 입장들 간에 자연스러운 연관성 혹은 논리적 연관성이 결여된 것과 마찬가지다. 그럼에도 불구하고 위에서 언급된 보수 진영의 입장 중 한 가지만 언급해도 나머지 입장들이 자동적으로 떠오르는 이유는 바로 수십 년 동안 보수 진영의 사회운동가들, 싱크탱크들 그리고 언론 기관들이 이념노동을 해왔기 때문이다.

폭스뉴스부터 러시 림보의 라디오 토크쇼 그리고 『월스트리트저널』에 이르기까지, 다양한 보수 언론 매체들은 수사를 이용해 "엘리트"를 일관되게 공격하는 기능을 수행하고 있다(Cappella & Jamieson, 2008: 59-74). 그리고 2000년대 후반의 경제 위기 내내 폭스뉴스는 그중에서도 매우 특별한 역할을 했다. 폭스의 인기 프로그램들은 티파티 활동가들에게 포퓰리즘적인 도덕적 권위를 일관되게 부여해주었고, 이는 궁극적으로 티파티운동이 강력한 메시지를 전달하는 데 큰 기여를 했다. 그것은 진보 진영에서 2011년에 시도한 "월 스트리트를 점거하라Occupy Wall Street"에서 메시지의 일관성 부재가 악재로 작용한 것과 대비를 이룬다. 물론 폭스가 2016년 공화당 예비선거에서 트럼프를 반대했음에도 트럼프가 결국 대선에서 승리를 거둔 사례를 보아 우리는 폭스의 권력에도 한계가 존재함을 알 수 있다. 그럼에도 불구하고 폭스뉴스가 공화당에 행사하는 수준의 영향력을 민주당에게 행사할 수 있는 언론사를 꼽기 어렵다는 점에서 폭스는 특별하다. 민주당과 민주당 진영의 언론사들 입장에서 폭스의 포퓰리즘을 모방하는 것은 많은 위험을 수반하는 행위라고 할 수 있지만, 기존의 전문직계급적 문화 스타일과 비자극적인 중도주의에 계속 의존하는 것에도 여러 위험이 따른다. 이 전략은 산발적인 메시지 전달, 유권자 및 시청자의 무관심 그리고 이념 대립에서의 거듭된 패배라는 결과로 여러 차례 이어졌기 때문이다.

폭스뉴스의 교훈

1926년 이탈리아의 지식인 안토니오 그람시는 무솔리니의 파시스트 정권에 의해 투옥되었다. 그람시는 감옥에 있는 동안에도 문화와 정치의 관계에 대한 그의 사상을 발전시켜 이제는 고전의 반열에 오른 『옥중수고』로 정리했다. 좌파 마르크스주의자로서 그람시는 『크리티카파시스타 Critica Fascista』를 비롯한 당대 우익 잡지들과 조반니 젠틸레 Giovanni Gentile 및 루이지 피란델로 Luigi Pirandello 를 위시한 우파 작가들에 대해 주기적으로 비평문을 작성했다. 그람시 연구자인 티모시 브레넌 Timothy Brennan 은 다음과 같이 회고한다. "그람시는 당시의 보수운동이 인기를 끄는 이유를 교훈으로 삼아 흡수하고 배워나가는[강조는 인용자] 경향이 있었다. (…) 그는 당시 부상했던 근대적 사상들에 대해 답하는 방식으로 자신의 주장을 구체화했다." 그람시는 이탈리아의 우익 세력이 사람들을 기만하는 기법을 폭로하는 것보다는, 본인이 살고 있던 정치적 시대를 지배한 사상들에 도덕적인 힘과 "상식"적인 자질을 제공한, 보다 깊은 문화적 흐름을 배우는 데 훨씬 더 관심이 있었다. 마찬가지로 오늘날 TV 뉴스를 분석하는 연구자들도 단순히 시청자를 기만하는 사례들에 집중하기보다 그람시의 접근법을 택해 그 이면을 채우는 문화를 강조하는 것이 도움이 될 것이다.

마지막으로 나는 지금까지 좌파 진영의 분석가들이 폭스뉴스를 다루는 데 걸림돌로 작용했던 세 가지 경향을 그람시의 접근법으로 설명하면서 이 책을 마무리하려고 한다. 폭스뉴스의 상업적 성공 및 정치적 영향력을 설명함에 있어 좌파 진영의 비평가들은 현재 지배적이긴 하지만 막다른 길에 도달할 뿐인 세 가지 분석적 경향을 포기해야 한다. 첫째, 지금까지 폭스뉴스에 대한 연구는 이념적 세뇌의 문제를 지나치게 강조한 나머지 스타일에 대한 분석을 경시하곤 했다. 둘째, 분석가들은 대부분의 경우 기만이라는 현상에 집중하여 보수 언론 매체의 영향력을 단순히 "거짓 의식"을 조장하는 측면에서만 설명하려는 경향을 보였다. 마지막으로 지금까지는 보수 언론의 시청자들이 절망적일 정도로 편협적이거나 반지성주의적이라고 간주하는 경향이 있었다. 이 세 가지 경향은 분석가들로 하여금 보수 정치 담론이 자극적인 요인들에 반응하는 모습만을 바라보게 만듦으로써 보수 담론이 그려내는 유토피아적인 세계관을 과하게 만든다. 이 명제의 의미를 더 자세히 설명하기 위해 첫 번째 경향부터 살펴보기로 하겠다.

폭스뉴스를 비롯한 당파적 언론을 다룬 기존 연구에서는 "선택적 노출selective exposure"이라는 개념을 강조했다. 이 개념은 1950년대에 커뮤니케이션 연구자들이 "제한적 효과"를 설명하기 위해 도입한 심리학 이론에서 비롯된 것으로, 최근에 정치학자들과 정치 커뮤니케이션 학자들이 다시 사용하기 시작했다.[•] 여기서 선택적 노출은 사람들에게는 본인의 정치적 성향과 일치하는 정보를 취사선택하는 인지적 경향이 있음을 의미하는 용어다. 다르게 얘기하자면 사람들은 "인지 부조화"

• Sunstein, 2001; Tsfati & Cappella 2003; Prior, 2007; Bennett & Iyengar, 2008; Cappella & Jamieson, 2008; Stroud, 2011; Arseneaux & Johnson, 2013; Levendusky, 2013

를 피하려는 경향이 있기 때문에 자신이 이미 정립해놓은 세계관을 뒤흔드는 생각이나 사실을 대면하지 않으려고 한다는 것이다.

이 책에서 우리는 보수와 진보 진영 모두 이런 인지적 경향을 지니고 있음을 확인할 수 있었다. 그 결과 정도는 다를지라도 두 진영 모두 자신만의 문화와 이념에 사로잡힌 상아탑에 갇혀버리게 되었다(Pew, 2004; Iyengar & Han, 2009). 당파적 언론에 대한 선택적 노출을 다룬 여러 연구들은 오늘날 뉴스와 정치 영역의 양극화를 만들어내고 유지시키는 사회적 및 심리적 과정 그리고 언론 산업 내의 조직적 과정에 대한 이해를 증진시켜주었다. 그러나 좌파와 우파를 막론하고 대부분의 비평가들이 선택적 노출에 대한 연구들을 단순화시켜 이해한 뒤 이 단순화된 논리 구조를 자신의 비평에 그대로 반영하는 과오를 저지르고 말았다.

좌파 진영에서 들 수 있는 예로는 젠 센코Jen Senko의 다큐멘터리 영화 〈우리 아빠의 세뇌 The Brainwashing of My Dad〉(2015)가 있다. 보수 토크쇼들이 대인관계에 끼치는 영향을 살펴보는 영화로, 감독 본인의 아버지 사례를 통해 당파주의가 가족을 분열시켜놓는 모습을 매우 현실적으로 담아내고 있다. 제목에서 알 수 있듯이 이 다큐멘터리 영화는 라디오 토크쇼의 청취자 및 폭스뉴스 시청자를 대체로 비합리적이고 충동적인 사람으로 묘사하여 일종의 심리학적인 이미지를 제공한다. 위와 같은 한계로 인해 이 영화는 보수적 매체가 부흥하게 된 역사적 맥락을 훌륭하게 설명했음에도 불구하고, 핵심 문제를 보수적 유권자들 내에서 찾고자 하는 분석적 접근에서 벗어나지 못한다. 이와 같은 접근법은 1950년대에 리처드 호프스태터가 매카시즘의 "피해망상적인 스타일"에 대해 비판한 것과 크게 다르지 않다.*

〈우리 아빠의 세뇌〉가 암시한 바에 따르면 보수 시청자들은 지적인 고민 혹은 도덕적 감수성을 통해 능동적으로, 그리고 의도적으로 정치적 정체성을 형성하는 사람들이 아니다. 보수적 시청자들이 정치적 정체성을 획득하게 된 것은 전적으로 강력한 미디어에게서 이념적인 메시지를 반복적으로 주입받은 결과이기 때문에 그들은 수동적이고 순종적인 행위자일 수밖에 없다. 이런 메시지를 반복적으로 주입받은 시청자들은 기존에 그들이 갖고 있었을지도 모르는 비판적 사고 능력마저 분해되어 궁극적으로는 보수 정치 공작에 더 쉽게 선동당하게 된다. 즉 이 다큐멘터리는 보수 시청자들을 마치 사이비 종교인에 의해 친구, 가족 그리고 외부 세계와 단절된 사이비 신도처럼 묘사하는 좌파적 접근을 고수하고 있다. 따라서 이 영화의 시각에서 보수 시청자란 단 하나의 정치적 관점만을 주입하는 언론 문화에 잠식되어버린 사람으로 이해된다.

흥미롭게도 선별적 노출에 대한 주요 연구 결과는 이런 관점에 대해 반기를 든다. 예를 들어 조지프 카펠라와 캐슬린 제이미슨의 저서 『반향실』(2008), 그리고 매튜 레벤더스키 Matthew Levendusky의 저서 『당파적 언론이 미국을 양분화하는 방법 How Partic Media Polarization America』(2013) 은 사실 러시 림보나 폭스뉴스의 애청자들이야말로 미국 시민 중 정치

• Hofstadter, 「1954년의 사이비 보수 혁명 The Pseudo-Conservative Revolt-1954」, 『미국 정치의 피해망상적 스타일 그리고 다른 에세이들 The Paranoid Style in American Politics, and Other Essays』(1965) 호프스태터는 이 에세이를 대니얼 벨이 편집을 맡은 책 『새로운 미국 우파 The New American Right』(1955)에서 처음 선보였다. 나중에 이 책은 『급진 우파 The Radical Right』(1963)라는 개정판으로 다시 출간된다. 호프스태터의 보수 포퓰리즘에 대한 비평과 그에 대한 반박에 대해서는 다음 자료를 참조할 것. 「리처드 호프스태터의 '피해망상적 스타일' 재조명하기: 티파티, 과거는 서막일 뿐 Paranoid Style Revisited: The Tea Party, Past is Prologue」, 『미국의 우파: 골드워터부터 티파티까지 반체제적 보수주의 추적하기 America's Right: Anti-establishment Conservatism from Goldwater to the Tea Party』(2013), 로버트 호르위츠 편집

적으로 가장 능동적인 행위자에 속함을 보여준다. 카펠라와 제이미슨은 이런 현상이 나타나는 이유로 보수 언론의 스타일이 청중에게 더 큰 절박감과 정치적 효능감을 부여해준다는 사실을 꼽는다(13-38). 2009년 티파티 시위는 폭스뉴스 시청자들이 자신의 정치적 효능감에 대한 강력한 신념을 지니고 있음을 입증했다. 그리고 바로 이듬해인 2010년에 치러진 중간 총선에서 공화당은 역사에 길이 남을 정도로 많은 의석을 차지하게 된다.

케빈 아르세노와 마틴 존슨의 "능동적 시청자 이론"은 "선택적 노출"을 실천하는 것 자체도 시청자로서 주체성을 행사하는 행위라고 주장한다(2013). 당파적 시청자들을 비당파적인 시청자들 그리고 오락 지향적인 시청자들과 비교한 결과, 그들의 연구는 오히려 당파적인 미디어 소비자들이 가장 능동적이고 통찰력을 가장 많이 발휘하여 미디어를 해석하려는 경향을 보인다는 것을 드러냈다. 다시 말해서 당파적인 미디어 시청자들이야말로 다른 시청자들에 비해서 선동되기 어려운 성향을 지니고 있다는 것이다.

물론 보수 진영 또한 진보 진영의 사고방식을 "설명"하기 위해 그들 나름의 논리, "선별적 노출"과 비슷한 논리를 보유하고 있다. 그들은 모든 고등교육 기관을 진보적 사상의 원천으로 꼽고 있는데, 그들은 고등교육 기관이야말로 "상아탑"처럼 사회로부터 격리되어 있고 사이비 종교와 같은 경험을 촉진하는 곳으로 규정하여 모든 진보 정치의 주장에서 정당성을 파기한다. 실제로 2017년에 퓨리서치센터에서 실시한 조사에 따르면 절반 이상의 공화당원이 고등교육이 미국 사회에 부정적인 영향을 미친다고 생각하고 있다(Fingerhut, 2017). 보수적 지적 전통의 선구자 윌리엄 F. 버클리는 이미 자신의 저서 『예일에서의 신과 인간『God and Man at Yale』(1951)에서 비슷한 견해를 내비친 바가 있다. 한편 폭스뉴스 또한 미국의 대학들이 미국 청년들을 진보주의자가 되게끔 세뇌시킨다는 이야기를 단골 소재로 다뤘다. 2007년에는 〈오라일리 팩터〉에 대한 내용 분석이 이루어졌는데, 그 결과 〈오라일리 팩터〉에서 일관되게 "악당villain"으로 묘사된 집단 중에 "학자academics"가 포함된다는 것이 확인됐다(Conway et al., 2007). 〈터커 칼슨 투나잇Tucker Carlson Tonight〉은 "캠퍼스 광기Campus Craziness"라는 코너를 통해 최근에도 이 전통을 이어가고 있다.* 이 코너에서 진행자인 터커 칼슨은 대학 교수들과 학생운동가들을 초대하는데, 그의 목적은 오로지 이들이 지닌 "극단적"이고 "반-미국적인" 견해와 반목하면서 이들이 얼마나 "세뇌"당했는지를 드러내는 것이다.

언제부터인지는 모르겠지만 오늘날 당파적 저널리즘과 미디어 편향에 대한 논의는 거의 대부분의 경우, 상대 진영이 더 지적으로 고립되어 있고 현실과 동떨어져 있음을 증명하는 폭로전의 양상을 띠고 있다. 이런 방식으로 논의가 진행될 경우 대화의 관점에서도, 그리고 분석의 관점에서도 필연적으로 단절과 교착의 상태로 이어지게 된다. 하지만 본 연구에서처럼 폭스뉴스의 정치적 편향보다 정치적 스타일에 중점을 둘 경우 폭스뉴스를 분석할 수 있는 새로운 활로를 개척할 수 있다. 궁극적으로는 이런 기여를 통해 정치 미디어에 대한 논의를 재조명하고 확대시킬 수 있기를 바란다.

기존 연구에서 확인되는 두 번째 맹점은 바로 기만에 방점을 두는 해석적 접근에서 찾아볼 수 있다. 이런 접근법은 사회운동적인 성향을 지

---

*   Fox News Insider(2017. 3. 3.)

닌 폭로 매체에서 더욱 두드러지게 나타나는데, 두 가지 예를 들자면 로버트 그린왈드Robert Greenwald의 2004년도 영화〈폭스에게 당하다: 루퍼트 머독의 저널리즘과의 전쟁 Outfoxed: Rubert Murdoch's War on Journalism〉그리고 데이비드 브록과 아리 래빈-핫트Ari Rabin-Havt의 2012년 저서『폭스 효과: 로저 에일스, 방송사를 선전 기계로 바꿔놓다The Fox Effect: How Roger Ailes Turned a Network into a Propaganda Machine』를 꼽을 수 있다. 이들은 폭스가 시청자들에게 잘못된 정보를 제공하면서 공화당의 선전 기구로 기능하고 있다고 주장한다. 이 유형의 비평가들이 주로 활용하는 텍스트 분석 기법은 폭스뉴스에서 인용하고 주장하는 내용들에 대한 팩트체크에 지나지 않는다. 이들은 폭스뉴스가 편집과 프레임 전술을 통해 의도적으로 사실을 조작하고, 시청자들을 기만하려 든 사례들을 여럿 제공한다. 실제로『폭스 효과』와〈폭스에게 당하다〉와 같은 작품들은 폭스가 정치적인 목적을 지닌 뉴스 기관이라는 주장을 뒷받침할 수 있는 근거를 풍부하게 제공하고 있다.

그렇지만 독일 철학자 에른스트 블로흐Ernst Bloch는 상대방이 거짓을 퍼트린다는 사실을 보여주기에만 그칠 경우 "반쪽짜리 계몽"의 함정에 빠질 수 있다고 경고한다. 블로흐는 이념에 대해 비평을 가할 때는 "이중 코드"를 활용해야 한다고 주장했다.˙ 본 연구는 폭스의 프로그래밍에서 기만적인 요소들을 고려함과 동시에 폭스뉴스가 방영한 내용들이 시청자들에게는 진실성 있게 들릴 수 있다는 점도 염두에 두면서 블로흐의 관점을 반영하고자 했다. 지금까지 나는 폭스가 미국의 사회적 불

˙ 문화 비평 기법을 다시 부활시켜야 한다는 블로흐의 주장을 깊이 이해하기 위해서는 다음을 참조할 것. Kellner, 1997

평등, 특히 인종·성별·계층과 관련된 불평등을 왜곡해온 방식을 비판해왔다. 그러나 동시에 나는 폭스가 "전통적인 과거"에 대해 불러일으키는 향수와 미래에 대해 그린 유토피아적이고 자유시장적인 비전이 오히려 현재 사회 체제에서 부족한 점들을 부각시켰으며, 이 부족한 부분들에 대해 비판적인 이목을 집중시킬 수 있었다는 점도 보여주려고 했다. 이런 관점에서는 폭스가 단순히 시청자들을 기만한 것이 아니라 "아메리칸 드림"과 구조적 내지 사회적인 현실 간의 괴리를 밝혀낸 것이라고 할 수 있다. 특히 폭스뉴스의 포퓰리즘적 상상력은 하위 중산층과 고학력 전문직 간에 존재하는 계급 갈등과 부조화를 부각해주었다.

해니티, 오라일리 그리고 글렌 벡과 같은 보수 방송인들이 성공적이었던 이유는 바로 포퓰리즘의 수사적 기법을 통해 권력을 비판하고, 유토피아적인 미래에 대한 도덕적 비전을 제시해주었기 때문이다. 안타깝게도 아직까지 좌파는 이런 포퓰리즘적 움직임에 대한 "옅은" 서술만을 축적했으며, 그 대신 폭스 진행자들의 가장 반동적이고 권력 중심적인 측면에만 집중된 분석을 내놓았다.

이처럼 기존의 해석이 반동적인 측면에 집중하게 된 데는 사회학자 대니얼 벨과 역사학자 리처드 호프스태터를 비롯한 컨센서스학파Consensus School 학자들의 공로가 크다. 이들은 매카시즘 및 골드워터 대선 운동과 같이 1950년대와 1960년대를 휩쓸었던 보수운동들을 연구 대상으로 삼고, 보수 포퓰리즘이 "피해망상적 스타일"로 정의된다고 개념화했다. 보수 포퓰리즘이란 궁극적으로 백인 중산층의 "지위 불안", 즉 자신들이 인종을 근거로 얻게 된 경제적 특권을 잃게 될지도 모른다는 두려움을 일으키려고 한다는 것이다.* 그리고 앞서 언급한 다큐멘터리 영화 〈우리 아빠의 세뇌〉를 보아도 알 수 있듯이 이런 개념들은 우파에는 무엇인가 병적인 것이 있다는 전제를 깔고 있다. 도널드 트럼프가 2016년 대선에서 승리를 거머쥔 뒤 등장한 수많은 진보 진영의 작품들 또한 같은 정서를 공유하고 있다.

코리 로빈Corey Robin의 2011년 저서 『보수주의자들은 왜The Reactionary Mind』는 이 주장을 더욱 강력하게 내세운다. 그는 에드먼드 버크 및 18세기 영국과 프랑스의 정치까지 거슬러 올라가면서 보수 사상은 그 근본 자체가 모든 사회적 위계질서를 고집하고자 하는 반동적인 충동에 뿌리를 두고 있다고 암시한다. 로빈은 보수 진영의 사상이란 개별 개인이 사회적 평등이라는 이상보다 스스로 군림할 수 있을 가능성을 선호한다는 사실에 의존해왔다고 주장한다. 따라서 대중적 민주주의가 나타난 이래로 보수운동의 "영구적인 정치 프로젝트"는 "특권을 민주주의적 대중들의 입맛에 맞게" 요리하려는 시도일 수밖에 없었으며, 지금까지도 그 시도는 지속되고 있다.

로빈이 제시한 보수 사상의 계보는 보수 사상의 전통에서 반-혁명적인 사상이 얼마나 중추적인 역할을 했는지 설득력 있게 보여주고 있다. 또한 그의 분석은 이 전통이 다양한 변형을 통해 역사 속에서 유지될 수 있었음을 드러내고 있다. 그러나 이 책의 핵심 주장은 바로 보수의 철학 체계("반동의 정신")란 근본적으로 "특권을 입맛에 맞게" 요리해야 하는 임무에 묶여 있다는 것이다. 그리고 이 관점은 보수적 정책 및 사

• 앨리스 오코너Alice O'Connor는 호프스태터의 "지위 불안" 개념이 매카시즘이나 골드워터 대선운동과 같은 보수 포퓰리즘의 형성을 단순히 "충동과 분노의 꾸러미"로 축소시킨다고 비판했다(109). 호프스태터의 "지위 불안"에 대한 비판적인 견해를 전개한 또 다른 예로는 카진(Kazin, 1998: 191-192)을 참조할 것. 반대로 호프스태터의 "지위 불안"에 호의적인 견해를 찾아보기 위해서는 로버트 호르위츠의 2013년 저서 『미국의 우파: 골드워터부터 티파티까지 반체제적 보수주의 추적하기 America's Right: Anti-establishment Conservatism from Goldwater to the Tea Party』를 참조할 것.

상이 왜 광범위하게 도덕적 정당성을 선점하게 됐는지를 이해하려고 했던 분석가들로 하여금 막다른 골목에 이르도록 만들었다. 본인 스스로의 특권과 권력을 보호하려는, 본질적으로 이기적인 동기에 의해 보수 포퓰리즘이 작동한다고 간주한다면 보수 포퓰리즘이 전개한 반-체제적인 운동이 지닌 도덕적 논의 및 사회-정치적 기반에 대해서 토론할 기회가 사라지기 때문이다.

이 책은 폭스뉴스를 다룬 대다수의 글들이 하지 않았던 것을 하려고 했다. 바로 좌파 독자들로 하여금 자신들이 지닌 신념과 비슷한 요소들을 보수 미디어 문화에서 발견할 수 있게 해주는 것이다. 최소한 보수주의자들도 자신들만의 도덕관에 입각하여 사고한다는 것을 보여주고자 노력했다. 자신의 권력을 유지하고자 하는 정치 엘리트들은 자신들이 지배하는 대중적 분파들에게 상징적인 차원에서든 물질적인 차원에서든 일종의 양보를 해야 한다.˙ 따라서 특권과 위계질서를 옹호하는 담론들 또한 평등, 진보, 심지어는 전복에 대한 사상들과 얽히게 마련이다. 그람시는 라이벌 헤게모니에 도전할 때는 그 내부의 반동적인 요소들을 폭로하는 것 못지않게, 어떤 대중적이고 민주적인 요소들이 존재하는지 확인하고 자신의 헤게모니로 빼앗아오는 것이 중요하다고 주장했다. 문학 이론가 케네스 버크Kenneth Burke는 정치의 상당히 많은 부분이 "서로의 상징을 뺏고 뺏기는 것"으로 이루어져 있다고 말했다. 전후 시대부터 보수 진영은 1890년대와 1930년대의 좌파운동의 여러 상징적 자원을 빼앗아왔으며, 심지어 1960년대의 신좌파로부터는 문화적으로 진취적인 주제들을 전유하기도 했다. 한편 정치적 상징이 교환

•   Laclau (1977: 173); Gramsci (1996)

되는 방향이 한쪽으로 치우쳐져 있어 보일 수도 있다. 이는 상당 부분 보수 진영의 정치 커뮤니케이터들이 대중문화의 요소를 평가할 때 그 활용 가치를 더 유연하게 상상하는 경향이 있기 때문이다. 그람시의 표현을 빌리자면 이들은 어떤 면에서는 헤게모니를 더 잘 실천했으며, 학습 자세 또한 더 모범적이었다.

정치적 포퓰리즘과 타블로이드 저널리즘이 표방하는 반-엘리트주의와 평등주의의 가치는 미국 대중문화에 뿌리 깊이 박혀 있다. 바로 이 지점을 상기해보자면 특정 담론이 미디어 및 정치 영역에서 성공을 거두기 위해서는 스스로가 사회적 약자underdog라고 주장해야 하며, 이런 과정 없이 해당 담론이 사회적으로 우위를 점하고 있다는 사실에만 전적으로 의존해서는 성공을 거두기 어려울 것이라는 점을 알 수 있다. 하지만 우리가 보수주의자들이 스스로를 사회적 약자로 정의하는 모습을 이해하려고 한다고 해서 보수 포퓰리즘이 얼마나 가부장적이고 백인우월주의적인지 비판할 수 없다는 것은 아니다. 오히려 이 책은 보수 포퓰리즘에 내재된 평등주의적 요소들이야말로 좌파로부터의 도덕적 비판을 무디게 만들고 내부로부터의 도덕적 반성을 회피하게 해주면서, 보수 사상의 반동적인 요소에 대한 가림막으로 활용되고 있다는 사실을 밝혀냈다. 바로 이것이야말로 "잊혀진 사람"이라는 포퓰리즘적 서사 그리고 빌 오라일리같이 노동계급성을 연기하는 사람들이 보수운동에 그토록 중요했던 이유라고 할 수 있다. 사람들은 본인 스스로가 억압되었다는 서사를 부여받을 때 타인의 억압에 대해 무신경해질 수 있는 면죄부를 받기 때문이다. 물론 이것은 우파와 좌파를 가리지 않고 나타나는 현상이다.

폭스뉴스와 "대안 우파"

―포퓰리즘과 민족주의

2016년 대선 때부터 "대안 우파alt-right"라는 용어가 널리 쓰이기 시작했다. 일시적으로나마 대안 우파의 지도자들과 언론사들은 미국 시사 평론계의 뜨거운 감자가 됐다. 마치 새롭고 "대안적인" 보수주의를 상징하는 이름표가 등장한 것처럼 보였다. 이 보수주의는 부끄러움 없이 백인 중심적 정체성 정치 및 반-페미니즘적 입장을 내세웠으며, 전통적인 보수주의가 지지하던 자유무역 중심적인 국제주의보다 경제적 민족주의의 입장을 강조했다. 몇몇 평론가들은 이것은 단지 구식 우파의 재탕에 불과하다며 1940년대 공화당 상원의원 로버트 태프트Robert Taft 나 1990년대의 보수 칼럼니스트 팻 뷰캐넌Pat Buchanan과 같은 인물들이 이미 한 번 내세웠던 보수주의의 면모라고 주장했다.* 2016년 공화당 전당대회에서 스티븐 배넌Steven Bannon은 자신의 웹사이트인 브라이트바트뉴스가 "대안 우파의 플랫폼"이 됐다고 천명하면서, "대안 우파"

---

* Lyons(2017. 1. 20.) 다음도 참조할 것. Rosenberg(2016. 10. 8.)

라는 용어가 공공 영역에서도 나름대로의 정당성을 획득했음을 과시했다.[*] 2016년 8월에는 도널드 트럼프가 당시 브라이트바트의 CEO였던 배넌을 참모진으로 기용하기까지 했다. 이 행보를 통해 트럼프는 마치 자신의 선거운동과 대안 우파 간의 연대가 굳건하다는 것을 공식화하는 것처럼 연출할 수 있었다.

하지만 2017년이 되자 보수 정치인들 및 보수 언론에서 "대안 우파"라는 단어를 역병 피하듯이 꺼려하는 모습을 보이기 시작한다. 대안 우파에 대한 선구적인 전문가 안젤라 네이글 Angela Nagle 은 버지니아주 샬러츠빌에서 2017년 8월 11일부터 12일까지 일어난 사건으로 인해 대안우파운동이 종말을 맞이하게 됐다고 분석한다.[**] 바로 "우파 연합"에서 미국 전쟁 당시 남부연합군 사령관인 로버트 E. 리 장군 동상의 철거에 반대하는 시위를 조직한 사건인데, 이를 통해서 대안 우파 내의 백인우월주의적 요소들이 만천하에 드러나게 된 것이다. 리처드 스펜서 Richard Spencer 를 비롯한 대안 우파의 젊은 힙스터 지도자들이 쿠클럭스클랜 Ku Klux Klan, KKK 이나 네오나치 단체들과 함께 행진하는 모습은 대안 우파의 인종차별적 언사가 단순히 반어법적으로 비꼬기 위한 수단에 불과하다는 주장들을 일축하고도 남았다. 이날 스스로를 네오나치로 정의한 제임스 알렉스 필즈 James Alex Fields 는 우파에 대한 반대 시위를 하고 있던 헤더 하이어 Heather Heyer 를 자동차로 들이받아 살해하고 말았다. 이 사건은 대안 우파가 반어법과는 거리가 먼 심각한 호전성을 지니고 있음을 드러냈다.

•   Posner(2016. 8. 22.)

••   Nagle(2017. 8. 15.)

2015~2016년의 대선운동 기간까지만 하더라도 리처드 스펜서나 브라이트바트의 편집자를 맡은 마일로 야노풀로스Milo Yiannopoulos와 같은 극우 인사들은 섭외해 봄직한 대중 연설자나 인터뷰 대상으로 대접받았지만 대선이 끝난 뒤, 그리고 샬러츠빌의 사건이 지난 뒤에는 거의 불가촉천민과 같은 취급을 받았다. 스티븐 배넌은 부상한 것만큼이나 빠르게 몰락했다. 2016년 8월 트럼프는 배넌을 선거대책본부장으로 영입했지만, 불과 1년 뒤에는 백악관의 "최고 전략가" 자리에서 해임했다. 2018년 1월이 되자 트럼프와의 불화가 너무나도 공공연하고 심각해진 나머지 배넌은 자기가 스스로 일으켰던 조직 브라이트바트를 떠날 수밖에 없었다. 대안우파운동이 이처럼 한철 운동에 불과한 이상, 그것을 산전수전을 다 겪어낸 폭스뉴스와 그 스타일 및 정치성의 차원에서 비교하는 것은 매우 어렵고, 어떻게 보면 어리석은 분석이라고도 할 수 있다. 그럼에도 불구하고 폭스뉴스와 브라이트바트, 즉 보수 진영의 옛 근위대와 새 근위대 간에 어떤 관계가 존재하는지를 제도적 차원 및 담론적 차원에 걸쳐 탐색의 수준에서나마 살펴볼 필요는 있다.

서론에서 언급한 바 있지만 2016년 대선운동 중 일시적으로나마 브라이트바트뉴스가 폭스뉴스의 스포트라이트를 빼앗아간 시점이 존재했었다. 내용적으로도 브라이트바트는 폭스에 대해 반대하는 입장을 취하기도 했다. 그러나 "새로운" 온라인 미디어와 "오래된" 텔레비전 미디어의 대립에 대한 이야기들은 둘 사이에 존재하는 상생적인 관계를 감추곤 한다. 폭스뉴스와 브라이트바트의 경쟁관계에 대한 이야기 또한 2007년 브라이트바트가 설립된 시점부터 폭스뉴스와 맺고 있던 상호 호혜적 관계를 은폐해버리고 말았다.

브라이트바트의 설립자인 앤드류 브라이트바트는 캘리포니아 출신의 보수적 선동가로 신생 온라인 뉴스 사업을 이끄는 방법에 대한 엄청 난 통찰력을 지니고 있었다. 브라이트바트는 가장 성공적인 우파 뉴스 포털로 꼽히는 드러지리포트에서 일한 경력이 있을 뿐만 아니라, 아리 아나 허핑턴 Arianna Huffington을 도와 가장 성공적인 좌파 뉴스 포털로 꼽 히는 허핑턴포스트를 출범시킨 경험도 갖고 있었다. 따라서 브라이트 바트뉴스가 2016년 대선에서 주요 언론으로 부상할 수 있었던 것이 브 라이트바트 본인의 능력과 기술 덕분이었다는 데는 의심의 여지가 없 다. 하지만 여기서 종종 잊히는 사실은 브라이트바트의 기사를 전국적 으로 처음 확산시켜준 플랫폼이 바로 폭스뉴스였다는 점이다. 그것은 바로 2009년에 보수운동가 제임스 오키프 James O'Keefe가 촬영한 ACORN*폭로 비디오**에 대한 기사였다. 이 기사의 선정적 내용과 반-복지주의적 메시지는 폭스뉴스의 구미를 당기기에 충분했다. 서론 에서 다뤘듯이 폭스는 "미디어 간 의제 설정"에 있어서 선구자적 입지 를 지니고 있기 때문에, 폭스뉴스가 브라이트바트의 ACORN 기사를 전면 보도하자마자 이 이야기는 온라인 언론 밖으로도 확산될 수 있었 으며, CNN·NBC·NPR을 비롯한 "전통적인" 주류 언론사들 또한 이

• 즉각적인 개혁을 위한 지역사회단체 연합회 Association of Community Organizations for Reform Now. 1970년에 설립된 단체로 저소득층에 대한 지원을 담당하는 지역 공동체 조직이었으나 점차 진보적 사회운동과 결을 함께했다. 2008년에는 유권자 등록 지원 프로그램을 운영했는데, 이때 ACORN을 통해 유권자 등록 신청 건수 중 40만 건 이상이 이중 등록 혹은 유령 등록이었다는 지 적이 나오면서 ACORN에 대한 공격이 시작됐다. 🈂

•• 제임스 오키프가 동료 보수운동가인 한나 자일스 Hannah Giles와 함께 ACORN 지부에 들어 가 몰래 촬영한 영상. 둘은 매춘업자인 것으로 위장하여 ACORN 직원들로부터 어떻게 경찰 수사 를 피해 매춘 알선을 진행하고 탈세할 수 있는지에 대한 조언을 받았다고 주장했다. 이 영상으로 인해 여러 민주당 정치인들이 ACORN과 거리를 두기 시작했고, 재정난 또한 심각해져 결국 2010년 해산됐다. 현재는 ACORN의 국제 지부인 ACORN International만이 잔존하여 활동을 이 어가고 있다. 🈂

기사를 인용했다(Dreier & Martin, 2010).

2012년 앤드류 브라이트바트가 심부전으로 사망한 뒤 브라이트바트 뉴스의 회장직은 스티브 배넌에게 넘겨졌다. 앤드류 브라이트바트와 마찬가지로 배넌은 대침체 기간 동안 티파티운동과 함께하면서 프로듀서로서의 경력을 쌓았다. 배넌의 영향력은 2016년에 도널드 트럼프 대통령이 그를 백악관 수석전략가로 임명하면서 절정에 달했지만, 보수 언론계에 배넌의 이름을 각인하는 데는 폭스뉴스가 기여한 부분도 있음을 무시해서는 안 된다. 배넌은 2008년의 금융 붕괴에 대한 다큐멘터리 〈제로 세대 Generation Zero〉를 제작하여 2010년 전국 티파티 컨벤션 National Tea Party Convention과 보수 정치 활동 콘퍼런스 Conservative Political Action Conference, CPAC에서 첫선을 보였는데, 이 다큐멘터리를 대대적으로 홍보해준 것이 바로 폭스뉴스였다. 폭스뉴스의 방송인 제시워터스 Jesse Watters는 이 영화가 "티파티 컨벤션에서 완전히 죽여줬다"고 보도했다. 이에 더해 폭스뉴스의 인기 프로그램 〈해니티〉는 배넌을 게스트로 초대해 한 시간을 〈제로 세대〉에 할애했다. 진행자 숀 해니티는 배넌을 추켜세우며 이렇게 얘기했다. "대박 히트작이었잖아요"(2010년 2월 23일 방송). 지금 시점에서 이 다큐멘터리를 다시 돌아보면 경제적 민족주의, "정경유착"의 폐해에 대한 비판 그리고 미국이 전통을 잃어버렸다는 비관론이 두드러진다. 여기서 우리는 "미국을 다시 위대하게 Make America Great Again"나 "늪에서 물 빼기 Drain the Swamp"•와 같이 2016년 대선운

• 원래는 모기를 퇴치하기 위해 늪 지대에서 물을 뺀다는 의미지만, 트럼프의 대선운동 동안에는 연방정부의 "고인 물"을 처리해야 한다는 의미로 활용되어 "적폐 청산"과도 비슷한 뉘앙스를 지닌 슬로건으로 활용됐다. 🎣

동에서 트럼프가 사용한 슬로건들의 문화적 청사진을 발견할 수 있다.

브라이트바트의 배너이 폭스와 맺은 관계는 브라이트바트의 편집 방향 및 트럼프 선거운동에 확실한 영향을 미쳤다. 트럼프는 지금까지도 스스로를 "잊혀진 미국인들"의 대변인으로 연출하고 있는데, 이는 폭스 뉴스에서 2000년대 후반 경제 위기와 티파티를 보도할 때 자주 사용한 "잊혀진 사람"의 변주라고 볼 수 있다. 이 외에도 여러 유사점을 발견할 수 있다. 브라이트바트와 트럼프가 "큰 저널리즘", "큰 할리우드" 그리고 "큰 정부"에 대항하는 모습은 수십 년간 폭스뉴스의 프로그램이 반복적으로 선보인 주제를 재사용한 것에 지나지 않는다. 트럼프와 브라이트바트는 진보 진영의 PC 문화˙에 대해서도 반대했는데 이 또한 새로운 내용은 아니다. 빌 오라일리는 1996년 10월 7일 〈오라일리 팩터〉의 첫 방송—당시에는 〈오라일리 리포트〉라는 이름으로 방영되었다—에서 이렇게 발언한 바 있다. "요즘 방송들은 대부분 모험하려고 들지 않죠. 그리고 대다수가 매우 정치적으로 올바릅니다[강조는 인용자]. 저희는 그런 방송들과는 다른 모습을 보여드리기 위해 노력할 계획입니다"(Folkenflik, 2013: 56).

도널드 트럼프는 "하류" 타블로이드 스타일을 택함으로써 문화적 포퓰리즘을 내세운 보수 정치인들 및 방송인들과 어깨를 견줄 수 있게 되었다. 하지만 최근 그가 외국인 혐오, 반-이민주의 그리고 "법과 질서"라는 용어를 통해 "흑인의 생명도 소중하다" 운동을 재정의하여 대안 우파의 반동적 정치가 더 강조됨으로써 포퓰리즘보다 종족-민족주의

˙ 대화에서 정치적 올바름political correctness을 내세워 특정 주제 혹은 단어를 피하거나 다른 용어로 대체하고자 하는 문화 🄮

가 전면에 나서게 됐다. 하지만 포퓰리즘과 민족주의 간에는 어떤 차이가 존재하는 것인가?

포퓰리즘과 민족주의는 자주 융합되곤 하는데 이는 그 둘이 지닌 수사적 특성이 매우 유사하기 때문이다. 4장에서 언급했듯이 포퓰리즘은 항상 "현대 세계에 고대의 가치를 재림"시키려는 "과거 지향적" 담론이다(Taggart, 2000: 16). 이는 역사가들이 오랫동안 민족주의를 이해해온 방식과 유사하다. 민족주의 또한 "유산"이나 "전통"과 같은 과거 지향적인 관념들에 기초하고 있기 때문이다(Kammen, 1991). 무엇보다도 민족주의와 포퓰리즘이 자신의 정치 공동체 내에 연대감을 구축하는 방식 또한 동일하다. 바로 공공의 적으로서 타자를 강조하는 것이다. 여기서 어떤 집단을 적으로 내세우는지에 따라 민족주의와 포퓰리즘이 구분된다.

민족주의가 외부의 적을 강조하는 것과 달리 포퓰리즘 담론에서 주요 위협 요소인 엘리트는 바로 정치적 공동체 내부에 존재하는 적이다(Stavrakakis, 2005: 244-247). 따라서 포퓰리즘은 필연적으로 국가 내에 존재하는 사회적 위계질서에 집착하게 된다. 이러한 이유로 미국의 정치인들과 언론사들, 특히 타블로이드 언론사들은 계급 갈등을 언급하기 위해 포퓰리즘의 언어를 활용했다(Ornebring & Jönsson, 2004). 물론 이런 방식으로 포퓰리즘과 민족주의를 구분 지어 이해하는 것에도 한계가 존재한다.

수 세기 동안 포퓰리즘적 상상 속에서 "생산자"와 "노동자"는 백인 남성의 모습으로 그려졌다(Roediger, 1991; Kazin, 1998). 포퓰리즘 정치는 단순히 귀족과 파워엘리트를 공격한 것이 아니라 빈곤층 및 소수인종을 희생양으로 삼는 데에도 거리낌이 없었고(Berlet & Lyons, 2000; Lowndes, 2005), 이들 집단을 마치 국가 내부에 존재하는 외국인처럼 취급했다.

1950년대의 적색공포 Red Scare*와 같은 역사적 사건들이 알려주듯이 미국의 정치사에서는 "외국인"과 "내국인"이 명확하게 구분된 적이 드물다. 이것은 미국 외에도 서구 열강이나 기타 패권 국가에 의해 정치적 간섭을 받아온 탈식민화된 국가들에서도 찾아볼 수 있는 현상이다.

폭스뉴스의 프로그래밍 또한 역사적으로 민족주의와 포퓰리즘 간의 스펙트럼을 넘나들곤 했다. 대침체 시기 동안 폭스뉴스의 인기 프로그램들은 부의 분배와 계급 문제를 대대적으로 보도했다. 하지만 오늘날 폭스뉴스의 프로그램들은 기성 언론 및 진보 진영의 문화적 엘리트주의를 비난할 시간에 이슬람 테러리스트나 MS-13**과 같은 이민자 출신 폭력 조직의 위협에 대해 얘기하는 방향으로 노선을 틀었다. 공교롭게도 이 새로운 주제들은 대안 우파와 전통적 보수 진영에서 공통적으로 내세우는 정치적 서사 구조에 딱 들어맞는다. 바로 이민자의 증가와 좌파의 다문화주의가 "서양 문명"을 파괴하고 말 것이라는 공포의 서사 구조 말이다(Buchananan, 2002). 보수 주간지 『위클리스탠더드 Weekly Standard』를 설립한 빌 크리스털 Bill Kirstol부터 MSNBC의 진보적 진행자 조이 리드 Joy Reid에 이르기까지 다양한 논평가들이 폭스가 백인 민족주의 모드로 전환하여 트럼프 시대의 정치적 상황에 맞춰가려고 하고 있음을 지적했다. 특이하게도 크리스털과 리드 둘 다 폭스뉴스에서 이러

• 　미국에서 1950년대에 등장한 반공주의. 공산주의를 비롯해 무정부주의 및 급진주의 등 "비미국적"으로 정의된 여러 사상과 인물에 대한 전국적인 공포와 적대감이 특징이다. 매카시즘과도 일맥상통한다. 🔅

•• 　마라 살바트루차 Mara Salvatrucha라고 불리는 갱단으로 1970년대에 로스앤젤레스에서 발생했다. 엘살바도르를 비롯한 중미 출신 이주민들이 주축을 이루고 있으며, 현재는 미국뿐만 아니라 중남미 전반에서도 활동을 하고 있는 국제적 범죄 조직이다. 🔅

한 추세를 이끌고 있는 주요 인물로 터커 칼슨을 꼽았다.˙ 칼슨 본인은 이와 같은 혐의를 부인하고 있지만 말이다.˙˙

전임 프로그램이었던 〈오라일리 팩터〉와 유사하게 〈터커 칼슨 투나 잇〉이 상상하는 "엘리트"의 핵심에는 교수들과 대학 문화가 존재하고 있다. 그러나 엘리트에 대한 칼슨의 공격들은 보다 광범위한 전문직계 급에 대한 불평을 표출하는 대신, 대학들을 중심으로 확산되는 정체성 정치에 초점을 맞추고 있다. 칼슨은 캘리포니아 출신으로 그의 용모, 목소리 그리고 몸소 체현하고 있는 정서가 모두 그의 문화적 감수성이 청바지가 아니라, 면바지를 입는 대졸 공화당원들과 유사함을 보여주 고 있다. 이런 부분은 요즘 온라인 언론계에서 유망주로 떠오르고 있는 브라이트바트의 전 편집장 벤 샤피로와 공유하는 특징이다. 다르게 말 하자면 칼슨이 내세우는 백인 정체성에는 빌 오라일리나 션 해니티가 연출했던 지역주의 그리고 노동계급의 특성이 부족하다고 할 수 있다.

물론 칼슨의 폭스뉴스 쇼는 상대적으로 연령대가 높은 시청자들을 대상으로 기획되었기 때문에, 상대적으로 젊은 독자들이 대상인 대안 우파의 온라인 정치 문화와는 몇 가지 차이점을 갖고 있을 수밖에 없 다. 폭스의 다른 진행자들과 마찬가지로 칼슨은 컨트리 음악을 듣고, 진솔하며 신을 경외하는 "강경한 사람들"을 칭송한다. 그리고 빌 오라 일리처럼 스스로를 유대-기독교적 도덕 규범의 수호자로 연출하곤 한 다. 이에 반해 4Chan˙˙˙이나 브라이트바트와 같은 우익 웹사이트의 젊

- Baragona(2018. 1. 20.); Harwood(2018. 1. 26.)
- Fox News Insider(2018. 1. 23.)
- 익명으로 운영되는 이미지 공유 게시판. 한국에서 견줄만한 커뮤니티로는 일간베스트를 꼽을 수 있다. 🅐

은 이용자들은 도덕을 내세우는 "정상인normies"을 경멸하며, 냉소·허무주의 그리고 문화적 일탈에서 쾌락을 느낀다. 안젤라 네이글의 『정상인은 모두 죽여라Kill All Normies』(2017)는 리처드 스펜서나 마일로 야노풀로스를 비롯한 대안 우파의 주요 인사들이 사용하는 수사가 상당히 엘리트주의적이라는 점을 지적한다. 대안 우파 미디어의 인사들은 종종 스스로를 전위적이고 반체제적인 사람으로 묘사하며, 그와 대조적으로 사회적 주류를 형성하는 대중은 "파란 약"을 먹고 생각 없이 사는 사람들이라고 간주한다. 프랑스 사회심리학자 구스타브 르 봉Gustave Le Bon의 "군중crowd" 개념과 비슷하다고 할 수 있다. 그러면서도 칼슨과 같은 폭스뉴스의 방송인들은 여전히 "평범한 미국인들"의 지적 능력과 취향을 찬양하고 있다.

우리가 앞부분에서 살펴보았듯이 정치적 포퓰리즘이 계급과 관련하여 짜놓은 도덕적 서사 구조는 포퓰리즘을 휘두르는 정치 세력들의 권위주의적이고 반동적인 요소들을 은폐하는 힘을 갖고 있다. 하지만 대안 우파 언론의 담론 안에는 앵글로-유럽인들이 더 이상 다수가 아닌 미래―현실이 아닌 잠재적인 미래―에서 백인들이 소외된다는 서사 말고 스스로를 사회적 약자로 규정하는 서사를 찾아볼 수가 없다. 이처럼 노골적으로 백인성에 호소하는 전략은, 대안 우파의 지도자들과 언론사들이 추후 운동의 외부에서 자신들의 정당성을 확보하려고 할 때 사용할 수 있는 전략인 평등주의적 혹은 대중민주주의적 연출의 가능성

• 　영화 〈매트릭스〉에서 사용되는 장치로 빨간 약과 파란 약이 대비된다. 빨간 약을 먹을 경우 혼란스럽고 고통스러운 진실과 마주해야 하지만, 파란 약을 먹을 경우 질서 정연한 거짓 세계에서 만족스러운 삶을 영유할 수 있다. 옮긴이

을 사실상 봉쇄해버린다. 따라서 노동계급의 정체성을 버리고 인종적 민족주의에만 호소하는 대안 우파 스타일의 뉴스가 폭스뉴스 수준의 영향력에 도달할 수 있을지는 시간이 흐른 뒤에야 알 수 있을 것이다.

옮긴이의 말

사회과학에서 연출이라는 현상을 논할 때는 어빙 고프먼Erving Goffman의 『자아 연출의 사회학The Presentation of Self in Everyday Life』(1956)을 언급하지 않고 넘어갈 수 없다. 사회학자이자 동시에 탁월한 참여관찰자였던 고프먼은 개인들이 일상생활에서 자신의 이미지를 연출하는 방식을 연구했으며, 무대와 연극이라는 은유를 통해 우리가 너무나도 당연하게 생각하는 매일의 역할 수행에서 수많은 사회과학적 힘들이 개입된다는 사실을 밝혀냈다. 『자아 연출의 사회학』은 출판되자마자 여러 학자들의 극찬을 받았으며, 반세기가 지난 지금까지도 인상관리, 역할 수행 그리고 이미지 연출에 관한 연구에서 지배적인 영향력을 행사하고 있다. 그렇다면 고프먼 본인은 이 기념비적인 책의 첫인상을 어떻게 연출했을까? 흥미롭게도 『자아 연출의 사회학』의 첫 장을 차지하게 된 것은 고프먼 본인의 글이 아니었다. 그가 자신의 이론을 전개하기도 전에 가장 처음으로 독자들에게 읽히고 싶어 했던 것은 바로 미국 철학자 조지 산타야나George Santayana의 글이었다. 산타야나 본인은 "과거를 기억 못하는 이들은 과거를 반복하게 된다Those who cannot remember the past are con-demned to repeat it"는 명언으로 유명한 철학자였지만, 고프먼이 자신의 첫 장을 장식하기 위해 선정한 글은 바로 가면에 대한 에세이였다.

가면은 정지된 표정이며 감정을 감상할 수 있게 하는 메아리로서, 진솔하고 신중하며 동시에 과장되어 있다. 대기에 노출되어있는 생명체들은 외피를 갖춰야 하며, 이 외피에 대해 심장처럼 작동할 것을 요구하는 사람은 없다. 그럼에도 불구하고 몇몇 철학자들은 이미지가 사물 그 자체가 아니라는 사실에 대해, 그리고 말이 감정 그 자체가 아니라는 사실에 대해 격분한다. 말과 이미지는 껍데기와도 같아서, 그 속에 담긴 내용물보다 덜 중요한 것이 아니라 눈에 더 잘 보이고 관찰하기 쉬운 자연의 구성물일 뿐이다.*

이 인용구에서 산타야나는 "외피"와 "심장"이 다르다는 이유만으로 "외피"를 부차적인 것, 가식적인 것으로 간주하려는 학자들을 비판한다. 고프먼이 이 글귀를 통해 『자아 연출의 사회학』의 막을 연 것 또한 연출이라는 현상이 진지한 학문적 연구 대상이 될 수 없다는 기존의 통념을 흔들고, "가면"과 "외피"에는 학문적 진리와 본질이 존재하지 않는다고 바라보던 학자들의 시선을 비틀기 위해서가 아니었는지 유추할 수 있다. 하지만 무엇보다도 산타야나라는 저명한 철학자 또한 자신과 비슷한 사상을 갖고 있었음을 드러냄으로 인해 고프먼은 연출이라는 생소한 사회과학적 주제를 연구하는 행위에 학술적 정당성을 부여할 수 있었으며, 자신의 작품이 기존의 '학술적 정신'에 맞닿아 있음을 성공

---

*   "32. The Tragic Mask," *Soliloquies in England and Later Soliloquies*, p.131-132(역자 번역)

적으로 설득할 수 있었다.

　리스 펙의 『폭스 포퓰리즘』에서 다루고자 한 주제도 여기서 크게 벗어나지 않는다. 미시적으로 바라봤을 때, 이 책은 폭스뉴스라는 미국의 보수 방송사가 어떻게 영향력을 키우게 됐는지에 대한 기록에 지나지 않는다. 하지만 언론학자이자 사회과학자로서 펙이 시도한 것은 다양한 언론사의 이면에서 흥망을 좌지우지했던 연출의 기법들, 즉 정치적 성향을 막론하고 언론인들이 자신의 발언에 정당성과 설득력을 부여하기 위해 활용하는 기법들을 파헤치는 것이었다. 비록 많은 언론인들과 언론학자들은 폭스뉴스가 내용보다는 현혹적인 연출 기법에 초점을 맞추면서 언론의 질을 떨어트렸다고 평가하고 있지만, 『폭스 포퓰리즘』은 흥미롭게도 이런 기법들이 단순히 폭스뉴스로 인해 언론계에 도입됐다고 보기에는 역사적 선례가 너무 많이 남아있음을, 그리고 폭스뉴스가 활용한 기법들이 미국 언론계와 정치계의 저변에 흐르고 있는 "타블로이드 정신"에 맞닿아 있음을 보여주고 있다. 이를 통해 리스 펙은 언론의 본질에 대한 근본적인 질문, 과연 그 본질이 전달되는 내용에 있는지 아니면 그 내용을 전달하는 연출에 있는지에 대한 어려운 질문을 독자들에게 던진다.

　이와 비슷한 예시를 우리는 이미 경험한 적이 있다. 2016년 11월 대부분의 정치전문가, 언론사 및 여론조사의 예측을 보기 좋게 따돌리면서 도널드 트럼프가 미국 대통령 당선인으로 확정된 사건은 전미, 아니 전 세계를 충격에 빠트렸다. 진보 진영에서는 이에 대한 충격과 분노를 트럼프라는 인물에게 돌리며 트럼프 집권기 동안 발생한 모든 사회적·정치적 문제들을 트럼프의 문제로 환원시키려는 경향을 보였다. 하지만 진보 진영의 입장에서 트럼프 집행부가 미국 사회의 문제들을 더 심각한 수준으로 떨어트린 것이 사실일지 몰라도, 트럼프의 당선이라는 사건은 사실 이런 문제들을 발생시킨 원인이라기보다 오히려 미국이라는 사회 내면에 존재하던 여러 모순들이 정치적으로 표면화된 결과에 해당한다. 인종, 젠더, 계급 및 지역주의를 아우르는 다양한 사회적 갈등 및 모순이 존재하지 않았더라면 트럼프가 양대 정당의 대통령 선거 후보로 나서는 것도, 그리고 궁극적으로 당선이 되는 것도 불가능했을 것이기 때문이다. 마치 폭스뉴스의 연출 기법이 전통적인 "타블로이드 정신"에 접해 있는 것처럼, 트럼프 또한 곪을 대로 곪아버린 미국 사회의 모순을 연료 삼아 자신의 정치적 기반으로 활용하게 된 것이다. 이 책은 트럼프가 당선될 수 있게 해준 여러 사회구조적 요인 중에서도 언론의 영역, 더 일반적으로 얘기하자면 소통과 상징의 영역에서 보수 진영이 영향력을 키우게 된 과정을 분석한다.

펙의 연구는 몇 가지 중요한 의의를 지니고 있다. 일차적으로 펙은 정치 진영이 언론을 통해지지 기반을 확보하고 확장하는 과정을 밝히면서 정계의 포퓰리즘과 언론계의 포퓰리즘이 서로 상호보완적으로 발전했다는 사실을 지적하고 있다. 펙에 의하면 정계와 언론계가 포퓰리즘으로 매개되어 밀접한 관계를 맺는 것은 폭스뉴스와 우파 진영의 공생으로 비롯된 새로운 현상이 아니며, 시각에 따라서 포퓰리즘이라는 것은 민주주의 그 자체의 발전과 함께해온 초역사적 현상으로 볼 수도 있다. 다양한 담론들이 목소리를 낼 수 있는 현대의 민주주의 환경에서는 타 담론에 대해 정당성을 확보해 더 많은 청자들을 설득시키는 것이 정치적으로 중요하기 때문에 정치커뮤니케이션은 결국 더 많은 유권자를 설득하는 방식으로 진화하기 마련이다. 이 주장을 뒷받침하기 위해 펙은 다양한 역사적 사례를 활용하는데, 여기서 두 번째 중요한 의의를 찾을 수 있다. 대부분의 독자들은 폭스뉴스의 포퓰리즘과 1930년대 루스벨트 대통령의 노변담화 간에 상관관계를 그리지 못할 것이다. 허나 이 책은 1930년대 루스벨트 대통령과 뉴딜 정책은 물론, 19세기 여성 운동가 매리 리즈Mary Lease, 20세기 타블로이드 신문 그리고 21세기의 대안 우파 매체까지 넘나들며 폭스뉴스로 대표되는 포퓰리즘 연출 기법이 초당파적으로 유효하다는 점을 꼬집는다. 포퓰리즘적인 연출은 보수 진영만의 전유물도 아니며 진보 사상과 원칙적으로 모순관계에 존재하는 것도 아니다.

이런 상황에서 우리의 언론은 어떤 방향으로 나아가야 할까? 그리고 언론의 소비자인 우리 독자들은 어떤 선택을 해야 할까? 책의 말미에서 저자는 진보 진영 및 진보 언론 또한 연출의 기능과 효과를 인정하고 포퓰리즘적인 연출 기법을 받아들여야 한다고 주장하고 있다. 하지만 양쪽 진영 모두 포퓰리즘으로 반응한다면 결국에는 모든 사람들이 두 개의 반향실에 갇혀 각자 자기 진영의 정의만을 되새김질하는 사회로 나아가게 되는 것은 아닌지 우려가 남는다. 다소 무책임하지만 이보다 혁신적인 해법을 찾는 것을 독자들에게 과제로 남기면서 역자 후기를 마무리한다.

2022년 7월

윤지원

참고문헌

A Current Affair (January 24, 1989) [Video tape]. Los Angeles: Twentieth Century Fox. Retrieved October 9, 2014 from UCLA Film and Television Archive.

(March 7, 1989). [Video tape]. Los Angeles: Twentieth Century Fox. Retrieved October 10, 2014 from UCLA Film and Television Archive.

(April 28, 1989). [Video tape]. Los Angeles: Twentieth Century Fox. Retrieved October 10, 2014 from UCLA Film and Television Archive.

(May 31, 1989). [Video tape]. Los Angeles: Twentieth Century Fox. Retrieved October 10, 2014 from UCLA Film and Television Archive.

(July 17, 1989). [Video tape]. Los Angeles: Twentieth Century Fox. Retrieved October 9, 2014 from UCLA Film and Television Archive.

Aday, S. (2005). Chasing the Bad News: An analysis of 2005 Iraq and Afghanistan War Coverage on NBC and Fox News Channel, *Journal of Communication*, 60(1), 144164.

Ahmed, S. (2014). The Cultural Politics of Emotion (2nd Edition). New York: Routledge: 54.

Ailes, R. (April 12, 2012). Lecture Presented at the School of Media & Journalism at University of North Carolina, Chapel Hill [Transcript]. Retrieved from: http://mj.unc.edu/sites/default/files/images/2012parklecture.pdf.

Alterman, E. (February 8, 1996). The GOP's Strike Force: The Rightwing Propaganda Machine dChurns Out Money, Activists and Lies. *Rolling Stone*. Retrieved from: www.rollingstone.com/politics/news/the-gops-strikeforce-19960208.

(2004). *What Liberal Media?: The Truth about Bias and the News*. New York: Basic Books.

Alvarez, L. (2008). *The Power of the Zoot: Youth Culture and Resistance in World War II*. Berkeley: University of California Press.

Anderson, C. W. (2011). Deliberative, Agonistic, and Algorithmic Audiences: Journalism's Vision of Its Public in an Age of Audience Transparency. International *Journal of Communication*, 5, 533540.

Anderson, C. W., Downie, L., & Schudson, M. (2016). *The News Media: What Everyone Needs to Know*. Oxford University Press: 162.

Arceneaux K., & Johnson, M. (2013). *Changing Minds or Changing Channels?: Partisan News in the Age of Choice*. Chicago: Chicago University Press.

Arceneaux, K., Johnson, M., Lindstädt, R., & Wielen, R. (2016). The Influence of News Media on Political Elites: Investigating Strategic Responsiveness in Congress. *American Journal of Political Science*, 60(1), 45, 529.

Arditi, B. (2005). Populism as an Internal Periphery of Democratic Politics. In F. Panizza (ed.), *Populism and the Mirror of Democracy*. London: Verso: 8283.

Argenti, P. (2013). *Corporate Communication* (6th Edition). New York: McGraw-Hill: 25.

Aronowitz, S. (1992). *The Politics of Identity: Class, Culture, Social Movements.* New York: Routledge.

Arsenault, A., & Castells, M. (2008). Switching Power: Rupert Murdoch and the Global Business of Media Politics. *International Sociology,* 23(4), 488513.

Auletta, K. (2003, May 26). Vox Fox: How Roger Ailes and Fox News Are Changing Cable News. *The New Yorker.*

Bai, M. (December 6, 2009). Cable Guise. *New York Times Magazine,* 13.

Banet-Weiser, S. (1999). *The Most Beautiful Girl in the World: Beauty Pageants and National Identity.* Berkeley: University of California Press: 82.

Baragona, J. (January 20, 2018). Joy Reid: Many Feel Tucker Carlson's Pushing a 'Blatantly White Nationalist' Point of View. *Mediaite.* Retrieved from: www.mediaite.com/tv/joy-reid-many-feel-tucker-carlsons-pushing-a-blatantly-whitenationalist-point-of-view/.

Bark, E. (July 13, 1998). Journalist Writes about What He Knows: TV News' Cutthroat World. *St. Louis Post-Dispatch.*

Barrabi, T. (June 26, 2017). ESPN Exec on Bias Allegations: "We Have No Political Agenda Whatsoever." Fox Business Network. Retrieved from: www.foxbusiness.com/features/2017/06/26/espn-exec-on-bias-allegationshave-no-political-agenda-whatsoever.html.

Bartle, J., & Bellucci, P. (2009). *Political Parties and Partisanship: Social Identity and Individual Attitudes.* New York: Routledge: 8.

Bartels, L. (2000). Partisanship and Voting Behavior. *American Journal of Political Science,* 44, 3550.

(September 14, 2005). What's the Matter with What's the Matter with Kansas? Prepared for presentation at the annual meeting of American Political Science Association. Washington, DC. Retrieved from: https://my.vanderbilt.edu/larrybartels/files/2011/12/kansas_Bartles.pdf.

(2006). What's the Matter with What's the Matter with Kansas? *Quarterly Journal of Political Science,* 1(2), 201226.

(2008). Unequal Democracy: *The Political Economy of the New Gilded Age.* Princeton: Princeton University Press: 8393.

Bartlett, B. (May 11, 2015). *How Fox News Changed American Media and Political Dynamics.* Retrieved from: https://papers.ssrn.com/sol3/papers.cfm?abstract_id=2604679.

Battaglio, S. (January 15, 2003). How Young Fox Slyly Moved Past CNN: Flash (or fluff) Helped Channel Win News Crown. *New York Daily News.* Retrieved from: www.nydailynews.com/archives/nydn-features/young-fox-slyly-movedcnn-flash-fluff-helped-channel-win-news-crown-article-1.660984.

(September 16, 2003). New CNN Team Seeks a Long Run. *Daily News.* Retrieved from: www.nydailynews.com/archives/nydn-features/young-foxslyly-moved-cnn-flash-fluff-helped-channel-win-news-crown-article-1.660984.

Baum, M. (2003). *Soft News Goes to War: Public Opinion and American Foreign Policy in the New Media Age.* Princeton, NJ: Princeton University Press: 3739.

Baum, M., & Groeling, T. (2008). New Media and the Polarization of American Political Discourse. *Political Communication,* 25, 345365.

Baym, G. (2009). *From Cronkite to Colbert: the Evolution of Broadcast News.* Oxford: Oxford University Press: 20.

Beck, G. (January 6, 2009). *Glenn Beck.* [Transcript]. New York: Fox News Channel. Retrieved July 3, 2011, from Factiva database (Dow Jones).

(January 16, 2009). *Glenn Beck.* [Transcript]. New York: Fox News Channel. Retrieved July 3, 2011, from Factiva database (Dow Jones).

(January 26, 2009). *Glenn Beck* [Video file]. New York: Fox News Channel. Retrieved January 5, 2012, from UCLA Communication Studies Archive, University of California, Los Angeles.

(June 16, 2009). *Glenn Beck* [Video file]. New York: Fox News Channel. Retrieved March 12, 2012, from UCLA Communication Studies Archive, University of California, Los Angeles.

(February 2, 2009). *Glenn Beck* [Video file]. New York: Fox News Channel. Retrieved June 25, 2011, from UCLA Communication Studies Archive, University of California, Los Angeles.

(February 24, 2010). *Glenn Beck* [Video file]. New York: Fox News Channel. Retrieved December 2, 2011, from UCLA Communication Studies Archive, University of California, Los Angeles.

(March 13, 2009). *Glenn Beck* [Video file]. New York: Fox

News Channel. Retrieved September 16, 2011, from UCLA Communication Studies Archive, University of California, Los Angeles.

(June 17, 2009). *Glenn Beck* [Transcript]. New York: Fox News Channel. Retrieved July 3, 2011, from Factiva database (Dow Jones).

(June 29, 2009). *Glenn Beck* [Video file]. New York: Fox News Channel. Retrieved September 16, 2011, from UCLA Communication Studies Archive, University of California, Los Angeles.

(August 17, 2009). *Glenn Beck* [Video file]. New York: Fox News Channel. Retrieved June 25, 2011, from UCLA Communication Studies Archive, University of California, Los Angeles.

(November 10, 2009). *Glenn Beck*. [Transcript]. New York: Fox News Channel. Retrieved July 3, 2011, from Factiva database (Dow Jones).

(June 8, 2010). *Glenn Beck* [Video file]. New York: Fox News Channel. Retrieved January 5, 2012, from UCLA Communication Studies Archive, University of California, Los Angeles.

(August 11, 2010). *Glenn Beck* [Video file]. New York: Fox News Channel. Retrieved December 2, 2011, from UCLA Communication Studies Archive, University of California, Los Angeles.

(November 4, 2010). *Glenn Beck* [Video file]. New York: Fox News Channel. Retrieved January 5, 2012, from UCLA Communication Studies Archive, University of California, Los Angeles.

Beck, U., & Giddens, A. (1994). *Reflexive Modernization: Politics, Tradition and Aesthetics in the Modern Social Order.* Stanford, CA: Stanford University Press.

Becker, R. (2006). *Gay TV and Straight America.* New Brunswick, NJ: Rutgers University Press: 95.

Bell, D. (1973). *The Coming of Post-Industrial Society.* New York: Basic Books.

Benkler, Y., Faris, R., Roberts, H., & Zuckerman, E. (March 3, 2017). Study: Breitbart-Led Right-wing Media Ecosystem Altered Broader Media Agenda. *Columbia Journalism Review.* Retrieved from: www.cjr.org/analysis/breitbart-media-trump-harvard-study.php.

Bennett, W. L. & Iyengar, S. (2008). A New Era of Minimal Effects? The Changing Foundations of Political Communication. *Journal of Communication,* 58: 707731.

Benson, R. (2013). *Shaping Immigration News: A French-American Comparison.* Cambridge: Cambridge University Press.

Benson, R., & Neveu, E. (2005). *Bourdieu and the Journalistic Field.* Cambridge, UK: Polity Press.

Berke, R. (January 30, 1994). Political Memo: G.O.P.-TV: New Image in Appeal to Voters. *New York Times.* Retrieved from: www.nytimes.com/1994/01/30/us/political-memo-gop-tv-new-image-in-appeal-to-voters.html.

Berlet, C., & Lyons, M. (2000). *Right-Wing Populism in America: Too Close for Comfort.* New York: Guilford Press.

Berr, J. (January 24, 2011). After Olbermann, Is Comcast Set to Overhaul MSNBC? Don't Bet on It. *Daily Finance.* Retrieved from: www.dailyfinance.com/2011/01/24/after-olbermann-is-comcast-set-to-overhaul-msnbcdont-bet-on/.

Berry, M.,&Sobieraj, S. (2014). *The Outrage Industry: Political Opinion and the New Incivility.* New York: Oxford University Press: 6694.

Berry, P. (April 19, 2017). Here Are 10 of Bill O'Reilly's Most Infamous Hip-Hop Moments. XXL. Retrieved from: www.xxlmag.com/news/2017/04/billoreilly-hip-hop-moments/.

Bérubé, M. (2009). *The Left at War.* New York: New York University Press.

Bettie, J. (1995). Class dismissed? Roseanne and the Changing Face of Workingclass Iconography. Social Text, 45, 134.

(2003). *Women without Class: Girls, Race, and Identity.* Berkeley: University of California Press: 4956.

Bird, E. (1992). *For Enquiring Minds: A Cultural Study of Supermarket Tabloids* (1st Edition). Knoxville: University of Tennessee Press: 30, 34.

Biressi, A., & Nunn, H. (2008). Introduction. In A. Biressi & H. Nunn (eds.), *The Tabloid Reader.* Berkshire, England: McGraw-Hill/Open University Press: 14. Blumenthal,M. (May 21, 2010). Reliance on Cable News:More than We Thought? *Huffington Post.* Retrieved from: www.huffingtonpost.com/mark-blumenthal/reliance_on_cable_news_more_th_b_727639.html.

Bolce, L., De Maio, G.,&Muzzio, D. (1996). Dial-in Democracy: Talk Radio and the 1994 Election. *Political Science Quarterly,* 111, 457483.

Borchers, C. (March 28, 2016). The Very Cozy

Relationship between Donald Trump and the National Enquirer. *Washington Post.* Retrieved from: www.washingtonpost.com/news/the-fix/wp/2016/03/28/the-very-cozy-relationshipbetween-donald-trump-and-the-national-enquirer/.

Boss, K. (June 9, 1991). Talk-Show Hosts Convene, Hear Their King of Bombast. *The Seattle Times.* Retrieved from: http://community.seattletimes.nwsource.com/archive/?date=19910609&slug=1287993.

Bourdieu, P. (1984). *Distinction: A Social Critique of the Judgment of Taste* (R. Nice, trans.), Cambridge, MA: Harvard University Press: 25, 33, 3450, 41, 43, 44-50, 190, 381.

(1999). *On Television,* (P. Ferguson, trans.). New York: The New Press.

Braid, M. (September 14, 2004). The Naked Truth. BBC. Retrieved from: http://news.bbc.co.uk/1/hi/magazine/3651850.stm.

Brandingm3 (October 27, 2010). MSNBC: Lean Forward [Video file]. YouTube. Retrieved from: www.youtube.com/watch?v=4CQAcewckXo.

Brennan, T. (2006). *Wars of Position: the Cultural Politics of Left and Right.* New York: Columbia University Press: 251.

Briggs-Bruce, B. (1979). An Introduction to the Idea of the New Class. In B. Briggs-Bruce (ed.), *The New Class?* New Brunswick, NJ: Transaction Books.

Briggs, C., & Hallin, D. (2016). *Making Health Public: How News Coverage Is Remaking Media, Medicine, and Contemporary Life.* New York: Routledge.

Brinkley, A. (1982). *Voices of Protest: Huey Long, Father Coughlin and the Great Depression.* New York: Vintage.

Broadcasting (April 4, 1988). Cable Operators Search for Space, 106.

(March 2, 1992). *The Simpsons* Bested an Original Episode of *NBC's The Cosby Show,* 72.

Broadcasting & Cable (June 21, 1993). Top 100 Companies, pp. 3639.

Brock, D. (2004). *The Republican Noise Machine: Right-Wing Media and How It Corrupts Democracy* (1st Edition). New York: Crown Publishers: 8181.

Brock, D., & Rabin-Havt, A. (2012). *The Fox Effect: How Roger Ailes Turned a Network into a Propaganda Machine.* New York: Anchor Books: 58, 8690.

Brooks, D. (September 17, 2009). No, It's Not about Race.

New York Times. Retrieved from: www.nytimes.com/2009/09/18/opinion/18brooks.html.

Brown, R. (February 1, 1993). *Chancellor: Too Much Vox Populi.* Broadcasting, 8. (November 15, 1993). NET Channel: C-Span with a Spin. *Broadcasting & Cable,* 34.

Bryan, W. J. (1913). The Price of the Soul. New York: Funk & Wagnalls Company: 362.

Buchanan, P. (2002). *The Death of the West: How Dying Populations and Immigrant Invasions Imperil Our Country and Civilization.* New York: Thomas Dunne Books.

Buckley, W. F. (1951). *God and Man at Yale: The Superstitions of "Academic Freedom."* Chicago: Regnery.

Burke, K. (1984). *Attitudes toward History.* Berkeley: University of California Press: 103.

Burke, M. J. (1995). *The Conundrum of Class: Public Discourse on the Social Order in America.* Chicago: University of Chicago Press.

Burkett, E. (1998). *Right Women: A Journey through the Heart of America.* New York: Touchstone: 1516.

Burner, D. (1996). *Making Peace with the 1960s.* Princeton, NJ: Princeton University Press: 136.

Butler, J. (1990). *Gender Trouble: Feminism and the Subversion of Identity.* New York: Routledge.

Calabrese, A. (2005). U.S. Media and the Justification of the Iraq War. *Television & New Media,* 8(9), 153175.

Caldwell, J. (1995). Televisuality: Style, Crisis, and Authority in American Television. New Brunswick, NJ: Rutgers University Press: 336358.

Calhoun, C. J. (1982). *The Question of Class Struggle: Social Foundations of Popular Radicalism during the Industrial Revolution.* Chicago: University of Chicago Press.

Campbell, A., Converse, P., Miller, W.,&Stokes, D. (1960). *The American Voter.* Chicago: University of Chicago Press.

Cannato, V. J. (February 2, 2013). *Mayor Who Saved NYC. New York Post.* Retrieved from: http://nypost.com/2013/02/02/mayor-who-saved-nyc/.

Canovan, M. (1981). Populism (1st Edition). New York: Harcourt Brace Jovanovich.

(1999) Trust the People! Populism and the Two Faces of Democracy. *Political Studies,* 47(1): 216.

Cappella, J., & Jamieson, K. (2008). *Echo Chamber: Rush*

Limbaugh and the Conservative Media Establishment. Oxford: Oxford University Press: 1338, 51, 143, 211212, 246247.

Carey, J. W. (1987). The Press and the Public Discourse. *The Center Magazine*, 20, (March/April), 615.

Carmody, J. (January 6, 1995). The TV Column. *Washington Post*.

Carroll, A. (2010). *Public's Trust in Corporate America Fading* [Web page]. Athens Banner-Herald. Retrieved from: http://onlineathens.com/stories/022110/bus_565562395.shtml#.VyyUs1KCzdk.

Carson, T. (January/February, 2005). The Murdoch Touch. *The Atlantic*. Retrieved from: www.theatlantic.com/magazine/archive/2005/01/the-murdoch-touch/303676/.

Carter, D. (1995). *The Politics of Rage: George Wallace, the Origins of New Conservatism, and the Transformation of American Politics*. New York: Simon & Schuster.

Cassino, D. (2016). *Fox News and American Politics: How One Channel Shapes American Politics and Society*. Abingdon, UK: Routledge.

Castells, M. (2009). *Communication Power*, Oxford: Oxford University Press: 91, 164.

Cavuto, N. (September 21, 2008). Cavuto [Transcript]. New York Fox Business Network. Retrieved July 7, 2011, from Factiva database (Dow Jones).

Ceaser, J., & Busch, A. (2005). *Red Over Blue: The 2004 Elections and American Politics*. Lanham, MD: Rowman & Littlefield.

Chafets, Z. (2013). *Roger Ailes: Off Camera*. London: Sentinel: 125, 193, 227.

Chait, J. (March 18, 2009). Wasting Away in Hooverville. *The New Republic*. Retrieved from: www.tnr.com/article/books/wasting-away-hooverville.

Chariton, J. (January 2, 2014). 2013 Ratings: MSNBC Stays in Second in Primetime, Falls to Third in Total Day. *Adweek*. Retrieved from: www.adweek.com/tvnewser/2013-ratings-msnbc-stays-in-second-in-primetime-falls-to-thirdin-total-day/210039.

Chenoweth, N. (2001). Rupert Murdoch: *The Untold Story of the World's Greatest Media Wizard*. New York: Crown Business.

Chinoy, E. (1955). *Auto Workers and the American Dream*. Garden City, NY: Doubleday.

Clinton, J., & Enamorado, T. (2014). The National News Media's Effect on Congress: How Fox News Affected Elites in Congress. *The Journal of Politics*, 76(04), 928943.

Cmiel, K. (1991). *Democratic Eloquence: The Fight Over Popular Speech in Nineteenth-Century America*. Berkeley: University of California Press.

CNN (November, 2008). *Election Center 2008*. Retrieved from: www.cnn.com/ELECTION/2008/results/polls/#USP00p1.

(October 11, 2009). Interview with White House Communications Director; Obama Wins Nobel Peace Prize [Transcript]. *Reliable Sources*. Retrieved from: http://transcripts.cnn.com/TRANSCRIPTS/0910/11/rs.01.html.

Coe, S. (March 2, 1992). Diller's New Departure; Fox's New Order. *Broadcasting*, 46.

Cohen, N. (March 1, 2018). Trump Losing College-Educated Whites? He Never Won Them in the First Place: New Evidence That Exit Polls Are a Very Flawed Vehicle for Doing Post-Election Analysis. *New York Times*. Retrieved from: www.nytimes.com/2018/02/27/upshot/trump-losing-college-educatedwhites-he-never-won-them-in-the-first-place.html.

Cohen, P. (April 27, 2010). 'Epistemic Closure'? Those Are Fighting Words. *New York Times*. Retrieved from: www.nytimes.com/2010/04/28/books/28conserv.html.

Coller, A., & O'Connor, P. (April 21, 2009). Why GOP Is Devouring One Book. *Politico*. Retrieved from: www.politico.com/news/stories/0409/21477.html.

Collins, S. (2004). *Crazy Like a Fox: The Inside Story of How Fox News Beat CNN*. New York: Portfolio: 68, 72, 106, 140, 141, 143.

Columbia Journalism Review, (Jan/Feb, 1980,), 18(5), 22.

Conboy, M. (2002). *The Press and Popular Culture*. London: Sage Publications: 5154.

Cook, J. (July 11, 2011). Roger Ailes' Secret Nixon-Era Blueprint for Fox News. Gawker. Retrieved from: http://gawker.com/5814150/roger-ailes-secretnixon-era-blueprint-for-fox-news.

Cooper, D. (2008). *Naked Launch: Creating Fox News*. New York: 4 LLC [ebook]. Also Retrieved from: www.dancooper.tv/NakedLaunch.htm.

Conservative Political Action Conference (February 12, 1994). Conservative Opportunities through Technology [Video File]. Retrieved from: www.c-span.org/video/?54536-1%2Fconservativeopportunities-technology.

Conway, M., Maria, E., & Grieves, K. (2007). Villains, Victims and the Virtuous in Bill O'Reilly's "No-Spin Zone." *Journalism Studies*, 8(2): 197223, 207210.

Cosgrove, S. (1984). Zoot-Suit and Style Warfare. *History Workshop*, 18 (Autumn), 7791.

Couldry, N. (2004). Theorizing Media as Practice. *Social Semiotics*, 14 (2): 115132.

Cowie, J. (2010). *Stayin' Alive: the 1970s and the Last Days of the Working Class.* New York: The New Press.

Crenshaw, K. (1989). Demarginalizing the Intersection of Race and Sex: A Black Feminist Critique of Antidiscrimination Doctrine, Feminist Theory and Antiracist Politics. *University of Chicago Legal Forum*, 140: 139167.

Critchlow, D. (2006). *Phyllis Schlafly and Grassroots Conservatism: A Woman's Crusade.* Princeton, NJ: Princeton University Press.

Curtin, M. (1995). *Redeeming the Wasteland: Television Documentary and Cold War Politics.* New Brunswick, NJ: Rutgers University Press: 9, 217.

Curtin, M. & Shattuc, J. (2009). *The American Television Industry.* New York: Palgrave Macmillan: 157.

Cvetkovich, A. (2012). *Depression: A Public Feeling.* Durham, NC: Duke University Press.

Dávila, A. (2001). *Latinos, Inc.: The Marketing and Making of People.* Berkley, CA: University of California Press.

Davis, M. (1986). *Prisoners of the American Dream: Politics and Economy in the History of the US Working Class,* London: Verso.

Dawson, E., Brescoll, V., & Uhlmann E. (2008). Status Fragility. Paper Presented at Behavioral Decision Research in Management Conference; San Diego, CA.

DellaVigna, S., & Kaplan, E. (May 10, 2005). The Fox News Effect: Media Bias and Voting. Working paper. New York National Bureau of Economic Research.

(2007). The Fox News Effect: Media Bias and Voting. *The Quarterly Journal of Economics*, 122(3), 11871234.

de la Torre, C. (2010). *Populist Seduction in Latin America.* Athens: Ohio University Press.

de la Torre, C., & Anderson, C. (2013). *Latin American Populism in the Twenty-First Century.* Washington DC: Woodrow Wilson Center Press with Johns Hopkins University Press.

Delli Carpini, M., & Williams, B. (2001). Let Us Infotain You: Politics in the New Media Environment. In W. Bennett & R. Entman (eds.), *Mediated Politics: Communication in the Future of Democracy.* Cambridge: Cambridge University Press: 160181.

Denning, M. (1998). *The Cultural Front: The Laboring of American Culture in the Twentieth Century.* New York: Verso.

DeParle, J. (April 16, 1995). The First Primary. *New York Times.* Retrieved from: www.nytimes.com/1995/04/16/magazine/the-first-primary.html.

Dickinson, T. (May 25, 2011). How Roger Ailes Built the Fox News Fear Factory. Rolling Stone. Retrieved from: www.rollingstone.com/politics/news/howroger-ailes-built-the-fox-news-fear-factory-20110525.

Dilliplane, S. (2014). Activation, Conversion or Reinforcement? The Impact of Partisan News Exposure on Vote Choice. *American Journal of Political Science*, 58(1): 7994.

DirectorJess8. (April 2, 2009). O'Reilly Factor Promo #1 [Video file]. YouTube. Retrieved from: www.youtube.com/watch?v=Hb50B7mu1ic.

Dooley, P., & Grosswiler, P. (1997). 'Turf wars': Journalists, New Media and the Struggle for Control of Political News. *Harvard International Journal of Press/Politics*, 2 (3): 3151.

D. Oom. (May 29, 2013). Morton Downey vs Stripper for God!! [Video file]. Retrieved from: www.youtube.com/watch?v=JM45bTgmo0g.

Dreier, P., & Martin, C. R. (2010). How ACORN Was Framed: Political Controversy and Media Agenda Setting. *Perspectives on Politics*, 8(3), 761792.

Drezner, D. (August 11, 2015). Why Donald Trump Got the Best of Fox News. *The Washington Post.* Retrieved from: www.washingtonpost.com/posteverything/wp/2015/08/11/why-donald-trump-got-the-best-of-fox-news/.

Drotner, K. (1992). Modernity and Media Panics. In M. Skovmand& K. Schröder (eds.), *Media Cultures Reappraising Transnational.* London: Routledge.

Duggan, L. (2003). Introduction. *Twilight of Equality?: Neoliberalism, Cultural Politics, and the Attack on Democracy.* Boston: Beacon Press.

Edwards, R. (2000). Mary Lease and the Sources of Populist Protest. In B. Campbell

(ed.), *The Human Tradition in the Gilded Age and the*

Progressive Era. Wilmington, Delaware: Scholarly Resources, Inc.: 59, 60.

Edy, J. (2006). *Troubled Pasts: News and the Collective Memory of Social Unrest*. Philadelphia: Temple University Press.

Ehrlich, M. (1996). The Journalism of Outrageousness: Tabloid Television News vs. Investigative News. *Journalism & Mass Communication Monographs*, (155), 1, 124.

Eliasoph, N. (1998). *Avoiding Politics: How Americans Produce Apathy in Everyday Life*. Cambridge: Cambridge University Press: 183189.

Entman, R. (1993). Framing: Toward Clarification of a Fractured Paradigm. *Journal of Communication*, 43(4): 518.

Eyal, G. (2002). Dangerous Liaisons between Military Intelligence and Middle Eastern Studies in Israel. *Theory & Society*, 31(5), 653693.

(2006). *The Disenchantment of the Orient: Expertise in Arab Affairs and the Israeli State*. Stanford, CA: Stanford University Press.

Farhi, P. (December 13, 2000). The Life of O'Reilly. *Washington Post*. Retrieved from: www. washingtonpost.com/ac2/wp-dyn/A62722-2000Dec12.

(May 26, 2011). MSNBC's Schultz Suspended after Using Slur to Refer to Ingraham. *Washington Post*. Retrieved from: www.washingtonpost.com/lifestyle/style/schultz-suspended-after-using-slur-to-refer-to-ingraham/2011/05/26/AGbbozBH_story.html.

(March 19, 2012). C-SPAN Founder Lamb Steps Down after 34 Years. *Washington Post*. Retrieved from: www. washingtonpost.com/lifestyle/style/c-spanfounder-lamb-steps-down-after-34-years/2012/03/19/gIQACR71NS_story.html.

Faue, E. (1991). *Community of Suffering & Struggle: Women, Men, and the Labor Movement in Minneapolis, 19151945*. Chapel Hill: University of North Carolina Press: 20.

Feder, J. (2006). "*Song of the South*": *Country Music, Race, Region, and the Politics of Culture, 19201974* (Doctoral dissertation). PhD, University of California, Los Angeles. Advisor: Robert Fink.

Feldman, L., Maibach, E., Roser-Renouf, C.,&Leiserowitz, A. (2012). Climate on Cable: The Nature and Impact of Global Warming Coverage on Fox News, CNN, and MSNBC. *The International Journal of Press/Politics*, 17(1), 331.

Fingerhut, H. (July 10, 2017). Sharp Partisan Divisions in Views of National Institutions. Pew Research Center. Retrieved from: www.people-press.org/2017/07/10/sharp-partisan-divisions-in-views-of-national-institutions/.

Fiske, J. (1992). Popularity and the Politics of Information. In P. Dahlgren & C. Sparks (eds.), *Journalism and Popular Culture*: 4950.

Fiske, S., Bergsieker, H., Russel, A., & Williams, L. (2009). Images of Black Americans. Then, "Them," and Now, "Obama!." *Du Bois Review*, Spring 6(1).

Fitzgerald, T. (November 5, 2013).Why Cable News Is so Incredibly Influential: Generates Buzz Because Its Audience Is so Engaged. *Media Life Magazine*. Retrieved from: http://medialifemagazine.com/cable-news-incredibly-influential/.

Fleisher, R., & Bond, J. (2000). *Polarized Politics: Congress and the President in a Partisan Era*. Washington, DC: CQ Press.

Folkenflik, D. (2013). *Murdoch's World: The Last of the Old Media Empires*. New York: PublicAffairs: 2829, 56.

Foner, E. (1970), *Free Soil, Free Labor, Free Men: The Ideology of the Republican Party before the Civil War*, New York: Oxford University Press.

Forty-Eight Hours. (March 2, 1989). Hot TV [Video file]. New York: CBS Network. Retrieved June 5, 2015 from The Paley Center for Media.

Foucault, M. (1965). *Madness and Civilization*, (R. Howard, trans.). New York: Vintage Books.

(1970). *The Order of Things*, New York: Pantheon Books.

(1977). *Discipline and Punish*, (A. Sheridan, trans.). New York: Pantheon.

Fox News Channel (April 29, 2004). Bill O'Reilly's Bio [Web page]. Retrieved from: www.foxnews.com/story/2004/04/29/bill-oreilly-bio.html.

Fox News Insider (June 20, 2011). Bill O'Reilly Goes Head-to-Head with Rapper Who Called Obama a Terrorist [Video file]. YouTube. Retrieved from: www.youtube.com/watch?v=HmM9_Y5uiW4.

(March 3, 2017). Campus Craziness. Retrieved from: http://insider.foxnews.com/tag/campus-craziness.

(January 23, 2018). "Our Views Are Not Extreme": Tucker Fires Back at Joy Reid for 'White Nationalist' Criticism. Retrieved from: http://insider.foxnews.

com/2018/01/23/tucker-carlson-fires-back-joy-reid-calling-him-whitenationalist.

Frank, T. (1997). *The Conquest of Cool: Business Culture, Counterculture, and the Rise of Hip Consumerism.* Chicago: University of Chicago Press.

(2004). *What's the Matter with Kansas? How Conservatives Won the Heart of America* (1st Edition). New York: Metropolitan Books: 113, 196199.

(2005). Class Is Dismissed [Web Blog Post], p. 3. Retrieved from: www.tcfrank.com/media/TCFRANK_Class_Dismissed_2005.pdf.

(2012). *Pity the Billionaire: The Hard Times Swindle and the Unlikely Comeback of the Right* (1st Edition). New York: Metropolitan Books/Henry Holt: 135.

(2016). *Listen, Liberal: Or, What Ever Happened to the Party of the People?* New York: Metropolitan Books.

Franken, A. (2003). *Lies and the Lying Liars Who Tell Them: A Fair and Balanced Look at the Right,* New York: Penguin.

Fraser, N. (1990). Rethinking the Public Sphere: A Contribution to the Critique of Actually Existing Democracy. *Social Text,* 25/26, 5680.

Fraser, S. (1989). The "Labor Question." In S. Fraser & G. Gerstle (eds.), *The Rise and the Fall of the New Deal Order,19301980.* Princeton, NJ: Princeton University Press: 56, 57, 7071.

Fraser, S.,&Gerstle, G. (1989). Introduction. In S. Fraser&G. Gerstle (eds.), *The Rise and Fall of the New Deal Order, 19301980.* Princeton, NJ: Princeton University Press: xiv, 296.

Freidson, E. (1986) *Professional Powers: A Study of the Institutionalization of Formal Knowledge.* Chicago: University of Chicago Press.

Fried, L. (November 25, 1994). GOP to Invade TV. *Greensboro News & Record.* Galbraith, J. (2007). *The New Industrial State* (First Princeton Edition). Princeton, NJ: Princeton University Press: 350.

Gallup (2016). Media Use and Evaluation: Historical Trends. Retrieved from: www.gallup.com/poll/1663/media-use-evaluation.aspx.

Gamson, J. (1998). *Freaks Talk Back: Tabloid Talk Shows and Sexual Nonconformity.* Chicago: University of Chicago Press: 30.

Gans, H. (1999). *Popular Culture and High Culture: An Analysis and Evaluation of Taste* (Revised Edition). New York: Basic Books.

Geertz, C. (1973). *The Interpretation of Cultures: Selected Essays.* New York: Basic Books.

Gerstner, D. (2006). *Manly Arts: Masculinity and Nation in Early American Cinema.* Durham, NC: Duke University Press.

Gigot, P. (October 11, 2008). *Journal Editorial Report* [Transcript]. New York: Fox News Channel. Retrieved July 3, 2011, from Factiva database (Dow Jones).

Gilliam, F., & Iyengar, S. (2000). Prime Suspects: The Influence of Local Television News on the Viewing Public. *American Journal of Political Science,* 44(3), 566.

Gilroy, P., Grossberg, L., & McRobbie, A. (2000). *Without Guarantees: In Honour of Stuart Hall.* London: Verso: 321.

Glynn, K. (2000). *Tabloid Culture: Trash Taste, Popular Power, and the Transformation of American Television.* Durham, NC: Duke University Press: 28.

Goetz, T. (September/October, 1994). I'm Not a Reporter: But I Play One on GOP-TV. *Columbia Journalism Review,* 1314.

(JulyAugust 1995). Cable: Who's Connected? *Columbia Journalism Review,* 34(2), 1718.

Goffman, E. (1959). *The Presentation of Self in Everyday Life.* Garden City, NY: Doubleday.

Goldberg, M. L. (1997). *An Army Women: Gender and Politics in the Gilded Age Kansas.* Baltimore: The John Hopkins University Press: 5, 261.

Gomery, D. (JulyAugust 1996). *American Journalism Review,* 18(6), 52.

Goodman, W. (October 10, 1996). Fox's 24-hour News Is Oddly Familiar. *New York Times.*

Goodwyn, L. (1978). *The Populist Moment: A Short History of the Agrarian Revolt in America.* New York: Oxford University Press.

GOP-TV (February 13, 1994). C-Span Interview with RNC Chair Haley Barbour [Video file]. C-Span.org. Retrieved from: www.c-span.org/video/?54527-1/gop-tv.

Gottfried, J., Barthel, M., Shearer, E., & Mitchell, A. (February 4, 2016). The 2016 Presidential Campaign: A News Event That's Hard to Miss. Pew Research Center. Retrieved from: www.journalism.org/2016/02/04/the-2016-presidential-campaign-a-news-event-thats-hard-to-miss/.

Gottlieb, M. (March 24, 1993). Cuomo Called by Murdoch on the Post. *New York Times*. Retrieved from: www.nytimes.com/1993/03/24/nyregion/cuomo-called-by-murdoch-on-the-post.html.

Gould, S. (March/April 1975). Coors Brews the News, *Columbia Journalism Review*.

Gouldner, A. (1979). *The Future of the Intellectuals and the Rise of the New Class*. London: Macmillan: 47.

Gramsci, A. (1971). *Selections from the Prison Notebooks*, (Q. Hoare, & G. Nowell-Smith, trans.), New York: International Publishers.

(1985) *Selections from Cultural Writings*. D. Forgacs & G. Nowell-Smith, (eds.), (W. Boelhower, trans.). Cambridge, MA: Harvard University Press.

(1996). *Prison Notebooks* (Vol. 2), (J. A. Buttigieg, trans.). New York: Columbia University Press.

Grann, D. (October 27, 1997). Robespierre of the Right. *The New Republic*. Retrieved from: https://newrepublic.com/article/61338/robespierre-the-right.

Green, D., Palmquist, B., & Schickler, E. (2002). *Partisan Hearts and Minds: Political Parties and the Social Identities of Voters*. New Haven, CT: Yale University Press.

Green, D., & Schickler, E. (2009). A Spirited Defense of Party Identification against Its Critics. In J. Bartle & P. Bellucci, (eds.), *Political Parties and Partisanship: Social Identity and Individual Attitudes*, New York: Routledge: 180199.

Greenwald, R. (Director) (2004). *Outfoxed: Rupert Murdoch's War on Journalism* [Motion picture]. United States: Carolina Productions.

Grim, R. (May 2, 2017). With Trump in the White House, MSNBC Is Resisting The Resistance. *Huffington Post*. Retrieved from: www.huffingtonpost.com/entry/andy-lack-msnbc-donald-trump_us_5907422de4b0bb2d086fb7a8.

Grindstaff, L. (2002). *The Money Shot: Trash, Class, and the Making of TV Talk Shows*. Chicago: University of Chicago Press: 50.

Gripsrud, J. (1989). "High Culture" Revisited, *Cultural Studies*, 3(2), 194207.

Groeling, T. (2008). Who's the Fairest of them All? An Empirical Test for Partisan Bias on ABC, CBS, NBC, and Fox News. *Presidential Studies Quarterly*, 38 (4), 631657.

Groseclose, T., & Milyo, J. (2005). A Measure of Media Bias. *The Quarterly Journal of Economics*, 120(4), 11911237.

Grossberg, L. (1992). *We Got to Get Out of This Place: Popular Conservatism and Postmodern Culture*. New York: Routledge.

(2005). *Caught in the Crossfire: Kids, Politics, and America's Future*. Boulder, CO: Paradigm Publishers: 132134.

Grove, L. (2017, Fall). Best Press He's Ever Had. *Columbia Journalism Review*. Retrieved from: www.cjr.org/special_report/trump-tabloids-daily-news-newyork-post-press.php.

Grynbaum, M. (February 17, 2017). Trump Calls the News Media the "Enemy of the American People." *New York Times*. Retrieved from: www.nytimes.com/2017/02/17/business/trump-calls-the-news-media-the-enemy-of-the-people.html.

Guttfield, G. (April 21, 2016). *The O'Reilly Factor* [Video file]. YouTube. Retrieved from: www.youtube.com/watch?v=ao5kRO4_IAY.

Hagey, K., & Martin, J. (September 27, 2010). Fox Primary: Complicated, Contractual. *Politico*. Retrieved from: www.politico.com/story/2010/09/fox-primary-complicated-contractual-042745.

Haidt, J. (2012). *The Righteous Mind: Why Good People Are Divided by Politics and Religion*. New York: Pantheon Books.

Hall, S. (1975). Introduction. In A. Smith, (ed.), *Paper Voices: the Popular Press and Social Change, 19351965*. London: Chatto & Windus.

(1988a). *The Hard Road to Renewal: Thatcherism and the Crisis of the Left*. New York: Verso: 4, 48.

(1988b). Toad in the Garden: Thatcherism among the Theorists. In Cary Nelson and Lawrence Grossberg (eds.), *Marxism and the Interpretation of Culture*. Urbana: University of Illinois Press: 44.

(1988c). Thatcher's Lessons. *Marxism Today*, 27.

(1998). Notes on Deconstructing "the Popular." In J. Storey (ed.), *Cultural Theory and Popular Culture: a Reader* (2nd Edition). London: Prentice Hall.

Hall, S., Critcher, C., Jefferson, T., Clarke, J., & Roberts, B. (1981). The Social Production of News. In S. Cohen and J. Young, (eds.), *The Manufacture of News: Deviance, Social Problems and the Mass Media*. London: Constable/Sage: 342345.

Hallin, D. (1990). Whatever Happened to the News. *Media & Values*, 50, 24.

(1994). *We Keep America on Top of the World*. New York: Routledge.

(2000). Commercialism and Professionalism in the American News Media. In J. Curran and M. Gurevitch (eds.), *Mass Media and Society* (Third Edition). London: Oxford University Press: 1, 234.

(2006). The Passing of the "High Modernism" of American Journalism Revisited. *Political Communication Report*, 16(1), 1.

Hallin, D. C., & Mancini, P. (2004). *Comparing Media Systems: Three Models of Media and Politics*. Cambridge, England: Cambridge University Press: 210211.

Hannity, S. (January 19, 2009). Hannity [Transcript]. *New York: Fox News Channel*. Retrieved July 3, 2011, from Factiva database (Dow Jones).

(January 22, 2009). *Hannity* [Transcript]. New York: Fox News Channel. Retrieved July 3, 2011, from Factiva database (Dow Jones).

(January 26, 2009). *Hannity* [Transcript]. New York: Fox News Channel. Retrieved July 7, 2011, from Factiva database (Dow Jones).

(January 29, 2009). *Hannity* [Transcript]. New York: Fox News Channel. Retrieved July 8, 2011, from Factiva database (Dow Jones).

(February 18, 2009). *Hannity* [Transcript]. New York: Fox News Channel. Retrieved July 3, 2011, from Factiva database (Dow Jones).

(February 20, 2009). *Hannity* [Transcript]. New York: Fox News Channel. Retrieved July 3, 2011, from Factiva database (Dow Jones).

(February 24, 2009). *Hannity* [Transcript]. New York: Fox News Channel. Retrieved July 3, 2011, from Factiva database (Dow Jones).

(March 24, 2009). *Hannity* [Transcript]. New York: Fox News Channel. Retrieved November 10, 2011, from Factiva database (Dow Jones).

(April 7, 2009). *Hannity* [Transcript]. New York: Fox News Channel. Retrieved July 3, 2011, from Factiva database (Dow Jones).

(April 10, 2010). *Hannity* [Transcript]. New York: Fox News Channel. Retrieved July 3, 2011, from Factiva database (Dow Jones).

(April 21, 2009). *Hannity* [Transcript]. New York: Fox News Channel. Retrieved July 3, 2011, from Factiva database (Dow Jones).

(May 19, 2009). *Hannity* [Transcript]. New York: Fox News Channel. Retrieved July 3, 2011, from Factiva database (Dow Jones).

(July 6, 2009). *Hannity* [Video]. New York: Fox News Channel. Retrieved September 27, 2011, from UCLA Communication Studies Archive, University of California, Los Angeles.

(November 10, 2009). *Hannity* [Transcript]. New York: Fox News Channel. Retrieved July 3, 2011, from Factiva database (Dow Jones).

(December 9, 2009). *Hannity* [Transcript]. New York: Fox News Channel. Retrieved November 10, 2011, from Factiva database (Dow Jones).

(April 10, 2010). *Hannity* [Transcript]. New York: Fox News Channel. Retrieved July 3, 2011, from Factiva database (Dow Jones).

(April 13, 2010). *Hannity* [Transcript]. New York: Fox News Channel. Retrieved July 3, 2011, from Factiva database (Dow Jones).

(April 14, 2010). *Hannity* [Transcript]. New York: Fox News Channel. Retrieved July 3, 2011, from Factiva database (Dow Jones).

(April 21, 2010). *Hannity* [Transcript]. New York: Fox News Channel. Retrieved July 3, 2011, from Factiva database (Dow Jones).

(June 6, 2010). *Hannity* [Video]. New York: Fox News Channel. Retrieved December 2, 2011, from UCLA Communication Studies Archive, University of California, Los Angeles.

(December 14, 2010). *Hannity* [Transcript]. New York: Fox News Channel. Retrieved July 3, 2011, from Factiva database (Dow Jones).

Hannity, S., & Colmes, A. (April 11, 2008). Hannity [Transcript]. New York: Fox News Channel. Retrieved July 3, 2011, from Factiva database (Dow Jones).

(September 16, 2008). *Hannity & Colmes* [Transcript]. New York: Fox News Channel. Retrieved July 3, 2011, from Factiva database (Dow Jones).

(November 17, 2008). *Hannity & Colmes* [Transcript]. New York Fox News Channel. Retrieved November 10, 2011, from Factiva database (Dow Jones).

Hariman, R. (1995). *Political Style: The Artistry of Power*. Chicago: University of Chicago Press: 10.

Harris, P. (February 2, 2011). Glenn Beck and the echoes of Charles Coughlin. *The Guardian*. Retrieved from: www.theguardian.com/commentisfree/

cifamerica/2011/feb/02/far-right-glenn-beck.

Hart, P. (2002). *The Oh Really? Factor: Unspinning Fox News Channel's Bill O'Reilly.* New York: Seven Stories Press: 17, 88.

Harvey, D. (2005). *A Brief History of Neoliberalism.* Oxford, England: Oxford University Press.

Harwood, J. (January 26, 2018). Bill Kristol Hits Fox News, Tucker Carlson for "Dumbing Down" Coverage, Pushing "Ethno-nationalism." *CNBC.com.* Retrieved from: www.cnbc.com/2018/01/24/bill-kristol-takes-on-fox-newstucker-carlson.html.

Hauser, G. (1998). Vernacular Dialogue and the Rhetoricality of Public Opinion. *Communication Monographs,* 65(2): 83107.

Hawley, J. (1980). Antonio Gramsci's Marxism: Class, State, and Work. *Social Problems,* 27(5), 586.

Hemmer, N. (2016). *Messengers of the Right: Conservative Media and the Transformation of American Politics.* Philadelphia: University of Pennsylvania Press: 14.

Hendershot, H. (2011). *What's Fair on the Air?: Cold War Right-Wing Broadcasting and the Public Interest.* Chicago: University of Chicago: 13, 16.

Hendrickson, C., & Galston, W. A. (November 30, 2016). The Educational Rift in the 2016 Election. Brookings Institution. Retrieved from: www.brookings.edu/blog/fixgov/2016/11/18/educational-rift-in-2016-election/.

Hetherington, M. J. (2010). Resurgent Mass Partisanship: The Role of Elite Polarization. In R. G. Niemi, H. F. Weisberg, & D. C. Kimball (eds.), *Controversies in Voting Behavior.* Washington, DC: CQ Press.

Hilburn, R. (April 4, 1989). Morton Downey Jr. – The Mouth Goes on the Record. *Los Angeles Times.* Retrieved from: http://articles.latimes.com/1989-04-04/entertainment/ca-1068_1_morton-downey.

Hilmes, M. (1997). *Radio Voices: American Broadcasting, 19221952.* Minneapolis: University of Minnesota Press: 16.

Himmelstein, J. (1990). *To the Right: The Transformation of American Conservatism.* Berkeley: University of California Press.

Hmielowski, J., Beam, M., & Hutchens, M. (2015). Structural Changes in Media and Attitude Polarization: Examining the Contributions of TV News before and after the Telecommunications Act of 1996. *International Journal of Public Opinion Research,* 28(2), 153172.

Hofstadter, R. (1965). The Pseudo-Conservative Revolt1954. In *The Paranoid Style in American Politics, and Other Essays.* New York: Knopf.

(2008). Pseudo-conservatism Revisited1965. In *The Paranoid Style in American politics.* New York: Vintage Books.

Hogeland, W. (September/October 2010). Real Americans. *Boston Review.* Retrieved from: http://bostonreview.net/BR35.5/hogeland.php.

Holcomb, J. (April 29, 2015). Cable News: Fact Sheet. In *State of the News Media 2015.* Pew Research Center. Retrieved from: www.journalism.org/2015/04/29/state-of-the-news-media-2015/.

Holcomb, J., Mitchell, A., & Rosenstiel, T. (2012). Section: Cable: CNN Ends Its Ratings Slides Slide, Fox Falls Again. In *The State of the News Media 2012*: An Annual Report on American Journalism. Pew Research Center. Retrieved from: http://stateofthemedia.org/2012/cable-cnn-ends-its-ratings-slide-foxfalls-again/.

Hollander, B. (Spring 2008). Tuning Out or Tuning Elsewhere? Partisanship, Polarization and Media Migration, from 1998 to 2006. *Journal of Mass Communication Quarterly.* 85(1), 32.

Holt, J. (2011). *Empires of Entertainment: Media industries and the Politics of Deregulation, 19801996.* New Brunswick, NJ: Rutgers University Press: 118.

Hoover Institution (February 26, 2010). Interview with Roger Ailes, President of Fox News Channel [Video File]. YouTube. Retrieved from: www.youtube.com/watch?v=IHYa9IupxRs.

Hopkins, D., & Ladd, J. (2012). *The Reinforcing Effects of Fox News.* Working paper Georgetown University. Retrieved from: http://people.iq.harvard.edu/~dhopkins/FoxPersuasion021212.pdf.

Horton, D., & Wohl, R. (1956). Mass Communication and Para-social Interaction: Observations on Intimacy at a Distance. *Psychiatry,* 19, 215229.

Horwitz, R. (2013). *America's Right: Anti-Establishment Conservatism from Goldwater to the Tea Party.* Cambridge, England: Polity Press.

Huang, P. J., Jacoby, S., Strickland, M., & Rebecca, K. K. (November 8, 2016). Election 2016: Exit Polls. *New York Times.* Retrieved from: www.nytimes.com/interactive/2016/11/08/us/politics/election-exit-polls.html.

Hubbs, N. (2014). *Rednecks, Queers, and Country Music.*

Berkley: University of California Press: 1218.

Huertas, A., & Kriegsman, R. (2014). *Science of Spin? Assessing the Accuracy of Cable News Coverage of Climate Science.* New York: Union of Concerned Scientists. Retrieved from: www.ucsusa.org/assets/documents/global_warming/Science-or-Spin-report.pdf.

Huffington Post (February 7, 2012). Cable News Main Source For 2012 Presidential Campaign Viewers. *Huffingtonpost.* Retrieved from: www.huffingtonpost.com/2012/02/07/cable-news-2012-presidential-campaign-coverage_n_1260716.html.

Huston, J. (1998). *Securing the Fruits of Labor: The American Concept of Wealth Distribution, 17651900,* Baton Rouge: Louisiana State University Press.

Huyssen, A. (1986). *After the Great Divide: Modernism, Mass culture, Postmodernism.* Bloomington: Indiana University Press.

Inglehart R. F., & Norris, P. (2016). Trump, Brexit, and the Rise of Populism: Economic Have-Nots and Cultural Backlash, HKS Faculty Research Working Paper Series. Retrieved from: https://research.hks.harvard.edu/publications/workingpapers/Index.aspx.

Inside Edition (January 24, 1989). [Video tape]. Los Angeles: King World Productions. Retrieved October 9, 2014 from UCLA Film and Television Archive.

Isenberg, N. (2016). *White Trash: The 400-year old Untold History of Class in America.* New York: Viking.

Iskandar, A. (2005). The Great American Bubble: Fox News Channel, the "Mirage" of Objectivity, and the Isolation of American Public Opinion.' In L. Artz & Y. Kamlipour (eds.), *Bring 'Em On: Media and Politics in the Iraq War.* Lanham, MD: Rowman and Littlefield: 155174.

Ives, N. (October 25, 2010). Consumers' Hearts Bleed Red – and Blue: Top U.S. Brands Favored Much Higher Among One Political Party or the Other, Survey Finds. *Advertising Age.* Retrieved from: http://adage.com/article/news/top-u-s-brands-favored-democrats-republicans/146663/.

Iyengar, S., & Hahn, K. (2009). Red Media, Blue Media: Evidence of Ideological Selectivity in Media Use. *Journal of Communication,* 59(1), 1939.

Iyengar, S., Sood, G., & Lelkes, Y. (2012). Affect, Not Ideology: A Social Identity Perspective on Polarization. *Public Opinion Quarterly,* 76 (3), 406, 407, 427.

Jackman, M., & Jackman, V. (1985). *Class Awareness in the United States.* Berkeley: University of California Press.

Jacobs, R.,&Townsley, E. (2011). *The Space of Opinion: Media Intellectuals and the Public Sphere.* Oxford, NY: Oxford University Press.

Jacoby, S. (2008). *The Age of American Unreason.* New York: Pantheon Books.

Jaramillo, D. (2009). *Ugly War, Pretty Package: How CNN and Fox News Made the Invasion of the Iraq High Concept,* Bloomington: Indiana University Press: 21-40, 30, 3638.

Jenkins, H. (2006). *Convergence Culture: Where Old and New Media Collide.* New York: New York University Press: 61.

Jennocuse (September 8, 2011). Chuck Todd Commercial [Video file]. YouTube. Retrieved from: www.youtube.com/watch?v=pRuqgWbbN-s.

Johnston, R. (2008). Modeling Campaign Dynamics on the Web in the 2008 National Annenberg Election Study. *Journal of Elections, Public Opinion and Parties,* 18(4), 401412.

Johnson, S. (August 15, 1996). Some Media Chafe Under Choreography of "News." *Chicago Tribune.* Retrieved from: http://articles.chicagotribune.com/1996-08-15/news/9608150224_1_convention-coverage-goptv-republican-convention.

Johnson, V. (2008). *Heartland TV: Prime Time Television and the Struggle for U.S. Identity.* New York: New York University Press: 150151.

Jones, G. (1983). Rethinking Chartism. In Languages of Class: Studies in English Working Class History, 18321902. Cambridge, NY: Cambridge University Press.

Bibliography 261

Jones, J. (2012). Fox News and the Performance of Ideology. *Cinema Journal,* 51(4), 180.

Judis, J. (June 17, 2007). Back to the Future. *The American Prospect.* Retrieved May 20, 2017, from http://prospect.org/article/back-future.

(May 19, 2010). Tea Minus Zero: The Tea Party Menace Will Not Go Quietly. *The New Republic.* Retrieved from: www.tnr.com/article/politics/tea-minuszero.

(2016). *The Populist Explosion: How the Great Recession Transformed American and European Politics.* New York: Columbia Global Reports.

Jutel, O. (2013) "American Populism and the New Political Economy of the Media Field," *Political Economy of Communication*, 1(1), 2642.

(2015) The Liberal Field of Journalism and the Political- The New York Times, Fox News and the Tea Party. *Journalism: Theory, Practice and Criticism*, 17(8), 11311132.

Kammen, M. (1991). *Mystic Chords of Memory: The Transformation of Tradition in American Culture*. New York: Vintage Books.

Kamp, D. (February 1999). The Tabloid Decade. *Vanity Fair*.

Kaplan, R. (2002). *Politics and the American Press: The Rise of Objectivity, 18651920*, Cambridge, England: Cambridge University Press.

Katz, S. (1976). Thomas Jefferson and the Right to Property in Revolutionary America. *Journal of Law and Economics*, 19(3), 467488.

Kazin, M. (1998). *The Populist Persuasion: An American History* (Revised Edition). Ithaca: Cornell University Press, 4, 13, 119, 191192, 232.

Kearns, B. (1999). *Tabloid Baby*. Nashville, TN: Celebrity Books: 20, 21.

Keeble, R. (2009). *Ethics for Journalists* (2nd Edition). New York: Routledge: 160, 205206.

Keister, L. A., & Southgate, D. E. (2012). *Inequality: A Contemporary Approach to Race, Class, and Gender*. Cambridge,NY: Cambridge University Press.

Kelley, R. (1996). *Race Rebels: Culture, Politics, and the Black Working Class*. New York: Simon and Schuster Adult Publishing Group.

Kellner, D. (1997). Ernst Bloch, Utopia and Ideology Critique: *Illuminations: The Critical Theory Project*. Retrieved from: https://pages.gseis.ucla.edu/faculty/kellner/Illumina%20Folder/kell1.htm.

Kelly, M., Hemmer, B., & Hill, E. D. (November 13, 2008). America's News Headquarters [Transcript]. New York: *Fox News Channel*. Retrieved July 9, 2011, from Factiva database (Dow Jones).

(December 1, 2008). America's News Headquarters [Transcript]. New York: *Fox News Channel*. Retrieved July 9, 2011, from Factiva database (Dow Jones).

Kimmel, D. (2004). *The Fourth Network: How Fox Broke the Rules and Reinvented Television*. Chicago: Ivan R. Dee.

King, M. L. (2010). Where Are We? In V. Harding, (ed.), *Where Do We Go From Here: Chaos or Community?* Boston: Beacon Press: 7.

Kissel, R. (December 13, 2013). Fox News Remains Ratings Champ as 2013 Comes to Close. *Variety*. Retrieved from: http://variety.com/2013/tv/news/fox-news-remains-ratings-dynamo-as-2013-comes-to-close-1200964903/.

Kitman, M. (2007). *The Man Who Would Not Shut Up: The Rise of Bill O'Reilly*. New York: St. Martin's: 78, 135, 137, 138.

Kitty, A., & Greenwald, R. (2005). *Outfoxed: Rupert Murdoch's War on Journalism*. New York: Disinformation: 49.

Klein, N. (2017). *No Is Not Enough: Resisting Trump's Shock Politics and Winning the World We Need*. Chicago: Haymarket Books.

Kludt, T. (April 16, 2016). How Rupert Murdoch Warmed up to Donald Trump's Candidacy. CNNmoney.com. Retrieved from: http://money.cnn.com/2016/04/15/media/rupert-murdoch-donald-trump/index.html.

Knorr-Cretina, K. (1999). *Epistemic Cultures: How the Sciences Make Knowledge*. Cambridge, MA: Harvard University Press.

Kogan, R. (August 17, 2015). Morton Downey Jr. Paved the Way for the Angry Talk Show Host of Today. *Chicago Tribune*. Retrieved from: www.chicagotribune.com/entertainment/tv/ct-morton-downey-jr-documentary-20150817-story.html.

Koger, G. (2010). *Filibustering: A Political History of Obstruction in the House and Senate*. Chicago: University of Chicago Press.

Kolbert, E. (November 27, 1993). TV Chanel Plans Conservative Talk, All Day, All Night. *New York Times*.

Koppel, T. (November 14, 2010). The Case against News We Can Choose. *Washington Post*. Retrieved from: www.washingtonpost.com/wpdyn/content/article/2010/11/12/AR2010111206508.html.

(September 20, 2012). War of Words: Partisan Ranting Is "Marketing of Fear" [Video file]. MSNBC.com. Retrieved from: www.nbcnews.com/video/rockcenter/49113264#49113264.

Kramer, S., & Miller, D. (Directors). (2013). *Évocateur: The Morton Downey Jr. Movie* [DVD]. Magnolia Pictures.

Krasnow, E., Longley, L., & Terry, H. (1982). *Politics of Broadcast Regulation* (3rd Edition). New York: St.

Martin's Press: 7172.

Kull, S., Ramsay, C., &Lewis, E. (2003). Misperceptions, the Media, and the Iraq War. *Political Science Quarterly*, 118(4), 56998.

Kuntz, T. (January 8, 1995). Word for Word/National Empowerment Television: You Want Your Newt TV? Whether You Do or You Don't, It's Here. *New York Times*. Retrieved from: www.nytimes. com/1995/01/08/weekinreview/word-for-word-national-empowerment-television-you-want-your-newt-tvwhether-you.html

Kurtz, H. (January 22, 1988). The N.Y. Post's Hard Decline. *Washington Post*. Retrieved from: www. washingtonpost.com/archive/lifestyle/1988/01/22/theny-posts-hard-decline/a461ba70-6646-4099-9caf-98848df13012/.

(February 10, 1994). With a News Look, Partisan TV Networks Downlink Conservatism. *The Washington Post*. Retrieved from: www.washingtonpost. com/archive/politics/1994/02/10/with-a-news-look-partisan-tv-networksdownlink-conservatism/8a9642ca-3b60-42c8-8668-7e99301e86ba/.

(November 12, 1994). Crossing the Line in California? *Washington Post*. Retrieved from: www. washingtonpost.com/archive/lifestyle/1994/11/12/crossing-the-line-in-california/e02c9d8b-79d9-44be-beb4-b6a6fcd8fbea/.

(1997). *Hot Air: All Talk, All the Time*, New York: Basic Books.

(March 26, 1999). Crazy Like a Fox: Question His News Judgment, Perhaps, but Never Underestimate Roger Ailes. *Washington Post*. Retrieved from: www. washingtonpost.com/archive/lifestyle/1999/03/26/crazy-like-a-fox-questionhis-news-judgment-perhaps-but-never-underestimate-roger-ailes/a959339f-acaf-4823-8238-27da13eb77be/.

La Chapelle, P. (2007). *Proud to Be an Okie: Cultural Politics, Country Music, and Migration to Southern California*. Berkeley: University of California Press.

Laclau, E., & C. Mouffe. (2001). *Hegemony & Socialist Strategy: Towards a Radical Democratic Politics* (2nd Edition.). London: Verso: 67.

Laclau, E. (1977). *Politics and Ideology in Marxist Theory*. London: Verso: 173.

(2005a). *On Populist Reason*. New York: Verso.

(2005b). Populism: What's in a Name? In F. Panizza

(ed.), *Populism and the Mirror of Democracy*. London: Verso.

(2007). *Emancipation(s)*. London: Verso.

Lafayette, J. (September 9, 1996). "Fairness" Will Set Fox News Apart. *Electronic Media*.

Lakoff, G. (1996). *Moral Politics: How Liberals and Conservatives Think*. Chicago: Chicago University Press.

(2004). *Don't Think of an Elephant!: Know Your Values and Frame the Debate: The Essential Guide for Progressives*. White River Junction: Chelsea Green Publishing Company.

(2008). *The Political Mind: Why You Can't Understand 21st-Century American Politics with an 18th-Century Brain*. New York: Viking.

La Monica, P. (2009). *Inside Rupert's Brain*. New York: Portfolio: 8384.

Lamont, M. (1992). *Money, Morals, and Manners: The Culture of the French and American Upper-middle Class*. Chicago: University of Chicago Press.

(2000). *The Dignity of Working Men: Morality and the Boundaries of Race, Class, and Immigration*. Cambridge, MA: Harvard University Press: 9, 104, 108109.

Langer, J. (1998). T*abloid Television: Popular Journalism and the "Other News."* New York: Routledge.

Lawler, S. (2005). Disgusted Subjects: The Making of Middle-Class Identities. *Sociological Review*, 53(3), 42946.

Layman, G., Carsey, T., & Horowitz, J. (2006). Party Polarization in the American Electorate. *Annual Review of Political Science*, 46, 768803.

Ledbetter, J. (1997). *Made Possible By... The Death of Public Broadcasting in the United States*. New York: Verso.

Lee, A. (2002). *The Bizarre Careers of John R. Brinkley*. Lexington: University Press of Kentucky.

Lee, J. (November 29, 1993). Conservative TV: "C-Span with an Attitude." *USA Today*.

Leuchtenburg, W. (2009). *In the Shadow of FDR: From Harry Truman to Barack Obama* (4th Edition). Ithaca, NY: Cornell University Press: 299312, 304, 306.

Levendusky, M. (2013). *How Partisan Media Polarize America*. Chicago: University of Chicago Press: 12, 13, 2449.

Levere, J. (January 30, 2002). The Fox News Channel

Tops CNN's Audience, and Casts Its Eyes toward Its Advertising Rates. *New York Times*. Retrieved from: www.nytimes.com/2002/01/30/business/media-business-advertising-foxchannel-tops-cnn-s-audience-casts-its-eyes-toward.html.

Levin, G. (September 915, 1996). Fox News Sets Slate. *Variety.*

Lewis, M. (November 8, 1996). 41: Politics. *This American Life*. National Public Radio [transcript]. Retrieved from: www.thisamericanlife.org/radio-archives/episode/41/transcript.

Lieberman, D. (September 23, 1996). Ailes Tackles Toughest Assignment Cable Channel Battles Budget, Clock, Rivals. *USA Today.*

Lippman, J. (January 24, 1990). NATPE 1990: Trash, Crash Genres of Past, *Variety,* 159.

Lippmann, W. (1922). *Public Opinion*. New York: Harcourt, Brace and Co.

Lipsitz, G. (1988 June). The Struggle for Hegemony. *The Journal of American History,* 75(1), 146.

(2001). *American Studies in a Moment of Danger.* Minneapolis: University of Minnesota Press: 4750.

Litherland, B. (2014). Breaking Kayfabe Is Easy, Cheap and Never Entertaining: Twitter Rivalries in Professional Wrestling. *Celebrity Studies,* 5 (4).

Lorber, J. (1994). *Chapter One: "Night to His Day": The Social Construction of Gender. Paradoxes of Gender.* New Haven, Connecticut: Yale University Press.

Lott, E. (1993). *Love & Theft: Blackface Minstrelsy and the American Working Class*. New York: Oxford University Press.

(2007). Class. In B. Burgett & G. Hendler (eds.), *Keywords for American Cultural Studies*. New York: New York University Press.

Lowndes, J. (2005). From Founding Violence to Political Hegemony: The Conservative Populism of George Wallace. In F. Panizza, (ed.), *Populism and the Mirror of Democracy*. New York: Verso: 171.

Luhby, T., & Agiesta, J. (November 9, 2016). Exit Polls: Clinton Fails to Energize African Americans, Latinos and the Young. CNN.com. Retrieved from: www.cnn.com/ 2016/ 11/ 08/ politics/ first-exit-polls-2016/.

Lyons, M. (January 20, 2017). Ctrl-Alt-Delete: The Origins and Ideology of the Alternative Right. *Political Research Associates*. Retrieved February 05, 2018, from: www.politicalresearch.org/2017/01/20/ctrl-alt-

delete-report-onthe-alternative-right/.

Mahler, J. (May 21, 2005). What Rupert Wrought. *New York Magazine*. Retrieved from: http://nymag.com/nymetro/news/people/features/11673/.

(2006). *Ladies and Gentlemen, The Bronx Is Burning: 1977, Baseball, Politics, and the Battle for the Soul of a City.* New York: Picador: 34.

Mahoney, W. (March 2, 1992). Diller Tight-Lipped on Plans after Fox. *Advertising Age,* 63 (9).

Malone, B. (2002). *Country Music U.S.A* (2nd Edition). Austin: University of Texas Press, 2002: 75.

Mannies, J. (November 3, 1993). Conservatives Rushing to Be New Limbaugh. *St. Louis Post Dispatch.* Bibliography 265

Marcus, R. (July 26, 1996). Amway Says It Was Unnamed Donor to Help Broadcast GOP Convention. *Washington Post*. Retrieved from: www.washingtonpost.com/archive/politics/1996/07/26/amway-says-it-was-unnamed-donor-tohelp-broadcast-gop-convention/fdefcb71-221a-4b55-94f0-ecc6336eb263/.

Martin G., & Yurukoglu, A. (2017). Bias in Cable News: Persuasion and Polarization. *American Economic Review*, 107(9), 2587. Retrieved from: https://pubs.aeaweb.org/doi/pdfplus/10.1257/aer.20160812.

Martysoffice (May 31, 2013). Megyn Kelly Attacks Erickson and Dobbs On Sexism: 'Who Died and Made You Scientist-in-Chief?! [Video File]. You-Tube. Retrieved from: www.youtube.com/watch?v=d6vecZLWupM.

McCarty, N., Poole, K., & Rosenthal, H. (2001). The Hunt for Discipline in Congress. *The American Political Science Review*, 95, 673687.

McChesney, R. (1999). *Rich Media, Poor Democracy: Communication Politics in Dubious Times*. New York: New Press.

(2003). Foreword: The Golden Age of Irony. In: P. Hart, (ed.), *The Oh Really? Factor: Unspinning Fox News Channel's Bill O'Reilly.* New York: Seven Stories Press.

McClellan, S. (1992, June 1). Fox Fills in the Blanks. *Broadcasting*, pp. 1819

McClennen, S., & Maisel, R. (2014) *Is Satire Saving Our Nation: Mockery and American Politics*. New York: Palgrave Macmillan

McCombs, M. (2005). A Look at Agenda-setting: Past, Present and Future. *Journalism Studies*, 6(4), 549550.

McDermott, T. (2010). Dumb like a Fox. *Columbia Journalism Review*, 48(6), 8.

McElvaine, R. (2009). *The Introduction to the Twenty-fifth Anniversary Edition. In the Great Depression: America, 1929–1941* (Reprint Edition). New York: Times Books.

McGerr, M. (1986). *The Decline of Popular Politics: The American North, 1865–1928*. Oxford, NY: Oxford University Press: 58.

McGirr, L. (2001). *Suburban Warriors: The Origins of the New American Right*. Princeton, NJ: Princeton University Press.

McGuigan, J. (1992). *Cultural Populism*. London: Routledge.

McIlwain, C. D. (2007). Perceptions of Leadership and the Challenge of Obama's Blackness. *Journal of Black Studies*, 38(1), 64–74.

McKnight, D. (2013). *Murdoch's Politics: How One Man's Thirst for Wealth and Power Shapes Our World*. London: Pluto: 13, 27–29, 70, 71, 74, 75.

McMurria, J. (2017). *Republic on the Wire: Cable Television, Pluralism and the Politics of New Technologies, 1948–1984*. New Brunswick, NJ: Rutgers University Press.

McNair, B. (1998). *The Sociology of Journalism*. London: Arnold Publishers.

McRobbie, A. (1994). *Postmodernism & Popular Culture*. New York: Routledge.

Meacham, J. (January 30, 1995). Surfing on Newt's Network. *Newsweek*.

Media Matters for America (July 2004). O'Reilly: "Fox Does Tilt Right"; Said GOP "Very Uneasy with Fox" Even after Cheney, Ralph Reed Touted Fox. Retrieved from: http://mediamatters.org/research/200407210007.

Mediaite (August 10, 2012). Thursday Ratings: Ed Schultz Beats CNN and Rest of MSNBC in Total Viewers. Retrieved from: www.mediaite.com/tv/thursday-ratings-ed-schultz-beats-cnn-and-rest-of-msnbc-in-total-viewers/.

Medvetz, T. (2012). *Think Tanks in America*. Chicago: University of Chicago Press: 102–105, 109, 137–140.

Meek, R.L. (1976). *Studies in the Labor Theory of Value* (2nd Edition). New York: Monthly Review Press.

Meroney, J. (1997). The Fox News Gamble. *American Enterprise*, 8(5), 41.

MightyFalcon2011 (January 26, 2014). Inside Edition 8/3/1993 [Video file]. YouTube. Retrieved from: www.youtube.com/watch?v=4FGGHN2God0.

Milano, B. (August 31, 2017). Benkler Report Focuses on Partisanship, Propaganda and Disinformation in the 2016 U.S. presidential election. Harvard Law Today. Retrieved from: https://today.law.harvard.edu/benklerreport-focuses-partisanship-propaganda-disinformation-2016-u-s-presidentialelection/.

Mitchell, A., Gottfried, J., Barthel, M., & Shearer, E. (July 7, 2016). Pathways to News. Pew Research Center. Retrieved from: www.journalism.org/2016/07/07/pathways-to-news/.

Mittell, J. (2010). *Television and American Culture*. New York: Oxford University Press.

(October 19, 2016). Donald Trump Doesn't Need to Broaden His Appeal. The Rise of Cable TV Explains Why. Vox. Retrieved from: www.vox.com/culture/2016/10/19/13304908/trump-television-narrowcasting.

Moffit, B. (2016). *Global Rise of Populism: Performance, Political Style and Representation*. Redwood City, CA: Stanford University Press.

Moffitt, B.,& Ostiguy, P. (October 20, 2016). Of Course Donald Trump Goes Low. That's the Populists' Winning Style. Retrieved from: www.washingtonpost.com/news/monkey-cage/wp/2016/10/20/of-course-donald-trump-goes-lowthats-the-populists-winning-style/.

Moffitt, B., & Tormey, S. (2014). *Rethinking Populism: Politics, Mediatisation and Political Style. Political Studies*, 62, 385–386, 338.

Mone, L., & Hertog, R. (2004). *Turning Intellect into Influence*. New York: Reed Press.

Montgomery, D. (1981). *Beyond Equality: Labor and the Radical Republicans, 1862–1872: With a Bibliographical Afterword*. Urbana: University of Illinois Press.

Montopoli, B. (April 1, 2011). Donald Trump Gets Regular Fox News Spot. *CBSnews.com*. Retrieved from: www.cbsnews.com/news/donald-trumpgets-regular-fox-news-spot/.

Morahan, L. (July 7, 2008). Conservative Icon Weyrich Warns "Moral Minority" Still Dwindling. Retrieved from: www.cnsnews.com/news/article/conservativeicon-weyrich-warns-moral-minority-still-dwindling.

Moreton, B. (2010). *To Serve God and Wal-Mart: The Making of Christian Free Enterprise*. Cambridge, MA: Harvard University Press

Morris, J. S. (2005). The Fox News Factor. *The Harvard International Journal of Press/Politics*, 10(3), 5679.

Mouffe, C., Errejon, I., & Jones, O. (2016). *Podemos: In the Name of the People*, (S. Canos, trans.). London: Lawrence & Wishart.

Mudde, C. (2007) *Populist Radical Right Parties in Europe*. Cambridge, England: Cambridge University Press.

Mudde, C. & Kaltwasser, C. (2011). "Voices of the Peoples: Populism in Europe and Latin America Compared," Kellogg Institute Working Paper. Notre Dame, IN: Kellogg Institute.

Mudge, S. (2008). What Is Neo-liberalism? *Socio-Economic Review*, 6: 70331.

(2011). What's Left of Leftism?: Neoliberal Politics in Western Party Systems, 19452004. *Social Science History*, 35(3), 346.

Mukerji, C. (2007). Cultural Genealogy: Method for a Historical Sociology of Culture or Cultural Sociology of History, *Cultural Sociology*, 1(1), 4971.

(2009). *Impossible Engineering: Technology and Territoriality on the Canal du Midi*, Princeton, NJ: Princeton University Press.

(2017) *Modernity Reimagined: An Analytic Guide*. New York: Routledge: 95.

Mundy, A. (January 1, 1996). A Division Divided. *MediaWeek*, 6(1): 16.

Nadler, A. (2016). *Making the News Popular: Mobilizing U.S. News Audiences*. Champagne, IL: University of Illinois Press.

Nagle, A. (August 15, 2017). Goodbye, Pepe: The End of the Alt-right. *The Baffler*. Retrieved from: https://thebaffler.com/latest/goodbye-pepe.

(2017). *Kill All Normies: Online Culture Wars from 4chan to Tumblr to Trump and the Alt-Right*. Winchester, UK: Zero Books.

Nash, G. (1998). *The Conservative Intellectual Movement in America, since 1945*. Wilmington: Intercollegiate Studies Institute: 335.

National Empowerment Television (September 1994). [Business proposal]. Proposal NET National Empowerment Television Changing the Picture, Truth Tobacco Industry Documents (Box 21230), University of California, San Francisco Library.

Retrieved from: www.industrydocumentslibrary.ucsf.edu/tobacco/docs/#id=xnpk0101.

(December 13, 1994). *The Progress Report*. C-Span [Video file]. Retrieved from: www.c-span.org/video/?62168-1/national-empowerment-television.

(April 5, 1995). [Broadcast]. *Freedom's Challenge* NTSC 525/60 950405. Truth Tobacco Industry Documents (Collection: Philip Morris Records), University of California, San Francisco Library. Retrieved from: www.industrydocumentslibrary.ucsf.edu/tobacco/docs/#id=xjwc0072.

NBC News (October 10, 2010). MSNBC Rachel Maddow [Video file]. YouTube. Retrieved from: www.youtube.com/watch?v=kE23NuY5T44.

NBCnews.com (October 21, 2004). O'Reilly Lawyer Explains the Extortion Suit Against Andrea Mackris. Retrieved from: www.nbcnews.com/id/6298207/ns/msnbc-the_abrams_report/t/oreillys-lawyer-explains-extortion-suit-againstandrea-mackris/#.WWpKE1KZOCR.

(June 10, 2009). "The Ed Show" for Tuesday, June 9 [Transcript]. Retrieved from: www.nbcnews.com/id/31205888/ns/msnbc-the_ed_show/t/ed-showtuesday-june/#.WWZEHVKZPox.

New York Times (June 16, 2009). Obama Interview with John Harwood [Transcript]. Retrieved from: www.nytimes.com/2009/06/16/us/politics/16harwood.text.html.

Nichols, B. (1991). Representing Reality. Bloomington: Indiana University Press: 34.

Nietzsche, F. (1956). *Birth of Tragedy and the Genealogy of Morals*, (G. Francis,

trans.). Garden City, NY: Doubleday.

Noble, D. (1985). *The End of American History: Democracy, Capitalism, and the Metaphor of Two Worlds in Anglo-American Historical Writing, 1880-1980*. Minneapolis: University of Minnesota Press.

Norrell, R. J. (1990). After Thirty Years of "New" Labour History, There Is Still No Socialism in Reagan Country. *The Historical Journal*, 33(1), 227238.

Norton, M. (2011). A Structural Hermeneutics of *The O'Reilly Factor*. *Theory and Society*, 40, 317, 325, 327.

Nuccitelli, D. (May 16, 2013). Survey Finds 97% Climate Science Papers Agree Warming Is Man-made. *The Guardian*. Retrieved from: www.theguardian.com/environment/climate-consensus-97-per-cent/2013/may/16/climate-changescienceofclimatechange.

nytimers (February 25, 2009). Weekender 345 010609 60 [Video file]. YouTube. Retrieved from: www.youtube.com/watch?v=gInOA9LmdiE.

O'Connor, A. (2007). *Social Science for What?: Philanthropy and the Social Question in a World Turned Rightside Up.* New York: Russell Sage Foundation: 7375, 109.

OECD. (2016). *Education at a Glance 2016: OECD Indicators,* OECD Publishing, Paris. Retrieved from: http://dx.doi.org/10.1787/eag-2016-en.

Olick, J. (2014). Reflections on the Undeveloped Relations between Journalism and Memory Studies. In B. Zelizer & K. Tenenboim-Weinblatt (eds.), *Journalism and Memory.* Basingstoke, England: Palgrave Macmillan.

O'Reilly, B. (March 12, 2002). *The O'Reilly Factor: The Good, the Bad, and the Completely Ridiculous in American Life.* New York: Three Rivers Press.

(December 5, 2006). *The O'Reilly Factor* [Transcript]. New York: Fox New Channel. Retrieved November 10, 2011, from Factiva database (Dow Jones).

(August 16, 2008). The *The O'Reilly Factor* [Transcript]. New York: Fox New Channel. Retrieved July 3, 2011, from Factiva database (Dow Jones).

(September 1, 2008). *The O'Reilly Factor* [Transcript]. New York: Fox New Channel. Retrieved July 3, 2011, from Factiva database (Dow Jones).

(September 16, 2008). *The O'Reilly Factor* [Transcript]. New York: Fox New Channel. Retrieved November 10, 2011, from Factiva database (Dow Jones).

(December 1, 2008). *The O'Reilly Factor* [Transcript]. New York: Fox New Channel. Retrieved October 6, 2011, from Factiva database (Dow Jones).

(January 5, 2009). *The O'Reilly Factor* [Transcript]. New York: Fox New Channel. Retrieved July 3, 2011, from Factiva database (Dow Jones).

(January 7, 2009). *The O'Reilly Factor* [Transcript]. New York: Fox New Channel. Retrieved July 3, 2011, from Factiva database (Dow Jones).

(January 29, 2009). *The O'Reilly Factor* [Transcript]. New York: Fox New Channel. Retrieved July 3, 2011, from Factiva database (Dow Jones).

(February 17, 2009). *The O'Reilly Factor* [Transcript]. New York: Fox New Channel. Retrieved July 3, 2011, from Factiva database (Dow Jones).

(March 5, 2009). *The O'Reilly Factor* [Transcript]. New York: Fox New Channel. Retrieved July 3, 2011, from Factiva database (Dow Jones).

(March 10, 2009). *The O'Reilly Factor* [Transcript]. New York: Fox New Channel.Retrieved July 3, 2011, from Factiva database (Dow Jones).

(March 12, 2009). *The O'Reilly Factor* [Transcript]. New York: Fox New Channel. Retrieved July 3, 2011, from Factiva database (Dow Jones).

(April 15, 2009). *The O'Reilly Factor* [Transcript]. New York: Fox News Channel. Retrieved July 3, 2011, from Factiva database (Dow Jones).

(May 4, 2009). *The O'Reilly Factor* [Transcript]. New York: Fox News Channel. Retrieved July 3, 2011, from Factiva database (Dow Jones).

(July 30, 2009). *The O'Reilly Factor* [Transcript]. New York: Fox News Channel. Retrieved July 3, 2011, from Factiva database (Dow Jones).

(August 13, 2009). *The O'Reilly Factor* [Transcript]. New York: Fox New Channel. Retrieved November 10, 2011, from Factiva database (Dow Jones).

(September 9, 2009). *The O'Reilly Factor* [Transcript]. New York: Fox News Channel. Retrieved July 3, 2011, from Factiva database (Dow Jones).

(October 7, 2009). *The O'Reilly Factor* [Transcript]. New York: Fox News Channel. Retrieved July 3, 2011, from Factiva database (Dow Jones).

(November 20, 2009). *The O'Reilly Factor* [Transcript]. New York: Fox News Channel. Retrieved July 3, 2011, from Factiva database (Dow Jones).

(November 23, 2009). *The O'Reilly Factor* [Transcript]. New York: Fox News Channel. Retrieved July 3, 2011, from Factiva database (Dow Jones).

(January 22, 2010). *The O'Reilly Factor* [Transcript]. New York: Fox New Channel. Retrieved July 2, 2011, from Factiva database (Dow Jones).

(February 15, 2010). *The O'Reilly Factor* [Transcript]. New York: Fox New Channel. Retrieved July 2, 2011, from Factiva database (Dow Jones).

(March 12, 2010). *The O'Reilly Factor* [Transcript]. New York: Fox New Channel. Retrieved July 1, 2011, from Factiva database (Dow Jones).

(March 22, 2010). *The O'Reilly Factor* [Video file]. New York: Fox News Channel. Retrieved June 23, 2011, from UCLA Communication Studies

Archive, University of California, Los Angeles.

(March 24, 2010). *The O'Reilly Factor* [Video file]. New York: Fox New Channel. Retrieved November 26,

2011, from UCLA Communication Studies Archive, University of California, Los Angeles.

(May 4, 2010). *The O'Reilly Factor* [Transcript]. New York: Fox New Channel. Retrieved July 1, 2011, from Factiva database (Dow Jones).

(September 22, 2010). T*The O'Reilly Factor* [Transcript]. New York: Fox New Channel. Retrieved June 28 1, 2011, from Factiva database (Dow Jones).

(October 6, 2010). *The O'Reilly Factor* [Transcript]. New York: Fox News Channel. Retrieved July 3, 2011, from Factiva database (Dow Jones).

(November 8, 2010). *The O'Reilly Factor* [Transcript]. New York: Fox New Channel. Retrieved November 10, 2011, from Factiva database (Dow Jones).

(November 15, 2010). *The O'Reilly Factor* [Transcript]. New York: Fox New Channel. Retrieved November 10, 2011, from Factiva database (Dow Jones).

(January 3, 2015). *The O'Reilly Factor* [Broadcast]. New York: Fox News Channel.

(Producer) (2015). *Legend & Lies: Into the West* [Broadcast]. New York: Fox News Channel.

(2016) Legend&Lies: *The Patriots* [Broadcast]. New York: Fox News Channel.

O'Reilly B., & Dugard, M. (2011). *Killing Lincoln: The Shocking Assassination That Changed America Forever*, New York: Henry Holt & Co.

(2012). *Killing Kennedy: The End of Camelot*. New York: Henry Holt & Co.

(2013). *Killing Jesus: A History*. New York: Henry Holt & Co.

(2014). *Killing Patton: The Strange Death of World War II's Most Audacious General*. New York: Henry Holt & Co.

(2015). *Killing Reagan: A Violent Assault That Changed a Presidency*. New York, New York: Henry Holt & Co.

(2017). *Killing England: The Brutal Struggle for American Independence*. New York: Henry Holt & Co.

Örnebring, H., & Jönsson, A. M. (2004). Tabloid Journalism and the Public Sphere: A Historical Perspective on Tabloid Journalism. *Journalism Studies*, 5(3), 288.

Ostrow, J. (October 8, 1996). Fox News Channel so Busy it Might Make You Dizzy. *The Denver Post*.

Otterson, J. (March 28, 2017). Cable News Ratings: Fox News Breaks Records, MSNBC Posts Significant Growth. *Variety*. Retrieved from: http://variety.

com/2017/tv/news/cable-news-ratings-fox-news-msnbc-1202017940/.

Ouellette, L. (1999). Inventing the Cosmo Girl: Class Identity and Girl-style American Dreams. *Media, Culture & Society*, 21(3): 377.

(2002). *Viewers Like You? How Public TV Failed the People*. New York: Columbia University Press: 58, 181.

(May 24, 2017). #Notokay: Trump as an Affective State. Verbal Presentation at the Populism, Post-Truth Politics and Participatory Culture: Interventions in the Intersection of Popular and Political Communication Preconference at the International Communication Conference in San Diego.

Owens, L. (October 7, 2011). Forty-year Low in America's View of Wall Street. *CNN.com*. Retrieved from: www.cnn.com/2011/10/07/opinion/owens-wallstreet-disapproval/.

Ozzi, D. (January 23, 2015). A Brief History of Bill O'Reilly Knowing Dick about Hip-Hop. Vice. Retrieved from: https://noisey.vice.com/en_us/article/rb88qa/a-brief-history-of-bill-oreilly-knowing-dick-about-hip-hop.

Palmer, B. (1980). *"Man Over Money": The Southern Populist Critique of American Capitalism*. Chapel Hill: University of North Carolina Press.

Palmer, G. (1957). Attitudes toward Work in an Industrial Community. American *Journal of Sociology*, 63, 1726.

Panizza, F. (2000). Neopopulism and Its Limits in Collor's Brazil. *Bulletin of Latin American Research*, 19(2), 177192.

(2005). Introduction. In F. Panizza (ed.), *Populism and the Mirror of Democracy*. London: Verso, 2005: 6.

Parker, A., & Costa, R. (April 23, 2017). "Everyone Tunes in": Inside Trump's Obsession with Cable TV. *Washington Post*. Retrieved from: www.washingtonpost.com/politics/everyone-tunes-in-inside-trumps-obsession-with-cable-tv/2017/04/23/3c52bd6c-25e3-11e7-a1b3-faff0034e2de_story.html.

Parson, P. (2008). *Blue Skies: A History of Cable Television*. Philadelphia: Temple University Press.

Patterson, T. E. (2000). *Doing Well and Doing Good: How Soft News and Critical Journalism Are Shrinking the News Audience and Weakening Democracy: And What News Outlets Can Do about It*. Joan Shorenstein

Center on the Press, Politics and Public Policy, John F. Kennedy School of Government, Harvard University.

Peck, R. (2014a) You Say Rich, I Say Job Creator: How Fox News Framed the Great Recession through the Moral Discourse of Producerism. *Media, Culture & Society*, 36, (4), 52635.

(November 5, 2014b). Is Fox News the Smartest Journalism Ever?: Tabloid Television Is Great at Manipulating America's Long History of Elitism and Class Conflict. *Zócalo Public Square*. Retrieved from: www.zocalopublicsquare.org/2014/11/05/is-fox-news-the-smartest-journalism-ever/ideas/nexus/.

(July 2017). Usurping the Usable Past: How Fox News Remembered the Great Depression during the Great Recession. *Journalism*, 18, (6), 680699.

Pecknold, D. (2007). *The Selling Sound: The Rise of the Country Music Industry.* Durham, NC: Duke University Press: 219.

Pelizzon, V. P. & West, N. M. (2010). *Tabloid, Inc.: Crimes, Newspapers, Narratives.* Columbus: Ohio State University Press.

Perlstein, R. (2001). *Before the Storm: Barry Goldwater and the Unmaking of the American Consensus.* New York: Hill and Wang.

(2008) *Nixonland: The Rise of a President and the Fracturing of America.* New York: Scribner.

(2014). *The Invisible Bridge: The Fall of Nixon and the Rise of Reagan.* New York: Simon & Schuster Paperbacks.

Perren, A. (2004). *Deregulation, Integration and a New Era of Media Conglomerates: The Case of Fox, 1985-1995* (Doctoral dissertation). PhD, University of Texas at Austin. Advisor: Thomas Schatz.

Peters, C. (2010) No-Spin Zones: The Rise of the American Cable News Magazine and Bill O'Reilly. *Journalism Studies*, 11(6), 842, 845, 846847, 853, 1n.

Peterson, R. (1997). *Creating Country Music: Fabricating Authenticity.* Chicago: University of Chicago Press.

Petrocik, J., Benoit, W., & Hansen, G. (2003). Issue Ownership and Presidential Campaigning, 1952-2000. *Political Science Quarterly*, 118(4), 599626.

Pew Research Center (2004). *News Audiences Increasingly Politicized.* Pew Research Center. Retrieved from: www.people-press.org/2004/06/08/newsaudiences-increasingly-politicized/.

(August 5, 2005). GOP Makes Gains among the Working Class, While Democrats Hold on to the Union Vote. Retrieved from: www.people-press.org/2005/08/02/gop-makes-gains-among-the-working-class-while-democrats-hold-onto-the-union-vote/.

(January 6, 2007). Pew Research Center. Section: Public Attitude. In The State of the News Media 2007. Retrieved from: www.stateofthemedia.org/2007/cable-tv-intro/public-attitude/.

(April 15, 2007). Public Knowledge of Current Affairs Little Changed by News and Information Revolutions. Pew Research Center. Retrieved from: www.people-press.org/2007/04/15/public-knowledge-of-current-affairs-little-changedby-news-and-information-revolutions/.

(2007). *The State of the News Media 2007: An Annual Report on American Journalism.* Retrieved from: www.stateofthemedia.org/2007/.

(April 9, 2008). Inside theMiddle Class: Bad Times Hit the Good Life. Retrieved from: www.pewsocialtrends.org/2008/04/09/inside-the-middle-class-bad-timeshit-the-good-life/.

(October 29, 2008). The Color of News: How Different Media Have Covered the General Election. Retrieved from: www.journalism.org/node/13436.

(October 5, 2009). Covering the Great Recession: How the Media Have Depicted the Economic Crisis During Obama's Presidency. Retrieved from: www.journalism.org/analysis_report/covering_great_recession.

(October 30, 2009). Partisanship and Cable News Audiences. Retrieved from: www.pewresearch.org/2009/10/30/partisanship-and-cable-news-audiences/.

(March 15, 2010). T*he State of the News Media: An Annual Report on American Journalism 2010.* Retrieved from: http://assets.pewresearch.org.s3.amazonaws.com/files/journalism/State-of-the-News-Media-Report-2010-FINAL.pdf

(September 12, 2010). Section 4: *Who Is Listening, Watching, Reading: And Why. In Americans Spending More Time Following the News.* Retrieved from: www.people-press.org/2010/09/12/americans-spending-more-time-followingthe-news/.

(March 13, 2011). Cable: Audience vs. Economics. In T*he State of the News Media 2011.* Retrieved from: www.stateofthemedia.org/2011/cable-essay/data-page-2/.

(September 27, 2012). Section 4: Demographics and

Political Views of News Audiences. In *In Changing News Landscape, Even Television Is Vulnerable.* Retrieved from: www.people-press.org/2012/09/27/section-4-demographicsand-political-views-of-news-audiences/.

(June 16, 2016). State of the News Media 2016, p. 24. Retrieved from: http://assets.pewresearch.org/wpcontent/uploads/sites/13/2016/06/30143308/stateof-the-news-media-report-2016-final.pdf.

Phillips-Fein, K. (2009). *Invisible Hands: The Making of the Conservative Movement from the New Deal to Reagan,* New York: W. W. Norton & Company: 163-169.

Pierce, C. (August 22, 2002). Fox Populi: What Do the Barking Heads of Fox News Channel and Other Murdoch Media Have That CNN, Rather and Donahue Don't? A True Virtuous, Tabloid Soul. Salon.com. Retrieved from: www.salon.com/2002/08/22/fox_19/.

Plummer, S. (September 10, 2011). Koppel Speaks on Media Changing Priorities, Political Atmosphere: Ted Koppel Kicks Off the Tulsa Town Hall Lecture Series. Tulsa World. Retrieved from: www.tulsaworld.com/news/local/koppel-speaks-on-media-changing-priorities-political-atmosphere/article_82daec2fba1a-504a-b710-5f35241a0e0d.html.

Politico (July 21, 2011). Cenk Uygur, MSNBC Differ on Why He Left: On Media.

Retrieved from: www.politico.com/blogs/onmedia/0711/Cenk_Uygur_MSNBC_differ_on_why_he_left.htm.

Pollack, N. (1966). *The Populist Response to Industrial America: Midwestern Populist Thought.* New York: Norton.

Posner, S. (August 22, 2016). How Donald Trump's Campaign Chief Created an Online Haven for White Nationalists. *Mother Jones.com.* Retrieved from: www.motherjones.com/politics/2016/08/stephen-bannon-donald-trump-altright-breitbart-news/.

Power, L. (July 22, 2015). Donald Trump and Fox & Friends' Symbiotic Relationship. Media Matters. Retrieved from: www.mediamatters.org/blog/2015/07/22/donald-trump-and-fox-amp-friends-symbiotic-rela/204533.

Prior, M. (2007). *Post-Broadcast Democracy: How Media Choice Increases Inequality in Political Involvement and Polarizes Elections.* Cambridge, NY: Cambridge University Press: 94.

(2013). Media and Political Polarization. *Annual Review of Political Science,* 16, 101127.

Qian, Z. (1997). Breaking the Racial Barriers: Variations in Interracial Marriage between 1980 and 1990. *Demography,* 34(2), 263276.

Quick, B., Andrew, R. S., & Kernen, J. (February 19, 2009). *Squawk Box* [Transcript]. New York: CNBC. Retrieved October 11, 2011, from Factiva database (Dow Jones).

RealClearPolitics (February 6, 2009). Sen. Mitch McConnell, Speech on Senate Floor. Retrieved from: www.realclearpolitics.com/articles/2009/02/leader_mcconnell_wont_work.html.

Reed, B. (October 31, 2009). Glenn Beck Peddles Populism for Rich Guys. *Alternet.* Retrieved from: www.alternet.org/news/143624 glenn_beck_peddles_populism_for_rich_guys/?page=entire.

Rich, A. (2001). The Politics of Expertise in Congress and the News Media. *Social Science Quarterly,* 82(3): 586.

(2004). *Think Tanks, Public Policy, and the Politics of Expertise.* Cambridge, England: Cambridge University Press.

Ries, A., & Trout, J. (1981). *Positioning: The Battle for your Mind.* New York: Warner Books.

(1986). *Marketing Warfare.* New York: McGraw-Hill.

Robin, C. (2011). *The Reactionary Mind: Conservatism from Edmund Burke to Sarah Palin.* New York: Oxford University Press: 100.

Robinson, R., & Kelly, J. (1979). Class as Conceived by Marx and Dahrendorf: Effects on Income Inequality and Politics in the United States and Great Britain. *American Sociological Review,* 44(1), 3858.

Robles-Anderson, E., & Svensson, P. (2016). One Damn Slide After Another: PowerPoint at Every Occasion for Speech. *Computational Culture,* 5.

Rocky Mountain News (August 25, 1974). Interview with Joseph Coors.

Rodriguez, A. (1999). *Making Latino News: Race, Class, Language.* London: Sage.

Roediger, D. (1991). *The Wages of Whiteness: Race and the Making of the American Working Class.* New York: Verso.

Roosevelt, F. (March 4, 1933). Inaugural Address. The American President Project. Retrieved from: www.

presidency.ucsb.edu/ws/?pid=14473.

(June 27, 1936). Acceptance Speech for the Renomination for the Presidency. The American Presidency Project. Retrieved from: www.presidency.ucsb.edu/ws/index.php?pid=15314.

(October 31, 1936). Address at Madison Square Garden, New York City. The American President Project. Retrieved from: www.presidency.ucsb.edu/ws/?pid=15219.

Rosenberg, P. (October 8, 2016). From the "Old right" to the Alt-right: How the Conservative ideology of FDR's Day Fueled the Rise of Trump. Salon.com. Retrieved from: www.salon.com/2016/10/08/from-the-old-right-to-the-altright-how-the-conservative-ideology-of-fdrs-day-fueled-the-rise-of-trump/.

Rothman, N. (May 23, 2013). What's Wrong with MSNBC's Chris Hayes? *Mediaite*. Retrieved from: www.mediaite.com/tv/whats-wrong-with-msnbcschris-hayes/.

Roush, M. (October 8, 1996). Fox News Channel: Not Crafty Enough. *USA Today*.

Rubin, J. (1992). *The Making of Middlebrow Culture*. Chapel Hill: University of Northern Carolina Press.

Rust, M. (May 22, 1995). TV Cameras Turn Right. *Insight On the News*.

Rutenberg, J. (September 17, 2000). The Right Strategy for Fox; Conservative Cable Channel Gains in Ratings War. *New York Times*. Retrieved from: www.nytimes.com/2000/09/18/business/the-right-strategy-for-fox-conservative-cablechannel-gains-in-ratings-war.html.

(January 15, 2003,). War or No, News on Cable Already Provides the Drama. *New York Times*. Retrieved from: www.nytimes.com/2003/01/15/business/media/15TUBE.html.

(February 24, 2003). Inside CNN, a Struggle to Be Less "Tabloid." *New York Times*. Retrieved from: www.nytimes.com/2003/02/24/business/inside-cnn-astruggle-to-be-less-tabloid.html.

(April 16, 2003). A Nation at War: The News Media: Cable's War Coverage Suggests a New "Fox Effect" on Television Journalism. *New York Times*. Retrieved from: www.nytimes.com/2003/04/16/us/nation-war-media-cables-war-coverage-suggests-new-fox-effect-television.html.

(January 21, 2015). The Megyn Kelly Moment. *New York Times*. Retrieved from: www.nytimes.com/2015/01/25/magazine/the-megyn-kelly-moment.html.

Sareen, A. (March 13, 2013). Ed Schultz Leaving MSNBC Weeknights, Moving to Weekends. *Huffington Post*. Retrieved from: www.huffingtonpost.com/2013/03/13/ed-schultz-time-slot-leaving-weeknight_n_2871383.html.

Saurette, P., & Gunster, S. (2011). Ears Wide Shut: Epistemological Populism, Argutainment and Canadian Conservative Talk Radio. *Canadian Journal of Political Science*, 44 (1), 195218.

Sawr, M., & Hindess, B. (2004). *Us and Them: Anti-Elitism in Australia*. Perth, WA: Curtin University of Technology.

Saxton, A. (1990). *The Rise and Fall of the White Republic: Class Politics and Mass Culture in Nineteenth-century America*. New York: Verso.

Sayer, A. (2005). *The Moral Significance of Class*. Cambridge, England: Cambridge University Press.

Schechter, D. (2003). *Embedded: Weapons of Mass Deception: How the Media Failed to Cover the War on Iraq*. Amherst, New York: Prometheus Books.

Scheuer, J. (2001). *The Sound Bite Society: How Television Helps the Right and Hurts the Left*, London: Routledge.

Schiller, D. (1996). *Theorizing Communication: A History*. Oxford, England: Oxford University Press: 420.

Schlesinger, A. (2002). *The Age of Roosevelt: The Crisis of the Old Order, 19191933* (Vol. 1). New York: Houghton Mifflin Company.

Schoestz, D. (March 23, 2010). David Frum on GOP: Now We Work for Fox. *ABC News*. Retrieved from: http://abcnews.go.com/blogs/headlines/2010/03/david-frum-on-gop-now-we-work-for-fox/.

Schudson, M. (1978). *Discovering the News: A Social History of American Newspapers*. New York: Basic Books: 109, 112, 118, 127129.

(1992). *Watergate in American Memory: How We Remember, Forget, and Reconstruct the Past*. New York: Basic Books: 5, 53.

(2003). *The Sociology of News*. New York: W.W. Norton & Co.: 112.

Schuessle, A. (2000). *A Logic of Expressive Choice*. Princeton, NJ: Princeton University Press.

Schwartz, C. R., & Mare, R. D. (2005). Trends in Educational Assortative Marriage from 1940 to 2003. *Demography*, 42(4), 621646.

Scott, J. (2017). *Sex and Secularism*. Princeton, NJ: Princeton University Press: 3.

Seelye, K. (December 12, 1994). Republicans Get a Pep Talk from Rush Limbaugh. *New York Times*. Retrieved from: www.nytimes.com/1994/12/12/us/republicans-get-a-pep-talk-from-rush-limbaugh.html.

Sella, M. (June 24, 2001). The Red-State Network. *New York Times*. Retrieved from: www.nytimes.com/2001/06/24/magazine/the-red-state-network.html.

Senko, J. (Director). (2015). The Brain Washing of My Dad *[Film]*. New York: Jsenko Productions.

Seplow, S. (October 31, 1995). GOP-TV Plugs in Party Line Republicans Are Pushing Their Message Via Cable. *The Philadelphia Inquirer*.

Shapiro, I. (1991). Resources, Capacities, and Ownership. *Political Theory*, 19 (1), 47.

Shaw, D. (2006). *The Race to 270*. Chicago: University of Chicago Press.

Shawcross, W. (1997). *Murdoch: The Making of a Media Empire* (Reprint Edition). New York: Simon & Schuster: 160.

Shea, D. (March 30, 2010). Fox News' 2009 Ratings Records: Network Sees Best Year Ever. *Huffington Post*. Retrieved from: www.huffingtonpost.com/2009/12/29/fox-news-2009-ratings-rec_n_406325.html.

(July 26, 2010). Fox News Audience Just 1.38% Black. *Huffington Post*. Retrieved from: www.huffingtonpost.com/2010/07/26/fox-news-audiencejust-13_n_659800.html.

(October 1, 2010). Rick Sanchez: Jon Stewart A "Bigot," Jews Run CNN & All Media. Retrieved from: www.huffingtonpost.com/2010/10/01/rick-sanchezjon-stewart-_n_746764.html.

Sherman, G. (October 3, 2010). Chasing Fox: The Loud, Cartoonish Blood Sport That's Engorged MSNBC, Exhausted CNN: And Is Making Our Body Politic Delirious. *New York Magazine*. Retrieved from: http://nymag.com/news/media/68717/.

(2014). *The Loudest Voice in the Room: How the Brilliant, Bombastic Roger Ailes Built Fox News: And Divided a Country*, New York: Random House: xv, 70, 72, 7274, 101107, 106107, 151, 185, 187, 192, 241, 242243, 277, 291.

Shlaes, A. (1999). *The Greedy Hand: How Taxes Drive Americans Crazy and What to Do About It*. New York: Random House.

(2007) *The Forgotten Man: A New History of the Great Depression*. New York: HarperCollins.

(2013). *Coolidge*. New York: HarperCollins.

Silver, N. (May 3, 2016). The Mythology of Trump's "Working Class" Support. *FiveThirtyEight*. Retrieved from: https://fivethirtyeight.com/features/themythology-of-trumps-working-class-support/.

(November 22, 2016). Education, Not Income, Predicted Who Would Vote for Trump. *FiveThirtyEight*. Retrieved from: http://fivethirtyeight.com/features/education-not-income-predicted-who-would-vote-for-trump/.

Skeggs, B. (2004). *Class, Self, Culture*. New York: Routledge.

Skocpol, T., & Williamson, V. (2012). *The Tea Party and the Remaking of Republican Conservatism*. NY: Oxford University Press: 8, 135.

Smith, S. (April 26, 2016). A Wider Ideological Gap between More and Less Educated Adults. Pew Research Center. Retrieved from: www.people-press.org/2016/04/26/a-wider-ideological-gap-between-more-and-less-educatedadults/.

Sombart, W. (1976). *Why is There No Socialism in the United States?* (P. Hocking & C. T. Husbands, trans.), London: Macmillan.

Soundbitten. (December 20, 2002). Show and Prove: Bill O'Reilly's Hip-Hop problem. Retrieved from: www.soundbitten.com/oreilly.html.

Sparks, C. (2000). Introduction: Panic Over Tabloids News. In C. Sparks & J. Tulloch (eds.), *Tabloid Tales: Global Debates Over Media Standards*. Lanham, MD: Rowman & Littlefield: 1.

Spruill, M. (2008). Gender and America's Right Turn. In B. J. Schulman & J. E. Zelizer (eds.), *Rightward Bound: Making America Conservative in the 1970s*. Cambridge, MA: Harvard University Press.

Stacey, J. (1990). *Brave New Families: Stories of Domestic Upheaval in Late-Twentieth-Century America*. New York: Basic Books.

Stavrakakis, Y. (2005). Religion and Populism in Contemporary Greece. In F. Panizza (ed.), *Populism and the Mirror of Democracy*. London: Verso.

Steel, E., & Schmidt, M. (January 10, 2017). Fox News Settled Sexual Harassment Allegations Against Bill O'Reilly, Documents Show. *New York Times*.

Retrieved from: www.nytimes.com/2017/01/10/business/media/bill-oreillysexual-harassment-fox-news-juliet-huddy.html.

(April 1, 2017). Bill O'Reilly Thrives at Fox News, Even as Harassment Settlements Add Up. *New York Times.* Retrieved from: www.nytimes.com/2017/04/01/business/media/bill-oreilly-sexual-harassment-fox-news.html.

(April 14, 2017). O'Reilly's Behavior Said to Have Helped Drive Megyn Kelly Out at Fox. *New York Times.* Retrieved from: www.nytimes.com/2017/04/14/business/media/oreilly-behavior-megyn-kelly-fox.html.

(October 21, 2017). Bill O'Reilly Settled New Harassment Claim, Then Fox Renewed His Contract. *New York Times.* Retrieved from: www.nytimes.com/2017/10/21/business/media/bill-oreilly-sexual-harassment.html.

Steel, R. (1980). *Walter Lippmann and the American Century.* Boston: Little, Brown: 180185.

Stein, J. (April 19, 2017). The Democratic Party's Messaging Rift, in One Short Video [Video file]. *Vox.* Retrieved from: www.vox.com/policy-and-politics/2017/4/19/15359498/democratic-party-sanders-perez.

Steinberg, B. (October 23, 2017), CNN Fights "Fake News" Claims with New "Facts First" Campaign. *Variety.* Retrieved from: http://variety.com/2017/tv/news/cnn-advertising-fake-news-facts-first-1202596220/.

Stelter, B. (May 2, 2008). Fox and Democrats Become Strange Bedfellows. *New York Times.* Retrieved from: www.nytimes.com/2008/05/02/technology/02iht-fox.1.12516015.html.

(July 20, 2011). Sharpton Close to Being MSNBC Anchor. *New York Times.* Retrieved from: www.nytimes.com/2011/07/21/business/media/sharptonclose-to-being-msnbc-anchor.html.

Stewart, J. (October 4, 2010). Hurty Sanchez. *The Daily Show with Jon Stewart* [Video file]. Retrieved from: www.cc.com/video-clips/k0bl4z/the-daily-showwith-jon-stewart-hurty-sanchez.

Stonecash, J. M., Brewer, M. D., & Mariani, M. D. (2003). *Diverging Parties: Social Change, Realignment, and Party Polarization.* Boulder, CO: Westview.

Strömbäck, J. (2016). Mediatization. *The International Encyclopedia of Political Communication, 19.*

Stroud, N. (2011). *Niche News: The Politics of News Choice,* New York: Oxford University Press.

Strupp, J. (September 22, 2004). Murdoch Says Fox Would Have Been "Crucified" For CBS Mistake. *Editor & Publisher.* Retrieved from: www.editorandpublisher.com/PrintArticle/Murdoch-Says-Fox-Would-Have-Been-Crucifiedfor-CBS-Mistake.

Sumner, W. G. (2007). *Forgotten Man and Other Essays.* Old Chelsea Station: Cosimo Inc.

Sunstein, C. (2001). *Republic.com.* Princeton, NJ: Princeton University Press.

Swint, K. (2008). *Dark Genius: The Influential Career of Legendary Political Operative and Fox News Founder Roger Ailes.* New York: Union Square Press: 3, 10, 6769, 114, 138, 166.

Taggart, P. (2000). *Populism. Buckingham,* England: Open University Press: 16.

Tantaros, A. (2016). *Tied up in Knots: How Getting What We Wanted Made Women Miserable.* New York: Broadside Books: 231.

Taub, A. (April 12, 2017). Why Americans Vote "against Their Interest": Partisanship. *New York Times.* Retrieved from: www.nytimes.com/2017/04/12/upshot/why-americans-vote-against-their-interest-partisanship.html.

Tavernise, S. (February 2012) Education Gap Grows between Rich and Poor, Studies Say. *New York Times.* Retrieved from: www.nytimes.com/2012/02/10/education/education-gap-grows-between-rich-and-poor-studies-show.html?pagewanted=all.

Taylor, C. (July 19, 1996). Fall TV: Fox Will Jump into the "Very Competitive" All-News Arena. Seattle Times.

Teixeira, R. A., & Rogers, J. (2001). *America's Forgotten Majority: Why the White Working Class Still Matters.* New York: Basic Books.

The Indianapolis Star (November 20, 1994). Conservative Cable Network Planned.

Thompson, E. P. (1963). *The Making of the English Working Class.* London: Gollancz.

TIME Magazine Cover (2008, November 24). The New New Deal. *Time.* Retrieved from: http://content.time.com/time/covers/0,16641,20081124,00.html.

Tomasky, M. (November 3, 2010).Turnout: Explains A Lot. *The Guardian.* Retrieved from: www.guardian.co.uk/commentisfree/michaeltomasky/2010/nov/03/us-midterm-elections-2010-turnout-says-a-lot.

Trump, D. (January 20, 2017). The Inaugural Address. White House Press Office. Retrieved from: www. whitehouse.gov/inaugural-address.

Tsfati, Y., & Cappella, J. (2003). Do People Watch What They Do Not Trust? Exploring the Association between News Media Skepticism and Exposure. *Communication Research*, 30(5), 504529.

Turner, C. (2004). *Planet Simpson: How a Cartoon Masterpiece Documented an Era and Defined a Generation*. Cambridge, MA: Da Capo Press: 225-226.

Turow, J. (1997). *Breaking Up America: Advertisers and the New Media World*, Chicago: University of Chicago Press.

Tyson, A., & Maniam, S. (November 9, 2016). Behind Trump's Victory: Divisions by Race, Gender, Education. Pew Research Center. Retrieved from:www.pewresearch.org/fact-tank/2016/11/09/behind-trumps-victory-divisionsby-race-gender-education/.

United States Census Bureau (September 2009). Media Household Income for States: 2007 and 2008. American Community Surveys. Retrieved from: www.census.gov/prod/2009pubs/acsbr08-2.pdf.

(May 19, 2016). Newsroom Archive. Retrieved from: www. census.gov/newsroom/releases/archives/education/cb12-33.html.

USAhistorywriter (March 11, 2014). Bill O'Reilly vs. Russell Simmons Over Hip Hop & Beyoncé. [Video file]. YouTube. Retrieved from: www.youtube.com/watch?v=8BDzN2NA6GM.

Vaillant, D. (2004). Bare-Knuckled Broadcasting: Enlisting Manly Respectability and Racial Paternalism in the Battle against Chain Stores, Chain Stations, and the Federal Radio Commission on Louisiana's KWKH, 192433. *Radio Journal: International Studies in Broadcast & Audio Media*, 1(3), 193211.

VampiressOnDaProwlq (February 20, 2011). Ed Schultz: WI Labor Protests: Limbaugh Calls Workers Freeloaders [Video file]. YouTube. Retrieved from: www.youtube.com/watch?v=Tjx_9WC_yk0.

Van Horn R., & Mirowski, P. (2009). The Rise of the Chicago School of Economics and the Birth of Neoliberalism. In P. Mirowski & D. Plehwe D. (eds.), *The Road from Mont Pèlerin: The Making of the Neoliberal Thought Collective*. Cambridge, MA:

Harvard University Press: 139178.

Vanneman, R., & Cannon, L. W. (1987). *The American Perception of Class*. Philadelphia: Temple University Press: 8387.

Variety (December 28, 1989). Twentieth-century Fox TV Thrilled with "Current Affair" Success: Granddaddy of Sleaze Racks up Ratings; Only in 11 Markets 1 Year Ago, Now in 129.

Viguerie, R., & Franke, D. (2004). *America's Right Turn: How Conservatives Used New and Alternative Media to Take Power*, Chicago: Bonus Books, Inc.: 214215.

Viles, P. (1993). Dan Rather Blasts TV News. *Broadcasting and Cable*, 12.

Voloshinov, V. (1973). *Marxism and the Philosophy of Language*. New York: Seminar Press: 23.

Vyse, G. (May 1, 2017). MSNBC Is Getting Whiter and More Conservative: Even though Their Liberal Hosts Have Soaring Ratings under Trump. *The New Republic*. Retrieved from: https://newrepublic.com/minutes/142434/msnbcgetting-whiter-conservativeeven-though-liberal-hosts-soaring-ratings-trump.

Wallsten, P.,&Yadron, D. (November 3, 2010). Democratic Coalition Crumbles, Exit Polls Say. *Wall Street Journal*. Retrieved from: www.wsj.com/articles/SB10001424052748703778304575590860891293580.

Walters, R. (2007). Barack Obama and the Politics of Blackness. *Journal of Black Studies*, 38(1), 729.

Weigel, D. (February 3, 2009). The GOP's Anti-Stimulus Manifesto. *The Washington Independent*. Retrieved from: http://washingtonindependent.com/28819/amity-shlaes.

(May 27, 2016). Why the Young Turks, and Their Viewers, Love Bernie Sanders. *Washington Post*. Retrieved from: www.washingtonpost.com/politics/whythe-young-turks-and-their-viewers-love-bernie-sanders/2016/05/27/bd15e02e-2386-11e6-aa8442391ba52c91_story.html.

Weinger, M. (March 13, 2013). Limbaugh, Hannity Lead Talkers' Top 100. *Politico*. Retrieved from: www.politico.com/blogs/media/2013/03/limbaughhannity-lead-talkers-top-100-159206.

Wdshelt (July 7, 2012). Inside Edition Reports on Reginald Denny Rescue [Video file]. YouTube. Retrieved from: www.youtube.com/watch?v=AFQlx9R-hz8.

White, H. (1980). The Value of Narrativity in the Representation of Reality.

Critical Inquiry, 7(1), 527.

(1987). *The Content of the Form: Narrative Discourse and Historical Representation.* Baltimore: Johns Hopkins University Press.

White, K. C. (2018). *The Branding of Right-Wing Activism: The News Media and the Tea Party.* Oxford: Oxford University Press.

Wilentz, S. (Fall 1984). Against American Exceptionalism: Class Consciousness and the American Labor Movement, 17901920. *International Labor and Working-class History,* 26, 124.

(1986). *Chants Democratic: New York City & the Rise of the American Working Class, 17881850.* New York: Oxford University Press.

(2002). *America's Lost Egalitarian Tradition.* Daedalus, 131(1), 77.

Williams, A. (FebruaryMarch 1995). Citizen Weyrich: NET's Conservative Media Empire, *Afterimage,* 22(7-8).

Williams, J. (2017). *White Working Class: Overcoming Class Cluelessness in America.* Boston: Harvard Business Review Press.

Williams, R. (1978). *Marxism & Literature.* New York: Oxford University Press: 108.

(1985). *Keywords: A Vocabulary of Culture and Society.* Oxford: Oxford University Press: 64, 112115.

(1991). Base and Superstructure in Marxist Cultural Theory. In C. Mukerji & M. Schudson (eds.), *Rethinking Popular Culture: Contemporary Perspectives in Cultural Studies,* Berkeley: University of California Press.

Williamson Jr., C. (June 9, 1978). Country & Western Marxism: To the Nashville Station. *National Review,* 30(23), 711717.

Willman, C. (2005). *Rednecks and Bluenecks: The Politics of Country Music.* London: The New Press: 45.

Wills, G. (1970). *Nixon Agonistes: The Crisis of the Self-Made Man.* Boston: Houghton Mifflin: 310, 311.

Wilstein, M. (December 15, 2014). Only 1% of Fox News Viewers Are Black. *Mediaite.* Retrieved from: www.mediaite.com/tv/only-1-of-fox-news-viewersare-black/.

Winfield, B. (1994). *FDR and the News Media.* New York: Columbia University Press: 128.

Wolcott, J. (August 2001). Fox Populi? *Vanity Fair.* Retrieved from: www.vanityfair.com/culture/features/2001/08/wolcott-200108.

Wolff, M. (2008). *The Man Who Owns the News: Inside the Secret World of Rupert Murdoch.* New York, Broadway Books: 7172, 205, 210, 282.

Wormald, B. (2005). Differences among Cable Channels (Iraq War Reportage). Pew Research Center. Retrieved from: www.journalism.org/2005/03/15/differences-among-cable-channels-iraq-war-reportage/.

Wright, E.O. (1985). *Classes.* London: Verso: 1963.

Wuthnow, R. (1988). *The Restructuring of American Religion.* Princeton, NJ: Princeton University Press: 155156, 163.

Yazakchattiest (December 4, 2011). Meow: Anderson Cooper vs. Ed Schultz–CATFIGHT! [Video file]. YouTube Retrieved from: www.youtube.com/watch?v=zy6FnILnCrY.

Zelizer, B. (1992). *Covering the Body: The Kennedy Assassination, the Media, and the Shaping of Collective Memory.* Chicago: University of Chicago Press.

(June 1995). Reading the Past against the Grain: The Shape of Memory Studies. *Critical Studies in Mass Communication,* 214239. 227.

Zieber, K. (January 12, 2012). Right-wing Media Lash Out at Michelle Obama for Addressing "Angry Black Woman" Stereotype. *Media Matters.* Retrieved from: www.mediamatters.org/research/2012/01/12/right-wing-media-lashout-at-michelle-obama-for/186063.

Zizzo, D. (October 11, 1993). Conservatives Broadcasting Own Message. *The Oklahoman.* Retrieved from: http://newsok.com/article/2444674.

Zook, K (1999). *Color by Fox: The Fox Network and the Revolution in Black Television.* New York: Oxford University Press.

Zoonen, L. V. (2005). *Entertaining the Citizen: When Politics and Popular Culture Converge.* Lanham, MD: Rowman & Littlefield.

(2006). The Personal, the Political, and the Popular: A Woman's Guide to Celebrity Politics. *European Journal of Cultural Studies,* 9 (3), 298.

찾아보기

폭스 포퓰리즘
보수를 노동계급의 브랜드로 연출하기

지은이 리스 펙
옮긴이 윤지원
펴낸이 강지영
디자인 스튜디오243
펴낸곳 (주)회화나무

출판신고번호 제2016-000248호　**신고일자** 2016년 8월 24일
주소 04072 서울시 마포구 합정동 독막로 8길 16 302호
전화 02-334-9266　**팩스** 02-2179-8442　**이메일** hoewhanamoo@gmail.com

1판 1쇄 발행 2022년 10월 14일
1판 2쇄 발행 2022년 11월 22일

ISBN 979-11-960556-0-8 (03340)